U0120120

何謂真心　即眾生所具　不生滅之根性　名為如來藏　個個圓成

大佛頂首楞嚴經講義 上册

虛雲敬題

何謂性定　即自性天真　不動搖之定體　號曰首楞嚴　人人具足

圓瑛法師◎著

南無本師釋迦牟尼佛

節錄印光法師弁言

一切佛經・及闡揚佛法諸書・無不令人趨吉避凶・改過遷善・明三世之因果・識本具之佛性・出生死之苦海・生極樂之蓮邦。讀者必須生感恩心・作難遭想・淨手潔案・主敬存誠・如面佛天・如臨師保・則無邊利益・自可親得也。

諸供養中法供養最當知
佛法所以覺悟人心維持世道
若依之修證必能離苦得樂
普願自覺覺他攝勸化同
發菩提心齊成無上道

三求堂主人圓瑛題

圓瑛

圓瑛老法師七四德相

楞嚴講主

圓瑛老法師德相

求福求慧求生淨土

念佛念法念僧伽

狂心歇處幻身融，內外根塵色即空；洞徹靈明無罣礙，千差萬別一時通。

民國二十四年孫普達

後一偈圓瑛自題

三五歲　四五歲　五十歲

五八歲　六十歲　六五歲

七十歲　七二歲　七四歲

圓瑛老法師著經圖

求福求慧求生淨土

爲人爲法爲證菩提

香港佛經流通處敬印

圓瑛大師紀念塔

一九五五年中秋節

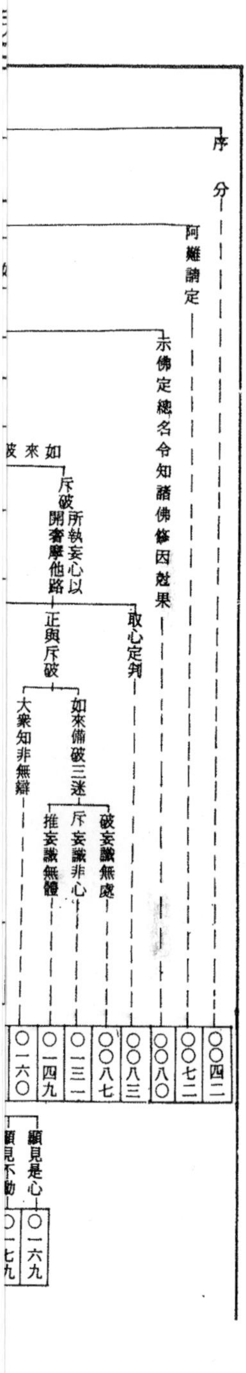

序分
○○四二
阿難請定
○○七二
示佛定總名令知諸佛修因剋果
○○八○
取心定判
○○八三
如來
斥破所執妄心以開奢摩他路
正與斥破
如來備破三迷
破妄識無處
○○八七
斥妄識非心
○一三一
推妄識無體
○一四九
大衆知非無辯
○一六○
顯見是心
○一六九
顯見不動
○一七九

圓瑛法彙序一

圓瑛上人，吾閩產也。幼失怙恃，依季父教養，穎悟絕人。甫成年，則受牒度，於石鼓山之湧泉寺，早參三昧，夙擅譚經，素以宏化利生爲本願。初主寧波接待寺，倡辦寧波佛教孤兒院；次至泉州，重興開元寺，創辦開元慈兒院，孤露子弟，薰育者衆。旋歷內地，並南洋群島，周流說法，於大乘教義，多所闡明。生平著作，編成法彙。近被推爲寧波天童、七塔，二大叢林及中國佛教會首席。去年天童寺不戒于火，上人則奔走四方，募化重修，規模閎敞，爲四明道場之冠。間亦稍治生產，爲發展化育基金，是皆躬行實踐，以求達其利濟宏願，固不僅以舌粲蓮花見稱也。今秋上人，蒞京說法，特示所講「仁王護國般若波羅密經講義」。其所發揮演繹，皆切於護國愛人，旨趣之宏，足維風化，爰樂而爲之序。

民國二十二年十月一日

閩侯　林森　敬撰

圓瑛法彙序二

閬中山川磅礴，靈氣所鍾，高僧輩出，黃蘗心要，百丈淸規，古德流風，至今猶有存者。圓瑛法師，籍隸古田，蚤歲脫俗，眞參實學，孜孜弗懈，卒能成就其德業，光明俊偉，與先哲同揆，鄉人士皈依座下者，如水趨壑。比歲卓錫浙東，先後住持七塔、天童二寺，法雨覃敷，三根普被。余今夏曾詣天童，參承道席，是時方演講楞嚴，緇素翕集，法師闡明義趣，機辯縱橫，聽者無不悅服！又以持戒爲學佛之要，每反復誥誡而不已。信乎宗說兼通，行解相應，足爲學者之模楷也。今上海佛學書局，以法師平生撰著，彙刻行世，徵序於余。夫我佛設教，法門雖廣，無非使人解黏脫縛，明心見性而已。學道之士，眞積力久，有悟於第一義諦，靈光獨耀，迥脫根塵，雖不立文字可也；其或明宗弘教，發爲文辭，等身著作，亦可也。何以故？此心旣空，則文字與實相，不相違異，故法師願力宏毅，所至修廢舉墜，鉅細靡遺；至於挺身衞道，處事變艱危之會，不怵不撓，尤爲難能可貴！惟其眞理旣徹，應物無方，雖熾然有爲，而不著有爲之相。故觀法師之文，即事即理，圓融無礙，而佛法之體用彰明，具可於言外得之。嗚呼！魔說害教，魚目混珍，大法之陵夷甚矣！有如法師言句，引經據論，涵義深廣，而歸於平實，是能燦眞燈於旣昏，續慧命於將墜者，余安得不爲之往復讚歎也哉！

民國二十二年十月一日　閩侯　林翔　敬撰

大佛頂首楞嚴經講義序

夫佛法首重實證，非實證無以契眞常。因一切衆生，皆有妄心，念念分別，皆不相應。蓋妙理空寂，從本以來，離言說相，離名字相，離心緣相，乃離念境界，唯證相應故。經云：「言妄顯諸眞，妄眞同二妄」，即此義也。然衆生之欲契入實相，必先假名言，以爲助緣；此世尊所以苦口婆心，廣說法要，冀衆生因指見月，得心自在，而入三昧也。綜觀一代時教，闡明從凡至聖，而事理幷重者，莫逾首楞嚴經。此經以阿難尊者誤墮淫室，恨無始來，一向多聞，未全道力，殷勤啓請，十方如來，得成菩提，妙奢摩他、三摩、禪那，最初方便。於是世尊，敷演洪文十卷，由性而相，由顯而密，由解而行，由行而證，徹終徹始，廣度有情。

圓瑛法師者，今佛門之龍象也。慧性天生，辯才無礙，宏施法雨，中外咸沾，著作行世，十有餘種。十二年前，曾撰楞嚴綱要一書，明燈普照，廣被遐邇。迨年六十八，始行註釋此經，以四十餘年之鑽研，究厥精微，編成講義，大願既償，囑爲之序。竊念學佛信衆，苟無南針，而欲深入經藏，譬靡管而闚天，棄蠡以測海，求能了解妙理，誠恐北轍南轅！

法師爲當代大德，瞭知學人心理，以平淡言辭，演釋甚深經義，方便善巧，尤能契合時機；而勘校經文，正其錯簡，巨眼如燭，有裨來學。經中破處之文有「爾時世尊，在大衆中，舒金色臂，摩阿難頂，告示阿難及諸大衆：有三摩提，名大佛頂，首楞嚴王，具足萬行，十方如來，一門超出，妙莊嚴路」一段，橫隔其間，或因前人錄刊倒置，致與前後文不相接續，法師指示此段應在請法之後，則問答相應，怡然理順矣。　抑其敷弘正道，詮行布不礙圓融；顯示眞常，離二邊而趨空寂。正猶增輝於太陽，助深於巨壑，法施功德，沾溉靡窮，無緣慈悲，同無量矣！

辛卯孟春之望　菩薩戒優婆塞　王學仁　謹序於香港

自序

夫群生莫不有心，而眞心難悟；修行莫不有定，而性定難明；指眞心，而示性定者，其唯首楞嚴經歟！何謂眞心？即衆生所具，不生滅之根性，名爲如來藏，個個圓成。何謂性定？即自性天眞，不動搖之定體，號曰首楞嚴，人人具足。良由衆生，迷眞起妄，認識爲心，則本有眞心，不能解悟，天然性定，無從修證。故如來首告阿難云：「一切衆生，從無始來，生死相續，皆由不知常住眞心，性淨明體，用諸妄想；此想不眞，故有輪轉。」是知識心，乃大定之寃賊，菩提非此心所得成；根性爲圓通之正因，楞嚴實自性之本具。故阿難請示成佛大定，如來即爲破識顯根：破識心五種勝善功能，猶屬生死妄想，令人決定捨之；顯根性，一精元明心體，以爲涅槃妙門，令人決定用之。則欲令捨識用根，爲修楞嚴要旨也明矣！當知愛欲爲禪定之障，故以多聞誤墮爲緣，發起大教；識心乃生死之根，故以見相發心爲詰，採悉病源。由是備破三迷，極顯一性，三重破識，全破其妄，十番顯見，極顯其眞。向六根而指見性，令親驗乎不動之本眞；會四科而示藏心，令自明常住之自體。復融七大，圓滿十虛。阿難知心精之徧圓，讚大定之希有，詎非悟眞心，而明性定耶？但倒想雖銷，細惑未盡，迨滿慈究三種生續之因，而如來答一念覺明爲咎；復極於五大圓融，三藏備顯，離一切相，即一切法，離即離非，是即非即，然後知徹法底源之定體，本自圓成，究竟堅固之楞嚴，非出造作，所謂奢摩他，微密觀照，發盡無餘矣；回視强制識心之定，何啻天淵哉！　然而定雖本有，未經如來明示，何由開解照了，自性天然本定？茲聞破識顯根之敎，初則眞妄，決擇分明；乃至普融聖凡十界，疑惑銷除，心悟實相，知定體無虧，天然本妙，近具根中，遠該萬法。無如根結未開，大用不發，故當機喻如天王，賜與華屋，雖獲大宅，要因門入；此即大開圓解之後，繼請圓修，求佛不捨大悲，令獲如來，無餘涅槃，本發心路。　佛告云：「汝等決定，發菩提心，於佛如來，妙三摩提，不生疲倦，應當先明，發覺初心，二決定義。」一、決定以因同果，旋妄還覺，得令五濁澄清。二、決定從根解結，捨劣取勝，但向一門深入；不了根性眞常，擊鐘驗其不滅。別索結元所在，現佛證其無他，綰巾示結，六解一亡；冥授選根，耳門獨妙，深入如來藏性，備發圓通大用，所謂「如幻三摩提，彈指超無學」矣！　至若清淨明誨，四重律儀，建立道場，五會神咒，但是圓通加行，豈有異門者哉！由是修門既啓，歷位宜明，先示染緣起，而成十二類生；廣明淨緣起，上歷六十聖位。束三漸爲乾慧；開初住爲十信；十住：生佛家而爲佛子；十行：廣六度而作佛事；十回向：回佛事而向佛心；四加行：泯心佛而滅數量；十地：依中道而趣佛果；等覺：齊佛際而破生相；方盡妙覺，成無上道，圓滿菩提，歸無所得。所謂禪那修證聖位，但明其復還本體，出其本有家珍，非從外得也。　阿難請定，列舉三名，因不知佛定總名，但將平日，所聞三定別名，加一妙字以問曰：「妙奢摩他、三摩、禪那，最初方便。」如來一聞，便知阿難不悉佛定總名。故先答云：「有三摩提，名大佛頂首楞嚴王，具足萬行；十方如來，一門超出，妙莊嚴路，汝今諦聽。」阿難頂禮，伏受慈旨。此文橫隔在第一番破處文中，前後文意，全無接續。今爲審定，當在請定願聞之後，初示佛定總名，令知諸佛，修因尅果，然後再逐答三名。初三卷半之文，即二說奢摩他路，令悟密因，大開圓解。第一卷七處被破之後，文云：「惟願世尊，大悲哀愍，開示我等，奢摩他路。」　次三卷零之文，即三說三摩修法，令向耳根，一門深入。第四卷喻屋求門之後，文云：「汝等決定，發菩提心，於佛如來，妙三摩提，不生疲倦。」　後半卷多之文，即四說禪那證位，令住圓定，直趣菩提。第八卷如來結答五名之後，文云：「頓悟禪那，修證聖位，增上妙理，心慮虛凝。」一經問答，界線層次分明，具示妙定始終，如指諸掌。　八卷中後半以去，復談七趣，無非情想之升沉，判決邪正，以警淹留，是欲以戒助定而已。詳示五魔，僉由三昧以招致，叮嚀覺悟，以護墮落，是欲以慧助定而已。重明五陰，同是妄想成就，因果淺深，滅除頓漸，是以戒慧助定而已。斯經從始暨終，問定三，說定三，助定三，成就首楞嚴王三昧，爲終實教意，圓頓法門。從上疏解，不一而足，可作南針，又何須重爲註釋？緣余年二十四，聽講斯經，愧學識之淺陋，感註疏之繁多，用心過度，致患血疾。乃於佛前發願，仰叩慈光冥護，頓令惡疾速愈，更求得悟，寂常心性，眞實圓通，宏揚是經，著述講義，用報佛恩，藉酬私願。越日，見有化人，狀如老媼者，來示余曰：「云不要緊！以白杜鵑花燉冰糖，服之可愈。」一言訖回首，媼即不見，心竊異之。遂依言購服，三次血止。於是信願益堅，精心研究，竟達十載，於經中疑義深奧難解之處，遂一一書條，貼於壁上，逐條靜坐參究，既明白一條，即扯一條，如是者八年之久，一房疑義，扯盡無餘。所著經論講義，已出版流通者，十有餘種，惟此經講義，遲遲著述者，何也？以楞嚴妙義，豐富深藏，每講一次，則有一次發明，多究一番，自有一番進步，意欲掩關，專著是疏，機緣未凑，致延時日。迨年六十有八，深感老病之軀，風前殘燭，若不速償斯願，恐悔莫及。遂於圓明講堂，創辦楞嚴專宗學院，有欲造就僧才，續宏大教，謹擇四月八日，開演斯經，日更躬親授課，餘時編著講義，每夜輒至三更乃止。如是者久，辛勞過度，旋至次年二月初四，正講演時，忽患中風之病，由徒明暘，急扶下座，入室遂已不省人事，經時七日始得轉機。幸有良醫黃鍾、鄭葆湜二醫師診治，方告安然。至七十二歲，復思楞嚴著述未竣，大願莫償，於是樂慧斌居士勸余曰：「從容編著，既有善願，必獲成功。」於七十四歲夏告完，計二十四卷，裝成五册，聊據管窺之見，以論性天；但憑蠡測之才，而探義海，質之深入楞嚴三昧者，未免要施當頭一棒也。

佛曆二千九百七十八年仲夏　圓瑛弘悟　序於上海圓明講堂

大佛頂如來密因修證了義諸菩薩萬行首楞嚴經講義

福州鼓山湧泉禪寺圓瑛弘悟著　受法弟子明暘日新敬校

今解此經，謹遵賢首十門解釋。考諸賢宗諸疏，而十門次序名目，亦不盡同，或具足十門，或略取數門，皆先述一經大意，乃以總釋名題，別解文義，兩門列後。今則略爲變更，提總釋名題爲第一，先釋經題，繼述綱要，後解經文，俾閱疏者，一開卷便知題中義理；聞經亦復如是，第一日即可聽講經題，此固一時之權變耳。以後科目，以天干地支標之，令易記憶，而便尋討。即分爲十：

甲　初總釋名題　二起教因緣　三藏乘攝屬　四義理淺深　五能詮教體　六所被機宜　七宗趣通別　八說時前後　九歷明傳譯　十別解文義

今初　總釋名題

大佛頂，如來密因，修證了義，諸菩薩萬行，首楞嚴經。

題爲全經之總，經乃一題之別；全經要義，萃於一題，欲識經中別義，須解法題總綱。凡釋題者，當知經家，既以題目冠列經前，而釋題者，自應據經而取其義。如密因、了義等，即當說是何等法，經中何文即是，未可儱侗拈弄，而與經文毫不相涉。若徒事論量文體，不依解釋文體，安能令文義雙暢乎？此題，乃佛自命五名中，結集者，揀擇重要，略取十九字，合成一題。前三字，分取第一題；中八字，全取第三題；後八字，分取第五題。名異諸經，故謂之別題。經之一字，凡是經藏，諸部同名爲經，故謂之通題。今先約別題，依古判定，後合通別，逐句分釋：

一切諸經，別名無量，按古德所判，不出七種立題：以人、法、喻三字，單字三種，雙字三種，具足一種。一單人：如佛說阿彌陀；二單法：如大涅槃；三單喻：如梵網；四人、法：如地藏菩薩本願；五人、喻：如如來師子吼；六法、喻：如妙法蓮華；七人、法、喻：如大方廣佛華嚴。此經以人、法爲題。如來是果人，菩薩是因人，密因是理法，了義是教法，萬行是行法，首楞嚴是果法：故以人、法爲題，亦可略兼於喻。以佛頂二字，非舉相似之物，比類發明，乃舉直稱法體之佛頂，以表勝妙，故曰略兼於喻。此依古判定，下逐句分釋：

大佛頂三字，爲能讚能表，下之四法，爲所讚所表。大者，稱讚之詞，讚下四法，猶言大矣哉是經也！則知密因爲大因，得成菩提故；了義爲大義，稱實理說故；萬行爲大行，如實修行故；楞嚴爲大定，王三昧故：具此諸大，是爲大經。首標大者，意令受持是經者，當依大教解大理；稱大理起大行；滿大行證大果，故以讚之。佛頂表顯之義。佛頂，即佛肉髻相上，無見頂相也，乃三十二相之第一相。肉髻在青螺紺髮正中，周圍紅色，狀如春山吐日。佛初生時，嵐毘尼林神，爲佛乳母，捧持諦觀，不見其頂；又佛成道後，遊化波羅奈國，東方應持菩薩，欲窮佛頂，上歷恆沙佛土，終不能見。此不屬於有，而能放光化佛，又不屬於無，雙離有無，是之謂妙；表下四法，猶言妙矣哉是教也！則知密因爲妙因，因心果覺，二不別故；了義爲妙義，一門深入，六根清淨故；萬行爲妙行，稱眞如理，中中流入故；楞嚴爲妙定，自性本具不假修成故；具此諸妙，是謂妙法。表以佛頂者，意令受持是經者，當依發妙耳門之妙教，悟如來藏性之妙理；從妙理起妙行；滿妙行證妙果即妙覺極果，圓滿菩提，歸無所得。，故以表之。結集者，取此三字，冠於經題之首，令知所讚所表，必非權漸教也。

如來密因：如來，是諸佛通號。佛有十號，如來爲第一號，乃倣同先德號；以佛佛道同，後佛如先佛之再來，故曰如來，此約普通解釋。今按本經，終實教意，如爲本覺，來爲始覺。依本覺，不生滅之理性，起始覺，回光返照之觀智，依妙智證妙理，始覺與本覺合一，名究竟覺，方成佛道，方稱如來。

更約三身釋之：身者，積聚之義。一、法身如來：梵語毘盧遮那，華言徧一切處，此積聚理法以爲身；眞如妙理，猶若虛空，徧一切處。經云：「常住妙明，不動周圓，求於去來，迷悟生死，了無所得。」即法身義。二、報身如來：梵語盧舍那，華言淨滿，此積聚智慧以爲身；諸惑皆淨，智慧圓滿。經云：「明極即如來，」即報身義。三、應身如來：千百億化身，隨機應現，此積聚機緣以爲身；如有可度機緣，即現八相成道。經云：「自覺已圓，能覺他者，如來應世。」即應身義。今連下密因二字，當屬報、應二身如來。

密因，揀非事相修行，顯因可見者。而曰如來密因，即是十方如來，得成果覺，所依之因心；亦即一切衆生，所具之根性，爲菩提涅槃，本元淸淨之體；可爲修證果覺之因地心。十方如來，皆依此不生不滅爲本修因，然後圓成果地修證；衆生人人本具，迷而不覺，未能依之修證，故謂之密。又，此不特是因性，亦即是果性。以如來雖證極果，不離正因，所謂因該果海，果徹因源也。問：「既即果性，何復名因？」答：「須見此不生不滅之根性後，方是究竟果覺之因，更須依此圓湛不生滅性，成爲因地心，稱性起修，始獲究竟果覺，即此一性，而能通因徹果，故如來破識顯根，即顯此密因也。」

又，密因二字，遣五種人過。密之一字，遣凡夫、外道、權教、小乘四種人過。以彼不達，密具不生滅之根性，即是成佛眞因，反認意識爲心，錯亂修習，塵劫劬勞，終無實果。第一卷文云：「諸修行人，不能得成無上菩提，乃至別成聲聞緣覺，及成外道，諸天魔王，及魔眷屬，皆由不知二種根本，錯亂修習，猶如煮沙，欲成嘉饌，縱經塵劫，終不能得。佛欲令人捨妄本，而依眞本也。因之一字，遣利根狂慧人過。以彼未明所具不生滅之根性，但是正因佛性，須假了、緣二因，正因方顯。遂乃自恃天眞，本來是佛，頓捐修證，不依方便進修，終無得證。如鑛雖是金，不假煅煉，終久是鑛，不能成金。

然此密因，即二種根本中眞本。經云：「無始菩提涅槃，元清淨體，則汝今者，識精元明，能生諸緣，緣所遺者。」衆生在迷，非失說失，實則人人本具，所應取爲本修因者。十方如來，得成菩提，靡不依此因心，而成果覺。此之密因，即是寂常心性，奢摩他體；十番顯見，顯此密因，非惟近具根中，實則遠該萬法。會四科惟是本眞，融七大無非藏性，明三種生續之因，示五大圓融之故，全彰三藏，不離一心；如來密因之旨，顯發無遺矣。題中此一句，經中占三卷半之文，即答阿難所請三名中，妙奢摩他。第一卷阿難求示眞心，文云：「開示我等，奢摩他路。」此三如來藏性，即自性本定，而能開解照了於此者，即奢摩他微密觀照也。

修證了義：即稱密因，所起之修證也。由阿難開佛極顯密因，天然本具，頓悟藏性，圓滿周徧，喻如天王，賜與華屋，求門而入。而如來爲答三摩提，妙修行路，分門以定二義：一、決定以因同果，澄濁頓入涅槃義。二、決定從根解結，脫纏頓證圓通義。擊鐘，驗聞性眞常不滅；現佛，證涅槃生死無他；綰巾，以示結解倫次；冥授，以選此方本根。蓋必一門深入，逆彼無始，織妄業流，解六結而越三空，方爲了義之修；獲二勝而發三用，方爲了義之證。

了義復含二意，與通常之解不同：一、用根不用識；用識，則以生滅心，爲本修因，而求佛乘，不生不滅，無有是處。經云：「諸修行人，不能得成無上菩提，乃至別成聲聞緣覺」等，故非了義。用根，則依不生滅，圓湛性成，然後圓成，果地修證。經云：「若棄生滅，守於眞常，常光現前，根塵識心，應時銷落，」乃至「云何不成，無上知覺」，故為了義。又特選耳根圓通，文殊白佛言：「佛出娑婆界，此方眞教體，淸淨在音聞，欲取三摩提，實以聞中入。」更是了義中之了義耳。以其超諸聖而獨妙，為三世之通軌。經中佛告富樓那云：「如來今日，普為此會，宣勝義中，眞勝義性。令汝會中，定性聲聞，及諸一切，未得二空，迴向上乘，阿羅漢等，皆獲一乘，寂滅場地，眞阿練若，正修行處。」當知勝義，即修證之了義，耳根圓通，乃了義中眞了義耳。

二、稱性不著相。著相之修，為事相之染修，著相之證，為新成之實證，未悟圓理，均非了義。稱性之修，乃從聞、思、修，入三摩地，如幻聞熏聞修，金剛三昧，但向一門深入，而得六根解脫，修即無修；稱性之證，生滅既滅，寂滅現前，乃發現其本有家珍，證亦無證；「此是微塵佛，一路涅槃門。」方為了義。至若道場定慧，神光利益，無非修證圓通加行，亦即了義也。題中此一句，經中占三卷半之文，即答阿難所請三名中妙三摩之問。第四卷佛云：「汝等決定發菩提心，於佛如來，妙三摩提，不生疲倦，應當先明發覺初心，二決定義。」決定義，亦即了義。依此了義，修證自性本定，得耳根圓通，所謂「如幻三摩提，彈指超無學」，而修證了義之旨，更無餘蘊矣。

諸菩薩萬行：菩薩，梵語具云菩提薩埵，此方人有好略之習慣，簡稱菩薩。菩提譯云覺，薩埵譯云有情，乃大道心衆生之稱。今作三義釋之：一、已經覺悟我、法二空之有情；二、能覺法界，無量諸有情；三、智悲並運，自他兩利，運智，上求佛覺以自利；運悲，下度有情以利他。修諸波羅密，乃如來道前之號，自覺覺他，以求大圓滿覺。而言諸者，通指五十五位也。

萬行，即稱圓通體，所起之無作妙行也。如觀世音菩薩，三十二應，十四無畏，四不思議，雙躡前奢摩他，即定之慧；三摩，即慧之定；定慧圓融，中中流入薩婆若海。如十信，全根力而植佛種；十住，生佛家而爲佛子；十行，廣六度而行佛事；十回向，回佛事而向佛心；四加行，泯心佛而滅數量；十地，契眞如而覆涅槃；等覺，齊佛際而破生相。其行應有無量，今言萬者，但明其多，非局定數也。要之，此行根柢於三如來藏性，歸極於四無礙法界，請詳十行，後五行自知。問：「五十五位諸菩薩，應是證位，今以位爲行，豈不屈證爲修耶？」答：「諸位正是因行未滿，深入眞修之行位也。不是極果之位，若是修終，祇有佛位。」

問：「此位爲行則圓通了義之修，應不具萬行。」答：「理具而非事造也。雖圓融勝解，念念具足諸度，以初心貴在精專，但反聞自性，不兼萬行，故但稱了義。」問：「了義之證，不攝諸位耶？」答：「此有二義：一、但證圓通體，初發二勝用，是故不攝；二、圓人所修，一證一切證，一位即攝一切位，初心、究竟，二不別故。」

又前言修證，推重圓通，此分階級，對治狂慧，令知理雖頓悟，乘悟併銷；事非頓除，因次第盡；究竟圓融不礙行布，行布不礙圓融。題中此一句，經中占半卷之文，即答阿難所請三名中妙禪那之問。第八卷結經名後，阿難兼聞此經，了義名目，頓悟禪那，修證聖位，顯是住持自性本定，入於如來妙莊嚴海，圓滿菩提，歸無所得。安定經文，問答相應，已盡正說全經，歷收大定別目，故結經名，至七趣五魔，五陰妄想，自是經外餘意，別詳初心緊要，以戒慧助定而已。

首楞嚴者，大定之總名也。圓含妙奢摩他、三摩、禪那三種別名，而成一定全體，迥不同於常途，工夫引起之定，亦不同於起心對境之定，此自性定耳。涅槃經佛自釋首楞嚴爲「一切事究竟堅固」。而古德即明其爲徹法底源，無動無壞。經中自顯見起，至四卷半，圓彰藏性止，極明一切事，究竟堅固之理；會四科即性常住，融七大，則性周徧，則所謂徹法底源，無動無壞也。

今釋此定，二義料揀：一、此是圓定：不但獨取自心不動，乃統萬法，悉皆本來不動，爲一定體，即所謂「日月經天而不動，江河競注而不流」，故稱爲圓。經云：「常住妙明，不動周圓。」不然，何以爲一切事，究竟堅固之定哉！據此凡不兼萬有，獨制一心者，皆非圓定也。二、此是妙定：正以性本自具，天然不動，不假修成，縱在迷位，其體如故，即所謂「長安雖鬧，我國安然。」故稱爲妙。經中飛光親驗，雙離動靜，不然，何以爲徹法底源，無動無壞之定哉！據此凡不即性，而別取工夫者，皆非妙定也。

合此圓妙二義，故爲首楞嚴王三昧。自發解起行，直至歷位成佛，從始洎終，中間永無諸委曲相，亦無出退，非常途之定，有入、住、出。入之則有，出之則無，在定縱經多劫，必以靜而礙動；出定略涉須臾，必以動而礙靜，皆非圓妙大定也。此經前自請定，後至結名，乃爲正說。經中前半全談藏性，所以開發圓通；後半全說圓通，所以修證藏性，始終不出一定耳。當知三定，不出三因佛性。奢摩他，全取四卷半前，所顯正因佛性，略兼了因爲定體；了因慧心開發，當機承教解悟，朗然照體現前，即此照體，爲了因佛性，名奢摩他微密觀照。然解從性發，乃即定之慧也。三摩，亦取所顯正因佛性，略兼緣因爲定體；緣因善心開發，選根直入，從聞、思、修入三摩地，乃爲出世善法，即緣因佛性，然行依解起，乃即慧之定也。

禪那，全取正因佛性，雙兼了緣二因爲定體；寂照雙行，不浮不沉，不昏不散，即定慧均等，中中流入，妙莊嚴果海也。 今合三定別名，成一大定總名；復攝大定總別，爲一全部經題，共十九字，是別題，屬所詮之法。

經之一字是通題，爲能詮之文，即詮上四種實法。梵語修多羅，華言契經。上契諸佛所說之理，下契衆生可度之機。 又此方聖教稱經，今譯契經，顯是西域聖教，具貫、攝、常、法四義。貫、則貫串所應知之義，令不散失故；攝、則攝受所應度之機，令得解脫故；常、則盡未來際，萬古不能易其說；法、則極十方界，衆生所應遵其軌。此經亦具四義：貫串妙奢摩他、三摩、禪那，所應知之義；攝受親因，度脫阿難，及性比丘尼，得菩提心，入徧知海；常、法二義，如圓通法門「過去諸如來，斯門已成就，現在諸菩薩，今各入圓明；未來修學人，當依如是法。」十方三世，共遵不易，豈非法、常義耶？餘義避繁不錄。卷第一，古來經書，多取軸之制度，舒之可能讀誦，卷之以便供奉，後人易制，未易其名，故仍稱卷。而第一者，數之始也，十卷玄文，次序居首。一總釋名題竟。

甲二　起教因緣　法不孤起，起必有由。世間諸事，尚有因緣，況無上佛法，豈無因緣耶？今明佛法因緣，有總、有別。總約一代時教，四十九年，或說大乘，或說小乘，或說頓教，或說漸教，無非顯理度生，所顯之理，卽佛知見，衆生等有，迷不自知，佛則乘機應世，爲其開示，令得悟入。法華經云：「如來爲一大事因緣故。出現於世。」可見如來出世，卽是一段度生之大因緣也。

一、爲開衆生佛之知見，使得淸淨故，出現於世。佛知見，乃衆生六根中，所具見、聞、覺、知之性。此性卽是佛性，人人本具，無奈埋沒於塵勞煩惱，垢染心中，雖有若無，幾如宅中寶藏；佛爲開其本有家珍，使得離垢淸淨故。

二、爲欲示衆生佛之知見故，出現於世。佛之知見，衆生咸認惟佛獨有，而衆生無分，不知人人皆有，故佛爲指示，尋常日用中，眼根見色，耳根聞聲，乃至意根知法，一一無非佛之知見。知見二字，包括六根中性，六性只是一性，故臨濟祖師云：「有一無位眞人，在汝諸人六根門頭，放光動地」是也。

三、欲令衆生悟佛知見故，出現於世。既經如來開示，而衆生自當依教觀心，依理起行，但肯廻光返照，照顧二六時中，見色、聞聲，乃至知法，畢竟是誰？照到日久月深，自有豁然貫通，悟明本來是佛時節，方信聖凡不二，生佛平等。

四、欲令衆生，入佛知見故，出現於世。衆生心光外洩，則名爲出；若肯時時反觀內照，照到一心本源，則名爲入；入無所入，即始覺智，照本覺理，照到惑淨智滿，轉八識成四智，是爲入佛知見道故。此爲如來出世一大事因緣，亦爲諸教總因緣也。

別約本經因緣，交光法師開有十種，今則惟六：一、恃多聞忽定力；二、警狂慧護邪思；三、指眞心顯根性；四、示性定勸實證；五、銷倒想除細惑；六、明二門利今後。

一、恃多聞忽定力：大凡利根之士，好務多聞，不勤定力，於聞、思、修，偏重聞慧，少及思、修，如人說食，終不能飽。故以阿難多聞，誤墮淫室發起大教。觀阿難歸佛所，頂禮悲泣，自述「恨無始來，一向多聞，未全道力」

即定力，故殷勤啓請，十方如來所修，得成菩提之大定；足見多聞無功，不逮修習。後責阿難「汝雖歷劫，憶持如來，秘密妙嚴，不如一日修無漏業，遠離世間，憎愛二苦。」又偈云：「將聞持佛佛，何不自聞聞？」佛爲恃多聞忽定力，故說此經。

二、警狂慧護邪思：世有大心凡夫，見理高妙，自恃天眞，頓指修證，玩留惡習，了不依佛方便之門，屈於欲魔，無力敵苦。如阿難爲摩登伽邪咒所攝，心雖明了，力不自由，賴遇佛頂神咒，方得解脫。故自述見相發心，以佛相好，非欲愛所生爲念，意顯淫愛，爲定門之寃賊；大定，爲破欲之將軍。偈云：「欲漏不先除，畜聞成過誤。」佛爲警狂慧護邪思，故說此經。

三、指眞心顯根性：一切衆生，多皆錯認肉團之心爲心。此心在色身之內，狀如倒掛蓮花，是假非眞，全無作用。人聞此言，必定諍辯不休，曰：「此心能知，又能思慮、分別，何以而說全無作用？」當知此人，先認肉團心爲眞心，是一錯也；今竟認妄想心之功能，當作肉團心之功能，又一錯也。但肉團非眞心易破，若說此心有作用，其心存在，應當皆有作用，何以其人方死，，其心仍在，卽不能思慮分別，卽此可證非眞。　而妄想非眞心難破，因衆生迷執既深，迷根難拔，又非獨泛泛凡夫如是，即權教、小乘，亦皆認識爲心。故阿難請說諸佛所修大定，佛即首告之曰：「一切衆生，從無始來，不知常住眞心，性淨明體，用諸妄想，此想不眞，故有輪轉。」由是乃有二次徵心，三番破識，十番顯見，佛意欲修大定，須以眞心爲本修因，顯眞心，即大定之全體也。故應加徵問，看阿難是否錯認。

佛問阿難：「當初發心，於我法中，見何勝相，頓捨世間，深重恩愛？」阿難答言：「由目觀見，如來勝相，心生愛樂，故我發心，願捨生死。」佛即徵云：「唯心與目，今何所在？」此乃第一次徵心。文似心目雙徵，佛意但是徵心，目不過帶言而已。如是阿難。歷計七處，如來一一斥其咸非。此即三番破識中，首破妄識無處。有人指此文，爲七處徵心者，非也。徵是徵詰，經中如來只有二次徵心。因阿難七計被破，不知心在之處，如來則直指眞心，欲令阿難當下領悟，遂舉手擊拳，且看阿難如何理會；此即同宗門玄示玄提，不落言語文字。如來因恐阿難，鈍根不契，故加審問：「汝今見不？」阿難答言：「見。」又問：「汝何所見？」答言：「我見如來，舉臂屈指，爲光明拳，耀我心目。」又問：「汝將誰見？」答言：「我與大衆，同將眼見。」佛遂徵云

：「汝目可見，以何爲心，當我拳耀？」此卽第二次徵心。

阿難言：「如來現今徵心所在，而我以心，推窮尋逐，卽能推者，我將爲心。」此則分明認妄識爲眞心。佛言：「咄！阿難，此非汝心。」此卽三番破識中，第二番破妄識非心。阿難白佛：「此非我心，當名何等？」佛則告云：「此是前塵虛妄相想，惑汝眞性。」阿難聞佛。發明妄識非心，以爲離此覺知，更無所有，遂生驚怖。佛以此心，離塵無體爲答，令阿難自己勘驗，若離塵有體，卽眞汝心，若離塵無體，斯則前塵分別影事。此卽三番破識中，第三番破妄識無體，不特肉團無有作用，不是眞心，卽使妄想善能分別，亦非眞心。又不特此心，三毒諸惡，思想當除，乃至五種勝善功能，亦復不取。

意識五種勝善功能，皆本經歷述：一、見佛相好，常自思惟，此相非是欲愛所生；二、聞佛聲教，憶持如來，秘密妙嚴，恒不忘失；三、聞法領解，悟妙明心，元所圓滿，常住心地；四、止散入寂，縱滅一切，見、聞、覺、知，內守幽閑；五、界外取證，得滅盡定，受、想不行，成阿羅漢。此五種皆是意識，勝善功能，人所難捨。本經欲修佛定，務將意識剷除，以此心非菩提因故。

經中佛判眞、妄二本，告阿難言：「諸修行人，不能得成無上菩提，乃至別成聲聞緣覺，及成外道，諸天魔王，及魔眷屬，皆由不知二種根本，錯亂修習；猶如煑沙，欲成嘉饌，縱經塵劫，終不能得。一者，無始生死根本：則汝今者，用攀緣心即意識，爲自性者；二者，無始菩提涅槃，元清淨體：則汝今者，識精元明即根性，能生諸緣，緣所遺者。」祇因衆生，遺眞認妄，執妄爲眞，多依妄本而修，現前雖成九次第定，終無實果。第一卷三番破識，破盡無餘，阿難方肯捨妄求眞，求示寂常心性，惟願如來，發妙明心即根性眞本，開我道眼求開圓解，以後十番顯見，即指根性爲眞心。古德云：「顯見即所以顯心者」是也。

先則十番，極顯其眞：一、顯見是心；二、顯見不動；三、顯見不滅；四、顯見不失；五、顯見無還；六、顯見不雜；七、顯見無礙；八、顯見不分；九、顯見超情；十、顯見離見。　後則二見，略破其妄非同破識根本全妄。阿難既求示眞心，如來不得不與指出，若向衆生分上，指出純眞無妄之心，絕對無可指，故只得先帶妄顯眞，後再與剖妄出眞。交光法師，喻明此理甚妙：「阿難認識爲心，如愚人執石爲玉，不肯放棄，佛爲帶妄顯眞，指見是心，如指璞說玉，璞雖是玉，尚有石皮未破，其玉不純，故又爲破同分、別業二種妄見，如剖璞出玉，光瑩煥發矣。」佛爲指眞心顯根性（即如來密因），故說此經。

四、示性定勸實證：凡夫、外道、小乘、權宗，其所修行，各皆有定，而悉無究竟者。何也？以其徒慕眞修，不諳眞本，全用識心，錯亂修習。如經云：「縱滅一切見、聞、覺、知，內守幽閑，猶爲法塵，分別影事。」斯則諸凡夫天，樂修禪而未決擇者，所修八定、寧能出此境界？又云：「分別都無，非色非空，拘舍離等，昧爲冥諦。」則知一切外道，所修之定，亦同用緣影之心。又云：「一切世間，諸修行人，現前雖成九次第定，不得漏盡，成阿羅漢，皆由執此生死妄想，誤爲眞實。」是知，諸小乘人，所用之心，亦非眞實心。又如來咄破識心之後，阿難云：「若此發明，不是心者，我乃無心，同諸土木。兼此大衆，無不疑惑！」大衆應攝權教菩薩，以始教權乘，全取第六識，作我、法二空觀，其所修之定，有入定、住定、出定，亦非究竟堅固之性定。

如上所述，終無實果，凡、外定銷，或降德貶墮，散入諸趣；或從無想外道天，因謗三寶，直入地獄；小雖不墮，了無進境；權雖略進，亦不遠到。推其病源，皆由以生滅心，爲本修因，不能發明不生滅性也。經中阿難請定，如來首先三番破識者，卽是決定，令捨生滅識心，撤去大定之障礙，後乃廣顯見性，不生滅、不動搖，決定令悟自性本定，依眞常根性，成因地心，然後圓成，果地修證。四卷末云：「若棄生滅，守於眞常，常光現前，根、塵、識心，應念銷落。」乃至「云何不成無上知覺？」五卷偈云：「如幻三摩提，彈指超無學。」此皆指示凡、外、權、小，令修眞常性定，得證眞實圓通也。

六卷文殊承命選擇，偈答如來云：「此方眞教體，清淨在音聞，欲取三摩提，實以聞中入。」又云：「此是微塵佛，一路涅槃門。」乃至結云：「但以此根（耳根）修，圓通超餘者，眞實心如是。」以上諸文，皆是曲開巧修之門，指示性定，第八卷如來詳列歷證之位，皆欲導其深入，抵於實果而後已。佛爲示性定、勸實證，故說此經。

五、銷倒想除細惑：良以衆生，元明失照，妄識紛紜，或迷心在身內；或認法居心外；或固執因緣，而繫縛權宗；或謬執自然，而馳騁外計；皆爲倒想，足障眞修。斯經第九番顯見超情，正遣因緣、自然，二種妄情計執。約如來藏不變義，以破因緣；約如來藏隨緣義，以破自然；會四科一一本如來藏，妙眞如性，雙非因緣、自然；融七大文中，一一責爲世間無知，惑爲因緣、自然；皆是識心分別計度，但有言說，都無實義：此皆銷倒想之文也。

但倒想先銷，細惑未盡，雖信諸法唯心，未徹唯心之本源；尚知五大圓融，未了圓融之深故，仍能障乎性定。是故阿難希更審除，早發妙覺，由是滿慈躡前以質二疑：一、疑萬法生續之因，問云：「若復世間，一切根、塵、陰、處、界等，皆如來藏，清淨本然。云何忽生山、河、大地，諸有爲相，次第遷流，終而復始。」二、疑五大圓融之故，問云：「又如來說：『地、水、火、風，本性圓融，周徧法界，湛然常住。』世尊！若地性徧，云何容水？水性周徧，火則不生，復云何明。水、火二性，俱徧虛空，不相陵滅；世尊！地性障礙，空性虛通，云何二俱周徧法界？而我不知，是義攸往。」此二均屬細惑。

如來逐答，以釋二疑。先說不空藏，以示萬法生續之因：因於性覺必明，妄爲明覺，以爲其咎，由是三細俄興，六麤競作，故有世界、衆生、業果三種，始而忽生，終而相續；猶如揑目，亂華發生。後說空不空藏，以示五大圓融之故，喻明性相無礙。文云：「譬如虛空，體非羣相，而不拒彼諸相發揮，五大一一相妄性眞，亦復如是。」相妄，本無生滅，不傾奪則諸礙何成？性眞，先非水火，能合融則萬用齊妙。此二卽是審除。

至滿慈索妄因而擬進修，佛答妄元無因，譬如演若達多，迷頭認影，狂怖妄出，豈有因緣；忽然狂歇，頭非外得，縱未歇狂，亦何遺失？乃至三緣斷故，三因不生，則汝心中，演若達多，狂性自歇，歇卽菩提；勝淨明心，本周法界。阿難躡佛語復執因緣，如來迭拂深情，本然非本然，和合非和合，合然俱離，離合俱非，此句方名，無戲論法。種種委細詳示，方得疑惑銷除，心悟實相：佛爲銷倒想除細惑，故說此經。

六、明二門利今後：惟有圓實教家，方能二門雙具。一、平等門：一心萬法，本原無差，平等一相，心爲大總相法門體，世出世間，凡、聖；染、淨；依、正；因、果，無不從心建立，以心爲體，離心無有一法可得。卽如經中所云：「諸法所生，唯心所現，一切因果，世界微塵，因心成體。」心法雖有二名，其實一體一相，平等無差；如依金作器，器器皆金，器雖成多，金原是一，離金則無器可得；心生萬法，法法唯心，亦復如是，惟有一眞是實，諸妄本空，所有凡、聖；染、淨；依、正；因、果，一切差別之相，了不可得。此卽圓實家，「知眞本有，達妄本空」，非同撥無因果之邪見。二、方便門：於諸法中，分眞、分妄；許破、許顯，乃有迷、悟；修、證，種種差別，良以眞雖本有，而迷之已久，不方便顯之，則終不能見；妄雖本空，而執之已深，不方便破之，則終不能覺；縱了見分明，若不假方便，捨妄從眞，則終不能入。此經乃圓實家，善巧方便，明知迷悟只一途，聖凡無二路，巧從方便門，揀擇眞妄，然後捨妄從眞，及至深心，普融一味，知眞本有，達妄本空，非同權宗，眞、妄條然，迷、悟迥別也。

本經雙具平等、方便二門，當機啓請卽含此義。既請圓融大定，復懇最初方便，故佛逐答三名，或二門雙用，或二門各用，在文可見。奢摩他中，先用方便門，決擇眞妄，於識則三番破其妄，令其決定捨之；於見則十番顯其眞，令其決定取之，了無平等之相。迨眞妄既分，眞體既露，阿難既肯捨妄從眞，若局此眞體，惟在根中，而不與萬法普融，則何以明圓理，而開圓解，成奢摩他微密觀照乎？

故後用平等門，會四科卽性常住，融七大卽性周徧，三種生續，不出一心，五大圓融，全體法界；極於三如來藏，離卽離非，是卽非卽，故屬平等門。無前門則眞妄混淆，何以尅體見眞？無後門則眞妄永隔，何以悟圓入妙？故示性定，必二門雙具也。

三摩中，則專用方便，擇從入之妙門。文云：「阿難，汝今欲令見、聞、覺、知，遠契如來常、樂、我、淨，應當先擇生死根本，依不生滅，圓湛性成，乃至圓成果地修證」。又云：「但於一門深入，入一無妄，彼六知根，一時清淨。」且示結處，獨指六根，選門時，更專一耳，揀擇分明，全屬方便，義顯然也。禪那中，則專用平等，趣圓融之極果。三漸文云：「返流全一，六用不行，十方國土，皎然清淨，譬如琉璃，內懸明月，身心快然，妙圓平等，獲大安隱。」十信之初，卽以此心，中中流入；十向以去，無非法法圓融，全歸平等，義尤著也。

斯經，非特當時會衆蒙益，猶作未來勝緣。二卷，破二顚倒分別見妄之前，如來卽云：「吾當爲汝，分別開示；亦令將來，諸有漏者，獲菩提果。」七大之前，如來又云：「吾當爲汝，分別開示，亦令當來，修大乘者，通達實相。」如是語類，在文非一，良以末法障重，悲念猶深。故文殊選圓，則曰：「堪以教阿難，及末劫沉淪。」　如來辨魔，則曰：「汝等必須，將如來語，傳示末法。」佛爲明二門利今後，故說此經。二起教因緣竟。

甲三　藏乘攝屬　已知此經有大因緣，未審藏乘，何所攝屬？藏有三藏，卽戒、定、慧三學之藏：經詮定學；律詮戒學；論詮慧學。古德云：「三藏從正不從兼，從多分不從少分。」斯經阿難請定，如來答定，正詮定學，雖有少分戒、慧，但是所兼，而爲助定之戒慧而已。經中四重律儀，攝心爲戒，由戒生定，三種漸次，首申戒品，畢護定心。卽如備明七趣，示以三惡劇苦，令其慎惡因而勿犯；示以四善終淪，令其捨樂果而勿貪；無非以戒助定而已。及其詳辨五魔，則警覺外魔窺伺，囑其勿縱邪解，以招致也；闡揚內魔伏藏，囑其勿起邪悟，以引發也，無非以慧助定而已。是知始終皆爲大定，三藏中，屬修多羅藏攝。

乘有二乘，卽大、小二乘。小乘人根機小，志願小，但求利己，獨善其身，速出三界，而了生死；喻如小車，祇能自度，不能度人。大乘人根機大，志願大，能信大敎，解大理，修大行，證大果，自行化他，勇猛精進；喻如大車，旣能自度，復能度人。本經二乘中大乘所攝，以當機所請，純是大乘菩薩行故。第四卷，阿難請求華屋之門，文云：「惟願如來，不捨大悲，示我在會諸蒙暗者，捐捨小乘，畢獲如來無餘涅槃，本發心路。令有學者，從何攝伏，疇昔攀緣，得陀羅尼，入佛知見？」又如來告富樓那，及諸會中漏盡無學，諸阿羅漢云：「如來今日，普爲此會，宣勝義中眞勝義性，令汝會中定性聲，及諸一切未得二空，迴向上乘阿羅漢等，皆獲一乘寂滅場地，眞阿練若，正修行處。」故乘攝別正惟同教一乘，而兼屬別教一乘，又不廢小乘果法戒品，亦可傍兼。三藏乘攝屬竟。

甲四　義理淺深

已知此經，爲大乘教法，未悉義理淺深，分齊如何？文之實曰義；事之主曰理；聖人之設教也，理以統之，義以析之。理者體也，本惟一體，隨機則義有淺深；義者相也，雖有多相，歸本則理無差別。若不悉心研究，何以知分齊之淺深乎？今按本經，先依宗判教，次約論辨義，後會通天台。依宗者，中國向有兩大宗，南有天臺，北有賢首，天台依法華而立宗，判釋如來一代時教，爲藏、通、別、圓四教；賢首依華嚴而立宗，判釋如來一代時教，爲小、始、終、頓、圓五教。

今遵賢宗，先舉五教：一、小教：亦名愚法二乘教；隨機施設，只有七十五法，但說人空，不明法空，惟依六識三毒，建立染淨根本，未盡法源，故多諍論。　二、始教：說諸法皆空，卽空宗。有遮（遣也）無表，未盡大乘法理，故名爲始。　亦名分教，廣談法相，少說法性，卽相宗。有成佛不成佛（說三種人無佛性：定性聲聞，辟支及邪定聚。二種人有佛性：決定聚，與不定聚衆生。），故名爲分。縱少說法性，其所云性，亦是相數，說有百法，決擇分明，故少諍論。　三、終教：說如來藏隨緣，成阿賴耶識，緣起無性，一切皆如，定性二乘，無性闡提，悉當作佛，方盡大乘至極之說，故名爲終，亦名實教。多談法性，少及法相，縱說法相，亦會歸性，以稱實理，故無諍論。　四、頓教。不依地位漸次，亦不說法相，唯辨眞性，五法（名、相、妄想、正智、如如。），三自性（徧計執性、依他起性、圓成實性。），皆空，八識、二無我（人無我、法無我）俱遣，呵教離念，絕相泯心，一念不生，卽如如佛，故名爲頓。　五、圓教：總一法界，性海圓融，緣起無礙，身、毛、塵、剎，互相涉入，重重無盡，十信滿心，卽攝五位，成等正覺，故名爲圓。此但略引，廣如賢首五教儀。

若據五教，顯此經之分齊，經中多談法性，少及法相，縱說法相，亦會歸性。指四科惟是本眞，融七大無非藏性，滿慈究萬法生續之因，如來答一念覺明爲咎；又十二類生，本元眞如，卽是如來，成佛眞體，二乘回心，皆當作佛，大分正屬終實之教。　第四卷云：「狂性自歇，歇卽菩提，勝淨明心，本周法界，不從人得，何藉劬勞，肯綮修證？」　五卷孤起頌云：「是名妙蓮華，金剛王寶覺，如幻三摩提，彈指超無學。」　此則兼屬頓教。　第四卷云：「我以妙明，不滅不生，合如來藏。而如來藏，唯妙覺明，圓照法界，是故於中，一爲無量，無量爲一；小中現大，大中現小（此四義）；不動道場，徧十方界；身含十方，無盡虛空；於一毫端，現寶王剎；坐微塵裏，轉大法輪（此四相）。四義交徹，四相無礙，三藏圓融，會歸極則，不特理事無礙，乃至事事亦皆無礙。第十卷云：「識陰若盡，則汝現前，諸根互用。從互用中，能入菩薩金剛乾慧，圓明精心，於中發化，如淨瑠璃，內含寶月。如是乃超諸位，入於如來妙莊嚴海。」此則兼屬圓教，若以五教攝經，後終、頓、圓三教攝此；若以經攝教，亦可全該，以不廢小乘，果法戒品，兼存始教，八識、三空故也。先依宗判教竟。

次約論辨義。依起信論，從本向末，亦有五重分屬，亦同五教。但五教乃從淺向深，而論文則由深及淺，二者分別耳。論文初惟一心爲本，能攝一切世間法，出世間法。此心卽本經如來藏心，不變隨緣，隨緣不變，能爲一切法所依，不爲一切法所染；法法唯心，體卽法界，此圓教分齊。二依一心開二門，卽該二教。心眞如門：所謂心性不生不滅，離名絕相，畢竟平等，惟是一心，卽心卽佛，亦無漸次，此頓教分齊，始教空宗，亦密說此門；心生滅門；依如來藏有生滅心，如來藏本來不動，本不生滅，隨無明緣，動成生滅，雖成生滅，體卽不生不滅；此卽藏心緣起，不變隨緣，隨緣不變，正屬終教分齊，始教相宗，亦密示此門。

生滅門中，不生不滅，與生滅和合，成阿黎耶識。此識有覺不覺二義：一、覺義：謂心體離念，卽是平等法身，說名本覺。此始教空宗分齊。　二、不覺義：謂不如實知，眞如法一故，不覺心起，而有其念，所起不覺之相，不離本覺之性；依不覺故，生三種相：一業相（即自證分）、二轉相（即見分）、三現相（即相分），乃屬無明不覺生三細。此始教相宗分齊。　依第三現相（即境界相），復生六種麤相，乃屬境界爲緣長六麤：一智相、二相續相（此二屬七識）、三執取相、四計名字相（此二屬六識）、此小教分齊；五起業相、六業繫苦相，此人天分齊；但亦略引，廣如彼文。

若約論文，而明斯經義理淺深，經中所顯根性，卽是識精元明，體通如來藏性。又如來藏清淨本然，周徧法界，隨衆生心，應所知量，循業發現等，大分正齊心生滅門，亦不違前終教分齊。　若會妄歸眞，見與見緣，併所想相，如虛空華，本無所有，此見及緣，元是菩提妙淨明體，與夫妙性圓明，離諸名相等，皆唯性無相，此兼齊心眞如門，亦不違前兼屬頓教。若妙極一心，四義交徹，四相圓融，歷明三藏，不出一心，此兼齊一心本源，亦不違前兼屬圓教。斯經實與華嚴、圓覺，同條共貫，其爲無上甚深之典，故以大佛頂表之。

若以論攝經，正齊心生滅門，兼齊心眞如門，及一心本源；若以經攝論，經中偈云：「見聞如幻翳，三界若空華。」亦兼始教，大乘空宗；又經云：「性覺必明，妄爲明覺，覺非所明，因明立所（業相自證分）；所既妄立，生汝妄能（轉相見分），無同異中，熾然成異（現相相分）。」此齊三細，亦兼始教，大乘相宗。　至若阿難，斷除三界修心，六品微細煩惱，進位於二果，摩登伽女，知歷劫因，貪愛爲苦，一念熏修無漏善故，或得出纏，此齊前四麤；至七趣情想，以論升沈，此齊後二麤，亦不廢小乘人天。斯經具足十法界，攝法周備，超於餘經，次約論辨義竟。

後會通天台。賢首五教與天台四教，二宗判教，雖有四、五不同，應知名異義一，不過開合而已。天臺開賢首之始教，而爲通、別二教，合賢首終、頓、圓三教，爲一圓教。　若會其義，一、小教：但明人空，不說法空，卽臺宗藏教，貪著小乘三藏學者，但證我空之理。　二、始教有二：若約但明諸法皆空義，卽臺宗通教，當體卽空，身心世界，猶如空華夢境；若約廣談諸法差別義，卽臺宗別教，三諦攸分，十界具足。　三、終教：明如來藏隨緣，成一切法，緣起無性，一切皆如，卽臺宗，圓教中雙照義。四、頓教：不說法相，唯辨眞性，絕相泯心，一切寂滅，卽臺宗，圓教中雙遮義。五、圓教：性相圓融，體卽法界，離卽離非，是卽非卽，卽臺宗圓教中遮照同時義。宗雖各立，義無差別，不可分河飲水，各存門戶之見；若執自是他非，不但不明他宗，抑亦不徹自宗。四義理淺深竟。

甲五　能詮教體　已知此經，義理甚深，未審何爲教體？教體者，如來教法所依之體也。本經文殊答世尊偈云：「我今啓如來，佛出娑婆界，此方眞教體，清淨在音聞。」據此，則釋迦以音聲而作佛事，是以音聲爲教體。今依賢首疏起信論，略作四門以明教體：一、隨相門：謂聲、名、句、文，若徒有音聲，而無名、句、文，亦不能成教體，必須聲、名、句、文四法，假實體用，互相資助，不可偏廢，方成教體。如世間風聲、水聲，無有名、句、文，不能詮理，不成教體。按佛在世，說法度生，是以音聲含名、句、文，乃攝假從實，得成教體；如來滅後，紙墨之教，是爲名、句、文，乃以體從用，亦得成教體；今當通取四法聲、名、句、文。爲教體。

二、唯識門：「唯」遮外境，「識」表內心。此按萬法唯識之旨，卽一切教法，亦不離識。一、本質教：乃是如來鑑機既定，應以何法得度，卽從淨識現起，爲衆生說。二、影像教：卽聽者之識，託彼本質教上，而現文義之相，爲己所緣。本質教，如石印石上之文字；影像教託彼所成，如石印所印之文字。二皆不離識，故以唯識爲教體。

三、歸性門：性卽眞如。以上識心無體，唯是眞如。以一切法，從本以來，離言說相，離名字相，離心緣相，畢竟平等，唯是一心，故名眞如。淨名經云：「無離文字，而說解脫」亦此門意耳。此經五陰之色陰，十二處之眼色處、耳聲處，十八界之眼識界、耳識界，一一皆歸如來藏妙眞如性，故聲、色二教，皆以歸性爲教體。

四、無礙門：卽前三門，心、境、理、事，圓融無礙，交徹相攝，而成四無礙法界。隨相門屬境聲名句文屬色聲之境。，唯識門屬心，合之成心境無礙；又前二門屬事，歸性門屬理，合之成理事無礙；又前二門事之與事，隨相不礙唯識，唯識不礙隨相，一塵剖出大千經卷，一塵如是，塵塵皆然，則屬事事無礙。此經四義交徹，四相無礙，三藏圓融，得以無礙爲教體。後二門與臺宗明此經，以如來藏爲體，亦相脗合，五能詮教體竟。

甲六　所被機宜　已知此經，能詮之體，未悉所被何機？聖人設教，本是應機而說，故經稱爲契理契機之教。今按本經，應分通、局。通：卽普被群機，前判此經，正屬終教。終實教意，明一切衆生，皆當作佛。富樓那言：「我與如來，寶覺圓明，眞淨妙心，無二圓滿。」既然生、佛無二，則一切衆生，本來是佛，衹因迷此無二之體，故爲衆生。此經乃阿難請問，得成菩提之法，凡有心者，皆當作佛，蠢動含靈，皆有佛性，何機不當被哉？局、卽揀擇當機。以通中攝機雖廣，受益難齊，但根深者，卽得悟入，淺者衹能信解，都無夙根者，不過結緣成種，論益則屬遠因緣，故當揀擇，尋常揀去非機，此則揀擇乎當機也。

此經既屬終實教意，自是歎大褒圓，引小入大之教。經云：「如來今日，普爲此會，宣勝義中眞勝義性。」又偈云：「此阿毘達磨，十方薄伽梵，一路涅槃門。」皆意在接引小乘，趣入大乘也。又阿難當機，示居有學聲聞之位，佛云：「汝先厭離聲聞緣覺，諸小乘法，發心勤求無上菩提。」皆回小向大之明證也。

先明小乘四類：一、回心聲聞。經云：「汝等若欲捐捨聲聞，修菩薩乘，入佛知見，應當審觀，因地發心，與果地覺，爲同爲異。」二、並爲緣覺。經云：「哀愍會中，緣覺聲聞，於菩提心未自在者，開無上乘，妙修行路。」三、並及有學。經云：「令有學者，從何攝伏疇昔攀緣，得陀羅尼，入佛知見？」四、兼爲定性，經云：「令汝會中，定性聲聞，及諸一切未得二空，回向上乘阿羅漢等，皆獲一乘，寂滅場地。」以上四類，皆此教之當機衆。

次明帶病四類：一、認識爲心。以攀緣心爲自性者，不知常住眞心，用諸妄想。二、恃聞忽定。阿難白佛：「自我出家，恃佛憍憐，求多聞故，未證無爲」。三、求他加被。經云：「自我從佛，發心出家，恃佛威神，常自思惟，無勞我修，將謂如來惠我三昧，不知身心本不相代」。四、恃性忘修。知眞本有，達妄本空，自恃天眞，頓捐修證，不知眞雖本有，不方便顯之，則終不能見；妄雖本空，不方便破之，則終不能覺。以上四類，尋常指爲非機，皆揀其病而去之，今則亦揀列乎當機，其故何也？以此經乃對症之良藥，正治此之四病，故以阿難發起，示居小位，示現諸病，引發如來，應機施教，故知阿難乃大權示現，既爲發起衆，又屬當機衆，正爲衆生作弄引耳！六所被機宜竟。

甲七　宗趣通別

已知此經，被機之廣，未悉何爲宗趣？賢首云：「當部所崇曰宗，宗之所歸曰趣」。具通、局二門，通指一代時教，局約本經，一代時教，不出權實，今以總意分之，權乘多重修成，動張因果，則因即宗，而果即趣；圓實多重性具，首明悟入，則悟即宗，而入即趣也。此經若就通中圓實，以取宗趣，則以悟明心地爲宗，證入果地爲趣。經中如來破識顯根，顯此根性不生不滅，即爲楞嚴定體，要阿難徹底悟明此性，取以爲因地心；依此不生不滅，爲本修因，躡解起行，證入果地也。

局約本經，亦分總、別。總以圓定爲宗，極果爲趣。阿難所請妙奢摩他、三摩、禪那，而如來所示三如來藏心，即性具圓融大定，詎非一經之所宗乎？阿難所請，十方如來，得成菩提，而世尊示以一門深入，圓修之法，中中流入，結示入於如來妙莊嚴海，圓滿菩提，歸無所得，即十方佛究竟極果，詎非一經之所趣乎？若明別意，以定宗趣，依交光法師，根據本經，應有六對：謂破、顯；偏、全；悟、入；體、用；行、位；分、滿也。皆先宗後趣，又皆以前對之趣，作後對之宗，復起其趣也。

一、破顯對：徵破識心爲宗，顯發根性爲趣。文中備破三迷：一、破妄識無處；二、破妄識非心；三、破妄識無體。不特破除緣慮分別，惑亂眞性，且將意識，五種勝善功能（見前）悉舉而破之。迨阿難悟妄求眞之後，乃與顯發根性，即約眼根十番極顯其眞，二見（別業同分）略破其妄。顯眞處，如指璞說玉，破妄處，如剖璞出玉，意令其捨識用根也。

二、偏全對：偏指根性爲宗，全彰三藏爲趣。此躡前所顯根性，雖偏就眼根，以明見精圓妙，一根如是，根根皆然，根性無非藏性，若偏執藏性獨在有情，則非圓妙，要知此性，情與無情，本同一體，故佛自近及遠，全彰四科七大爲空藏；十相（無明、三細、六麤。）、三續（世界、衆生、業果三種相續不斷。）爲不空藏；四義三藏爲空不空藏，意令由偏及全也。

三、悟入對：圓悟華屋爲宗，求門深入爲趣。此亦躡前所彰藏性，喻如華屋，必得其門而入；即阿難大開圓解之後，繼請圓修也。

四、體用對：證圓通體爲宗，發自在用爲趣。此亦躡前一門深入，解六結（動、靜、根、覺、空、滅。）而越三空（人空、法空、俱空。）；即證圓通體，獲二勝（上合諸佛慈力，下同衆生悲仰。）而發三用（三十二應、十四無畏、四不思議。），即發自在用。

五、行位對：運圓定行爲宗，歷圓因位爲趣。此亦躡前圓通大用，無非圓定行，卽無作妙行也。能利衆生，能取佛果，依此妙行，上歷圓因五十五位，眞菩提路，而趣妙莊嚴海。

六、分滿對：分證諸位爲宗，圓滿菩提爲趣。此亦躡前圓因之位，必經歷分證諸位，覺行圓滿，始證大圓滿覺，無上菩提。一經宗趣，由破而顯，由顯而悟，由悟而入，由入而深，由深而極，行布分明。又云：「如幻三摩提，彈指超無學。」及第十卷云：「如是乃超十信、十住、十行、十回向、四加行心、菩薩所行金剛十地、等覺圓明，入於如來，妙莊嚴海。」又極圓融，正所謂行布不礙圓融，圓融不礙行布。七宗趣通別竟。

甲八　說時前後　已知此經，宗趣圓極，未悉說自何時？諸家註疏判時不一，亦各有據。今先明賢首三時，後再審定。三時者：一、日出先照時：爲圓頓大根衆生，轉無上根本法輪，名直顯教；令彼同教一乘人等，轉同成別，如日初出，先照高山，卽華嚴梵網會也。　二、日昇轉照時：爲下、中、上三類衆生，轉依本起末法輪，名方便教；令彼三類人等，轉三成一，如山地有高下，故照有先後，於此一時，照有三轉：初轉時，爲下根衆生，轉小乘法輪，名隱實教。令彼凡夫外道，轉凡成聖，如日昇初轉，照於黑山，卽提胃阿含會也。　中轉時：爲中根衆生，轉三乘法輪，名引攝教；令彼三乘人等，轉小成大，如日昇中轉，照於高原，卽方等深密會也。　後轉時：爲上根衆生，轉大乘法輪，名融通教；令彼三乘人等，轉權成實，如日昇後轉，普照大地，卽妙智般若會也。　三、日沒還照時：爲上上根衆生，轉攝末歸本法輪，名開會教；令彼偏教五乘人等，轉偏成圓，如日將沒，還照高山，卽法華、涅槃會也。以上三時，共有五會，與天台五時，若合符節。

今按此經，義理因緣，通於前後，未能的指何時，若據彈斥經義，應屬方等會。經云：「汝等狹劣無識，不能通達淸淨實相，吾今誨汝，當善思惟，無得疲怠妙菩提路。」　又告阿難言：「汝先厭離聲聞緣覺，諸小乘法，發心勤求無上菩提，故我今時，爲汝開示第一義諦，如何復將世間戲論，妄想因緣，而自纒繞。」此皆彈偏斥小，意令捨小入大之文。

若據匿王年齡，應屬般若會。匿王與佛同年，經中匿王自述：「變化密移，我誠不覺，寒暑遷流，漸至如此，於今六十又過於二。」佛六十二歲，正說般若之中。　若據小乘求成佛道，諸聖各說本門，耶輸已蒙受記，善星琉璃事迹，則此經應在法華之後。據上諸文，皆以本經爲證，不得別判一時，須知說不一時，通前後際，結集者，類爲一聚耳，何必强判，以滋諍論？如定欲判屬，則應從多分之經義，判歸中轉時，方等會。八說時前後竟。

甲九　歷明傳譯　分四　**乙初　主譯人　二　譯語人　三　證譯人　四　潤文人　今初**

唐中天竺沙門般剌密諦譯

唐，是朝號，紀時也。按譯經圖記，此經翻譯在唐朝，則天罷政，中宗嗣位，神龍元年，五月二十三日（此應是開始譯經日）。中天竺，是譯主生處。天竺乃西域國之總名，譯爲月邦，有聖賢繼化，如月照臨。地當南閻浮提中心，卽今之印度，有九萬餘里，分東、西、南、北、中五區，共七十餘國。師乃中天竺人，未詳何國。

沙門，乃出家修道者之通稱也，此云：勤息，謂勤修戒定慧，息滅貪瞋癡。又云：「識心達本源，故號爲沙門。」是則沙門二字，故不易稱，若不修戒定慧，未斷貪瞋癡，一心本源未達者，皆愧稱爲沙門也。譯主則堪當此稱。

又有四種沙門：一、勝道沙門，修行證果者。二、說道沙門，宏法利生者。三、活道沙門，持戒修身，以道自活者。四、汚道沙門，不持戒律，敗壞佛門者。譯主則屬前三種。

般剌密諦，譯主別名，此云極量，乃才智俗也。譯者，易也。翻梵字爲華文，翻梵音爲華語，所以有翻字、翻音之別。西域語字，與此全殊，若觀梵本，音字俱不翻，非惟不知其語，兼亦不識其字。須先隨其音，以此方之字易之，名爲翻字，方可讀之，但同密咒，翻字不翻音，仍不知其爲何等語，必須兼通兩國言音者，一一變梵音爲華語，謂之音字俱翻、如諸經文，可以識言詞明義理也。

特科爲主譯者，乃譯場之主也。此經藏於龍宮，因龍勝菩薩，至龍宮說法，見龍藏中，有此一經，披閱之下，歎爲希有，特默誦而出，以利閻浮衆生，錄呈國家，亦視爲希有之法寶，藏諸國庫，禁傳諸國。此經未來，盛名先至，因有梵僧，見智者大師，所立三觀，謂與彼國楞嚴經意旨相符，由是智者西向拜求（天台山之拜經台仍在），一十八年終未得見。譯主志益此方，初次匿經東來。被守邊官吏查獲，不許出國，而宏法之願愈堅，精進愈力，乃用極細白㲲，書寫此經，剖膊潛藏，迨瘡口平復，再請出國，關吏搜查不著，乃得航海而來，於唐神龍元年達廣州，適房相謫在廣州，知南銓事，請於制止寺，剖膊出經，譯成速回本國，以解邊吏之難。因譯主潛藏出國，國王罪責守邊官吏，故速回，願以自身承當其罪。　夫譯主冒禁艱苦，不惜身命，正所謂重法輕身，功莫大焉！我國衆生，均沾法施，雖功成身退，未可忘其功，而泯其名，故宜首標，以重元勳也。

乙二　譯語人

烏萇國沙門彌伽釋迦譯語

烏萇國名，奘傳名烏仗那，華言苑，即阿輸迦王之苑囿也。舊稱烏場，在北天竺。　彌伽釋迦，此云能降伏。譯語，即翻音，將梵音變成華語，定言詞成章句，厥功亦偉，故宜並列焉。

乙三　證譯人

羅浮山南樓寺沙門懷迪證譯

古本有證譯人名一行，今爲加入。羅浮乃山名，在廣東省，爲名山之一；南樓寺迪師所住之處。迪者，進也，其師字以懷迪，取其常懷精進之意。證譯者，謂於音字之中，總爲參詳校正。以師久習經論，備諳梵語，前二師雖兼美華文，以乍來此方，恐未盡善，經師證明，可謂盡美盡善，亦未可泯其功也。

乙四　潤文人

菩薩戒弟子，前正議大夫，同中書門下平章事，淸河，房融筆受。

菩薩戒者，大乘戒法，十重、四十八輕，通在家者受之。梵網經云：「欲受國王位時，百官受位時，應先受菩薩戒，一切鬼神，救護王身，百官之身。」房相遵之，以菩薩爲兄，以佛爲父，故稱弟子，此法衔也。下乃世職，前者，先也；正議，史稱正諫，乃言官之名；大夫者，大正風化，扶樹人才，有維持世道，舉薦賢能之責。

同中書門下：同者，兼也。中書門下，二俱內省，左、右相府之名。中書省，多掌王言；門下省，多出政事，融乃權兼兩相，故曰同，又僚佐非一，同預其事也。平章事者：平，均也；章，顯也；書云：「平章百姓。」卽均理政務，顯彰法度。事，卽政務法度之事。淸河地名，房相梓里也。融子房琯，父子俱相；而融事略出瑣之傳文。

筆受者：秉筆確定文字，翻字翻音之後，委問華梵相當，然後下筆，亦譯場分職專司之名。正脈科爲潤文人，以宰輔之才，潤色斯經，使文義雙美，故楞嚴語句文法，爲諸經冠。房相與此經宿有因緣，初請譯，次筆受，再潤文，後則奏入內庭，雖未得卽時頒布，後爲神秀入內錄出，復得家藏原本，卒致流通，盛行宇內；然融不特有功於此經，實大有功於此土衆生。九歷明傳譯竟。

甲十　別解文義 分三　**乙初　序分　二　正宗分　三　流通分**

此三分，始於道安法師，證於親光菩薩佛地論，亦有三分之意：一、起教因緣分；二、聖教所說分；三、信受奉行分；與道安法師全同，故後代法師皆依之。

乙初 分二　**丙初　證信序　二　發起序　丙初　又二　丁初　先明五義　二　廣列聽衆　今初**

先明五義者：卽信、聞、時、主、處五義，加聽衆則六種成就，證明此法可信，故曰證信序。

如是我聞，一時，佛在室羅筏城，祇桓精舍。

如是乃指法之辭，我聞明授受之本；卽指此經如是十卷玄文，乃我阿難親從佛聞，由佛傳授而我領受也。　又如是者：信順之辭，卽信成就；信則言如是，不信則言不如是。當時阿難結集經時，大衆請云：如尊者所聞，當如是說！阿難答言：如是當說如我所聞；皆信順意。信爲道源功德母，長養一切諸善法。諸佛因地，皆由信生解，依解立行，因行得證，無上道果，故信爲佛道之根源。又信爲五根之首，信根旣具，一切功德，由信而生，故爲功德母；一切善法，亦由信而得增長，故六種成就，以信爲第一，是爲信成就。我聞；卽聞成就。我之一字，有四種不同：一、凡夫妄執之我；二、外道妄計神我；三、菩薩隨世假我；四、如來法身眞我。今阿難稱我，乃隨順世間，假名稱我也。聞者，從耳根發耳識，聞佛聲教，由耳達心，故能記憶。佛以一切衆生，咸認肉耳能聞，故不曰耳聞，而教稱我聞者，有深意焉。我聞按本經如是聞性，是心非耳，由根中不生滅之聞性，託根聞法。肉耳實無聞法功能，故曰我聞。

如是我聞，有四義：一、斷衆疑：因阿難結集經藏之時，一陞法座，相好同佛，衆起三疑：1.疑佛再來？2.疑阿難成佛？3.疑他方佛來？至阿難高唱，如是我聞，三疑頓息。　二、秉佛囑：佛將入涅槃，阿那律陀教阿難，問佛四事：1.佛在世我等依佛而住，佛滅後我等依誰而住？2.佛在世我等依佛爲師，佛滅後我等依誰爲師？3.佛滅後結集經時一切經首，當安何語？4.惡性比丘，佛滅後如何處之？佛答：1.依四念處住。2.以戒爲師。3.當來結集經時，一切經首當安如是我聞、一時，佛在某處，與某某大衆俱。4.惡性比丘，默而擯之。三、息諍論：以阿難位居初果，德業不及羅漢，何況上位？若不曰我聞，必滋諍論。今曰如是我聞，以如是之法，乃我從佛所聞，衆知阿難多聞第一，由耳達心，永不忘失，故息諍論。　四、異外教：外道經首，皆安阿憂二字，阿者無也，憂者有也；以其有無不決，故安此二字。佛囑安六緣成就，所以異也。以上皆就事解釋。

今更約理解釋，如是之法，按本經，如來藏妙眞如性爲如，如者不動之義，藏性徧滿虛空，充塞法界，湛然凝然，如如不動。　一切事究竟堅固爲是，是者無非之稱，將一切事相之法，悉心窮究，究到畢竟之處，卽所謂徹法流之源底，全事卽理，全相皆性，堅固不壞，無一物不是我心，無一法不是我體。

我聞：約理卽以無我之眞我，起不聞之眞聞，聞如是之法，法法皆如，法法皆是，唯一如來藏性，爲此經之理體，是爲聞成就。　一時：卽時成就。世事會合，尙待昌期，大法弘宣，豈無嘉運？蓋必假良時，方成法益，師資道合說聽始終，謂之一時：不能定指何時：一、以華夏印度，紀曆不同故；二、以楞嚴一經，通前後際故：是爲時成就。

佛者：主成就，佛是說法主故。梵語佛陀，譯爲覺者，乃大覺悟之者。今按本經，約實教意釋之，覺有三義，作二種解釋：一、本覺、始覺、究竟覺；謂依根中所俱，不生不滅之本覺理體，起始覺智照，迴光返照，照到惑盡智滿，始覺智與本覺理合，成究竟覺之極果，名之爲佛。 二、自覺、覺他、覺滿；謂自己覺悟，本來是佛，祇因迷故，而爲衆生，猶幸雖迷，而佛性不失，而此生滅身中，自有不生不滅之佛性。既自覺已，以此大乘之理，輾轉化他，覺悟一切有情，智悲雙運，自他兩利，三覺圓滿，自覺慧滿，覺他福滿，福慧滿足，萬德具備，超九界以獨尊。自覺異凡夫，則超六凡法界；覺他異小乘，則超二乘法界；覺滿異分證，則超菩薩法界；得阿耨多羅三藐三菩提，名之爲佛。

佛是十種通號之一，乃指本土娑婆教主，卽中天竺迦毘羅國，淨飯王太子，十九歲出家，三十歲成佛，號釋迦牟尼，是爲主成就。

在室羅筏城，祇桓精舍：處成就。上句是所化處，下句爲所住處。在者住也。佛有三身：一、法身佛，無在無所不在，以法身無相，故無所在；以法身遍一切處，故無所不在。經云：清淨法身，猶若虛空，亦無在無所不在。二、報身佛，有無量相好莊嚴，在蓮華藏世界。三、應身佛，乃應衆生之機，所示現之身，或在靈鷲山，或在竹林園，今在室羅筏城，祇園精舍，以示迹此處，無論久暫，去來行止，皆名爲住。

室羅筏城，卽憍薩羅國都城，因有二國同名，故以帝都見稱，乃波斯匿王所都也。譯爲豐德，舊云國豐四德，五欲（色、聲、香、味、觸，五塵欲境。）、財寶、多聞、解脫四皆豐足故。余以財寶五欲，不足稱德，乃將豐德二字，分而釋之。謂地多五欲財寶之豐，人有多聞解脫之德，故名豐德。祇者，具云祇陀，亦云逝多，譯爲戰勝，乃匿王太子名。以其生時，適王戰勝他國，奏凱回朝，賜以是名，以誌喜也。桓卽是林。精舍，乃須達多長者，爲佛建立，以供衆僧，精修梵行之舍。今連祇桓並稱者，以林是太子布施，舍乃長者所建，存其功永留盛事。有他經，稱祇樹給孤獨園。祇樹，卽祇陀林中諸樹；給孤獨，乃須達多長者之善名。長者家財大富，生平樂善布施，常以財物，周給孤獨之人，故得是名。園本祇陀太子之花園，長者欲請佛說法，乃與商買。太子戲曰：卿財富無量，能以金磚布滿園地，卽算卿買。長者卽毅然運金磚以鋪之，太子止之曰：前乃戲言耳。長者曰：今日之殿下，他日之君王，君無戲言，詎可失信？迨金磚布滿，太子曰：我當與卿，共成供養佛僧功德，長者不允。太子曰：園地金磚鋪徧，自當屬卿，而樹根金磚鋪不到，自當屬我。長者只得承允。太子自起門樓，請佛出入，故曰祇樹給孤獨園。楞嚴大法得此勝地，可以宏宣，是爲處成就。合上信聞時主處，初先明五義竟。

丁二　廣列聽衆　分三　**戊初　聲聞衆　二　緣覺衆　三　菩薩衆**

戊初分三　**己初　據迹標數　二　顯本歎德　三　列上首名　今初**

與大比丘衆，千二百五十人俱。

此第六衆成就，上先明五義證信，此引衆證信。與者共也，結集者，謂如是之法，非我獨聞，乃共一千二百五十人，俱在同聞也；并有無量辟支，恆沙菩薩，亦所共聞，具足六種成就，證明是法可信。

大比丘，大具三義：謂大、多、勝。大者揀非小德，天王大人，所敬仰故；多者揀非寡解，內外典籍，無不博通故；勝者揀非劣器，超出九十六種外道故。

比丘梵語，即五不翻中多含不翻，以名含三義故：一、乞士：外乞食以養色身，內乞法以資慧命；二、破惡：麤破身口七支之非，細破三界見思（界內煩惱也）之惡；三、怖魔：謂比丘登壇受具足戒，得三師七證作法，白四羯磨竟，名爲得戒，成比丘性，入僧寶數。當時地行羅刹高聲唱言：善哉！善哉！此處有正信男女，如法出家，受具足戒，當使人天增勝，修羅減損，於是空行夜叉，天行夜叉，輾轉讚美，聲傳第六天。魔王聞已，心生恐怖，以彼貪着塵勞，不捨生死，恐出家人衆，則佛界增多，魔界減少。

衆者：梵語僧伽，此云和合衆。和合有二：一、理和：謂同證擇滅無爲；二、事和有六：謂戒和同修；見和同解；利和同均；身和同住；口和無諍；意和同悅。衆乃四人以上之稱，所以一比丘不名僧，二三比丘，亦不名僧，四比丘同住，方作一切如法僧事。惟除自恣、授具、出罪三種羯磨，若五比丘同住，卽可自恣，亦可邊方授具，若十比丘同住，皆可授具。若二十比丘同住，則一切羯磨可作，至此則舉類皆是大比丘衆。　千二百五十人俱：此標數也。先度鹿苑陳那等五人，次度三迦葉兼徒一千人，次度舍利、目連師徒各一百人，次度耶舍等五十人，共一千二百五十五人，今略去零數。此等皆先修異道，勤苦無獲，遇佛得益，感恩常隨，俱卽不離也。初據迹標數竟。

己二　顯本歎德

皆是無漏大阿羅漢。

此顯大比丘過去之本。佛子住持，至越諸塵累止，乃據本歎德。衆皆內秘大心（即菩薩）之行，外現聲聞（聞聲修道證果之阿羅漢）之身。無漏大阿羅漢之名，雖同常途，下十二句所歎之德，實異二乘。今歎千二百五十五人，位位皆是不漏落於生死，故曰無漏。　漏有三漏：謂欲漏（欲界煩惱），有漏（上二界煩惱），無明漏（三界無明）也。有此三漏生死之因，必漏落於三界，而受生死之果，今下句是大阿羅漢，則第三漏當併指界外無明。正脈云：「二乘無漏，方超三有（即三界）；菩薩無漏，更越三空。」一大阿羅漢，是前大比丘之果，亦含三義：曰應供、殺賊、無生。既曰大阿羅漢，三義亦與小乘不同，小乘應供，止於天上人間，大阿羅漢，則通世出世間；小乘殺賊，只斷見思煩惱（界內煩惱）之賊，大阿羅漢則界外無明亦得分斷；小乘無生，但出界內分段生死，大阿羅漢，則變易生死亦將垂盡。　又小乘取證偏眞，沉空滯寂，不肯回小向大，名定性阿羅漢，今大阿羅漢，迹雖同於二乘，本實在是菩薩，內秘外現，助揚佛道，故歎德皆約本歎。

佛子住持，善超諸有，能於國土，成就威儀。

此下十二句，歎實德迥異二乘，顯然菩薩作略；此四句歎自利之德體。佛子，非指羅睺羅，乃指內秘外現，堪稱佛子。卽法華經所云：「從佛口生，從法化生（故有子義），得佛法分，堪紹佛種」者。住持有二釋：一、住法王家，持秘密藏；二、住首楞嚴三昧，持如實行修證，不變隨緣，示入生死，不同定性；隨緣不變，不染塵勞，不同凡夫。下三句卽稱性作用。善超者：不同二乘，斷盡見思，灰身泯智，超出三界，不敢復入，如此雖超非善。今大阿羅漢，不捨塵勞，而作佛事，卽諸有而超諸有（卽三界二十五有），不爲諸有生緣所縛，來去自由，謂之善超。能於國土（土應讀度字音），成就威儀者，承上善超故能，非同尋常小聖，入滅盡定，形如稿木，心似死灰，尚無運用之能，那有威儀之事？今顯住楞嚴大定，，從體起用，故能於同居國土，塵勞之內，三業無虧，六塵不染，有威可畏，有儀可象，所謂卽定而動，卽動而定。此歎定德也。

從佛轉輪，妙堪遺囑；嚴淨毘尼，弘範三界；應身無量，度脫衆生；拔濟未來，越諸塵累。

此八句，歎利他之德用。從佛轉輪者：非徒隨從佛之左右，執持巾瓶，乃是依從佛之軌轍，助轉法輪也。法以輪稱者，謂輪有摧碾之功，喻佛法能摧碾衆生麤細煩惱；又輪有運載之義，喻佛法能運載衆生，速出昏衢，直登覺地。妙堪遺囑者：以智慧深妙，能代轉法輪，助揚佛化，故堪受如來遺命，囑累宏法利生事業，非若趣寂聲聞，智悲並劣，如世老人，不堪遺囑：此歎慧德也。

嚴淨毘尼者：毘尼戒律之總名，此云善治。嚴以治身口，淨以治心意，嚴謂嚴緊，非但大戒當持，卽小戒亦不得犯，如一星之火，能燎須彌之山；淨謂清淨，不僅諸惡能斷，若有能斷之心未忘，不足稱淨，必須斷性亦無，方爲淨心，此則於事戒則嚴，於道戒則淨也。又嚴則止諸惡，卽攝律儀戒；淨則作衆善，卽攝善法戒。弘範三界者：弘大也，範乃師範。涅槃經云：「戒是汝等大師。」又持戒清淨，自行化他，能爲三界人天之大師，卽饒益有情戒。三聚無虧，三學具足：此歎戒德也。

應身無量，度脫衆生四句，正明上之三學，不唯自度，實欲普度衆生。以衆生機多類廣，其數無量，若欲度脫，應機示現之身，亦當無量。如觀音菩薩，上合十方諸佛，本妙覺心，與佛如來，同一慈力，隨類現身，應以何身得度，即現何身，應以何法得度，即說何法，普度衆生，同出愛河，誕登彼岸；即大菩薩，普現色身三昧，一身不分而普現，萬機咸應以無遺，無作妙力，自在成就：此歎慈德也。

拔濟未來，越諸塵累：謂非特現在，分身塵剎，度脫衆生，乃至盡未來際，皆以三學，拔濟羣苦，謂衆生陷於見愛煩惱汚泥，不能得出，則拔之令出，而置菩提正路；滯於分段生死此岸，不能得離，則濟之使渡，而登涅槃彼岸；超越塵勞之羈累，出於五陰三界之牢獄，內脫身心，外遺世界，得大解脫：此歎悲德也。二顯本歎德竟。

己三　列上首名

其名曰大智舍利弗、摩訶目犍連、摩訶拘絺羅、富樓那彌多羅尼子、須菩提、優婆尼沙陀等，而爲上首。

此列學常隨衆，上首六名。梵語舍利弗，譯爲鶖子，鶖即鶖鷺，乃是鳥名，其母眼目明利，似彼鳥故。弗即子也，心經譯舍利子，舍利是其母名，言舍利所生之子也。在胎即能寄辯母口，出胎甫七歲，即辯勝論師，深本已證金龍佛位，倒駕慈航，助揚法化。阿含云：「我佛法中智慧無窮，決了諸疑者，舍利弗為第一。」故以大智稱之。

摩訶目犍連，摩訶此云大，目犍連此云采菽氏，姓也。先人入山修道，采菽而食，因以命族。采菽氏，從佛出家者多人，故加一大字以別之。本名拘律陀，此云無節樹，父母無子，禱此樹而生，即以名焉。阿含云：「我佛法中，神通輕舉，飛到十方者，目犍連為第一。」

摩訶拘絺羅此云大膝，即舍利弗母舅。平日與姊論議輒勝，自姊懷孕以來，論不及姊，知在胎必是智人，寄辯母口。自念若甥出世，為舅者論不及甥，豈不大愧！由是發憤，往南天竺讀十八經，四韋馱典（是名智書），無暇剪爪，世稱長爪梵志。學畢回國，欲與甥辯，姊云：「他已從佛出家。」乃往佛所索甥，佛令立論，謂若辯勝，當還汝甥。彼心中暗喜，所學智書，今日正好在此一顯本事。但自負心太勝，與佛立約云：「若我辯屈，自願斬頭。」佛即問曰：「汝以何為宗？」乃曰：「我以一切法不受為宗。」佛曰：「還受是見否？」自思：若受是見，自宗相違（以自立不受為宗故）；若不受是見，自宗則壞（自已還同眾見，不應立不受宗。），兩頭俱墮，理屈詞窮，遂即逃走。走至中途，心思大丈夫一言既出，自當踐約，乃返佛所，謂言：「請取刀來，斬我頭去。」佛曰：「我法無如是事。」即向佛謝罪，求度出家。阿含云：「我佛法中，得四辯才，觸問能答者，拘絺羅爲第一。」

富樓那彌多羅尼子，富樓那此云滿願，父名；彌多羅尼，此云慈女，母名。雙兼父母爲名，簡稱滿慈子。阿含云：「我佛法中，善能廣說，分別義理者，滿慈子爲第一。」

須菩提此云空生，因生時，其家庫藏財寶忽空，故以名焉；未幾庫藏復現，又名善現。其父往卜吉凶，卦占既善且吉，故又名善吉。常修無諍三昧，過去刼中，已證青龍佛位，深本難思，佛弟子中，解空第一。優婆尼沙陀，此云塵性，因觀塵性空，而得道果。本經自陳圓通云：「觀不淨相，生大厭離，悟諸色性，以從不淨，白骨微塵，歸於虛空，空色二無，成無學道，如來印我名尼沙陀。」餘衆不能列擧，以一等字該之。而爲上首者，而爲衆中上座首領也。初聲聞衆竟。

戊二 緣覺衆

復有無量辟支無學，幷其初心，同來佛所，屬諸比丘，休夏自恣。

復有，復字去聲，不獨聲聞在座，更有無量辟支，雲集而來。梵語具云辟支迦羅，名含二義故不翻。今簡稱辟支，一譯緣覺，二譯獨覺。出有佛世，禀佛所說十二因緣教，緣斷證眞者，名爲緣覺；出無佛世，樂獨善寂，求自然慧，覽物觀化，覺悟無生者，名爲獨覺。　若約佛世，應惟緣覺，今以他方雲集，許有獨覺。慈恩云：「釋尊出世，五百獨覺，從山中來。」此出無佛世，住世侍佛者。仁王經云：「八百萬億緣覺大仙，皆來集會。」　無學者：果滿取證，眞諦涅槃，而於界內，堪稱無學。言無量者：極表其數之多也。

幷其初心同來佛所，幷者幷及，初心卽初發心，或依因緣觀，研眞斷惑，或寂居觀化，求悟無生，諸有學人也。師來資隨，師資道合，同來佛所，乃雲集衆，非同前之常隨衆也。　屬諸比丘，休夏自恣，屬者附屬：此二句陳述辟支來意，爲値遇休夏之時，要附屬諸比丘，作自恣法耳。諸比丘，指常隨衆；辟支師資，外來參加。

休夏者：止夏也，又竟也。佛制比丘，結夏安居，九旬禁足，一爲結制辦道；一爲護生避嫌。休夏，卽九旬限滿，結夏休止之時，亦爲解夏，亦稱解制。當此夏竟，佛制七月十五日解制，考劾九旬德業，作自恣法。孤山曰：「自恣律開三日：七月十四、十五、十六也。」自恣者：自知己過，自行陳說；自不知過，恣任僧擧任他僧檢擧其過。。對衆白言：「大德長老！或見我過，或聞我罪，或疑我犯，恣任所擧，哀愍語我，我當懺悔。」故曰自恣。恐有瑕玼卽玷淸衆。

此經雖爲大乘了義之敎，本科辟支初心，俱屬當機之衆。經云：「哀愍會中，緣覺聲聞，於菩提心，未自在者，開無上乘，妙修行路。」又云：「令有學者，從何攝伏，疇昔攀緣，得陀羅尼，入佛知見？」皆欲令其回小乘心，向大乘道也。二緣覺衆竟。

戊三　菩薩衆　分二　己初　自恣先集衆　二　聞音後至衆　今初

十方菩薩，咨決心疑，欽奉慈嚴，將求密義。

自恣之時，不僅辟支咸集，而十方菩薩，亦來預會。菩薩解見題中。咨謂咨問；決求決斷；心疑卽心中之疑。菩薩於大乘律儀，未能心無疑慮，故當休夏之期，而來咨問於佛，請求決斷也。屬諸比丘，休夏自恣二句，可以連上辟文，及此菩薩，皆雲集而來，附屬法會也。

欽奉慈嚴，將求密義者：上咨決心疑是一事，此將求密義，又是一事。欽奉：是欽承奉事，敬順無違之義，乃表菩薩之心。慈嚴：是慈悲嚴肅，恩威並著之稱，用顯如來之德。將求：是欲求未求，存諸心，而未形於口也。密義：有二釋：一、即祕密之義，菩薩志在菩提，自是理趣冲深，故稱密義，而曰將求者，待自咨法竟，乃行請求。二、即密因了義，以爲悟修之本，不可不求，而云將求者，正是心有所待也。此菩薩爲密機，亦楞嚴發起之衆，故經中如來鑒機施化，因阿難示墮，而與說如來密因，修證了義，亦密應菩薩之求，正見感應道交之妙也。

即時如來，敷座宴安，爲諸會中，宣示深奧，法筵清衆，得未曾有！

此段有二釋：一、約自恣法會解釋：即時者，即自恣時也。如來應時及節，自敷尼師壇具於座；宴者，恬然寂靜之貌，安者安處不動之儀。爲諸自恣法會之中，常隨雲集大衆，作自恣法會，羯磨之法，以除三乘聖賢之過罪心疑，即宣示深奧之義。法筵清衆：筵者席也，謂法席海衆，而曰清者，即三業無虧，六塵不染，過罪既除，心疑已釋，各皆歡喜，得未曾有！

二、約將求密義解釋：即時者，即意請時也。如來應機施教，敷座宴安，爲諸會中，一類密機，宣示甚深祕密奧妙之義。經中無文，例如佛未說法華之前，入於無量義處三昧，先說無量義經，法華經中，亦復無文，義則準此。初自恣先集衆竟。

己二　聞音後至衆

迦陵仙音徧十方界；恆沙菩薩，來聚道場，文殊師利而爲上首。

迦陵：具云迦陵頻伽，此云妙聲；又稱仙音：鳥名也。此鳥在㲉出音，已踰衆鳥，其音和雅，聽者歡悅。有云迦陵頻伽是仙禽，其音非衆鳥所可及。如來法音微妙，超過一切音聲，故以喻之。又佛名大覺金仙，故稱仙音。徧十方界：佛之音聲，稱性周徧，但有緣者，皆可得聞；今欲召集諸聖，所以徧至十方世界。寶積經云：「目連試佛音聲，以神足力，飛過西方，恆沙國土，還同近聞。至一佛國，報身甚鉅，飯鉢圍邊，可當道路，目連振錫而游其上。彼諸弟子見已，問佛：何以此蟲，竟人其頭？佛告云：此是娑婆世界，釋迦牟尼佛，高足弟子目犍連，神通第一，未可輕視也。佛問目連，因何至此？答曰：欲窮佛音。彼佛語云：「佛音無盡，非汝可窮，目連聞已，遂還本國。」

恆沙菩薩，來聚道場：恆卽恆河，正音殑伽河，此云天堂來。恒河發源於雪山之頂，阿耨達池，狀其來處之高，故曰天堂來。此河闊四十里，沙細如麵，舉此沙數，以喩菩薩之多。而菩薩心聞通達，故得聞音遠集，來聚道場。道場乃自恣作法辦道之場，卽祇桓精舍也。

文殊師利而爲上首，文殊師利亦云曼殊室利，此云妙德，其德微妙，曾爲七佛之師。又云妙吉祥，降生之時，有十種吉祥瑞相；又稱妙首，以智德深妙恆居衆首。在華嚴爲根本智，在本經爲擇法眼，深本乃過去龍種尊王如來，現在北方爲歡喜摩尼寶積如來，未來成佛，名曰普現。蓋爲影響大化，示居因門，爲衆上首。問：「諸經聽衆，皆有八部，此經何以不列？」答：「諸經別序，各有不同，有列有不列，本經別序，發起在自恣之時，乃是考劾九旬德業，全屬三乘僧事，是以不列。」一二廣列聽衆竟；合上科初證信序竟。

丙二　發起序　此經以阿難示墮婬室爲發起之端，以阿難過去空王佛所，與佛同時發心，其深本同前上首，非實有學人也。誤墮婬室，但是大權示現，引發大教而已。且此經欲明恃多聞，而不勤定力，不能抵敵邪咒，而被攝入婬席，正勸多聞者，策力於大定耳！然必以阿難示墮者，有二意：一、以多聞第一，力不勝邪，可證聞不足恃，必宜從聞思修。二、以是佛堂弟，修不能代，亦見佛不足恃，必宜自己深修。此處以顯阿難深本，至下文中，仍應據迹發揮，方能激引眞實凡小。大凡深位，示現淺位，必能曲盡淺位情態，如執迷謬辯，感悟涕泣，皆所以盡其情態，旁發諸眞實者之心曲，令生慶快解悟耳，不必處處迴護阿難。分四

丁初　王臣設供　二　佛僧赴請　三　阿難示墮　四　如來垂救

今初

時波斯匿王，爲其父王諱日營齋，請佛宮掖，自迎如來，廣設珍饈，無上妙味，兼復親延，諸大菩薩。

以下發起序，爲此經發起因緣，與諸經不同，又名別序，別在此經故。時

，即衆僧自恣之時，諸佛歡喜之日，供佛齋僧，功德倍勝。盂蘭盆經，佛告目連，應於是日齋僧，以度親靈，故王臣皆喜是日設供。　波斯匿此云月光，與佛同時降生，其父王見諸光明，不知是佛生祥瑞，謂是太子福力所致，故命名月光，亦名勝軍，以其軍旅最勝，諸國無能敵故。過去龍光佛世，位登四地，與釋迦同爲地上菩薩，釋迦當時居第八地，今來成佛，彼即大權示現，內祕菩薩行，外現國王身，以助揚法化也。

　爲其父王諱日營齋，爲去聲其父王，即匿王之先王，諱日乃親喪之日，俗謂忌辰；人子而於是日隱諱而不敢言，言之即慟故！世教每歲茲辰，服食俱變，示慟如初，內教令人是日修齋，以資冥福。今匿王父王諱日，適當自恣之期，故營齋請佛宮掖，資薦親靈。營辦也；宮掖爲王宮左右掖庭，謂請佛在王宮掖庭受齋。問：「王以萬乘之尊，而迓萬德之佛，何以不請佛於內宮正殿，而請於掖庭之理乎？」答：「正殿原爲施政重地，營齋亦非所宜也。」自迎如來者：示崇敬之極，親自迎接如來也。廣設珍饈：珍饈是貴重食品，饈熟食也；無上妙味，具足色香美味，諸般俱備。兼復親延諸大菩薩：延亦迎請也，觀文中匿王請佛，具有六種敬意：謂其處則內；其迎則親；其設則廣；其饈則珍；其味則妙；其伴則同；可謂敬之至也。

城中復有長者居士，同時飯僧，佇佛來應。

室羅筏城之中，復有長者居士，同受佛化，故亦同時飯僧，以自忞作福勝故。長者不獨年高，應具十德：一、姓貴；二、位高；三、大富；四、威猛；五、智深；六、年耆；七、行淨；八、禮備；九、上歎；十、下歸。居士乃居家守道之士，身處塵勞，心恆清淨，有有德有位者，如此方蘇東坡居士之類，有有德無位者，如此方龐居士之類。佇，候也，待也。佇佛來應者，作二解：一、長者居士，不知佛受國王之請，則等待佛來應供；二、已知佛受王請，則佇候佛派菩薩聖衆，前來應供。　初王臣設供竟。

丁二　佛僧赴請

佛敕文殊，分領菩薩，及阿羅漢，應諸齋主。

此明佛僧分赴，以應齋主。佛勅命文殊分派者，以文殊爲衆中上首，諸菩薩、羅漢皆能信從故。二佛僧赴請竟。

丁三　阿難示墮　分二　戊初　將墮之由　二　正墮之事　今初

唯有阿難，先受別請，遠遊未還，不遑即不及也**僧次；既無上座，及阿闍黎，途中獨歸。**

此下敍將墮之由，厥有四端：一、別請未還：唯獨也有阿難一人，自恣之前，先受別請，遠遊未還。阿難具云阿難陀，譯爲慶喜，乃佛堂弟，白飯王之子。於佛成道日降生，王聞太子成道，一喜也；又白飯王入宮，報告生子，請王賜名，又一喜也，故字曰慶喜。而別請，是別種事緣所請，如懺罪、施物等。自恣時到，理宜早歸。遠遊未還二句，卽別請處遠，未克早還，所以不及分列衆僧，應供班次，故有致墮之事。

二、無侶獨歸：既無上座，及阿闍黎；上座有四種：一、生年上座，年齡長故；二、戒臘上座，受戒久故；三、福德上座，福慧尊故；四、法性上座，無爲證故。阿闍黎此云軌範師，堪爲人師範故，共有五種：一、出家阿闍黎，授沙彌十戒法者；二、教授阿闍黎，於受具足時，屏處問遮難，教令乞戒者；三、羯磨阿闍黎，爲懺摩滅罪，受比丘戒時，當壇白四羯磨者；四、依止阿闍黎，即從受依止，乃至一夜者；五、教讀阿闍黎，即從受經義，乃至四句偈者。律制一僧遠出，侶須二人：一、上座；二、阿闍黎，所以嚴行止，防過失也。今阿難無侶獨歸，故有致墮之事。

其日無供，即時阿難，執持應器，於所遊城，次第循乞。

三、無供循乞：其日即自恣時，匿王請佛之日，衆知城中，復有長者居士，同時飯僧，故無人送供，若有齋供，應無墮事。因其日無供，阿難不得已行乞，即於午前未食之時，執持應器（鉢也），梵語鉢多羅，此云應法器，乃受食之具，體、色、量三，皆應法故；體則鐵、瓦二種；色則用竹煙、杏仁，烘如鳩鴿之色，炎夏盛食不餿；量則應己食量多少而爲，極大不過三升，至少亦容升半。於所遊城：即平日所遊室羅筏城也。次第循乞：循者順也，不分淨穢，挨戶順序，次第行乞。乃以小乘力薄，弱羽只可纏枝，阿難乃初果有學之人，欲學佛菩薩行履，故有致墮之事。

心中初求，最後檀越，以爲齋主，無問淨穢，刹利尊姓，及

旃陀羅，方行等慈，不擇微賤，發意圓成，一切衆生，無量功德。

四、欲行等慈：小乘乞食，向揀五家：一官，二唱，三居，四沽，五婬舍。今次第循乞，阿難心中，初求最後檀越，以爲齋主。檀即是施，謂檀施獲福，能越貧窮苦海。最後云者，以王及長者居士，修供在先，爲先前檀越；阿難心中，初求有發心施我者，乃最後檀越，以爲我之齋主（反顯王及長者居士，爲佛菩薩阿羅漢齋主。）矣！無問淨穢，刹利尊姓，及旃陀羅：此無問淨穢，即次第循乞也。刹利具云刹帝利，此云王種，或譯田主，爲王家種族，乃四姓中尊，是爲淨家；旃陀羅此云殺者，謂屠殺爲業，不許與良民共處，行走鳴鈴持幟，與人異道而行，是爲穢家。不問淨家穢家，皆次第順序而乞。　方行等慈，不擇微賤：此二句釋上無問淨穢之意。方者法也，因要效法佛菩薩，以平等之慈心，行平等之乞食，不揀擇卑微下賤之家，而不乞也。　等心乞食，有五義：一、由內證平等理，外不見有貧富相；二、心離貪慢，慈無偏利；三、表威德，不懼惡象，沽酒、婬女家；四、息凡夫猜疑；五、破二乘分別。是以阿難有欲取法，而行等慈，故不擇微賤也。上雖云無問淨穢，其意實在不擇微賤耳。

發意圓成，一切衆生，無量功德：發意即發心也，發大乘心，行平等乞，既不擇微賤，令微賤者，亦可施食求福，故能圓滿成就，一切淨穢衆生，無量功德；如小乘捨賤不乞，則此等衆生，不得布施功德矣。

又平等行乞，無有揀擇，免生疑謗，於食等者，於法亦等，功德亦等，故能圓成衆生，無量功德。若令人疑謗，非特功德不得圓成，而反令人疑謗生罪，其大小乘之損益，爲何如耶？　然取法大乘，等心行乞，美則美矣！但宜審自己根器如何？力量如何？如阿難猶如嬰兒，自應傍母，今頓忘自身根器力量，離佛無侶，取法大乘，而行等乞，故有致墮之事。

阿難已知，如來世尊，訶須菩提，及大迦葉，爲阿羅漢，心不均平。欽仰如來，開闡無遮，度諸疑謗。

此下明等乞之由。由阿難於淨名會上，早已知也。如來解見在前。世尊世字，含二種世間，佛具足十號，能爲六凡有情世間，三乘正覺世間，九法界之所尊敬，故稱世尊。訶者訶責，因須菩提，捨貧乞富，恐其福盡，與續善根，且無減尅之難；大迦葉捨富乞貧，憐其久苦，令植樂因，且避趨富之譏。二尊者，意雖善而心不平，故爲淨名居士所訶。文中說如來世尊訶者，淨名爲金粟如來後身，則知淨名之訶，卽世尊之訶。又釋迦世尊，不以淨名之訶爲非，足知亦訶也。欽仰如來，開闡無遮：欽者敬也；仰者慕也；敬慕如來，開發闡明，無遮限之慈心，平等行乞，可以度諸疑謗。專乞貧必致疑，專乞富多招謗；旣貧富無遮，慈無偏利，方合大乘之行，故可度脫衆生之疑謗。諸乃助語辭。初將墮之由竟。

戊二　正墮之事

經彼城隍，徐步郭門，嚴整威儀，肅恭齋法。

此入城行乞之儀。經謂經歷、經過，彼指室羅筏城。隍者城外濠塹，無水爲隍，郭門卽護城之門。徐步者：行履端莊，猶如清風徐來，卽要入城，則加倍矜持，端嚴整飭其威儀，肅穆敬恭其齋法，以期感化於人，豈知反以誤己耶！

爾時阿難，因乞食次，經歷婬室，遭大幻術，摩登伽女，以娑毘迦羅先梵天咒，攝入婬席。

爾時卽入城乞食時。因阿難欲學菩薩，等心乞食；次卽次第循乞，經歷婬女之室，遭遇大幻術。幻術者：尋常變化物像，虛幻咒術，令則迷惑於人，令人失性，被其咒力所攝，不覺隨從而已。彼之幻咒，能移日月墮地，能咒梵天使下，知非其餘幻術可比，故以大稱。摩登伽：依戒因緣經，翻小家種，亦云下賤種，是其母名。女名鉢吉蹄，此云本性，謂雖墮婬女，本性不失，今云摩登伽女者，依母彰名也。

以娑毘迦羅三句：以用也；娑毘迦羅，此云黃髮，亦云金頭，以髮黃如金故，苦行外道名。其咒稱先梵天者：僞云，過去先梵天所授也。金頭外道，傳與摩登伽，其女因見阿難，具佛二十種相好，色白如銀，心生愛染，因過去五百世，與阿難爲夫婦，愛習未忘，一見則喜，故白其母，願得爲夫。母告以阿難從佛出家，捨離愛欲，莫作是念，女求其母，當滿所願，母不得已，乃咒巾覆食，囑女送與阿難。而阿難心意恍惚，被其邪咒所攝，便至其家，身入婬席，卽摩登伽女之寢席也。

婬躬撫摩，將毀戒體。

此戒體垂危。婬躬身也撫摩者：乃指鉢吉蹄，婬心熾盛，欲燄飛揚，將已身迫近阿難，撫之，摩之，阿難則如癡似醉，心雖明了，力不自由。將毀戒體者：戒體卽受戒時，登壇白羯磨竟，所得妙善無漏色法，卽是無作戒體。羯磨師第一番白已云：「此是第一番羯磨已成，十方妙善戒法，由心業力，悉皆震動。」次云：「此是第二番羯磨已成，十方妙善戒法，於虛空中，如雲如蓋，覆汝頂上。」三云：「此是第三番羯磨已成，十方妙善戒法，從汝頂門，流入身心，充滿正報。」是爲戒體。

交光云：卽護戒心。此將毀戒體句，作二義釋之：一、乃鉢吉蹄，將欲毀阿難之戒體，以遂其欲；二、幸阿難已證初果，有道共戒力，身雖近，而心不動，乃將毀而未毀，猶得保全戒體。然當此勢迫情危，遂默禱世尊大慈，寗不救我！世尊他心悉知，故有下文，齋畢卽歸，說咒救脫也。三阿難示墮竟。

丁四　如求垂救　分二　**戊初　速歸說咒　二　遣往救脫**　今初

如來知彼，婬術所加，齋畢旋歸，王及大臣、長者、居士，俱來隨佛，願聞法要。

如來知彼：彼指阿難，佛心眞知，無所不知，知阿難爲婬術所加。婬術：指邪咒爲導婬之術。旣被咒力所加，無力敵苦，故望佛垂救。佛常儀齋畢，皆爲說法，今日速歸，必有因緣，故王臣等，俱來隨佛，願聞大法心要之義。

於時世尊，頂放百寶無畏光明，光中出生千葉寶蓮，有佛化身，結跏趺坐，宣說神咒。

於時：即佛歸衆隨，阿難戒體將毀未毀之時。頂即肉髻頂相，表如來藏性，本覺理體；光明表始覺智用；光具百寶，表慈悲德用，有求必應，可以攝受羣品；光具無畏，表威勢力用，無惡不摧，可以折服衆邪；從頂放光，表從體起用：依本覺理體，而起始覺智用也。光中出生千葉寶蓮（表因行）：表躡解起行，謂依始覺智，而修大乘行也。

有佛化身，結跏趺坐，宣說神咒：上乃放光生蓮，此則化佛說咒。戒環禪師云：「無爲心佛，無上心法是也。」佛居佛頂，乃尊中之尊，所說神咒，卽密中之密。佛頂，表諸佛極果；蓮華，表如來密因；今華從頂出，顯因心不離果覺；佛在華中，顯果覺不離因心。謂修德有功，性德方顯，能成究竟覺佛。跏趺坐，乃叠足而坐，具詳止觀。本經共有五次放光，此第一次從頂，表依理起智；第二次從面門，表諸智將開；第三次從卍字，表因心顯見；第四次從諸佛頂，表一多無礙；第五次從五體，表耳根圓通，總攝諸根。初速歸說咒竟。

戊二　遣往救脫

敕文殊師利，將咒往護，惡咒銷滅，提獎阿難，及摩登伽，歸來佛所。

敕者敕令，人王法王，俱可稱敕。佛爲能敕人，文殊是所敕人，咒雖佛說，必假僧傳。必敕文殊者，以阿難爲邪術所魘，非大智莫能醒；登伽爲癡愛所縛，非大智莫能解故。　將咒往護者：文殊將佛所說神咒，持往登伽家中，救護阿難，以及登伽；神咒一至，惡咒消滅，如湯銷冰，如日破暗，究竟邪不敵正，阿難如從夢覺，登伽欲燄頓息，提攜獎勸，二人歸來佛所。提對阿難，似醉初醒，精神未復，故須提攜；獎對登伽，如癡不悟，未肯放歸，故須獎勸。登伽見佛，承佛開導，頓證三果，亦機熟藉緣成益也。

經云：「婬怒癡性，卽戒定慧性，」以登伽之事證之，卽可斷疑。善性惡性，喻如眞金，眞金本非善惡，能隨善惡之緣。譬如兩人，一以眞金鑄一佛像，一以眞金鑄一婬女，此善惡之分也。設有善友，勸彼鑄婬女者曰：「汝以貴重之眞金，鑄此婬女之相，令人動欲念，造罪業，何不以眞金，鑄成佛相，令人生敬心，求福報。」其人聞言悔悟，卽依其教，不必更換眞金，別具爐鞴，卽得鑄成佛像；婬怒癡人，不必更換其性，卽可修成戒定慧，三無漏學，亦復如是。非但善惡之正因同，卽善惡之緣、了二因，未嘗不同，只在善用而已。登伽一轉婬機，頓證三果，聖凡立判，卽其驗矣！本科發起序竟，併上證信序，初序分竟。

乙二　正宗分 分二 **丙初　正脩具示成佛妙定　二　助道別詳護定要法** 丙初分三

丁初　阿難請定　二　如來答定　三　當機獲益 丁初分二

戊初　悔聞請定　二　會衆願聞　今初

阿難見佛，頂禮悲泣，恨無始來，一向多聞，未全道力。殷勤啓請，十方如來，得成菩提，妙奢摩他、三摩、禪那，最初方便。

此去至流通分以前諸文，皆屬正宗分，乃一經眞正宗要之義，卽正說楞嚴性定宗旨。結名以前爲正修，結名以後爲助道。此則阿難悔多聞之無功，請成佛之大定。歸來見佛，頂禮者：謝垂救之恩；悲泣者，傷循乞之失。恨無始來：恨卽悔恨，無始來，言時之久也。一向多聞句，謂一味偏向多聞，不勤定力，未曾從聞、思、修，故所以未全道力，不敵邪咒，道力卽定力也。此一「恨」字，正是阿難，返迷歸悟，改過自新之心。儒云：「不憤不啓，不悱不發。」今有此一恨，正可改偏聞之轍，而趣正修之路矣。殷勤啓請：誠懇請求也。十方如來爲極證人；所成菩提，是極證果。梵語菩提，此云覺道，謂自覺、覺他、覺行圓滿，所成三菩提之道：一、眞性菩提，此以理爲道；二、實智菩提，此以智慧爲道；三、方便菩提，此以應機施教爲道。眞性菩提者。卽眞如自性，眞如是理，此理、爲自心本覺之佛性，又卽一眞平等之性，生佛不二，衆生迷此，諸佛證此，證極此理，法身顯現，卽法身德。實智菩提者：眞實之智，窮徹一心本源，稱眞如理，所證之根本智，成自受用報身，此智照理，理無不徹，又名理智，亦名實智；以眞實智，照本覺理，卽般若德。方便菩提者：權巧方便，自覺已圓，然後覺他，從根本智，起後得智，現他受用報身，爲大機說法，又應各種機，現應化身，成就度生，各種事業；又名事智，亦名權智；種種示現，自在無礙，卽解脫德。佛證三德，具三身、成就三菩提也。阿難既恨小乘無力敵魔，思修最上一乘之法，此卽發回小向大之心，故有此請。

妙奢摩他、三(去聲)摩、禪那者：阿難不知，十方如來，因地所修之定名，乃學常途三種定之別名，加一妙字以揀之。妙字須貫下三名：妙奢摩他、妙三摩、妙禪那，揀此定，非作意修習之定，乃天然本具之定；非獨制識心之定，乃圓含萬有之定，故以妙稱之。

奢摩他等三，乃定之別名；首楞嚴爲定之總名。舊註所云，此意極是。然更當知，奢摩他等三，乃定之共名，他經亦有故；首楞嚴爲定之不共名，獨局此經故。阿難既加一妙字以揀之，是尅定請佛指示，十方如來得成菩提之定。佛知阿難問意，已回小向大，發菩提心，故摩頂安慰，示之曰：「有三(去聲)摩提，名大佛頂首楞嚴王，具足萬行，十方如來，一門超出，妙莊嚴路。」此首楞嚴王卽十方如來，得成菩提，不共之定，此定圓含奢摩他等三種別名，成一佛定總名也。此一門超出，卽一乘了義修證之法門，方能超出權小，而趣妙莊嚴路。　佛既示總名之後，仍復按定信解修證次序，逐答三名，於正說全經文中，三段各有標出，界線分明：第一卷：佛破妄識無處之後，阿難卽求世尊，開示我等，奢摩他路。當知此下，更破妄識非心，妄識無體，乃撤去奢摩他路之障礙；以識心乃楞嚴大定之障礙，識心不去，大定不成，故此三名，不可用止觀釋之。以止觀不能捨離識心，識心有生有滅，如以生滅心爲因，決定不能發明不生滅性，故佛指示根中，不動搖，不生滅之見性，更與會四科，融七大，極於三如來藏，皆開奢摩他路也。要阿難開解照了，此常住妙明，不動周圓之定體，卽爲奢摩他，依正因佛性，略兼了因佛性，微密觀照(此觀非同意識之作觀)，乃性具卽定之慧。佛要阿難，生信發解，圓悟如來藏性，爲首楞嚴定體，文有三卷半，卽題中如來密因是也。

第四卷：阿難請示華屋之門，卽是悟後請修。以此證知，前三卷半，乃說性，不說修，故獨屬奢摩他，開解照了，如來藏性，本具之定體。此四卷後半以去，佛答妙三摩，佛云：「阿難，汝等決定，發菩提心，於佛如來，妙三摩提，不生疲倦，應當先明發覺初心，二決定義：一、決定以因同果，若於因地，以生滅心爲本修因，而求佛乘不生不滅，無有是處。」此揀識也明矣！二、決定從根解結。教以悟後起修，須於六根，選擇一根下手，但從一門深入。此用根也，又明矣！行起解絕，自可入一無妄，一根返源，六根解脫。然後文殊特選耳根，從聞、思、修，卽爲妙三摩，依正因佛性，略兼緣因佛性，從根修證，乃性具卽慧之定。佛要阿難，多聞之人，仍向耳門，就路還家。文有三卷餘，卽題中修證了義是也。

第七卷末，佛答妙禪那，因阿難白佛言：「我輩愚鈍，好爲多聞，於諸漏心，未求出離，蒙佛慈誨（指奢摩他顯圓理之文），得正熏修（指三摩教圓修之文），身心快然，獲大饒益。」再請禪那修位，佛爲說妙性圓明，離諸名相，本來無有迷、悟、凡、聖之分，因衆生一念妄動，故佛先對示染、淨緣起。示染緣起，從眞起妄，則成十二類生；示淨緣起，返妄歸眞，則成五十五位；由前三摩，證圓通體，則安住圓定，稱體起用，萬行繁興。雙躡前之定慧，中中流入薩婆若海，乃如來一切種智之海。文云從是漸修，隨所發行，安立聖位，住持本定，歷位增進，圓滿菩提，歸無所得，卽爲妙禪那，依正因佛性，雙兼緣、了二因，乃性具圓融之定慧。阿難自云：「頓悟禪那，修進聖位。」文祇半卷，卽題中諸菩薩萬行是也。此是自他兩利，上求下化之行。合此三定別名，成一首楞嚴總號，卽阿難所請，十方如來，得成菩提之定，請答相應，啐啄無遺也。

最初方便者：卽奢摩他，爲首楞嚴定之最初方便也。以奢摩他中，破識非心，顯見是心，令悟根性，不動搖，不生滅，卽是天然本定，如來藏性。依此根性，不生不滅，爲本修因，卽爲得成菩提之因地心，故爲最初方便。

三摩爲初方便，以三摩中，如來問諸聖文云：「吾今問汝，最初發心，悟十八界，誰爲圓通？從何方便，入三摩地。」以此而觀，悟理爲最初方便（奢摩他悟圓理），修行爲初方便（三摩修圓行），獨選耳根，反聞入流，得證圓通，而登初住，而爲初發心住之方便，故爲初方便。

禪那爲方便，以禪那中，已得圓證，定慧均等，中中流入之行，爲入薩婆若海之方便。論云：「十地菩薩，滿足方便，得成菩提。」故以圓定行位爲方便，正由如來巧答，乃見阿難之巧問也。佛教以方便爲門，今奢摩他最初方便，是悟門；三摩初方便，是修門；悟修超出生死之門，禪那方便，是證門，經歷五十五位，眞菩提路，證入涅槃之門也。

又三種別定，各有最初方便、初方便、方便。妙奢摩他，以破識顯根，爲最初方便；會四科全事卽理，說七大全相卽性，爲初方便；究三種生續之因，明五大圓融之故，爲方便；是圓悟三如來藏理性之方便。妙三摩，以建立道場，加持神咒，爲最初方便；佛囑以不生滅之根性，爲因地心，爲初方便；文殊爲選耳根，反聞自性，一門深入，爲方便；乃圓修證入初住之方便。妙禪那，以三漸次爲最初方便（由戒生定）；乾慧地，是合十信爲乾慧，爲初方便；五十五位爲方便；是證入妙覺之方便。從始至終，如分九品，行布昭然，方得圓滿無上菩提。

本經三定別名，仍存梵語者，卽尊重不飜之例。此三名最重要，又最難解。余前云，此三名不可用止觀釋之，非謂天台止觀之不善，余先習天台教觀，十分敬佩，後見台宗，宏法人多，賢宗少人提倡，故復學賢首，二宗並重，絕無門戶之見。實因研究本經正文，如來以捨識用根，爲修楞嚴要旨，所以三番破識，全破其妄；十番顯見，極顯其眞；二決定義，一決定以因同果，不可以生滅識心，爲因地心；二決定從根解結，必宜取眞常根性，入涅槃門。

此皆如來金口所宣，學者未可抗違。天台止觀固善，但以經旨不合，故不可以止觀，解釋三定別名。台宗先哲，解釋本經，以如來藏爲體，不生滅因果爲宗，此解極好。若以止觀釋定名不特與經旨有違，與此體宗，亦復相背矣！初悔聞請定竟。

戊二　會衆願聞

於時復有恆沙菩薩，及諸十方大阿羅漢、辟支佛等，俱願樂聞。退坐默然，承受聖旨。

於時，卽阿難請求佛定之時。而成佛之法，三乘共仰，故云復有恆沙菩薩、羅漢、辟支，以及天龍八部、王臣等。俱願樂去聲聞者：常隨雲集之衆，於此無上妙法，同願樂聞。如華嚴云：「如病思良藥，如飢思美食，如渴思冷水，如衆蜂依蜜；我等亦如是，願聞甘露法！」　退坐默然，承受聖旨者：請法必具禮儀，啓請已畢，退歸本位而坐，息慮虛心，默然靜聽：聽者端視如渴飲，一心入於語義中，踴躍聞法心歡喜，如是之人可爲說。承受聖旨：卽欽承領受，法王聖教之旨意。初阿難請定竟。

丁二　如來答定　分二　戊初　正說妙定始終　二　通示全經名目

戊初分四　己初　示佛定總名令知諸佛修因尅果　二　說奢摩他路令悟密因大開圓解　三　說三摩修法令從耳根一門深入　四　說禪那證位令住圓定直趣菩提　今初

爾時世尊，在大衆中，舒金色臂，摩阿難頂，告示阿難，及諸大衆：有三摩提（去聲），名大佛頂首楞嚴王，具足萬行；十方如來，一門超出，妙莊嚴路。汝今諦聽！阿難頂禮，伏受慈旨。

此文現時流通本，皆不在此處，乃在破七處，第一番破執心在身內文中，學例辯定之後。佛問阿難：「汝矚林園，因何有見？世尊！此大講堂，戶牖開豁，故我在堂，得遠瞻見。」（下列此文此下）是卽例反難之文，佛告阿難：「如汝所言，身在講堂，戶牖開豁，遠矚林園，亦有衆生，在此堂中，不見如來，見堂外者！」阿難答言：「世尊！在堂不見如來，能見林泉，無有是處。」阿難，汝亦如是！」細究此文，橫隔在彼二段之中，與彼上下文，全無絲毫關係，反令割斷文意。佛之說法，絕對不會在此問答未竟之中，突告定名，此其一也。

又阿難請佛，爲說十方諸佛，得成菩提之定，以不知佛定，不共之名，但以尋常所知三種共定之名，加一妙字以揀之，揀非三乘所修之定。佛一聞便知阿難，不知佛定之名，故卽先爲告云：「有三摩提，名大佛頂，首楞嚴王，具足萬行；十方如來，一門超出，妙莊嚴路。汝今諦聽！阿難頂禮，伏受慈旨。」此乃請答相應，先告以佛定總名即總三定所成一定，隨卽許說誡聽，後乃逐答三名；而問最初發心者，卽密示最初方便也。若將此文，安在破執心在內文中，此則問答請許，不相接續，彼則上下文意，有所隔礙，此其二也。從上諸賢，未必無見於此，乃以尊經故，明知抄寫之誤，而不移動，余不避彌天大罪，祇求經義文意之貫串，而知我罪我，一任具眼者之品評也。茲將文義講解如下：

爾時，卽阿難請說佛定之時。世尊在大衆中，舒金色臂佛全體閻浮檀金之色，故臂亦金色。，摩阿難頂，以表慈悲攝受之意。阿難已能回小向大，發無上菩提之心，請求佛定，故卽告示阿難，及諸大衆：有三摩提，名大佛頂，首楞嚴王；此卽佛定之總名。三摩提：又云三摩地，此云等持。等者，定慧均等；持者，任持自性，亦是定之總名。而佛定，則名大佛頂，首楞嚴王，總前奢摩他、三摩、禪那，三定別名，成此一定總名。又云三昧，譯云正定，稱眞如正理，而起之定，不動搖，不生滅，徹法流之源底，爲三昧中王，名大佛頂首楞嚴王，而能出生一切三昧；如如意寶王，能雨一切寶故。大佛頂首楞嚴，解見名題中。具足萬行者：以首楞嚴王，不但具足一切三昧，乃至具足萬行，以一眞湛寂，具足六波羅密，所謂一乘寂滅場地，不貪、不染、不瞋、不懈、不動、不昏，詎非具足六波羅密耶？既具六波羅密，則萬行悉在其中矣。

十方如來，一門超出，妙莊嚴路者：文殊偈云：「過去諸如來，斯門已成就。」斯門，卽根性法門；又卽妙耳門，聞熏聞修金剛三昧，超出生死之門：此一門，卽斯門也。又卽阿難請入華屋之門，乃悟後之修門也。如來爲開無上乘，妙修行路，此超出妙莊嚴路，卽疾趣妙莊嚴果海，所經五十五位眞菩提路也。以自性定慧，莊嚴自性，所以稱妙。佛囑阿難大衆諦聽！阿難頂禮，伏受如來，大慈心中流出法旨。上愛下則摩頂，下敬上則禮足；以至尊之頭，頂禮如來至卑之足，謂之頂禮。上愛下敬，足見楞嚴會上，師資契合，堪爲萬古良箴。初示佛定總名，令知諸佛修因尅果竟。

（楞嚴經講義第一卷終）

大佛頂如來密因修證了義諸菩薩萬行首楞嚴經講義

福州鼓山湧泉禪寺圓瑛弘悟述　受法弟子明暘日新敬校

己二　說奢摩他路令悟密因大開圓解　分二　**庚初　初銷倒想說空如來藏**
二　審除細惑說二如來藏　庚初分二　**辛初　如來破妄顯眞　二　阿難明心生信**　辛初又分二　**壬初　斥破所執妄心以開奢摩他路　二　顯示所遺眞性令見如來藏體**　壬初又分三　**癸初　取心定判　二　正與斥破　三　終歸其判**　癸初又分二　**子初　問取見相發心　二　普判衆生誤認**
今初

佛告阿難：汝我同氣，情均同也天倫，當初發心，於我法中見何勝相，頓捨世間，深重恩愛？

此科以阿難啓請，最初方便，故如來審問最初發心。要知最初方便，即在最初發心，若明不生不滅之眞心，依之爲本修因，此卽最初方便。然心有眞妄之分，未知阿難，最初發心，是依眞心耶？妄心耶？故有此問，一探便知。

佛告阿難三句，先敍世情。阿難乃白飯王之子，四王八子之一，爲佛堂弟。因同祖之氣脈，故曰同氣。世教父子兄弟，名爲天合之倫，故告阿難曰：汝我既同一祖氣脈，其至情卽同天倫，猶言無異同胞手足也。當初下問發心，大凡發心出家，必有所見，故問阿難，當初發心出家，於我佛法之中，見何者勝相，而能頓捨世間父母之深恩？妻兒之重愛？若不見佛法殊勝，決不能割恩斷愛，出家爲僧。此處佛雖問所見何相，實欲探能見之心也。

阿難白佛：我見如來三十二相，勝妙殊絕，形體映徹，猶如琉璃。

此阿難據事直答。仰白佛言，我見如來三十二相，此相，是佛百福莊嚴相，因中修百福，果上成一相，始從肉髻相，終至足下平滿相，詳如三藏法數。勝妙殊絕者：輪王不及曰勝，相相明顯曰妙，殊特絕倫，爲勝妙至極之謂也。形貌體質，內外明透，故曰映徹。琉璃此云青色寶，內映外徹，佛身如之，故以爲喻。

常自思惟：此相非是欲愛所生，何以故？欲氣麤濁，腥臊交遘，合也。膿血雜亂，不能發生，勝淨妙明，紫金光聚。是以渴仰，從佛剃落。

常自思惟：此思惟，即第六識，思想分別，便是妄心；所謂無始生死根本是也。阿難一向誤認爲眞，常用此心，故曰常自思惟。此相指佛三十二相，乃戒、定、慧熏修所成，故曰非是欲愛所生。何以故下，即徵釋非是所以。欲氣麤而且濁，腥臊交遘釋麤義，膿血雜亂釋濁義。所以不能發生，莊嚴佛相。清淨之極曰勝淨，光明無比曰妙明，全體閻浮檀金之色，金光晃耀，聚若金山，故曰紫金光聚。由是心生渴仰，從佛剃落鬚髮，出家學道。此能發之心，即攀緣心也。下所破者，即是此心；不是破發心出家不好，乃破見相發心。如圓覺經所云：「以愛捨愛，還滋愛本」豈能盡善？又認此爲心，不知別有眞心，楞嚴大定何自而修？佛已探得阿難病源，故下文徵而破之，正欲撤去奢摩他路之障礙耳。初問取見相發心境。

子二　普判衆生誤認

佛言：善哉阿難！汝等當知：一切衆生，從無始來，生死相續，皆由不知常住眞心，性淨明體，用諸妄想，此想不眞，故有輪轉。

佛言善哉阿難！此讚善有二意：一、喜得病源，可以施教；二、欲加斥破，先示安慰。汝指阿難，等指大衆。當知者：當以智知，不可以識知也。此段眞妄雙擧，而判定者，是欲當機，取眞捨妄，爲最初方便也。一切去聲衆生，包括凡、外、權、小；從無始無明妄動以來，依惑造業，依業受報；於果報身，再起惑造業，依業受報，生死死生，相續不斷，其故何也？都由迷故，則生死不休。不知者，卽迷也。常住眞心，性淨明體，卽所迷之眞。豎窮三際，不生不滅，曰常住；法界一相，無僞無妄，曰眞心。性淨者：其性由來清淨無染，不是浣滌而後淨；性明者：其性亙古靈明不昧，不假功用而後明。體，卽眞心本淨本明之體，此心雖迷，體猶不失。

用諸妄想：諸字助語詞，妄想卽所執之意識妄心，亦卽上文見相思惟之心，下文緣塵分別影事。此想不眞二句，下文佛告阿難云：「此是前塵虛妄相想，惑汝眞性！由汝無始至於今生，認賊爲子，失汝元常，故受輪轉。」言其本非眞心，錯認爲眞，被其賺誤，輪迴流轉，於生死苦海，浩刼莫出也。此中常住眞心，卽二種根本中眞本，爲菩提涅槃元淸淨體；用諸妄想，卽二種根本中妄本，爲無始生死根本是也。一切衆生，迷眞所以執妄，起妄惑，造妄業，受妄報，所以輪轉不息！初取心定判竟。

癸二　正與斥破　分二　子初　如來備破三迷　二　大衆知非無辯

子初又分三　丑初　破妄識無處　二　斥妄識非心　三　推妄識無體

丑初又分四　寅初　教以直心應徵　二　雙徵能見能愛　三　徵詰心目所在　四　所執七處咸非　今初

汝今欲研無上菩提，眞發明性，應當直心，酬我所問。十方如來，同一道故，出離生死，皆以直心；心言直故，如是乃至，終始地位，中間永無諸委曲相。

此文是佛，欲斥其緣心虛妄，故先勉以直心酬答。研者求也，謂汝今有欲研求，無上菩提之道，必須眞實發明，自己本具，不動搖不生滅之根性，則無上菩提，斯可希冀。發卽開發，明卽悟明，性卽六根中性，亦卽如來藏性；此性爲楞嚴定體，若眞發明，卽開圓解；圓解不開，圓行不起，則圓定不證，圓滿菩提之極果，安望其得成哉？此卽如來密示定之最初方便也。又眞實發明，根中妙性，不動搖，不生滅，具足如來藏。發明，卽微密觀照，開解照了。此性爲天然定體，卽奢摩他；躡解起行，一門深入，卽三摩；定慧均等，中中流入，卽禪那。三定不出一心，如果上根利智，觀見如來勝相，不於所見，分別染淨，而於能見，得個消息，不認妄識爲心，則狂心頓歇，歇卽菩提矣！

應當直心，酬我所問者：佛以阿難，見相思惟，分染分淨，於依他起性，更起徧計執性，全同凡夫情見，正屬生死根本，故勉以應當直心酬答，欲令捨徧計執，而取圓成實也。

直心者：不隱諱，無虛假；直心正念眞如，又直心是道場。故舉十方如來，皆同一道爲證；一道：卽直心之道，故曰出離生死，皆以直心。心直則言直，言者心之聲也，心言直爲直因，依因感果，因果相符，如是乃至終始地位，中間永無諸委曲相。以發心爲始，究竟爲終，中間經歷諸位，皆中中流入，不著二邊，故永無委曲相，卽是直果。設或因地不眞，難免果遭紆曲。初教以直心應徵竟。

寅二　雙徵能見能愛

阿難，我今問汝：當汝發心，緣於如來三十二相，將何所見？誰爲愛樂？樂去聲

此處雙徵，能見能愛，卽是如來，要審出阿難，以何者所以能見？是誰能生愛樂？審查旣定，方可施破。所見二字，不可作色塵解。良以凡迷取捨，多皆顚倒，僉以肉眼爲能見，愛樂爲眞心，觀下阿難答處自知。此中將何者所以能見，是要阿難認眞見；誰爲能生愛樂，是要阿難明妄心，可惜阿難，不能領會。

阿難白佛言：世尊！如是愛樂，用我心目；由目觀見，如來勝相，心生愛樂！故我發心，願捨生死。

阿難被佛一審卽白佛言：「世尊！如是愛樂，用我心目。」此二句心目渾答，下三句分解。由目觀見如來勝相，此分明認見屬眼；心生愛樂，此分明認識爲心，全同凡迷顚倒，遺眞取妄。勁驗取捨已定，下文如來破識顯根，一卷半之文，皆以此三句爲張本。故我發心，願捨生死者：因見相愛樂，發心出家，願捨生死。其志願可謂不錯，而不知能愛之心，正生死本；卽下文二種根本中之妄本，以攀緣心爲自性者。

又根識難分，凡愚莫辨。目中能見之性，卽是菩提眞本，亦卽奢摩他體，在阿難日用中，放光動地。阿難終日承渠恩力，不知這個就是主人翁，就是眞心，而反認見屬目，終取愛樂爲心。此卽迷眞認妄，執妄爲眞矣！二雙徵能見能愛竟。

寅三　徵詰心目所在

佛告阿難：如汝所說，眞所愛樂，因於心目，若不識知，心目所在，則不能得降伏塵勞。

上科如來審問，都從向上一著提撕，曰：「將何所見？」曰：「誰爲愛樂？」若能向能見處得個消息，則大事畢矣！無奈阿難未離常情，祇知合塵，不知合覺，曰由目觀見，心生愛樂，則心目雙迷，辜負世尊甚矣！此科佛欲施破，先爲按定其說曰：「如汝所說，眞所愛樂，因於心目。」則應知心目所在。下四句反言，若使不知心目所在，就不能降伏塵勞。塵有染汚義，勞有擾亂義，塵勞卽本、末煩惱也。若不識知心目所在，此心卽六識，此目卽肉眼，肉眼乃無知色法，本來無見，衆生多認見屬眼；識心乃生死妄本，本來非心，衆生多認識爲心。阿難既執此爲心目，佛欲索其處而破之，故下舉喻國王討賊。

譬如國王爲賊所侵，發兵討除，是兵要當知賊所在。

國王喻本覺眞性；賊喻六識妄心；目爲賊媒，引識奔走。國賊謀叛，僭號稱王，王被賊侵；妄心擾亂，混淆本眞，眞被妄覆。國被賊侵，發兵討賊，是兵定要知賊所在，方可搗其巢穴，擒其賊首，國泰民安；若不知賊在之處，則徒費餉需，於事無濟。兵喻始覺妙智，全仗始覺有功，方能降賊。昔有僧問善知識云：「家賊難防時如何？」答曰：「知之不爲寃！」

又子湖縱禪師，乃於夜起大叫：「有賊！有賊！」其徒竟起逐之。縱把住一人曰：「拿住了一個！」其徒曰：「不是，是某甲。」縱托開曰：「是則是，只是不肯承當！」若承當得去，賊卽是子；不能承當，子反成賊。恁麼說話，却與國王討賊，另是一番播弄，具眼者別之。

使汝流轉，心目爲咎，吾今問汝：唯心與目，今何所在？

故直指生死根本，識爲過咎，目亦帶言者，以目爲賊媒，媒賊相依，責須連帶。此曰：使汝流轉諸趣，生死長劫不休者，心目爲咎也。此破意識，緣佛相好之勝善功能也。前雙徵見愛，如捉賊追贓，今則見贓，預備擒賊。故特徵之曰：吾今問汝，唯心與目，今何所在？此卽第一次徵心，下阿難轉計，七處咸非，並非七處徵心，乃是七番破處。此經只有二次徵心之文，第二次在斥破妄識非心文中，佛舉金色臂，擎拳驗見之後，徵曰：「汝目可見，以何爲心，當我拳耀？」阿難言：「如來現今徵心所在，而我以心推窮尋逐，卽能推者，我將爲心。」佛當面斥之曰：「咄！阿難，此非汝心！」

此處心目雙徵，有人以爲佛既雙徵，下必雙破，實則不然。心目媒賊相依，語須連帶。佛之本意，但徵其心，而目只帶言而已。故下文三番破識之後，即是十番顯見，顯見即是顯眞，以見性即眞心也。　更有一解：阿難既認見屬眼，愛樂爲心，佛已雙責，心目爲咎，破心之後，定有破目。當知破心則畢竟，全破其妄，乃至識心五種勝善功能，皆所不取，而破目但帶破，與略破而已。或於破識中帶破，文曰：「若眼能見，汝在室中，門能見否？則諸已死，尚有眼存，應皆見物？」此皆破目之文。或於顯見中破，第一番顯見文云：「眼能顯色，如是見性，是心非眼。」或於顯見後破，十番顯見之後，破別業、同分二種見妄，於此諸文，帶破與略破，不特令阿難，不認識爲心，併不認見屬眼矣！三徵詰心目所在竟。

寅四　所執七處咸非　分七　**卯初　執心在身內　二　執心在身外**
三　執心潛眼根　四　執心分明暗　五　執心則隨有　六　執心在中間
七　執心乃無著　卯初分二　**辰初　阿難引十生同計在內　二　如來以不見身中爲破**　今初

阿難白佛言：世尊！一切世間十種異生，同將識心居在身內；縱觀如來青蓮華眼，亦在佛面。

此執心在身內。一聞徵詰，便白佛言：先稱呼佛爲世尊，下敘執，則引十生同計，自己不負責任。一切（去聲）世間，三界內六凡世間也。十種（類也）異生，於十二類衆生中，除去空散銷沉之無色，與精神化爲土木金石之無想，此二種無心目之可言。其餘十類，業報形體，各各差異，故曰異生。同將識得心在身內；縱觀如來青蓮華眼，亦在佛面。佛之眼目，清淨修（長也）廣狀若青蓮，故以稱焉。

我今觀此浮根四塵，祇在我面，如是識心，實居身內。

浮根：卽浮塵眼根，乃色、香、味、觸四塵所成，非清淨四大，所成之勝義根。勝義非天眼、聖眼，則不能見故。阿難云：我今觀此浮根四塵，祇在我面，與佛無異；如是識得我心，實居色身之內，與十類衆生，亦無有異。正脈云：「只此一計，一切衆生，所以囚繫胎獄，桎梏肉身，乃至三途苦形，自執妄認，受無量苦，展轉不能自脫者，皆由此計，以爲障之深根也。」此執心在內，爲本計；其餘六處，但是因佛一時破奪，迫成轉計耳。初阿難引十生同計在內竟。

辰二　如來以不見身中爲破　分五

巳初　舉例辯定　二　仍存原文

三　即例反難　四　就例攻破　五　正與結破

佛告阿難：汝今現坐如來講堂，觀祇陀林，今何所在？世尊！此大重閣，清淨講堂，在給孤園；今祇陀林，實在堂外。

此段以上文，當機執心在內，乃引十生同計，自以爲是，佛不直破其非，且就現前所見能見中，一一舉問阿難，令其據事直答，不知所以。文有三番問答，第一番：自佛告阿難下，至實在堂外，此例定內外之境也；第二番：自阿難汝今堂中下，至方矚林園，此例定先後之見也；第三番：自阿難汝矚下，至得遠瞻見，此例定見外之由也。佛以能例之法既定，然後依例反難，無從伸辯，始知如來說法之巧。佛告阿難，汝今現坐如來講堂，密例心在身內，應同乎此。觀祇陀林，今何所在？祇陀太子，所施之樹林，分明在堂外，故意施問者，佛有深意存焉！要阿難自己說定，至施破時，無所逃遁。故阿難乃答世尊云：此大重閣，清淨講堂，在給孤園。層簷重疊，曰重閣；紅塵不到，曰清淨；世尊說法之處，標名爲講堂。

在給孤園者：園是給孤獨長者，布金所買，故以命名。給孤獨，是須達多長者之善名，以長者財富無量，樂善好施，生平周給孤（幼而無父）獨（老而無子）之人，故人以給孤獨稱之。堂在園中，密例身在室中，今祇陀林實在堂外，密例一切諸法，皆在身外，此就所見分內外也。

阿難，汝今堂中先何所見？世尊！我在堂中先見如來，次觀大衆；如是外望，方矚林園。

堂中先何所見，亦明知故問，令其自說。先見如來，次觀大衆，密例心在身內，應先見心肝脾胃，次見爪生髮長，筋轉脈搖。如是由內及外，方矚林園，密例心在身中，應最後，方見身外，此就能見分先後也。

阿難，汝矚林園，因何有見？世尊！此大講堂，戶牖開豁（通也）**，故我在堂，得遠瞻見。**

此定外見，因何而見，亦明知故問也。答以門戶牕牖開通，故得瞻（視也）見，密例六根，竅穴通達，故得見外。初舉例辯定竟。

巳二　仍存原文　本科科名，因此段之文，現在流通本皆安置此處，以致上下文，被此段橫隔於中，文意不得貫為一氣，細究此段之文，是如來告示阿難，佛定總名。因阿難雖求佛定，不知佛定不共之名，乃以平日所聞，三定共名，加一妙字以揀之。佛聞悉，卽示以佛定不共之名，亦理所固然，應在阿難求示妙奢摩他、三摩、禪那，最初方便，大衆俱願樂聞，退坐默然，承受聖旨之下。

爾時世尊，在大衆中，舒金色臂，摩阿難頂，告示阿難及諸大衆：有三摩提，名大佛頂，首楞嚴王，具足萬行；十方如來，一門超出，妙莊嚴路，汝今諦聽！阿難頂禮，伏受慈旨。

已將此段，移置於前，為使前文，問答相應，本文不致隔礙，今仍存原文於此，以便後賢參考。二仍存原文竟。

巳三　卽例反難

佛告阿難：如汝所言：身在講堂，戶牖開豁，遠矚林園。亦有衆生，在此堂中，不見如來，見堂外者？阿難答言：世尊！在堂不見如來，能見林泉，無有是處。

此佛告阿難，前五句，是引前文，身在講堂，例心在身內；戶牖開豁，遠矚林園，例由五根通達而知外境。中四句故問亦有衆生在堂，例心在身內；不見如來，見堂外者，例心在內，竟不知內，而獨知外也。後阿難答言下四句，阿難於能例法知謬，以在堂不見堂中如來，獨見堂外林泉，決無此理，故曰無有是處。

阿難，汝亦如是。

此一句，如來卽例反難。謂汝阿難所計，心在身內，竟不知內，而能見外者，亦如衆生在堂，不見如來，見堂外者，無以異也。三卽例反難竟。

巳四　就例攻破

汝之心靈，一切明了。若汝現前所明了心，實在身內，爾時先合了知內身，頗有衆生，先見身中，後觀外物？

心靈者：心爲萬物之靈，又心有靈知之用，凡心在之處，一切皆能分明了知也。若汝現前，所以能明了心，實實是在身內者，爾時先合了知內身之腑臟。頗有：猶言可有，此乃詰難；謂世間可有此一類衆生，先見身中腑臟，後觀外物萬象耶？

縱不能見心、肝、脾、胃，爪生、髮長上聲、筋轉、脈搖，誠合明了，如何不知；必不內知，云何知外？

此段縱奪兼施。上二句是縱，謂心、肝、脾、胃，皆身內之物，應當有見，或因相處太近，而不能見，如眼不見眉睫，其說似乎近情，故縱許不見。縱後便奪，故云縱不能見心、肝、脾、胃，而爪之生，髮之長，筋之轉，脈之搖，皆在內與心稍疎者，汝心誠合明了，如何亦不知耶？此奪也。下二句指謬，必定不能內知，心、肝、脾、胃，又不能內知，爪生、髮長、筋轉、脈搖，云何反能知外耶？四就例攻破竟。

巳五 正與結破

是故應平聲知，汝言覺了能知之心，住在身內，無有是處。

是不能知內之故，應當知道，汝言覺了能知之心，是住在身內，不知其內，斷無是處；亦如在堂不見如來，能見林泉，豈有是處耶？此一處，乃阿難本計，下之六處，皆屬被迫轉計。初執心在身內竟。

卯二　執心在身外　分二

辰初　阿難引燈喻自決同佛　二　如來以身心相知爲破　今初

阿難稽首，而白佛言：我聞如來，如是法音，悟知我心，實居身外。

阿難見處未眞，不免隨語生解，聞佛破內，即便計外。故稽首白佛：我聞如來，如是法音，卽前云必不內知，云何知外。悟知者：此悟非眞悟，以不見身內，悟知不在身內；以了見身外，悟知必在身外，故決之曰：「實居身外。」

所以者何？譬如燈光，然於室中，是燈必能先照室內，從其室門，後及庭際；一切衆生，不見身中，獨見身外，亦如燈光，居在室外，不能照室。

此阿難自翻前執之非，引喻作證。先用異喻，首句徵云：所以我說此心，實居身外者，何也？引喻云：譬如燈然室中，此燈必能先照室內，從其室門照出，後及庭際。一切衆生，不見身中以下：此用同喻。以一切衆生，都不能見身中腑臟，獨見身外諸法，此亦如燈居室外，照明外境，不能照及室內也。

是義必明，將無所惑，同佛了義，得無妄耶？

此阿難自負。以燈光居在室外，以喻是心在身外之義，必定明白，將無所疑惑矣！同佛了義二句，其意以此義，同佛所說了義，未知是否脗合，故問得無同前之妄耶？此文觀前二句，阿難計心在身外，似有十分把握，觀末句耶字，心懷猶豫，還是脚跟不曾點地。初阿難引燈喻自決同佛竟。

辰二　如來以身心相知爲破　分三　巳初　喻明無干　二　驗非無干　三　正與結破　今初

佛告阿難：是諸比丘，適來從我室羅筏城，循乞摶食，歸祇陀林，我已宿齋。汝觀比丘，一人食時，諸人飽否？阿難答

言：不也世尊！何以故？是諸比丘，雖阿羅漢，軀命不同，云何一人，能令衆飽？

此佛喩明，心若在外，則心有所知，身當不覺，猶如彼食，不能我飽。適、纔也，謂諸比丘，纔來從我，室羅筏城，循乞摶食（亦名段食，有形段可摶取而食者。），此西域國風，以手摶食。一切衆生，依四食住，更有觸食，鬼神等觸氣而食；思食，色天等禪思爲食；識食，空天等識想相續。此摶食揀異餘三種食故。佛制比丘，行乞食法，爲除貪心、慢心故。乞食資身，隨緣度日，不貪好食等。又向人求乞，可以折伏驕慢故。又乞食不事積蓄營辦，免妨道業也。歸祇陀林，我已宿齋（止也），又齋畢也。汝觀比丘，一人食時，諸人飽否？此故問阿難，令自審知，人分彼此，到底相關與不相關。阿難於喩不迷，答言不也？卽一食不能衆飽。世尊下徵釋所以，是諸比丘，雖證阿羅漢道，果縛尚存，須假飲食，各各身軀性命不同，自應各食各飽，云何一人能令衆飽也！

佛告阿難：若汝覺了知見之心，實在身外；身心相外，自

不相干，則心所知，身不能覺；覺在身際，心不能知。

此以法合喻，辨明無干。覺了知見之心，即攀緣心，覺了同前明了。知見者：隨六塵境，而起見、聞、覺、知之用。如果此心，實在身外，而身心相外離也，心離於身，身離於心，彼此無干，則內心有所知，而身不能覺，覺在外身邊際，而心不能知；如前比丘，彼食而我不飽，我食而彼不飽，如是方許心在身外。初喻明無干竟。

巳二　驗非無干

我今示汝兜羅棉手，汝眼見時，心分別否？阿難答言：如是，世尊。佛告阿難：若相知者，云何在外？

此驗心非外。佛云：我今示汝兜羅棉手，汝眼見時，而汝之心生分別否？阿難答言：如是眼見心知也。佛告阿難：若身心相知者，則並不是無干，亦不相離，云何汝說心在身外？

兜羅此云細香，西域有此棉，極柔軟色白如霜，佛手柔軟似之，亦三十二相之一。今眼見佛手，而心卽分別，知是兜羅棉手。眼屬身分，心能分別，若心在身外，則是相離，自不相知，若是相知，云何可說心在身外？此正難破。

二驗非無干竟。

巳三　正與結破

是故應知汝言覺了能知之心，住在身外，無有是處。

是身心相知之故，應知彼此不相離，則知汝言覺了此能知之心，住在身外，無有是處。二執心在外竟。

卯三　執心潛眼根　分二　辰初　阿難以瑠璃合眼爲喻　二　佛以法喻不齊爲破　今初

阿難白佛言：世尊！如佛所言，不見內故，不居身內，身心相知，不相離故，不在身外，我今思惟：知在一處。

此轉計心潛眼根。如佛所言：引上二科，佛所破之言，不見內之心肝脾胃故，不居身內，此破執心在內之言；身心相知，眼見佛手心卽分別，不相離故，不在身外，此破執心在外之言。前二既皆被破，我今思惟，知在一處。此二句，與眞妄二心，皆不相應，眞心不落思惟，妄心本無處所。今思惟知在一處者，卽揀前內外，另計一處也。

佛言：處今何在？阿難言：此了知心既不知內，而能見外，如我思忖，潛伏根裏。

首句佛徵所在之處。阿難以既不知內，而能見外，就此事實，思惟忖度，欲脫前二之過，遂計潛伏眼根裏面。潛者藏也，如魚潛於淵；伏者處也，如鳥伏於巢。根裏卽眼根之內，不見內者，因根相隔故；能見外者，有竅可通故。

猶如有人，取瑠璃椀，合其兩眼，雖有物合，而不留礙，彼根隨見，隨卽分別。

此阿難恐復招難破，故設喻證明。瑠璃此云青色寶，其質明徹，椀卽眼鏡。此以能合之瑠璃椀，喻眼根；所合之眼根喻心。猶如有人，取眼鏡合其兩眼，雖然有物即瑠璃椀合眼，而眼鏡竟不留礙於眼，心潛眼根之內，如眼在眼鏡之內，而眼根亦不留礙於心，故曰：彼根眼根也隨見外物，而心隨卽分別。

然我覺了能知之心，不見內者，爲在根故，分明矚瞻視也**外，無障礙者，潛根內故。**

此阿難法合，以脫前二，昧內知外之過。覺了能知，重擧前心，此心不見內之心、肝、脾、胃者，爲在根中，不在身內之故，此脫昧內之過；而能分明瞻視外境，而無障礙者，因此心潛在根內，而根如瑠璃椀，不相妨礙之故，此脫知外之過。任從阿難，自恃小慧，善喻善合，由不務眞修，皆非自性中流出眞知眞見，後被如來，一語便破。初阿難以瑠璃合眼爲喩竟。

辰二　如來以法喩不齊爲破　分三

巳初　正辨不齊　二　雙開兩破　三　正爲結破　今初

佛告阿難：如汝所言，潛根內者，猶如瑠璃。彼人當以瑠

璃籠罩也眼，當見山河，見瑠璃否？如是世尊，是人當以瑠璃籠眼，實見瑠璃。

此如來依喻問定，故云如汝所言，心潛根內，如瑠璃籠眼之喻。法喻本不相齊，如來將欲施破，先爲問定。彼人當用瑠璃籠眼，瑠璃固不礙眼根，當遠見山河之時，還近見瑠璃否？此故意問定。阿難據事直答：如是世尊，是人當以瑠璃籠眼，遠見山河時，實亦近見瑠璃。

佛告阿難：汝心若同瑠璃合者，當見山河，何不見眼？

此正難法喻不齊。謂汝心潛伏眼根之裏，若同瑠璃合者，則是汝心同眼，汝眼同瑠璃。喻中瑠璃籠眼，當見山河之時，眼見瑠璃；法中眼根籠心，當見山河之時，心不見眼。既不見眼，則法喻不齊，而所計潛根者，不極成矣。初正辨不齊竟。

巳二　雙開兩破

若見眼者，眼即同境，不得成隨；若不能見，云何說言，此了知心，潛在根內，如瑠璃合？

此雙開能見眼，不見眼兩途，俱落非量。正所謂：平剖玉環施異餌，任渠左右上吾竿。若見山河時，能見眼者，則眼卽同所對之境，非能對之根，則不得成隨見，隨卽分別：此能見眼不極成矣。若見山河時，不能見眼者，則心非潛根，以不同瑠璃籠眼故，責曰：云何說言，此了知心，潛在根內，如瑠璃合？此不見眼，又不極成矣。阿難費盡心機，設立一喻，以期避免斥破，奈被如來，能見眼不見眼一問，則兩頭俱墮矣！二雙開兩破竟。

巳三　正與結破

是故應知汝言覺了能知之心，潛伏根裏，如瑠璃合，無有是處。

是能見眼不見眼兩俱負墮之故，應知汝言，覺了能知之心，潛伏根裏，如同瑠璃合眼者，無有是處矣！三執心潛根內竟。

卯四　執心分明暗　分二　辰初　阿難以見明暗分內外　二　如來以不

成見內爲破　今初

阿難白佛言：世尊！我今又作如是思惟：是衆生身，腑臟在中，竅穴居外，有藏則暗，有竅則明。

此文雖双計內外，確論仍欲曲成，最初所執在內，以明不知內，而能見外之故。白佛言世尊，我今又作如是思惟：在外身心相知固錯，潛根不能見眼亦非，到底還是在內。然心在身內，何以不能見內？因是衆生之身，腑臟在中，有藏則暗故；如何反見於外？因是衆生之身，竅穴居外，有竅則明故。是衆生身三字，雙貫下兩句。　腑臟者，腑同府，卽六府也；臟同藏，卽五藏也。素問曰：其傳化物而不藏者，曰府；能藏精氣而不洩者，曰藏。

白虎通云：五臟，卽肝、心、肺、腎、脾；六腑者，卽五臟之宮府也，胃爲脾之府；膀胱爲腎之府；三焦爲命之府；膽爲肝之府；大小腸爲心府、肺府。五臟者：腎爲精藏；心爲神藏；肝爲魂藏；肺爲魄藏；脾爲志藏。腑臟皆身內之物，故曰在中。竅穴卽七竅（眼二、耳二、鼻二、口一，爲七）孔穴，皆面上所具，故曰居外。藏者包藏義，有藏則必暗，竅者通達義，有竅則必明。阿難思惟，此有藏則暗，可脫前昧內之過；有竅則明，可脫前知外之過，故下舉事以證。

今我對佛開眼見明，名爲見外；閉眼見暗，名爲見內，是義云何？

此自釋竅明藏暗。以對佛開眼，竅有故見明，名爲見外，有時閉眼，有藏故見暗，名爲見內。此還同第一番在內之執，因已被破，未敢自決，故請決於佛曰：是義云何？觀阿難此處語氣，與前第二番云：「我聞如來，如是法音，悟知我心，實居身外，是義必明，將無所惑，同佛了義。」兩相比較，其勇氣又相去幾何？初阿難以見明暗分內外竟。

辰二　如來以不成見內爲破　分三　巳初　破所見非內　二　破能見非實　三　正與結破　今初

佛告阿難：汝當閉眼見暗之時，此暗境界，爲與眼對？爲不眼對？

因阿難所執，還同在內，故佛獨約見暗破。此就所計，双開對眼不對眼，下分破兩途皆非。

若與眼對，暗在眼前，何成在內？

此破閉眼見暗，名爲見內。見暗之時，此暗境界，若與眼對，則暗在眼前，相對於眼，何成在內，名爲見內耶？

若成內者，居暗室中，無日、月、燈，此室暗中，皆汝焦腑？

若執眼前之暗，成爲見內者，則居暗室中，無有日、月、燈，三種光明，此室暗中境界，都成在內，皆汝之焦腑，豈有是理耶？　焦是三焦，上焦在胃上，中焦在胃臍之間，下焦在臍下，三焦爲命府，乃六府之一，故曰焦腑。

若不對者，云何成見？

此防轉計，對旣被破，遂計不對，故並破云：若所見之暗，不與眼對，云何可以成見？凡見必定根境相對，此爲世間共許。初破所見非內竟。

巳二　破能見非實

若離外見，內對所成，合眼見暗，名爲身中；開眼見明，何

不見面？

此恐阿難救云：我開眼見明，乃直視對外；我閉眼見暗，乃返觀對內，不取眼前暗室爲焦腑。故先按定，設若汝之見暗，是離直視，對外之見，乃是返觀，內對身中所成之見。下二句釋此一句，合眼見暗，名爲返觀身中。　則難之曰：合眼既能返觀，開眼亦當返觀，見是一個，開合理當一致，則開眼見明之時，何不返見自己之面？

若不見面，內對不成；見面若成，此了知心，及與眼根，乃在虛空，何成在內？

此躡上，双破見面不見面。若開眼見明，不能反見自面，可證閉眼見暗，亦不能反見身中，則內對之義不成矣。　下縱云：開眼見明，反見自面若成，此了知心，及與眼根，乃在虛空，反見汝面，竟成心眼在空之過，何成在內耶？

若在虛空，自非汝體，即應如來，今見汝面，亦是汝身？

心眼若在虛空，反見汝面，已離於汝，自非汝之自體。此兩句下，應補足其意，汝若定執離體之見，不妨仍是汝體，下接云：卽應如來，今離汝體，而見汝面，難道亦是汝身耶？如是則有認他成己過。

汝眼已知，身合非覺。

如若執如來之見，亦是汝身，則汝眼已知，汝身合當非覺，如是則有身成不覺過。

必汝執言：身眼兩覺。應有二知，卽汝一身，應成兩佛？

此恐更轉救，眼雖在空，何妨身眼兩覺，故破云必汝執言，身眼兩皆有覺，則汝一人，應有二個知覺。人身知覺，卽是佛性，旣有二知，卽汝一身，應成兩佛，豈有是理耶？二破能見非實竟。

巳三　正與結破

是故應知：汝言見暗，名見內者，無有是處。

是必不能見內之故，則應知汝言，閉眼見暗，名見內者，無有是處。四執心分明暗竟。

卯五　執心則隨有　分二

辰初　阿難計心隨合隨有　二　如來破其無體無定

阿難言：我嘗聞佛，開示四衆：由心生故，種種法生；由法生故，種種心生。

此計心在隨合之處。阿難既已四處被破，未敢再逞己見，故下三處，皆引昔敎，以爲把柄，無奈多聞人，率皆聞言昧義，殊不知昔說，心法互生者，以諸法本無，由心故有，心亦本無，因法故有。所以前二句，心生法生，明法不自生，從心而起；後二句，法生心生，明心不自生，由法而現，正顯心本不生，法無自性，二俱無體，乃心法皆空之旨也。

此四句，通大小乘，故佛常說，阿難常聞，而小敎指六識爲心，六塵爲法。灌頂云：「由內心而攀緣外境，境隨心起，故曰心生法生；由外境而激發內心，心逐境現，故曰法生心生。」

大乘指第八識爲心，根身器界種子爲法，由業識動故，轉本有智光，爲能見之見分，依能見故，妄現境界相分：此則法隨心生也。復由境界爲緣故，起智分別，覺心相續，執取計名，生後七轉識：此則心隨法生也。正脈云：「今阿難失旨，反證緣心有體有處，在彼心法偶合之處，可謂迷之甚矣！」

我今思惟：即思惟體，實我心性？隨所合處，心則隨有，亦非內、外、中間三處。

此指體標處。以思惟體，認作眞實心性，並不知思惟，卽緣塵分別之妄想心，乃非眞實心性。正下文所謂：由汝無始至於今生，認賊爲子，失汝元常，故受輪轉。　隨所合處，心則隨有者：隨所合何法，心則隨何法而有，爲心在之處，亦非內、外、中間三處。此句要總脫前過，第一番十生同計在內；第二番見暗名爲見內；第二番實居身外；第三番潛在根中。今非此三處，當可總脫前過，豈知心與法合，法在外，而心亦應在外，何得謂非三處耶？初阿難計心隨合隨有竟。

辰二　如來破其無體無定　分三
巳初　約無體破　二　約有體破
三　正與結破　今初

佛告阿難：汝今說言由法生故，種種心生，隨所合處，心隨有者。是心無體，則無所合；若無有體，而能合者，則十九界，因七塵合，是義不然？

前阿難所引昔教，心法互生四句，其意但取後二句，以前二句，心先有，不可說隨合隨有，故佛亦但牒後二句；既法生心生，是心本無體矣，無體則無所合。且根、塵、識三，必各有體，三六合成十八界，若無體而能合者，則十八界外，另有一無體之十九界，六塵外，另有一無體之七塵，與他相合，豈有是理耶？故曰：是義不然。初約無體破竟。

巳二　約有體破

若有體者，如汝以手自挃（捏也）其體，汝所知心，爲復內出？爲從外入？若復內出，還見身中；若從外來，先合見面。

此下約無從來，以破隨合。因前破無體，恐其轉計有體，故復破云：若汝所知心，是有體者，此指心之體；汝且以手，自挃其體，此指身之體。挃者捏也，試看汝所以能知心，爲復從內而出？爲復從外而入？　若從內出，是心在內，還應先見身中腑臟；若從外來，是心在外，現要入身，先合親見汝面，今二俱不見，則是無所從來矣！既無從來之相，豈能隨合耶？

阿難言：見是其眼，心知非眼，爲見非義。

因聞內出，還見身中，外來先合見面，阿難以心能覺了，但名爲知，眼有照明，方稱曰見。故言見是其眼，見是眼家之功能，心但能知而非眼，不可責心令見，故曰爲見非義。不知眼不能見，因心有見，觀佛喩破便知。　此阿難認肉眼爲見，更反劣於認識爲心耳！一、眼有壞故：少著灰沙，卽不能見，不若識心，卒難破壞也；二、眼有礙故：但隔一紙，卽不能見，不若識心，馳思千里也；三、眼有限：明前昧後，三分闕一，不若識心徧緣一切也。

佛言：若眼能見，汝在室中，門能見不？則諸已死，尚有眼存，應皆見物，若見物者，云何名死？

知見本來，皆屬於心，阿難妄分見屬眼，知屬心，反謂如來，責心令見爲非義。佛言若有眼卽能見，汝在室中，門能見不？此佛用喻，顯見唯心。以阿難喻心，以門喻眼，以室喻身。正脈云：「喻中門雖通見，必有門內之人，而後有見，非人而門豈能見乎？法中眼雖通見，須有具眼之心，而後能見，非心而眼豈能見乎？」　則諸已死下，驗明眼不能見，若眼能見，眼在皆當有見，故難曰：則諸（助語辭）世間已死之人，識已離體，尚有眼根存在，應皆見物？下二句恐阿難謬辯能見，又不好喚死人而問，見與不見，故曰若見物者，云何名爲死人？

阿難！又汝覺了能知之心，若必有體，爲復一體？爲有多體？今在汝身，爲復徧體，爲不徧體？

此下約無定體，以破隨有。先開一、多、徧、不徧四相。文中共有五個體字，前三個是心之體，後兩個是身之體，先要認淸楚。一體者，四支共一心體，多體者，四支各有心體，此約數徵；徧體者，一心徧滿四支之體，不徧者，局在一處身體，此約量徵。必有數量，方成有體之宗，下逐一分破。

若一體者，則汝以手挃一支時，四支應覺，若咸覺者，挃應無在；若挃有所，則汝一體，自不能成。

此約一體破。若四支共一心體者，則汝以手挃一支時，四支應皆咸覺。恐阿難謬答咸覺，先辨云：若咸覺者，挃應當無有一定所在。下申正破，若挃有所者，但覺一支有挃，則汝一體之義，自不能成。

若多體者，則成多人，何體為汝？

此約多體破。一人一體，世間共許，若多體者，則成多人，何體為汝阿難之體？

若徧體者，同前所挃；若不徧者，當汝觸頭，亦觸其足，頭有所覺，足應無知，今汝不然。

此約徧體，不徧體破，此徧體，是一心徧滿四支之體，與前四支，共一心體，其義相似，故曰同前所挃；若不徧者，謂一心不徧於四支也。若是，則汝頭足同時被觸，若頭有所覺，則心在頭不在足，足應無知。文中影略兩句，若足有所知，則心在足不在頭，頭應不覺，如是可云不徧，今汝不然。二約有體破竟。

巳三　正與結破

是故應知隨所合處，心則隨有無有是處。

是無從來，無定體之故，應知汝言，隨所合處，既無從來，那能隨合？又心則隨有，既無定體，那能隨有？故曰無有是處。五執心則隨合竟。

卯六　執心在中間　分二　辰初　阿難執心在根塵之中　二　如來以兼二不兼爲破

辰初分三　巳初　引教泛計中間　二　如來確定中相　三　阿難別出己見　今初

阿難白佛言：世尊！我亦聞佛，與文殊等，諸法王子，談實相時，世尊亦言：心不在內，亦不在外。

此當機泛計，心在中間，引教爲證，全然不達佛之說意。佛說心不在內，亦不在外，正顯眞心無相，既無相則無在，乃說無相之實相，故云：心不在內，亦不在外。　法王子：是菩薩之別稱，佛爲法王，於法自在，菩薩能宏揚佛化，承紹佛位，爲佛眞子，故名法王子。談實相時：實相者眞實之相也，卽吾人本有眞心之名，實相有三：一，曰無相之實相：卽無一切虛妄之相，幷非本體亦無也；二，曰無不相之實相：卽隨緣顯現一切妙色，幷非完全無相也；三，曰無相無不相之實相：卽眞空不礙妙有，妙有不礙眞空，若言其有，則絕相離名，本無一物；若言其無，則靈光不昧，應用自在。如摩尼寶珠，此云如意寶珠，能如人意，出生一切寶，其體清淨本然，一塵不染，遠離一切相，此無相之實相也；其用能隨人意，自珠中出生一切寶，此無不相之實相也；正當雨寶珠時，其體本空，雖然體空，出生無盡，此無相無不相之實相也。佛與文殊等，諸法王子所談實相，不在內、不在外，乃談眞心清淨本然，離一切相，此卽第一種無相之實相也，既無相則無在，故不在內不在外；又眞心圓滿周徧，猶如虛空，無在無所不在，豈可說在內在外耶？

如我思惟：內無所見，外非不相知；內無知故，在內不成；

身心相知，在外非義，今相知故，復內無見，當在中間。

此當機人，引佛圓頓大教，不解眞理，反用緣慮之心，思惟忖度，附會己意，故曰如（據也）我思惟，而內無所見，外非不相知。此阿難自知前失，初計內，而不見心、肝、脾、胃、爪生、髮長，故曰無所見；次計外眼見佛手，心卽分別，故曰非不相知。不字上旁補一非字，其義則不反矣。長水法師謂：「外不相知，不字應是又字。」其理極是，與下身心相知可合，今解但於不字上旁補一非字，於原文卽不必改。　內無知故，在內不成者：重申計內，不能知內，所以在內不成。身心相知，在外非義者：重申計外，眼見佛手，心卽有知，不相離故。計心在外，亦非其義，故檢去前之內外而不用，擬同佛所言，心不在外，亦不在內。　今相知故，復內無見，當在中間者：此躡上內外不成之義，泛言中間，阿難意取根塵兩楹中間，但未明言耳。初引教泛計中間竟。

巳二　如來確定中相

佛言：汝言中間，中必不迷，非無所在？今汝推中，中何爲

在？為復在處！為當在身！

上阿難泛言中間，此如來確定中相。故語阿難言：汝先言當在中間，中間之相，一定不迷，迷則不言，既言非無所在，今汝推度入聲中相，畢竟何在？為復在於外境之處？為當在於內根之身？此雖雙問，身下即雙示不成中相。

若在身者，在邊非中，在中同內；若在處者，為有所表？為無所表？無表同無，表則無定。

身有中邊，邊即左右前後，如在邊則屬非中，在中則為同內，應見內矣。處即外境之處，外處既寬，欲立中相，故問為有表耶，為無表耶？若無所表，則同於無中，若有表，則亦無有一定中相。表是設立標竿，以表顯也。

何以故？如人以表表為中時，東看則西，南觀成北，表體既混，心應雜亂。

此徵釋無定。首句徵云：何以故無定？下文釋云：如人以能表之物，表顯此處，爲中位時，卽此所表，本屬無定，在東看時，則表在西，在南觀時，則表成北。內影略二句，西看則東，北觀成南，可以意會也。表體既混者，卽能表之體，既四方混淆不定，汝心在中間，亦應不定，而雜亂矣。二如來確定中相竟。

巳三　阿難別出己見

阿難言：我所說中，非此二種，如世尊言：眼色爲緣，生於眼識，眼有分別，色塵無知，識生其中，則爲心在。

阿難言：我所說當在中間者，異佛現前所說，非此身處二種，乃同佛昔日所言，眼色爲緣，生於眼識。此引佛相宗，隨順世間所說。若根眼也不壞，境界所緣色現前，作意正起方能生識。蓋眼能發識，是增上緣，色能牽心，爲所緣緣之境，能爲生識之緣。，根境和合，識乃得生故。

大乘眼識九緣生，謂：空、明、根、境、作意、分別、染淨、種子、根本，緣具方生；耳識唯從八，除明緣；鼻、舌、身三七，除空明二緣；後三、五、三、四，意識五緣，除空明根分別；末那三緣，只有作意。種子、根本；阿賴耶四緣，但具境、作意、染淨、種子，此大乘生識，具緣多寡之分也。

眼有分別下四句，乃阿難謬斷，其意以眼有分別，屬內身，色塵無知，屬外境，內外各有定相，識生於眼色之中，歷然不混，故曰：則爲心在；乃在根塵中間也。

此處謂阿難謬斷者何也？眼本無分別，以浮塵、勝義二根，俱屬色法，無有分別，識乃有別，縱指根性，但如鏡照像，亦無分別。如下文云：「其目周視，但如鏡中，無別分析，汝識於中，次第標指。」今云眼有分別，是根識不分之謬。

又如來前徵云：唯心與目，今何所在？阿難所計，五處皆非，此第六處，轉計中間，當然還是意識。現在所云：眼色爲緣，識生其中，此屬眼識，是問答相乖之謬，此亦多聞人，循名昧義之故。初阿難執心在塵根之中竟。

辰二　如來以兼二不兼爲破　分三

巳初　雙開兩途　二　兩途俱非　三　正與結破　今初

佛言：汝心若在根塵之中，此心之體，爲復兼二？爲不兼

二？

此雙開兼與不兼兩途，兼是連帶義。佛言汝心若在根塵二者中間，則此之心體，爲復兼帶根塵二者？爲不兼帶根塵二者？初雙開兩途竟。

巳二　兩途俱非

若兼二者，物體雜亂，物非體知，成敵兩立，云何爲中？兼二不成，非知不知，卽無體性，中何爲相？

此處當作二釋，先就阿難謬解釋，次順大乘正理釋。先就阿難，以眼有分別，則根屬有知之體，色塵無知，則塵屬無知之物。若兼二者，謂汝心若兼帶根塵二者，則色塵無知之物，與眼根有知之體，夾雜混亂矣！下二句釋雜亂義，以塵之外物，非是有知，根之自體，乃是有知，則知與非知，成爲敵對，兩相各立，如蝸牛之二角；汝心若兼二者，一半屬有知，一半屬無知，墮在二邊，云何爲中？

兼二不成，卽緊接上文，兼二旣已不成，卽應不兼二。若不兼二，則汝心既非同根之有知，又非同塵之不知；離此根塵二者，即無識之體性，汝說心在中間，何以為相？

次順大乘正理，根亦色法，四大所成故，實無分別。則根、塵皆屬物，體即指識，若兼二者，則所兼根、塵二物，與能兼識體，夾雜混亂矣。何以故？塵根二物無知，非同識體有知，知與無知，成敵兩立，云何為中？兼二不成，承上雙兼根塵二者，既不成立，即應不兼根塵二者，若不兼二，既非有知之識，雙兼不知之根塵而生，即無識之體性可得。汝言識生其中，既無體性，則中何為相？二兩途俱非竟。

巳三　正與結破

是故應知，當在中間，無有是處。

是兼二不兼，心相不可得故，應知當在中間，亦無是處矣。六執心在中間竟。

卯七　執心乃無著　分二

辰初　阿難以不著一切為心　二　如來以心相有無為破

阿難白佛言：世尊！我昔見佛，與大目連、須菩提、富樓那、舍利弗四大弟子，共轉法輪，常言：覺知分別心性，既不在內，亦不在外，不在中間，俱無所在，一切無着，名之爲心。則我無著，名爲心不？

當機以六處計有，悉皆被破，至此乃計無着，復引昔教，附會己意。曰：我昔見佛，與四大弟子，學在師後曰弟，智從師生曰子，稱以大者，爲衆中上首故。共轉法輪者：領受佛勅，從佛轉輪，故置共言。佛法能推輾無明煩惱，故以輪喻。　覺知分別心性：卽六識妄心，圓覺呼爲六塵緣影，此經斥爲虛妄相想，全無實體。佛與四大弟子，共轉法輪，常言此心，不在內、外、中間者，正明大乘無相實相之義，所謂「三際求心心不有，心不有處妄緣空，妄緣空處卽菩提，無相光中常自在。」阿難聞言昧義，己意推度釋成，謂俱無所在，一切無着，名之爲心。雖己釋成，不敢自決，又曰：則我無著，名爲心否？實因阿難不了，覺知分別心性，隨境生滅，原無實體，雖然至此，迫成無處，尚認有體，但不著一切而已。觀佛下文破意自明。初阿難以不著一切爲心竟。

辰二　如來以心相有無爲破　分三　巳初雙徵有無　二雙示不成　三正與結破　今初

佛告阿難：汝言覺知分別心性，俱無在者，世間虛空，水、陸、飛行，諸所物象，名爲一切，汝不著者，爲在爲無？

此佛欲破其計，先牒其語，謂汝言覺知分別心性，俱無所在，一切無著者：當知世間虛空，是依報；水陸飛行是正報，依、正二報，品類差殊，是諸所有物象，名爲一切。汝言不著者：爲汝之心，離諸一切物象，別有心之所在，但不去著一切耶？爲汝之心，離一切物象，本無心之所在，名不著一切耶？初雙徵有無竟。

巳二　雙示不成

無則同於龜毛、兎角，云何不著？

此對上爲無二字說。如汝心離一切物象之外，本無所在，卽并心相亦無，無則同於龜毛兎角，但有其名，本來無體，云何還要說個不著？

有不著者，不可名無；無相則無，非無則相，相有則在，云何無著？

此對上爲在二字說。如汝心離一切物象之外，別有所在，但不著一切者，便不可名無著。下四句釋上二句，果然無相，則同於龜毛兎角之本無，何必再說不着？如若非無，則當成有相，相旣是有，則定有所在，在何處，卽著何處，云何得說一切無著耶？二雙示不成竟。

巳三　正與結破

是故應知，一切無著，名覺知心，無有是處。

是雙示不成無著之義故，應知汝言，一切無著，名覺知心，無有是處矣。以上七番，皆破妄識無處，並非七處徵心，若論徵心，祗有一次。佛云：「吾今問汝，唯心與目，今何所在？」由是阿難執心在內在外，乃至無著，七處咸非。是佛欲破妄識，先破所依之處，如討賊者，先搗其巢穴，則賊無所依，易於討伐也。　正脈云：「七處皆非，則妄情已盡，而世人計心之住處，不出於此，至此則平日所恃以爲心者，杳無住處可跟究矣！」此七番中，確定成處者唯四處而已。謂：一內、二外、三根裏、及六根塵之中是也。以第四還在內，，第五乃無定處，第七并處亦無。又一引衆同計，二、三、四已意推度入聲，後三引教謬釋，不可不辨也。初破妄識無處竟。

丑二　斥妄識非心　分二　**寅初　阿難責躬請教　二　如來顯發非心**

今初

爾時阿難，在大衆中，即從座起，偏袒右肩，右膝著地，合掌恭敬，而白佛言：

阿難所計七處，皆已被破，至此乃欲捨妄處，而求示眞處，還是未達佛意，佛破無處，是欲其了悟，無體非心矣。今依舊求佛說處，足見仍然認識爲心，認識有體，但自恨未知其處，故自責而請益耳。　即從座起：以聽法在座，請益故起；偏袒右肩：袒露肉也，我國以袒肉爲慢，印度以袒肉爲敬，故偏袒，但袒露右肩；右膝着地者：以右膝有力，跪能久安，又復易起；合掌：乃合十指爪，上屬身業虔誠；恭敬者：嚴肅曰恭，尊重曰敬，屬意業虔誠；而白佛言，是仰白於佛，屬口業虔誠。此文是結集家，敍儀而置。

我是如來最小之弟，蒙佛慈愛，雖今出家，猶恃憍憐，所以多聞，未得無漏，不能折伏，娑毘羅咒，爲彼所轉，溺於淫舍。

阿難是四王八子中，年齡最小，故曰我是如來最小之弟。蒙佛慈悲愛念，雖然今已出家，猶恃憍憐，心中恃佛憍愛憐惜，所以徒事多聞，不勤定力，故未得無漏。須證四果羅漢，無欲漏、有漏、無明漏，方稱無漏。阿難初果，未得無漏，定力不足，故不能折伏娑毘羅咒，被邪咒所轉，溺於淫舍。

當由不知，眞際所詣！

眞際者，眞如實際之理地，卽眞心之異名。亦卽本經之如來藏，爲首楞嚴之定體。詣卽在也。阿難所擧眞際之名似同，未悟所執之心非是，故仍呼爲眞際。雖前七處被破，此時尚欲求處，所詣，卽所在之處，但以己不知，求佛示其處耳。意以不能降伏邪咒者，當由不知此心所在也。阿難還是認識爲心，錯誤非小，故佛下文，斥其非心，推其無體，令得捨妄求眞也。

惟願世尊，大慈哀愍，開示我等，奢摩他路，令諸闡提，隳彌戾車。

此求佛別說眞處。以不知心處，大定無路可修，故願佛發大慈心，哀憐愍念我等，久處迷途，開示我等，奢摩他路。　奢摩他卽所請三名中之第一名，爲首楞嚴定，所依之體，卽是本覺理體，天然本定，不生滅、不動搖，而能開解照了此體，是爲奢摩他，微密觀照。觀照卽是始覺智用，依正因佛性，而起了因佛性，乃卽定之慧也。路、卽修證之道路，未悟眞如實際，則此路不通。

阿難欲知心處，正擬進修佛定，故急急求開奢摩他路，而不知前之徵心破處，已是開奢摩他路，以所執之心非眞，奢摩他路，竟被此心壅塞矣。佛下破妄識非心，破妄識無體，卽撤去奢摩他路之障礙；而指見顯心，會事歸理，會相歸性，皆開奢摩他路也。

令諸闡提，隳彌戾車：涅槃經云：「一闡提」，云信不具，或云焚燒善根，卽斷善根衆生。隳者毀也，壞也；彌戾車，此云樂垢穢，亦云惡知見。此等全不信佛法，卽邊邪不正知見也。阿難求示眞際，求開奢摩他路，其意中，以從前不知此路，未成定力，故被邪咒所攝，溺於淫舍；若如來卽爲我等，開示奢摩他路，不僅可令我等，得成定力，而能降魔制外，卽彼魔外闡提聞之，亦將破惡生善，故曰令諸信不具之衆生，亦得毀滅惡知見，而得正知正見也。

作是語已，五體投地，及諸大衆，傾渴翹佇，欽聞示誨。

此亦結集家敍儀。五體者，首及兩手兩足，敍其不獨稽首，而竟五體投地，表誠懇之至。及諸大衆，傾心渴望，翹誠佇待，如渴思飲，如鳥待哺。欽、敬也，敬聞開示教誨。初阿難自責請教竟。

寅二　如來顯發非心　分三　**卯初　光表破顯諸相　二　發明眞妄二本**

三　正斥妄識非心　今初

爾時世尊，從其面門，放種種光，其光晃耀，如百千日！

此佛放光，以表破妄顯眞諸相。良以破妄，實爲顯眞，以妄不破，而眞不顯，故佛從面門放光，以施無言之教，令得觸境會心。面門，爲五根都聚之處，衆生面門，亦終日放光，無奈迷而不識！阿難迷晦卽無明，終日背覺合塵，認物爲己，是以七計咸非；如來發明便解脫，終日背塵合覺，融妄卽眞，所以六根皆是。此正欲破六種攀緣妄識，顯六根現量眞性，故先從面門放光，以表顯也。

其光晃曜，如百千日者：其字，指面門諸根，光從此放，乃顯示本覺妙理，始覺妙智，不離根中；其光晃曜：光明極盛貌，喻如百千日光，一日在空，光照無遺，況百千日耶；以表自性光明，輝天鑑地。此光非佛獨有，一切衆生皆有，迷之似失，悟之顯露。臨濟義玄禪師云：「有一無位眞人，在汝諸人六根門頭，放光動地，諸人未證據者，看！看！」，臨濟可謂深得如來面門放光的旨也。

普佛世界，六種震動，如是十方微塵國土，一時開現。

普佛世界：卽普徧十方，諸佛世界。六種震動：動、起、涌，此三屬形；震、吼、擊，此三屬聲，正表六處妄識將破也。　微塵是空中之塵，以喻國土之多，六識未破，緣塵自蔽，常處暗暝，無量智境，皆不能現；今表六識將破，棄生滅，守眞常，常光現前，故微塵國土，一時開現。此事人或懷疑，且以愛克司光鏡比之，雖隔衣服，皮膚身中，五臟六腑，無不悉見，何疑之有？

佛之威神，令諸世界，合成一界。

爲有妄識，執我執法，分自分他，一切世界，悉成隔越；今仗佛威神之力，破識顯根，會相歸性，無邊刹土，自他不隔於毫端，遂融合爲一矣（即一眞法界）。

其世界中，所有一切諸大菩薩，皆住本國，合掌承聽。

諸大菩薩，住持本地風光，而得全體照用，故得心聞洞開，徧周沙界；正顯根性、塵性，一切諸法，皆是不動周圓，本如來藏，妙眞如性也。　一切衆生，皆具此光，昧而不知，迷眞執妄，內爲六根所局，外爲六塵所障，中爲六識所錮，故於衆生世間生纏縛，器世間不能超越，自他隔礙，見聞功劣。若肯捨識用根，脫黏內伏，伏歸元眞，發本明耀，自可與諸大菩薩，把手共行，同一鼻孔出氣矣。初光表破顯諸相竟。

卯二　發明眞妄二本（分二）　辰初　擧過出由喻顯　二　徵釋二本名體

今初

佛告阿難：一切衆生，從無始來，種種顚倒，業種自然，如惡叉聚。

此因當機，請奢摩他路，欲詣眞際，故示二本，以指眞心實際，此一經之要旨也。一切衆生，通指泛爾凡夫，不知修行者；自從無始，根本不覺而來，迷眞執妄，背覺合塵，無我計我，非法計法，於我法種種顚倒分別，此屬惑道。依惑造業，熏成種子，名爲業種，爲將來因，種卽因也，此屬業道。自然二字，乃依惑業因，自然感生死果，乃一定之理，不可改移。譯人字略，自然下，意含定招苦果，此屬苦道。惑、業、苦三，不相捨離，喻如惡叉聚，西域果名。灌頂云：此云線貫珠。一蒂三果，同聚而生，惑業苦三道似之，故以喻焉。

諸修行人，不能得成無上菩提，乃至別成聲聞、緣覺，及成外道，諸天魔王，及魔眷屬。

諸修行人：別指依識心爲因，錯亂修習者。凡夫起惑造業輪迴生死，固是可憐，縱令有志修行，果遭紆曲，亦爲可愍。果由因感，因地以生滅心，爲本修因，而求佛乘不生不滅，無有是處，故曰：不能得成無上菩提。菩提，此云覺道，三乘皆有，唯佛無上，卽究竟果覺之佛道也。　乃至別成聲聞緣覺：乃至超略菩薩，猶言非但不能得成無上菩提，而復不能得成實教菩薩，乃至別成聲聞緣覺，解見在前，小乘也。但破我執，而證我空之理，雖別成乎此，猶是出世小聖，已斷分段生死，也有小益，不至墮落。

更有誤之甚者，迷自本眞，游心道外，而成外道者，生無想外道天，報盡必招墮獄之苦；或修有漏戒善，及四無量心，世間禪定，厭染欣淨，與厭有取空者，謂之諸天，報盡還來，散入諸趣；或耽著欲境，而惱害正修者，謂之魔羅，此云殺者，能殺害衆生，法身慧命故。上品魔王，中品魔民，下品魔女，中下皆魔眷屬，報盡必墮，三途苦趣。

皆由不知二種根本，錯亂修習，猶如煮沙，欲成嘉饌，縱經塵刧，終不能得。

此總出其由。以上泛泛凡夫，無知造業者，固不必論矣。而諸修行人，本期得道得果，而乃中途或滯化城，或生天界，甚至誤入魔外，求昇反墮，其故何也？皆由不知二種根本，錯亂修習故也。　二本，卽眞、妄二本。不知者：一、妄心：本無而錯認，非心似心，此屬妄本，卽本科所云：「無始生死根本。」上文普判誤認科中，所名妄想，下文所謂前塵虛妄相想是也。二眞心：本有而迷背，非失似失，此指眞本。卽本科所云：「無始菩提涅槃，元淸淨體。」上文所指，常住眞心，性淨明體；下文所謂，妙精明心，錯亂修習者，由迷眞認妄，以妄爲眞，獨修於妄也。猶如煑沙，欲成嘉饌，此喩錯亂修習，依識心妄本，而不諳根性眞本，識心非菩提因，喩如煑沙，欲成嘉饌（好飯也），沙非飯本，縱經塵刼，煑之，祇名熱沙，終不成飯。錯用因心，亦復如是，縱經塵刼修之，終不能得成無上菩提也。初學過出由喩顯竟。

辰二　徵釋二本名體

云何二種？阿難！一者無始生死根本，則汝今者，與諸衆生，用攀緣心，爲自性者。

初句總徵，下別釋二本名體。先釋妄本。一者無始生死根本：此出妄本名；謂從無始無明妄動以來，浩刼輪迴，生死之根本，此本非他，就是汝現今與諸衆生，用攀緣心，爲自性者。此指妄本體，乃無體之妄體，攀緣心卽第六意識心，妄攀所緣諸塵之境，妄起分別，妄生憎愛取捨，時起時滅，塵有則有，塵無則無，虛妄無體，本非眞心，亦非自性；一切衆生，皆迷認妄執，以爲心性，阿難亦然。前云：「卽思惟體，實我心性。」後云：「卽能推者，我將爲心。」今已分明指出，是生死本，阿難後猶不覺，仍認爲心，亦可悲矣！

二者無始菩提涅槃，元清淨體，則汝今者識精元明，能生諸緣，緣所遺者。

次釋眞本。二者無始菩提涅槃，元清淨體：此出眞本名。眞妄二本，俱稱無始者，如金與鑛，二俱無始，不可分誰先誰後。菩提（譯云覺道）有三：一曰眞性菩提：此以理爲道也。卽衆生本覺，法身之理，不變隨緣，隨緣不變，乃是妙眞如性，故曰眞性。二曰實智菩提：此以智慧爲道也。卽衆生始覺，根本之智，照徹心源，無明皆盡，所得眞實之智，故曰實智。三曰方便菩提：此以透機施教爲道也。卽自覺已圓，然後覺他，以後得智，觀機施教，廣開方便之門，故曰方便。

涅槃譯不生滅亦三：一曰性淨涅槃：自性清淨，一塵不染，故曰性淨。二曰圓淨涅槃：眞無不圓，妄無不淨，故曰圓淨。三曰方便淨涅槃：隨緣方便，示現生滅，故曰方便淨。

此三菩提、三涅槃，前一皆屬因，是性具；後二皆屬果，是修成。此眞本，取衆生本具覺性，如如理，與如如智，應屬眞性菩提，與性淨涅槃耳；菩提屬智，涅槃屬理。元清淨體者：清淨有二：曰自性淸淨，與離垢淸淨。此屬自性本元淸淨之體，並非澄之使淸，本來離煩惱濁故，卽顯爲眞性菩提；亦非治之使淨，本來離生死染故，卽顯爲性淨涅槃。此體一切衆生，本來元具，不假造作，不待修成，故曰元本來也淸淨體。此體無他，卽汝現今根中所具，圓湛不生滅之性，名爲識精，元是妙明之心，並非磨之使明，乃本來自明，雖處長夜昏暗之中，其性不昏，故曰元明。在眼能見，在耳能聞，在鼻齅香，在舌嘗味，在身覺觸，在意知法，雖分六和合，元是一精明，此爲眞本，修行當取爲因地心者。

又識精者，第八識精明之體。此體雖帶少分之妄，究竟全體是眞。如揑目所見第二月，全體是眞月，但多一揑之妄，放手全眞。在衆生現前身中，捨此則無眞可顯，故阿難求索眞心之後，如來十番顯見，卽顯此也；請修之後，所指入門，亦指此也。五卷諸佛證云：「汝復欲知無上菩提，令汝速證，安樂解脫，寂靜妙常，亦汝六根，更非他物。」驗知菩提涅槃，元淸淨體，決指根中，見、聞等精，識精爲總，六精爲別，六精本是一精也。

如來首顯見精者，卽示眞本也；文殊獨選耳根者，卽用眞本也。須知此經宗要，卽是捨識用根，前普判誤認科中，首明之，此中再明之。第四卷末，若棄生滅，守於眞常，生滅者，識心也；眞常者，根性也；復重明之。此皆出自如來本意，有以此處，見其名爲識精，便不敢認爲眞者，誤矣！豈不觀元明，元淸淨之語乎？

能生諸緣者：以識精卽第八阿黎耶識，本具精明之體，由此識體卽如來藏，能攝一切法，能生一切法，故曰能生也。諸緣指能緣所緣，有二種：一、八識能生，見相二分，見分爲能緣，相分爲所緣。見分乃轉本有智光，爲能見之見分，要緣八識本體自證分，八識由無明力，晦昧眞空，而成頑空，本無可見，見分定欲見之，於是空晦暗中，結暗境而成四大之色，帶起相分，爲見分所緣之境；而本生識海，還是緣不到，故曰緣所遺者。二、卽七轉識，由第八識，相分境界而生。論云：「境界為緣長六麤，」長卽生義。前四麤，卽是七轉識，各有能緣功用（而六識能緣之力最勝。），所緣卽一切萬法，皆從識生，而為所緣之境，故曰諸緣。

緣所遺者：此一緣字，作二解：一、以轉識能徧緣一切，而不能反緣，本生識海；如眼有見，能徧見一切，而不能反見自眼。旣不能緣本識，則菩提涅槃元淸淨體，非失似失，故曰緣所遺者。二、緣者，由也。由諸衆生，迷此識精元明之體，迷則雖有不知，非遺失等於遺失，是謂緣所遺者。問：「第七識能緣第八見分，豈不能反緣耶？」答：「七識雖然能緣第八見分，因執之為我，故落於非量，必遺元明之體，正是緣所遺者，非同如如智，緣如如理，現量昭然可比。」

由諸衆生，遺此本明，雖終日行，而不自覺，枉入諸趣。

此結歸指過。通結一切衆生皆然，故曰由諸衆生，遺此本明；本明卽元明也。此承上文反緣識精元明緣不到，由緣不到，畢竟不見，非遺似遺，故曰遺此本明，卽是迷却眞本也。

雖然終日，承渠功能力用，行卽用也；眼見色，耳聞聲，乃至意知法，無非本明照用，而不自覺，卽日用不知能見能聞者是誰。旣已迷却眞本，自必全用妄本，攀緣六塵，依之起惑造業，隨業受報。

枉入諸趣：卽捨生趣生，趣向六道，輪迴不息。枉入者，不當入而入，衆生本具菩提涅槃，元清淨體，依之修證，成佛有分，今反入諸趣，卽是繫珠乞丐，豈不枉屈乎。二、發明眞妄二本竟。

卯三　正斥妄識非心 分三　**辰初　如來重徵直呵　二　阿難驚索名目**

三　如來指名出過　今初

阿難，汝今欲知奢摩他路，願出生死，今復問汝。

正脈云：「奢摩他路，問、答意別：阿難以求知心處爲奢摩他路；如來則以了此妄識，無體無處，而別覓眞心，爲奢摩他路。」　佛以阿難請示奢摩他路，故爲說二種根本，令知眞妄，庶可捨妄求眞，圓悟眞心，以爲修習佛定，之最初方便。此下更試驗一番，且看阿難如何薦取！先徵能見，後斥妄心，以示奢摩他路。故曰：汝今欲知奢摩他路，願出生死，今復問汝：如汝甘受生死，不求奢摩他路，則亦無庸問矣，今旣求開奢摩他路，不得不決擇眞妄二本，捨妄依眞，方免錯亂修習也。

即時如來擧金色臂，屈五輪指，語阿難言：汝今見不？阿難言見。

卽時如來，先以無言說法，擧拳驗見。佛身全體黃金色，故臂亦金色。屈五輪指，佛之指端，有千幅輪相，指屈成拳，擧示阿難，此如來欲以向上一着，接引阿難，阿難果能於金拳擧處，當下回光返照，識得本明，則可謂機教相扣，不負如來矣！無奈鈍根不契，還要費盡如來苦心，於無言說中，再施言教：語阿難言：汝今見不？阿難言見。此處是非未定，見塵也是見，見性也是見，未知阿難是見塵耶？是見性耶？

佛言：汝何所見？阿難言：我見如來擧臂屈指，爲光明拳，耀我心目。

佛以阿難答見，見塵、見性未分，故問汝何所見？阿難言，我見如來擧臂屈指，爲光明拳，照耀我之心目，此見塵也。如果見性，自可忘塵，則合眞性，今既見塵，自然迷性，正屬妄本。

佛言：汝將誰見？阿難言：我與大衆，同將眼見。

佛已知阿難，但見塵不見性，尚不肯放捨，仍復親切提撕，深錐重劄，正見婆心太切。復問汝將誰見？若能在這裏，回光返照，尚屬未晚，無奈阿難，迷執太深，如來重重顯示，阿難頭頭錯過，仍答言：我與大衆，同將眼見。前見是其眼，早被佛破，至此依然不悟，還答我與大衆，同將眼見；若是，則辜負世尊甚矣！佛舉拳以示，正欲阿難向眼根中，識取眞見，以爲奢摩他，出生死入涅槃之正路也。可惜阿難，但知循塵，不知返本，遺却識精，故認肉眼爲能見；此卽上文所云：「緣所遺者。」

佛告阿難：汝今答我，如來屈指，爲光明拳，耀汝心目。汝目可見，以何爲心，當我拳耀？

前來世尊，步步追拶，當機阿難，寸步不移，故只得再徵妄心，而直破之。前文吾今問汝，唯心與目，今何所在？合此處，汝目可見，以何爲心，當我拳耀，祇是兩次徵心，有謂楞嚴七處徵心，八還辨見。不知前七番，乃破處非徵心，復未盡破妄之文，後八還雖辨見爲眞心，豈全收顯眞之旨？經中實係三番破識，十番顯見，請試思之。

世尊舉手擎拳，原欲以無言之道，向上一著，接引阿難，令向見色，聞聲處，親見自己本來面目也。奈阿難直指不會，祇得再加曲指，重行審問：汝何所見一審也；汝將誰見二審也。世尊則循循善誘，阿難則處處膠着，不能認見爲心，而反認見屬眼，世尊見其始終不悟，只得落草盤根，更徵之曰：汝目可見，以何爲心，當我拳耀？此三審也。正屬二次徵心。

阿難言：如來現今徵心所在，而我以心推窮尋逐，即能推者，我將爲心。佛言：咄！阿難，此非汝心。

上來如來三審，全是宗乘語氣，其如當機，熟處難忘，不知轉身，猶曰如來，現今徵心所在，而我以用也心推窮尋逐，卽能推者，我將爲心：此認妄本也；能推之心，卽攀緣心也。正是阿難塵相未除，依舊認賊爲子，此第二次徵心，又自呈妄心也。

佛言咄！此非汝心！佛到此，見其迷情深固，非大力不能破，故奮起踞地師子之威，直與一喝曰：咄！此非汝心！此一喝正如金剛王寶劍，擒賊斬首，向其命根不斷處，猛下一劍。佛舉手擎拳，要阿難向眼根見處，回光返照，識取眞心，無奈阿難，只知合塵，不知合覺。如是如來，換一方針，以阿難慣用耳根遂乃振威一喝，欲令向耳根薦取，能聞聞性，果能於此，妄心死得了，自然可許法身活得來。阿難非特妄心不死，下文反與如來，爭辯不休。初如來重徵直呵竟。

辰二　阿難驚索名目

阿難矍然！避座合掌，起立白佛：此非我心，當名何等？

阿難被喝驚起，矍然，驚懼不安之貌，故以避座合掌，起立白佛：此能推者，既非我心，應當名爲何等？可見阿難一向唯知此心，今說非心，如人執石爲玉，認爲至寶，今聞說非玉，失其至寶，無怪其驚懼不安，故欲索其名。二阿難驚索名目竟。

辰三　如來指名出過

佛告阿難：此是前塵，虛妄相想，惑汝眞性，由汝無始至於今生，認賊爲子，失汝元常，故受輪轉。

此如來先指妄名，後責錯認。此心也能推是現前塵境，虛妄相上，所起之分別想心，諸塵境界，於妙明心中，虛妄顯現。如空中華，夢中境，虛而不實，妄而不眞，故曰虛妄相。從此相上，所起之想，則妄上加妄，當名妄想，乃是塵影，塵有則有，塵無則無，隨塵生滅。但此心功用頗大，而能惑亂汝之眞性，由汝無始刼來，至於今生，都認此妄想爲眞心，譬如認賊爲子，反棄眞子而不尋覓，既經認妄，自必遺眞。故云：「失汝元常。」元者、本也，常者、常住眞心。此心迷時，非失說失，完全不知，都是妄想用事，依之起惑造業，依業感報，而受輪廻六道，流轉生死之苦。前云不知常住眞心，用諸妄想，故有輪轉是也。二斥妄識非心竟。

丑三　推妄識無體　分二

寅初　阿難迷怖求示　二　如來安慰顯發

今初

阿難白佛言：世尊！我佛寵弟，心愛佛故，令我出家。我心何獨供養如來，乃至徧歷恆沙國土，承事諸佛，及善知識，發大勇猛，行諸一切難行法事，皆用此心；縱令謗法，永退善根，亦因此心。若此發明，不是心者，我乃無心，同諸土木？離此覺知，更無所有，云何如來，說此非心？我實驚怖！兼此大衆，無不疑惑，惟垂大悲，開示未悟。

此因聞非心之斥，乃述怖求示也。歷敍生平，皆用此心。先云我是佛之寵弟(重愛也)。心愛佛故者：因見佛之三十二相，勝妙殊絕，心生愛樂，令我發心出家，是用此心。我心何獨供養如來：謂我何止爲佛執侍巾瓶，供養於佛，若從此回小向大，乃至徧歷恆沙國土，供養一切諸佛，如普賢行願，勸請諸佛，轉大法輪，久住世間，以爲衆生作大依怙。及諸善知識：善字雙貫知識二字，善知衆生根性，善識方便法門，具正知見，能爲人天眼目者，亦皆一一承事之。

發大勇猛者：豎精進幢，披忍辱鎧，破魔兵衆，上求佛道，下度衆生，行諸一切難行法事，悍勞忍苦，不惜身命，皆用此心；上歷敍作善心。縱令謗法，永退善根：此設言作惡心；謂縱令謗大乘經，斷學般若，成一闡提，永退善根，亦因此心：此心爲善惡司令，一身之主。

若此發明不是心者：若此能推之心，如佛發明，是虛妄相上，所起一種妄想，不是心者，則我便成無心，豈不同土塑木雕之偶像耶？我今離此覺知，更無所有，阿難豈知卽此覺知，何嘗是有，此覺知者，乃是塵影耳，塵有則有，塵無則無。

阿難果能悟得，覺知之心，本無所有，如二祖求初祖安心，初祖伸手云：「將心來，與汝安。」二祖卽時，求覓自心，乃答曰：「覓心了不可得。」初祖曰：「與汝安心竟。」二祖言下大悟。阿難若能如是，卽可千了百當，免得許多葛藤。　云何如來，說此非心：云何怪問意，說此妄覺非心，我聞之下，實生驚疑怖畏。兼此大衆：指小乘一類之機，但知六識三毒，建立染淨根本，聞此非心，無不疑惑。惟垂大悲，開示我等未悟。初阿難述怖求示竟。

寅二如來安慰顯發 分四　卯初　標垂教深意　二　示常說妙心　三　況眞心有體　四　顯妄識無體　今初

爾時世尊開示阿難，及諸大衆，欲令心入無生法忍。

此許示眞心有體，以慰無心之驚疑，乃先安慰，而後開導。欲令悟見性爲眞心，得入無生法忍，若證此忍，於三界內六凡法界，三界外四聖法界，不見有少法生，有少法滅，於一一法，當體如如，而忍可於心，惟證相應，懷之於心，亦不能向人吐露，其謂無生法忍。

問：「現有十界諸法，何以不見少法生滅」？答：「都緣眼中有翳，妄見空華之十界，若悟空華，卽無少法生滅；翳眼見空華，華實不曾生，生旣不生，滅何所滅？衆生雖見十界，實則涅槃生死等空華，那有生滅之相可得？故不見有少法生滅，卽一切事究竟堅固，首楞嚴大定也。」觀世音菩薩，生滅旣滅，寂現滅前，卽入此忍。衆生所以不入者，正妄識障之也。今將破生滅識心，顯發無生法忍，故先標焉。初標垂教深意竟。

卯二　示常說妙心

於師子座摩阿難頂，而告之言：如來常說：諸法所生，唯心所現；一切因果世界微塵，因心成體。

此欲示妙心，先為安慰。於者在也，師子座，並非以師子為座，亦非座有師子之像，乃是我佛說法無畏，喻如師子王，故其座稱師子座。佛在座上，舒金色臂，摩阿難頂，一示安慰意，二表將授以最勝頂法。而告之言，在上語下謂之告。

如來常說，諸法所生，唯心所現者：如來說大乘性宗，常說一切諸法，並非別有所生，唯一眞心之所現起。如起信論所云：「心為一大總相法門體。」一切十界正報，凡、聖；染、淨；因、果，與依報大之世界，小之微塵，一一皆是因心成體。古德云：「天地與我同根，萬物皆吾一體。」正此意也。二示常說妙心竟。

卯三 況眞心有體

阿難：若諸世界，一切所有，其中乃至草葉縷結。詰其根

元。咸有體性，縱令虛空亦有名貌。

承上唯心所現之世界，山河大地，萬象森羅，一切所有，乃至微細之一草、一葉、一縷（絲線）、一結，追詰其根本元由，咸有體性，縱令至大之虛空，亦有名貌；虛空是名，通達無礙爲貌。

何況清淨，妙淨明心，性一切心，而自無體？

何況反顯意。清淨者：卽下文帶妄所顯之見精，體本無垢，由來清淨故。妙淨明心：妙字雙貫淨明，曰妙淨妙明之心，指剖妄所出之眞心，出障離染，曰：妙淨；寂照含空，曰：妙明。

性一切心者：性卽體性，此性平等，能爲一切法所依，不爲一切法所變，下文四科七大，一切諸法，皆依此心爲體。而自無體句，與何況二字相照應，正是反顯，眞心所現之物，尙皆有體，而能現之心，豈反自無體耶？卽是言眞心決定有體，爲汝執此妄心，所以迷彼眞體，豈眞離此覺知，更無所有乎？三況眞心有體竟。

卯四　顯妄識無體

若汝執悋分別覺觀，所了知性，必爲心者，此心卽應離諸一切色、香、味、觸諸塵事業，別有全性。

此佛先爲按定，故曰若汝執悋，分別覺觀云云。執謂固執，妄識爲心，悋爲悋惜，不肯放捨。分別覺觀：卽心之功能，對境起念曰分別，內守幽閒曰覺觀；麤心緣慮名覺，細心靜住名觀。所了知性者：卽所以能了知之性，正屬妄本，不是眞心，必定要認他爲眞心者，此心卽應當離塵有體。一切色、香、味、觸，六塵但舉四種，聲、法二塵，攝在諸塵之中。事業者：營業之初曰事，事辦之後曰業，卽六塵事業。如果眞心，卽應平聲離却諸塵事業，別有完全體性，此乃就理而論，必當如是，下乃就事以驗。

如汝今者，承聽我法，此則因聲而有分別。

此舉聞法之心，以例見色、齅香、嘗味、覺觸、知法諸心，皆屬對境起念，不能離塵有體。如汝現今，承聽我說法，此心則因有所分別之聲，纔有能分別之性，離塵畢竟無體。此斷執悋分別者非也，卽破意識緣佛聲教之勝善功能也。

縱滅一切見、聞、覺、知，內守幽閒，猶爲法塵，分別影事。

縱滅二字，承前。縱使能把前五識，及同時意識，不緣外面五塵境界，滅其見、聞、覺、知之用。但由定中獨頭意識，內守幽閒，寂靜之境，此境卽凡外在定所守之境，取爲所證法性者。不知此非法性，猶爲法塵，卽能守境之覺觀，雖離外塵分別，亦非眞心，猶屬定中獨頭意識，微細分別耳。影事者：以法塵乃前五塵落卸影子，意識分別，亦屬緣影之心，卽此內守幽閒，定中獨頭意識，猶是微細法塵，分別緣影之事，豈可認之爲眞乎？此斷定執悋覺觀者亦非，卽破意識，止散入寂之勝善功能也。

然此中根、塵、識三，差別之處，應辨析明白，庶免疑誤：一、見、聞、覺、知，有根性識性之分；二、法塵境界，有生塵，滅塵之異；三、第六意識，有明了、獨頭之別。唯識云：「愚者難分識與根。」因根識同有見、聞、覺、知之用，見單屬眼，聞兼耳、鼻，覺單屬身，知兼舌、意，須知六根對境，如鏡照像，本無分別；六識緣境，則有分別，卽此有分別無分別，爲根識之分。

古德有云：「見、聞、覺、知，無非妄想。」此約六識言。又僧問善知識：「如何是佛性？」答曰：「在眼曰見，在耳曰聞，在鼻齅香，在舌嘗味，在手執捉，在足運奔。」此約六根言。識性虛妄，故名妄想；根性眞常，故稱佛性。古來宗門祖師，多從六根門頭，接引學人，擎拳豎指，令向眼根能見處薦取；振威一喝，令向耳根能聞處薦取；木樨香否？令向鼻根能齅處薦取；這個滋味如何？令向舌根能嘗處薦取；當頭一棒，令向身根覺痛處薦取；不思善不思惡，令向意根正恁麼時薦取。這等見、聞、覺、知，卽本經所顯的，爲如來密因，亦卽二根本中眞本，亦卽四科七大中，如來藏妙眞如性，所應取爲本修因者。

此中所滅之見、聞、覺、知，卽前五識之任運分別，及與前五識，同時而起，明了意識之隨念分別，塵有則有，塵無則無。凡、外、權、小，諸修行人，亦知這個散動，有欲修定，必須止之歸靜，成一種內守幽閒之境，不知猶是獨頭意識，法塵分別影事。正二根本中妄本，凡外所修之定，寧能出此境界？

法塵境界，有生、滅之異者。法塵無別體，卽五根對境，五識起時，有明了意識，與其同時而起，緣五塵性境，接歸意地，合五塵落卸影子，成爲法塵之境，如照像之攝影焉，故爲影事。有一份生塵，散位獨頭意識所緣，起計度分別者。有一份滅塵，卽此內守幽閒之境，定中獨頭意識所緣者。亦全託分別，而後分明，一不分別，境卽沉沒，此之分別甚細，如無波之流，望如恬靜，流急不住，非實無流，故曰：法塵分別影事。

意識有明了、獨頭之別者：明了意識，緣境明了，親得法之自體，故以爲名，亦名五俱意，與前五識，俱時起故，亦名同時意識。獨頭意識，復有四種：一、散位獨頭，緣獨影境；二、狂亂獨頭，緣病中狂亂所發境；三、夢中獨頭，緣虛妄夢境；四、定中獨頭，緣定中所住境。此中幽閒之境，卽屬定境。定中獨頭所緣者，因有守境之心，所守之境，故爲法塵分別影事；此破意識，止散入寂之勝善功能也。

我非勅汝，執爲非心，但汝於心，微細揣摩，若離前塵，有分別性，卽眞汝心。

此縱其離塵有體，許爲眞心。故曰：我非强制勅令汝，一定執此緣塵分別，以爲非心。但汝於自心中，微細研究揣摩，汝所執恡不捨之心，若離前塵，有分別之體性，卽許眞是汝心；此暫縱也。

若分別性，離塵無體，斯則前塵，分別影事。

此隨奪，若能分別之性，離塵無自體者，此則前塵分別影事耳。

塵非常住，若變滅時，此心則同龜毛兔角；則汝法身，同於斷滅。其誰修證，無生法忍？

塵非常住不生滅法，因緣和合，虛妄有生，因緣別離，虛妄名滅，所托之塵，若變滅時，則此能托影事之心，亦應與之俱滅，此心則同龜毛兔角，但有其名，全無其體。則汝法身，同於斷滅者：以阿難認緣影爲眞心，心卽法身，屬性具，依之修習，證無生忍，屬修得。今此心隨塵變滅，故難曰：「則汝法身，同於斷滅。」以同龜毛兔角之本無故，其誰更來修因，而證無生法忍之果乎？三推妄識無體竟，併前二科，初如來備破三迷竟。

子二　大衆知非無辯

即時阿難，與諸大衆，默然自失！

卽時：推破妄識無體之時。阿難與諸大衆，已聞妄識無體，既不知何者爲眞，又不敢依舊認妄，至此辭窮，默然無語，自覺若失；如賈人失其所寶也。併前一科，二正與斥破竟。

癸三　結歸其判

佛告阿難：世間一切諸修學人，現前雖成九次第定，不得漏盡成阿羅漢，皆由執此生死妄想，誤爲眞實。是故汝今雖得多聞，不成聖果。

此結歸。前取心定判之判辭，前云：「一切衆生，從無始來，生死相續，皆由不知常住眞心，性淨明體，用諸妄想，此想不眞，故有輪轉。」一自定判之後，備破三迷已竟，到此仍結歸其判。

一切諸修學人，統該凡、外、權、小，錯用妄本而修者。九次第定：由一定一定，次第而入，故名九次第定。前八卽四禪四空八定，凡位所修；後一滅盡定，聖位所成；若但滅六識，名無心定；兼滅七識，名滅盡定，又能令染末那相應之受想，伏而不行，亦名滅受想定。既得此定，於小乘法中，已爲漏盡，卽是羅漢。

今云現前雖成此定，不得漏盡成阿羅漢者：正脈云：「當知彼所謂無漏聖位，皆一時權許，誘進而已。」法華破云：「汝當觀察籌量，所得涅槃非眞實。」既非眞涅槃，豈名眞漏盡乎？故長水謂：「十地爲漏盡羅漢。」余謂不得漏盡，此與前文，諸修行人，不能得成無上菩提句，相照應。意謂依識心修，縱成九次第定，超出三界，沉滯化城爲止，不能成佛也。

皆由執此生死妄想（第六識）誤爲眞實（常住眞心）。此執妄爲眞，故枉受輪廻之苦；卽破第六識，界外取證之勝善功能也。是故汝今，雖得多聞，不成聖果者：小教許四果皆聖，今阿難位居初果，而謂非聖者，以九次第定，尚非漏盡羅漢，而初果安得成聖耶？初斥破所執妄心，以開奢摩他路竟。

楞嚴經講義第二卷終

大佛頂如來密因修証了義諸菩薩萬行首楞嚴經講義

福州鼓山湧泉禪寺圓瑛弘悟述　受法弟子明暘日新敬校

壬二　顯示所遺眞性令見如來藏體　分二　癸初　阿難捨妄求眞　二　如來極顯眞體　癸初分二　子初　悲感痛悔　二　表迷求示　今初

阿難聞已，重復悲淚，五體投地，長跪合掌，而白佛言：自我從佛，發心出家。恃佛威神，常自思惟，無勞我修，將謂如來，惠我三昧，不知身心本不相代，失我本心，身雖出家，心不入道；譬如窮子，捨父逃逝。

上文阿難執妄為眞，如來極破而令捨，此下阿難悟妄求眞，如來極顯而令用。眞原本有，近具根中，遠該萬法，無奈迷之已久，非遺似遺，若不方便顯之，則終不能見，此卽二根本中眞本。前妄本既破，今眞本當顯，卽顯平日所遺之眞性，始自眼根顯出，復為融會四科七大，同歸如來藏體。阿難因聞，入滅受想定，心尚非眞，則尋常所用之攀緣識心，自不待言矣。所以重復悲淚禮佛，追述痛悔。凡人悟之深者，心必有悲，或悟妄而悲久苦，或悟眞而悲久失，此悟所執識心全妄，而眞心未悟，故悲悔耳！

本文悔恃如來，不修大定，乃曰自我從佛出家，恃佛之威德神力，常自思惟（即妄想心），無勞我自己修行，將謂我是如來最小之弟，情同天倫，如來必能惠（恩賜也）我三昧，不知彼此身心，本不可相代；如父子上山，各自努力，不能替代我行也。

失我本心者：本心卽本有眞心，從無始來，迷不自覺，如醉漢衣裏之珠，迷則非失似失。既是遺眞，自必執妄，所以身雖出家，心不入道。

出家有三：一、出世俗家，卽割恩斷愛，依止佛門；二、出三界家，卽證無漏道，不受輪廻；三、出煩惱家，斷盡諸惑，一心淸淨。今阿難但出第一種家，所以心不入道。　譬如窮子，捨父逃逝：阿難迷眞，自喻窮子，遺失本有家珍，背覺合塵，如捨父逃逝。父喻本覺，子喻妄覺，從眞起妄，背覺合塵，故如捨父逃逝。由是起惑造業，隨業受報，輪轉諸趣，備受痛苦，故此悲悔。觀此卽佛不足恃，但求加被，不自修行者，可以警矣！

今日乃知：雖有多聞，若不修行，與不聞等；如人說食，終不能飽。

此悔恃多聞，終無實得。今日乃知，因悟方知，雖有多聞善根，若不依教修行，與不聞相等；猶如有人，口說美食，說而不食，肚中終不能飽。雖有多聞，不肯從聞、思、修，三慧並進，徒聞無益，亦復如是。說得一丈，不如行得一尺。觀此即聞不足恃，徒攻文字，而不實修者，可以警矣！初悲感痛悔竟。

子二　表迷求示

世尊！我等今者，二障所纏，良由不知寂常心性，惟願如來，哀愍窮露，發妙明心，開我道眼。

二障者：一、煩惱障：屬我執所起，有分別、俱生、麤、細之異。麤乃作意分別之惑，如起身邊等見；細乃任運俱生之惑，如起貪瞋等心。總是昏煩之法，惱亂有情身心，續諸生死，能障涅槃，故名煩惱障；又名事障，能障人天勝妙好事。二、所知障：屬法執所起，亦有分別、俱生、麤、細之異。麤乃心外取境，不達外境唯心，分別心外實有，有所希取；細乃自生法愛，不達修證性空，任運而生愛着，不能捨離。所知二字不是障，被障障所知智境。礙正知見，即能障菩提，故名所知障，又名理障，能障所證法空之理。

圓覺經云：「先除事障，未斷理障，但能悟入二乘境界；若事、理障，已永斷滅，則入如來大圓覺海。」又二障，據天台宗所分：煩惱障即界內見、思。見乃分別所起惑，思乃任運所起惑；所知障，即界外塵沙、無明。塵沙謂於外境，不達唯心，遇事生執；無明謂於所修證，不達性空，隨分起愛。阿難初果之人，但破我執分別，我執俱生仍在，是尚爲煩惱障所纏，而所知障全未解脫，故曰：「二障所纏。」然障纏必有所因，良由不知寂常心性，即其因也。良猶誠也；寂者不動搖；常者無生滅。此之心性，即是眞心實性，具在衆生根中。心性二字，若單用一字，則體用雙兼，若雙用二字，則體用當分。以靈知謂之心，以不變謂之性。誠由迷此眞心實性，所以認彼妄識，而爲二障所纏矣！

阿難已覺妄識，搖動不寂，生滅無常，故責己不知寂常心性，意欲捨妄求眞，與前所求眞際所詣，迥然不同。前仍認識爲心，但責己不知眞處；今悶妄識無體，乃責己不知眞心。惟願如來，哀愍窮露：無有法財曰窮，無所棲藏曰露，卽貧窮孤露，無有華屋，可以安身立命也。發妙明心者：卽本妙元明之心。妙是寂義，明是照義，寂而常照，照而常寂；若言其寂，一段光明，照天照地；若言其照，視之無形，聽之無聲。如雲棲大師所云：「寂滿常恆，靈明洞徹」者是也。此心雖是衆生本有，迷不自知，故求如來，而啓發之。以期破除二障也。開我道眼者：卽求開見道之眼，屬智眼、心眼、非浮塵眼根，與勝義眼根可比。阿難至此，已知認見屬眼，與認識爲心，同一錯謬，故求開道眼，可以辨明奢摩他路，而起微密觀照，照見楞嚴定體。下文如來十番顯見，會四科融七大，皆爲發妙明心，開道眼，應其所求也。初阿難捨妄求眞竟。

癸二　如來極顯眞體　分二　**子初　光表許說**　**二　正顯卽眞**　今初

即時如來從胸卍字，湧出寶光，其光晃昱，有百千色。十方微塵，普佛世界，一時周徧，徧灌十方所有寶剎諸如來頂，旋至阿難，及諸大衆。

寶鏡云：「此佛先以光相顯示，而後許說也。」一前放光表破妄之相，今放光表顯眞之相也。卍字者，表無漏性德。梵云阿悉底迦，此云有樂，謂有此相，必受安樂。然按華嚴音義卍字本非是字，因武周長壽二年，則天權制此字，安於天樞。以佛胸前有紋如此，名吉祥海雲相。此相爲吉祥、萬德之所集成，今制此字，安於天樞，冀獲吉祥故。

光表智慧，從胸卍字湧出，表根本正智，從如如理體而發。後文如來自謂，我以不滅不生，合如來藏，而如來藏，惟妙覺明，圓照法界。此是妙覺明，下是圓照法界。其光晃昱：光明盛貌。有百千色者：表體含萬德，用徧恆沙。十方微塵，普佛世界，一時周徧者：此卽表智光，圓照法界，無邊刹土，自他不隔於毫端也。徧灌十方，所有寶刹，諸如來頂者：表上齊諸佛。旋至阿難，及諸大衆者：表下等衆生。正顯此光，生佛一如，無所欠闕。

告阿難言：吾今爲汝建大法幢，亦令十方一切衆生，獲妙微密性，淨明心，得淸淨眼。

幢，表摧邪立正。大法幢，卽大佛頂首楞嚴王，最勝之法，可以摧伏邪妄，建立正因。獲妙二字，雙貫下二句，當云獲妙微密性，獲妙淨明心。性言微密者：謂幽微祕密，卽識精元明之體，人人本具，雖終日行，而不自覺也，乃屬如如之理，如宅中寶藏，非指示而莫曉，故曰：「微密」；心曰淨明者，謂清淨圓明，卽本覺照體獨立，個個現成，由妄識障蔽，而不能發也。如摩尼珠王，自具照體，必隨方而現色，故曰：「淨明。」

得清淨眼者：此屬如如智，與上二句，乃理智對舉，此稱理之智，卽微密觀照，遠離分別，諸塵不干，故曰：「清淨。」稱理而周法界，卽後大開圓解之智慧眼也。又阿難求寂常心性。而佛許以獲妙微密性；求妙明心，而佛許以獲淨明心；求開道眼，而佛許以得清淨眼；一一悉皆如願以償，由佛具樂說無礙辯，故能請答相應如是。

昔溈山問仰山：「妙淨明心，汝作麼生會？」仰山曰：「山、河、大地、日、月、星、辰。」溈山曰：「汝祇得其事。」仰山曰：「和尚適來問甚麼？」溈山曰：「妙淨明心。」仰山曰：「喚作事得麼？」溈山曰：「如是！如是！」只緣仰山會妙淨明心，得清淨眼。初光表許說竟。

子二　正顯卽眞 分三

丑初　尅就根性直指眞心　二　會通四科卽性

常住　三　圓彰七大卽性周徧　二剖妄出眞　今初　丑初又分二　寅初　帶妄顯眞

阿難既已捨妄求眞，而如來許以顯眞。若就衆生分上，指出純眞無妄之心，卽使如來，亦所不能。何以故？純眞之心，淸淨本然，未涉事用，並無衆生之名。既爲衆生，則依惑造業，依業受報，則眞墮妄中，故只得帶妄顯眞。所顯之眞，卽是八識精明之體，前二種根本中所云識精元明，後第五顯見中，喻如第二月。識精本是妙明眞體，因最初一念，無明妄動，不生不滅，與生滅和合，成阿賴耶識，全體是眞，不過略帶無明之妄；如第二月，亦全體是眞，略帶揑目之妄。此之識精，卽是衆生根性，處染不染，隨緣不變，衆生日用之中，承渠恩力，迷不自覺，故佛向阿難眼中指出，卽指根性爲眞心，欲令阿難及諸大衆，捨彼識心用此根性，若不先爲極顯其眞，何能使阿難取此新悟，捨彼舊執乎？明知體帶二種顚倒見妄，姑且帶之，而不急破；直待十番顯見之後，眞理卽明，眞體亦露，再爲破壞同分、別業二妄，正如脫衣露體也。

寅初　帶妄顯眞　分十　卯初　顯見是心　二　顯見不動　三　顯見不滅　四　顯見不失　五　顯見無還　六　顯見不雜　七　顯見無礙

八　顯見不分　九　顯見超情　十　顯見離見　卯初　顯見是心　分五

辰初　雙擧法喻現前　二　雙陳法喻令審　三　辨明無眼有見　四　辨明矚暗成見　五　辨定眼見是心　今初

阿難，汝先答我，見光明拳。此拳光明，因何所有？云何成拳？汝將誰見？阿難言：由佛全體，閻浮檀金，赩如寶山，清淨所生，故有光明；我實眼觀，五輪指端，屈握示人，故有拳相。

此躡前拳相，以驗當機，畢竟取何爲見。如來卽爲建大法幢，許令開發眞心道眼，於彼見解，不得不加勘驗，故連三問：一問：汝先答我，見光明拳，此拳光明，因何所有？二問：云何成拳？三問：汝將誰見？問雖有三，意則在一，要阿難參究見者是誰？卽所謂直指人心。見性成佛，宗門下教人看話頭，卽本此旨，豈可謂此經完全教意耶？此經乃有字之宗，宗門卽無字之教。又此經雙兼宗教，阿難不領能見是心，故如來不得已，擧例設喻以顯之。

阿難言，由佛全體，閻浮檀金，赩（金光赤欿也）如寶山。閻浮檀此云勝金，須彌山南面有洲，多此檀樹，果汁入水，沙石成金，此金一粒，置常金中，悉皆失色。又傳此金方寸，置暗室中，照曜如晝。佛身金色如之，艷如寶山：金光赤餤，猶如一座寶山。清淨所生：即前云，非是欲愛所生，故有光明。此答第一問。我實眼觀：答第三問。佛問阿難：汝將誰見？正要阿難悟見是心。今者阿難於識雖知是妄，於見仍認屬眼，不知眼根乃是色法，爲眼識所依，見性所託，能見並不是眼也。五輪指端，屈握示人，故有拳相：此答第二問。初雙舉法喻現前竟。

辰二　雙陳法喻令審

佛告阿難：如來今日實言告汝：諸有智者，要以譬喻，而得開悟。

世尊見當機，仍然認眼爲見，更反劣於前認識爲心。略說眼見不及識心有三：一、眼有形，易可破壞，觸之卽傷，不若識心無形，卒難損壞；二、眼有限，只能明前，不能見後，不若識心，前後左右，皆能偏緣；三眼有礙，但見障內如牆壁爲障障內可見之色，不見障外，不若識心，遠隔千山，皆能緣到。因此之故，衆生皆認識爲心，迷却本有眞心；今認眼爲見，迷却眼中見性。故如來巧示，無眼有見，令知此見非眼，見性常住，全不係屬眼根之有無，有眼有見，無眼亦有見。若能悟此見性爲眞心，則常住妙明，不動周圓，無邊妙義，悉皆得顯，方能迥超識心，令決取捨，故辨無眼有見。　告阿難言：我今不與汝談玄說妙，但就現前實事，與汝言之；法若不顯，再以喻明之。諸有智者：指中根，要以譬喻而得開悟；若上智之人，一聞便悟，不須譬喻；無智之者，喩亦難明。

阿難，譬如我拳，若無我手，不成我拳；若無汝眼，不成汝見；以汝眼根，例我拳理，其義均同也**否？**

無手無拳，無眼無見，迷觀似同，悟見實異。今佛以見例拳，用手例眼，故問之曰：以汝阿難眼根之見，比例我手之拳，此種事相，與義理均同否？正勘阿難，爲迷爲悟耳！此中眼根，卽眼所成之見，但舉能成，略却所成；拳理，卽手所成之拳，但標所成，略却能成：須善會之。

阿難言：唯然，世尊！既無我眼，不成我見；以我眼根所成見**例如來**手所成**拳，事義相類。**

當機只知順水行舟，不知看風使舵，遂卽應聲，答曰：唯然，世尊！唯然是應諾之詞。既無我眼，不成我見等語，全同凡情見解，究竟不悟見不屬眼之理，乃曰：以我眼根所成見，無眼卽無見；例如來手所成拳，無手卽無拳，若事相若義理，兩者比例，正屬相類。類者似也，同也。一雙陳法喩令審竟。

辰三　辨明無眼有見

佛告阿難：汝言相類，是義不然。何以故？如無手人，拳畢竟滅；彼無眼者，非見全無？

初三句，總斥引例不齊。告阿難曰：汝言無眼無見，引例無手無拳相類，是義實則不然，汝殊欠審察。何以故下，徵辨不相類之義。如無手人，手無則拳相畢竟是滅，以手外無拳故；彼無眼者，眼壞而見性仍然不壞，以眼見各體故。

彼無眼者：指盲人，非見全無，以仍能見暗故。全無二字按體用作二釋：一、約用釋：盲人無眼，既能見暗，但闕一分見明之用，非見暗之用而全無也。二、約體釋：盲人無眼，但是眼無，並非能見之全體亦無，以見體整個，完全無有虧損，亦非半無也。

所以者何？汝試於途，詢問盲人：汝何所見？彼諸盲人，必來答汝：我今眼前，惟見黑暗，更無他矚。

此令其詢驗。重徵所以無眼有見者，何也？汝若不信，試於途中，詢問盲人，自可驗知；以無眼有見，非盲人無以證也。汝何所見？是告以詢問之詞。彼諸盲人，必來對答於汝：我今眼前，惟獨也見黑暗，除暗之外，更無他物可矚。矚即看也，此則揣其答詞。

以是義觀，前塵自暗，見何虧損？

前塵指眼前塵境。依本經眼根所對，有明、暗二塵。以是義觀者：以盲人矚暗之義，觀察起來，眼前塵境，自有一分暗塵，盲人既能矚暗，則能見體性，有何虧損？所以汝言相類，我謂不然者，此也。此佛就無位眞人赤肉團上，指出一隻金剛正眼，正所謂無明窟裏，有箇大光明藏也。上無眼有見，顯能見之性，不假眼緣，是脫根也；下矚暗成見，顯能見之性，不假明緣，是脫塵也。而能靈光獨耀，迥脫根塵，豈同妄心離塵無體者乎？

昔相國崔公羣，見如會禪師問曰：「師以何得？」會曰：「以見性得。」會方病眼。崔譏曰：「既云見性，其奈眼何？」會曰：「見性非眼，眼病何害？」崔稽首謝之。後法眼禪師別云：「是相公眼，豈以會之所答，猶涉教意乎？」三辨明無眼有見竟。

辰四　辨明矚暗成見

阿難言：諸盲眼前，惟覩黑暗，云何成見？

當機不達，矚暗成見之義。反難云：諸盲眼前，一無所見，惟獨覩見黑暗之境，云何成見？良以衆生迷己爲物，認見屬眼，但知眼見，不知性明。又世人不但無眼，即謂無見，乃至無明，亦謂無見。故此上科示內不依根，此科示外不循塵，較上隨塵生滅之識心，其眞妄何難立判也？

佛告阿難：諸盲無眼，惟覩黑暗，與有眼人，處於暗室，二黑有別？為無有別？

上科阿難意以見明為見，人所共許，覩暗成見，世間相違。故諍以唯覩黑暗，云何成見？此科佛立例令審，無眼見黑，有眼處暗，約根有異，論境實同，故問有別無別，令其自審。

如是世尊：此暗中人，與彼羣盲，二黑較量，曾無有異。

當機則曰：如是世尊，此暗中人，有眼見暗，與彼羣盲，無眼見暗，二者所見黑暗，比較籌量，曾無有異。既知所見，二黑無異，當知能見，二見亦同。汝謂無眼見暗，為無見，豈此有眼見暗，亦無見耶？以是義觀，無有明相，亦復有見，顯彼見性歷然，自有離塵之體。全不係塵而為有無，明來見明，暗來見暗，明暗相傾，見無所礙。正所謂：「青山常不動，白雲任去來！」四辨明矚暗成見竟。

辰五　辨定眼見是心　分二

巳初　例明眼見之謬　二　結申心見正義

今初

阿難：若無眼人，全見前黑，忽得眼光，還於前塵見種種色，名眼見者；彼暗中人，全見前黑，忽獲燈光，亦於前塵見種種色，應名燈見？

此下辨明，見乃是心，此心離緣獨立，不藉根，不託塵。本科先例明眼見之謬。上六句，就阿難意按定；下六句，例破其謬。以無眼得眼而後見，既名眼見者；則無燈得燈而後見，應名燈見也？蓋燈不名見，人所共知；眼不名見，人所共迷，故用燈反難，令知眼見之謬。

若燈見者，燈能有見，自不名燈；又則燈觀，何關汝事？

若謂是燈見者，燈是無情，而能有見，自不名為燈，既名為燈，自無能見之功。又則燈縱能觀見，自是燈觀，何關於汝之事？則燈不名見也明矣。眼不名見，例此可知。初例明眼見之謬竟。

巳二　結申心見正義

是故當知：燈能顯色，如是見者，是眼非燈；眼能顯色，如是見性，是心非眼。

是輾轉成謬之故，當知自有正義可申。此正明見性是心非眼，非但不藉明塵，兼亦離彼肉眼，故以燈爲能例，眼爲所例，有眼得燈，此但借燈以顯色，如是見者，是眼而非燈，此事人所共知。以此例明，無眼得眼，亦但借眼以顯色，如是見者，是心而非眼，此事人所不覺。如來如是顯發，可謂婆心特切，聞者急宜省悟，認取見性爲心矣！觀佛前呵妄識非心，此顯見性是心，前後照應，卽所以應阿難眞心之求也。

昔枯木祖元禪師，依大慧於雲門庵，夜坐次，見僧剔燈，始徹證。有偈曰：「剔起燈來是火，歷刼無明照破，歸堂撞見聖僧，幾乎當面蹉過！不蹉過，是甚麼？十五年前奇特，依舊祇是這個。」慧以偈贈曰：「萬仞崖頭解放身，起來依舊却惺惺，飢餐渴飮渾無事，那論昔人非昔人。」夫剔燈何與本分事？乃卽悟去。如世尊云：「如是見者，是眼非燈；如是見性，是心非眼。」此科以見性，脫根脫塵，迥然靈光獨耀，於四義中，是妙明義。初顯見是心竟。

卯二　顯見不動分四　辰初　敘衆望示　二　辨定客塵　三　正顯不動　四　普責迷認　今初

阿難雖復得聞是言，與諸大衆，口已默然，心未開悟，猶冀希望也**如來，慈音宣示，合掌淸心，佇佛悲誨。**

此文乃結前起後，上四句是結前，下四句是起後。是言，卽是心非眼之言；默然，乃靜默無語，稍有解悟，始覺向日之非。正脈云：「一者：一向但知，有眼方爲有見，無眼卽爲無見；今驗盲人觀暗，始知無眼亦有見，而此見與眼，殊不相干。二者：一向但知，見明方可成見，見暗不得成見；今例有眼暗中，所見之暗，同於無眼，日中所見之暗無異，始知見暗之時，誠亦是見。三者：一向但知，見惟是眼，不名爲心；今觀有眼得燈，無眼得眼，但皆顯色，始知見乃是心，而此見精，離彼肉眼，別有自體，誠異前心離塵無體矣！」默然之中，反覆研味此意而已。心未開悟者：不是完全未悟，但未大開悟耳。前已覺緣心不寂不常，非妙非明，故別求寂常妙明之心；今佛示我此見爲心，靈光獨耀，已具妙明之義，未審此心，亦具寂常義否？此正結前，下乃起後。

猶冀如來，慈音宣示：冀者望也，如來法音，皆從大慈悲心中流出，故曰慈音。宣示卽希望宣揚指示，見性是心之心，亦具寂常妙明諸義否？佛則應其所請，下九番顯見，以及四科皆顯諸義：第二顯見不動，是寂、常二義；第三顯見不滅；第四顯見不失；第五顯見無還；皆屬常義。第六顯見不雜；第七顯見無礙；第八顯見不分；皆妙明義。第九顯見超情；乃屬妙義。第十顯見離見；乃屬常、妙二義。四科之前，佛示諸法本如來藏，常住妙明，不動周圓，妙眞如性。於此四義，加周圓一義，顯見之中，如不失、無還、不雜、無礙、不分諸科，皆含有周圓之義。此心卽是如來藏心，豈同緣心生滅、昏擾、動搖、隨塵有無耶？初敍衆望示竟。

辰二 辨定客塵 分二 巳初 如來詢究原悟 二 陳那詳答佛印

今初

爾時世尊，舒兜羅緜網相光手，開五輪指，誨勅阿難，及諸大衆：我初成道，於鹿園中，爲阿若多五比丘等，及汝四衆言：一切衆生不成菩提，及阿羅漢，皆由客塵煩惱所誤。

汝等當時，因何開悟，今成聖果？

此佛詢究原悟。欲借昔之客、塵，顯今身境；昔之主空，顯今見性。爾時世尊，即望慈音宣示之時。佛舒兜羅緜，網相光手，開五輪指：舒者伸也，佛前以手擊拳示阿難，現則伸手開拳，要引阿難大衆，見性現前。兜羅緜柔軟，佛手似之，佛五輪指端，皆有縵網之相，且有金光，故曰：「網相光手」。誨勅阿難及諸大衆者：乃誨以見性不動，如主、如空，勅令勿更錯認，客塵動搖之身境。我初成道，於鹿園中者：佛在雪山，苦行六年之後，詣菩提場，臘月八夕，覩星出現，忽然大悟，得成無上佛道。即以自所證之道，轉無上根本法輪，說華嚴圓滿修多羅教，小機在座，有眼不見舍那身，有耳不聞圓頓教，不得已依本起末，不動寂場，而遊鹿苑，爲五比丘說法。

鹿園即鹿苑，在波羅柰國境，爲古帝王苑囿，又爲帝王養鹿之園。其因緣：昔有國王遊獵，無數兵士，各持利器，作一獵圍，圍內衆生，必難倖免。時有二羣鹿，各五百隻，其鹿王：一釋迦過去示生畜類，行菩薩道；一爲提婆達多。時釋迦鹿王，與達多鹿王言：今國王圍獵，我等以及一切禽獸，身命難保。我與汝當向王請願，救彼身命，汝我二羣輪流，每日進貢一鹿，請王解圍。我達多鹿王從其意，遂至王所，士兵見欲殺之，鹿王能作人語云：「勿殺我。我與王請願。」一鹿能人語，人皆奇之！又云請願更奇。乃報告於王，有鹿能作人語，與王請願。王聞亦奇之，卽許入。行禮訖，跪奏云：大王今日遊獵，小鹿大膽啓奏，求王下令解圍，我等當每日進貢一鹿，王可日食鮮味，終身食之不盡；若盡行圍獵，衆鹿必死，王食不及，以後無鹿可食。」王因奇其事，遂允解圍。一日輪達多鹿羣進貢，派一母鹿，身懷有孕，再二日卽產。乃求王先派他鹿，待子生後，再往進貢。王怒不許，曰：「汝欲後死，誰願先死耶？」該母鹿卽到釋迦鹿王處，哀求爲派一鹿，代其今日進貢，俟子生後，卽往進貢，可以保全其子。釋迦鹿王，心中一想：若派其他，殊難開口，若不設法，又負所求，乃令母鹿，在此羣中，自往代之。至國王所，王問：「子來何爲？」曰：「進貢與王充膳。」王曰：「難道汝二羣之鹿，皆食盡耶，要輪汝自己進貢？」對曰：「二群之鹿，只有增加，王日食一鹿，統計所生，一日不只一鹿。」曰：「何爲子來耶？」乃告以母鹿請願之事，不得不以身代之。王爲感悟，畜生中是有菩薩。乃說偈曰：「汝是鹿頭人，我是人頭鹿，我從今日後，不食衆生肉。」遂將群鹿養於苑囿，禁人加害，故稱鹿苑。此處乃鍾靈之地，多有仙人在此修行得道，又名仙苑。

爲阿若多五比丘等，及汝四衆言者：五比丘，佛初出家時，淨飯王遣五位大臣，往勸太字回宮。父族三人：一、阿鞞，此云馬勝；二、跋提，此云小賢；三、拘利，華言未詳；有云即摩訶男。母族二人：一、阿若多，此云解本際，又云最初解；二、十力迦葉，此云飲光。尋到太子，勸請回宮，太子乃曰：「不成佛道，不回本國。」五人因太子不回，不得回朝復命，乃隨從太子遊方五載，而至雪山，同修苦行六年。三人不堪苦行者，乃往鹿園，別修異道；後二人見太子受牧女乳糜之供，亦復捨去，而至鹿園。

佛演大華嚴，雖稱本懷，不契時機，尋念過去佛，所行方便事，亦欲開方便門，說小乘法，乃思：誰應先度？悲二仙之已逝；喜五人之猶在，乃至鹿園，爲五比丘等，三轉四諦十二行法輪：一、示相轉；二、勸修轉；三、作證轉。示集諦之相，即見、思煩惱，見惑粗如客，思惑細如塵，此在鹿園，所說客、塵之義。

及汝四衆言一句，當指阿含會上四衆。佛對之言：一切衆生，不成菩提：

卽不能成就，無上正覺菩提之道。及阿羅漢者解見在前，其故何也？皆由客、塵煩惱所誤。客、塵喻粗、細煩惱：我執分別，行相不停如客；我執俱生，行相微細如塵。我執卽天台宗，所謂見、思二惑。客、塵爲三乘人通惑，大、小共斷，不斷羅漢尚不能成，況無上菩提乎？故曰：皆出所誤。當時所說客、塵，乃喻集諦煩惱，反顯主、空，乃喻滅諦耳。今但取能比之喻，不取所喻之法，以客、塵二皆屬動，而喻身境，及緣身境之心；以主、空二皆不動，俱喻見性耳。佛問汝等當時，聞說客、塵二字，因何開悟？今成聖果？故問因何開悟，欲今詳敍客、塵、主、空，可以例顯身境，及緣心與見性，動不動之義。初如來詢究原悟竟。

巳二　陳那詳答佛印

時憍陳那，起立白佛：我今長老，於大衆中，獨得解名，因悟客、塵二字成果。

此憍陳那自陳得悟。他經有云憍陳如，卽阿若多之姓也。此云火器，以先世事火命族故。我今長老者：因佛在鹿園說法，阿若多最初稱解，成阿羅漢，爲法性長老。獨得解名者：阿若多，此云解本際，名也。因悟客、塵二字之理，得成聖果，此從集諦入也。

世尊！譬如行客，投寄旅亭，或宿、或食，宿食事畢，俶裝前途，不遑安住；若實主人，自無攸往。

此述所解，先解客字，次解塵字。佛以客、塵喻集諦煩惱，卽見、思二惑；見惑緣境分別，背覺合塵，麤動不定，譬如行客，投寄旅亭，久緣如宿，暫緣如食，而或之云者，久暫不定也。此境分別已定，復緣他境，捨此趣彼，如客之宿、食既畢；俶者整也，遑者暇也；卽整頓行裝，轉向前途而去，不暇安心居住也。若實在主人，喻小乘偏眞法性；自無所往，喻法性常住不動。

如是思惟：不住名客，住名主人，以不住者，名爲客義。

如是指上文，譬如行客，投寄旅亭等。如是思維，以見惑分別不住名客，以法性常住名主，是我當時開悟，以不住者名爲客義。

**又如新霽，淸暘升天，光入隙中，發明空中，諸有塵相，塵

質搖動虛空寂然。

此解塵字。以思惑任運，搖動如塵。塵須有日光，照之可見，故曰，又如新霽，淸暘升天。久雨初晴曰新霽，淸暘者，早晨之日也。日從雲中而出，喻已斷見惑，得見道之智日，升於性天，其智微劣，於法性理，亦惟少分相應，故以光入隙中喻之。隙者，門壁縫障，若無日光，不了塵相，譬喻若無見道之智，不見思惑，若斷見惑，有了智光，能覺思惑，於偏空法性理中，微細起滅如塵，而法性不動如空，故喻如日光，發明空中塵相。塵之體質是搖動，虛空乃寂然不動，相形而顯也。

如是思惟：澄寂名空，搖動名塵，以搖動者，名爲塵義。

如是思惟，乃以見道之智，觀察思惟：澄然寂靜，名之爲空；飛揚搖動，名之爲塵。是我當時開悟，以搖動者，名爲塵義。

趙州，一日掃地次，有僧問云：「和尚是大善知識，爲甚麼掃地？」州曰：「塵從外來。」僧曰：「旣是淸淨伽藍，爲甚麼有塵？」州曰：「又一點也。」趙州眼光，爍破四天下，辨客、塵義，析入秋毫。

佛言：如是！

此佛印可其說。佛意祇要陳那說出客、塵，主、空，誰動、誰靜，令阿難聞已生信，識得眼中見性不動，身境與能緣識心，搖動而已。陳那分析，正合佛意，故印可之曰：「如是」。

更有二義當知：一、此客塵之喻，有通、有別。別者，如陳那所析，以見惑分別不住，取喻如客，去之猶易，以思惑任運搖動，取喻如塵，拂之實難；通者，實則煩惱、所知二障，分別、俱生二惑，隨境生滅，非眞常性，皆爲客義；以此二障二惑，而能染汚妙明，擾亂性空，皆爲塵義。

二、本科顯見不動，以客、塵皆喻動義，主、空皆顯不動義。佛問客、塵，卽密答阿難，寂常心性之求。以客乃不住，喻身境識心；而主人自無所去，喻心性常住之義。以塵乃搖動，亦喻身境識心；而虛空寂然不動，喻心性澄寂之義。二辨定客塵竟。

辰三　正顯不動　分二

巳初　對外境顯不動　二　對內身顯不動

今初

即時如來，於大衆中屈五輪指，屈已復開，開已又屈，謂阿難言：汝今何見？阿難言：我見如來，百寶輪掌，衆中開合。

此佛以手爲阿難之外境，以顯見性之不動。因上文陳那分析客、塵，主、空，則動、靜分明，要阿難卽生滅之客、塵，薦取不動主、空之見性耳。故於衆中，屈曲五輪指（又成拳相），屈已復開，開已又屈，以表外境不住，引起阿難見性現前，令注意也。故問阿難：「汝今何見？」在佛之意，還是要阿難，向能見處親見天然不動之本體，而阿難乃據事直答：「我見如來，百寶輪掌，衆中開合。」佛手掌中有千輻輪相，故稱輪掌。

佛告阿難：汝見我手，衆中開合，爲是我手，有開有合？爲復汝見，有開有合？阿難言：世尊寶手，衆中開合，我見如來，手自開合，非我見性，有開有合。

佛告阿難者，因其不悟，故呼而告之曰。阿難：「汝見我手，衆中開合，爲是我手，有開合耶？爲是汝見，有開合耶？」此佛更向親切處提醒，要阿難於外境與見性，主、客之義，定要分清。阿難言：世尊寶掌，在大衆中，有開有合。我見如來，手自開合，非我見性，有開有合。此因如來提醒之後，始覺佛手，開合如客，見性不動如主。

佛言：誰動？誰靜？阿難言：佛手不住，而我見性，尚無有靜，誰爲無住？

此佛見阿難所答，依稀似是，但未便儱侗放過，還須切實勘驗始得。故即問云：誰動？誰靜？要知動、靜，較前開、合，更深一層。以開、合易辨，動、靜難明，故問令答，且看當機，脚跟是否點地。阿難見佛手開、合之時，佛手在阿難見性之中，不住如客，而阿難見性，無有開合如主，此動、靜分明，阿難已經領悟，故承問誰動誰靜，應聲答云：佛手開合不住，動也，而我見性，本來不動。但用況顯之詞，初學稍覺難解。尙無有靜者：非言見性不靜也，蓋靜必因動而顯，先曾動過，後乃不動，方可說靜；見性從本以來，不曾動過，未動不須說靜，故曰尚無有靜相可得，誰爲無住，猶言何處有動耶？無住二字即動也，正顯即性，非惟離動，而且動、靜雙離，誠天然自性之本定，非由制伏攝念而成。凡欲求十方如來，得成菩提之定，決當以此見性，爲因地心。佛但先顯，不與明言，且待請修時，再與指出，必以根性爲因心也。

佛言：如是。

阿難此時見解，陡然與前不同，已親領見性不動之義，所分外境爲動，見性不動，其理不謬，故佛印可之曰：「如是」。當知此中，以一佛手，爲一切外境之例，既佛手開、合，與見性無干，則凡一切萬事萬境，任其起滅紛飛，皆與見性無干矣。若人於動中，覩此不動之性，常恆不昧，自不至爲境所奪矣！

此文雙兼直、曲二指，如果如來但屈指開、合，不形審問，阿難即禮拜默領，不分動、靜，何異教外別傳之旨？因有問有答，故曰雙兼直、曲二指。而宗門豎指、伸拳，發明於人者，多本如來舒拳屈指之意，令人自見自悟也。

昔俱胝和尚，初住庵時，有一尼名實際，到庵直入，更不下笠。持錫遶禪床三匝云：「道得卽下笠。」如是三問，俱胝無對，尼便去。俱胝曰：「天勢稍晚，且留一宿。」尼云：「道得卽宿。」胝又無對，尼便行。胝歎曰：「我雖具丈夫之形，而無丈夫之氣！」遂發憤要明此事，擬棄庵往諸方參學。其夜山神告曰：「不須離此，明日有肉身菩薩至，爲和尙說法。」次日天龍禪師到庵，胝乃迎禮，具陳前事，龍要胝作尼問。胝曰：「道得卽下笠！」天龍豎一指，俱胝忽然大悟。後來道風大振，凡有所問，只豎一指，至臨終謂衆曰：「吾得天龍一指禪，直至於今用不盡。要會麼？」豎起指頭便脫去，倘向指頭上會，則千錯萬錯！若能了知豎指屬動，見性不動，則可親見主人翁矣！初對外境顯不動竟。

巳二　對內身顯不動

如來於是從輪掌中，飛一寶光，在阿難右，即時阿難迴首右盼；又放一光，在阿難左，阿難又則迴首左盼。佛告阿難：汝頭今日何因搖動？阿難言：我見如來出妙寶光，來我

左右，故左右觀頭自搖動。

上科對外境，而分動、靜尚疎；此科就內身，而分動、靜則親。以內身親爲自體，其與見性，動、靜難分。佛要令阿難，更於自身中，親見不動之體，故從輪掌中，飛一寶光，在阿難右，令其迴首右盼；又放一光，在阿難左，令其迴首左盼。故問阿難：汝頭今日因何搖動？要阿難說出，觀光動頭，方可辨於見性之動、靜耳。

阿難，汝盼佛光，左右動頭，爲汝頭動？爲復見動？世尊！我頭自動，而我見性，尚無有止，誰爲搖動？

上科阿難於外境見性，所分動、靜，已蒙印可；此科佛欲就內身勘驗頭、見，誰動、誰靜，看阿難能否於搖動身中，親見不動眞體。正脈云：世人認見是眼，故頭搖眼轉，宛似見性亦動，今阿難因佛上文說破，見不屬眼，已覺此見，離眼獨立，湛然滿前，自試頭之搖，何干於見？是以直答：我頭自動，而我見性，尚無有止（靜也），誰爲搖動。即所謂而我見性，尚且無有靜相可得，如何更有搖動？

頭之與見，同在阿難當人分上，今於自身上，能分動、靜，自然較勝從前認眼為見多矣！阿難此時，能於搖動身境之中，分出不動之見性，由聞上科，彼無眼者，非見全無，又既能矚暗，見何虧損？已領見性脫根脫塵，離緣獨立。又聞陳那解說，客、塵，主、空之義，復明常住不動之義，故一經如來勘驗，能於動搖身境之中，說出不動之見性。細究阿難，此時解悟，雖經如來印可，實屬從外入者，不是從內發出，佛但以所答不謬而許之。何以見得，阿難不是從內發出？觀下科意請如來，顯出身、心二者之中，發明何為虛妄生滅無常性，何為眞實不生滅常住性，便知。

宗家多向根身，接引學人。昔無業禪師，初見馬祖，問曰：「三乘文學，粗窮其旨，嘗聞禪門，卽心是佛，實未能了！」祖曰：「祇未了的心卽是，更無別物。」業曰：「如何是祖師西來，密傳心印？」祖曰：「大德正鬧在，且去別時來。」業纔出，祖召云：「大德！」業囘首，祖曰：「是甚麼？」業便領悟，乃禮拜。祖曰：「這鈍漢，禮拜作麼？」

又五洩靈默禪師，遠謁石頭，便問：「一言相契卽住，不契卽去。」石頭據坐不答，洩便行。頭隨後召云：「闍黎！」洩回首，頭曰：「從生至死，祗是這箇，囘頭轉腦作麼？」洩於言下大悟，乃拗折拄杖，而棲止焉。且道無業、五洩二人，囘頭轉腦，便爾悟去，較阿難相去幾何？

佛言：如是。

眼中見性，湛然圓滿，超然獨立，不特與外境無干，而與內身亦不相干。又非但無有動相，併靜相亦不可得，誠所謂這箇見性，內脫根身，外遺世界，身、境兩不相干，動、靜二皆不屬。若能親見根中，不動搖之定體，卽是奢摩他，微密觀照，最初方便也。故佛復印可曰：「如是」。三正顯不動竟。

辰四　普責迷認　分三　巳初　取昔所悟客塵　二　令觀現前主空　三　怪責自取流轉　今初

於是如來普告大衆：若復衆生，以搖動者，名之爲塵；以不住者，名之爲客。

如來普告，意在令衆咸知，客、塵、主、空之義。若復衆生一句，上下當補足其意，於後四句，方易領會。乃曰：汝等已明客、塵之義者，則不必說；若復有衆生，未解客、塵之義者，卽當以搖動者，名之爲塵，以不住者，名之爲客，不獨頭之搖動是塵，凡一切動相，皆屬塵義。又不獨佛手開、合不住是客，凡一切不住，皆屬客義，初取昔所悟客塵竟。

巳二　令觀現前主空

汝觀阿難，頭自搖動，見無所動；又汝觀我，手自開合，見無舒卷。

此令衆轉觀，恐其未解，常住不動，主、空之義者，故令就阿難身境驗之。乃曰：汝等倘未解主、空之義，但觀察阿難，頭自搖動、塵也；見無所動，空也；又汝觀我，手自開合，客也；阿難見無舒卷，主也。而客、塵；主、空之義，豈不歷歷分明；若悟主、空，自不被客、塵煩惱所誤矣！二令觀現前主空竟。

巳三　怪責自取流轉

云何汝今，以動爲身？以動爲境？從始洎終，念念生滅？

云何是責、怪之詞。承上客、塵，主、空之義，明如指掌，應當捨客、塵、動搖之身境，而取主、空不動之見性。云何汝等，仍以動者爲實身，以動者爲實境，猶故不捨客塵之身境，而取主、空之見性，反乃從始洎終，於身妄執爲實我，於境妄執爲我所，此屬我執；又執身境，心外實有，不了萬法唯心，此屬法執。念念隨我、法二執以生滅，豈不自誤哉？念念卽意識妄心；始、終二字，遠則無始爲始，今世爲終；近則生爲始，而死爲終，二皆可通。

遺失眞性，顚倒行事，性心失眞，認物爲己，輪迴是中，自取流轉。

承上旣已認妄，則必遺眞。故曰遺失眞性。顚倒者：認妄遺眞，而眞妄顚倒，此屬惑；行事者：依顚倒之惑，而於妄身、妄境，妄生取捨，此屬業。旣經依惑起業，而於本具寂常之性，妙明之心，竟失其眞，反認內四大妄身爲我，外四大妄境爲我所，是所謂認物爲己，隨身口意，造種種業。輪迴是中：卽捨身受身，於妄身妄境之中，妄生纏縛，不得解脫，受生死苦。此依惑造業，依業受報，自作自受，實非天造地設，亦非人與，故曰：「自取流轉。」流是遷流，轉是輪轉；生死死生，循環不失，亦寓深警之意。此科以見性，離身、離境，凝然本不動搖，四義中是寂常義。二顯見不動竟。

大佛頂首楞嚴經正文卷第一終

卯三　顯見不滅　分四　辰初　會衆作意啓請　二　匿王出詞別請

三　如來徵顯不滅　四　王等極爲慶喜　今初

爾時阿難，及諸大衆，聞佛示誨，身心泰然！念無始來，失却本心，妄認緣塵，分別影事。今日開悟，如失乳兒，忽遇慈母，合掌禮佛。

此文禮佛之前，乃經家所敍，願聞之後，爲會衆意請。聞佛示誨，身心泰然者：前聞能推非心之斥，矍然驚怖！復聞離塵無體之驗，默然自失，身心皆不自在。今者聞佛指示，盲人矚暗，見性是心，訓誨客塵、主、空，見性不動，了知見不屬眼，性元不動，非同妄識之無體，故得身心泰然安舒自得貌。念無始來者：撫今追昔，追念最初一念，無始無明，妄動以來，轉如來藏，而爲識藏，雖具識精元明，緣所遺者（自緣不及非失似失），遺此本明，雖終日行，而不自覺，故曰失却本有眞心。既已迷眞，勢必認妄，認內搖外奔，昏擾擾相，以爲心性，故曰妄認緣塵，分別影事。能緣塵境，而起隨念計度，二種分別，隨塵起滅，如塵之影，故曰緣塵分別影事，卽第六意識。

今日開悟：卽悟向之能推之心，離塵無體爲影事，今之能見之性，離根脫塵爲眞心，眞妄分明。借喩以明，悲慶之意。前者認妄，如失乳兒，身命將絕，何等可悲？今獲見性。如遇慈母，慧命可續，曷勝慶幸？是以合掌禮佛，謝前請後。

願聞如來，顯出身心，眞妄虛實，現前生滅，與不生滅，二發明性。

此乃意請。前既悟頭動，見性不動，已於妄身中，悟明眞性；復經如來印可，何以還要求佛，顯出眞妄虛實？因佛責遺失眞性，顚倒行事，遂疑既具不動見性，何以復責遺失？故願如來，向吾人身心之中，顯出何者是虛妄，現前有生滅，何者是眞實，現前不生滅。

二發明性：二即身、心二者。以不動見性之眞心，不離動搖四大之色身，則身、心二者之中：一動一不動；一眞一妄；一虛一實；一生滅一不生滅。求佛於身心二者之中，一一發揮證明，誰是虛妄生滅無常性，誰是眞實不生滅常住性，令衆決定取捨，以免遺失眞性，顚倒行事也。初會衆作念啓請竟。

辰二　匿王出詞別請

時波斯匿王，起立白佛：我昔未承諸佛誨敕，見迦旃延、毘羅胝子。咸言：此身死後斷滅，名爲涅槃。我雖値佛，今猶狐疑，云何發揮證知此心不生滅地？今此大衆，諸有漏者，咸皆願聞。

此王自陳斷見邪疑，求示眞常正理。故起立白佛，敍昔未承佛教，不諳佛理，見迦旃延，此云剪髮，姓也；名迦羅鳩馱，此云牛領，卽外道六師之第五也。邪計一切衆生，是自在天所作。毘羅胝，此云不作，母名也。自名刪奢夜，此云圓勝，亦云正勝。今從母立稱，曰毘羅胝子，卽六師之第三也。邪計苦、樂等報，現在無因，未來無果，此二皆以斷見爲主。故咸言：「此身死後斷滅，無有後世，名爲涅槃。」梵語涅槃，雖有多譯，乃以不生不滅爲要義。今言死後斷滅，身死性滅，名爲涅槃，眞邪說也！匿王先受此惑，今聞主、空寂常，見性不動之義，觸起心疑。故云：「我雖値遇於佛，現今猶有狐疑。」狐性多疑，人有疑者似之，故稱狐疑。此方名敎，亦言人死魂隨氣散，無復存者。又云：魂升於天，魄歸於地，皆類斷見，誤人非淺。請研斯文，云何發揮，證知此心，不生滅地？此正別請。證知者：求佛擧事發揮，現證令知也。佛遂就匿王生滅身中，顯出不皺不變之見性（即眞心），證知此心，不生滅地。是向匿王自身發揮，令自驗證而知，不至再生狐疑。又應會衆意請，現前身中，何者是虛妄生滅無常性，何者是眞實不生滅常住性，正是如來一點水墨，兩處成龍也。

今此大衆，諸有漏者：衆中獨指有漏者，以破除斷見麤惑，似惟指界內凡夫，二乘有學，若辨見性眞常，則三乘聖衆，未明見性，眞常之心，亦咸皆願聞也。二匿王出詞別請竟。

辰三　如來徵顯不滅 分二

巳初　顯身有遷變　二　指見無生滅

己初分二　午初　略彰變滅　二　詳敘變滅　今初

佛告大王：汝身現在，今復問汝：汝此肉身，為同金剛，常住不朽？為復變壞？世尊！我今此身，終從變滅。

此佛欲示，虛妄生滅無常身中，有個眞實不生滅，常住心性，以應阿難匿王之求，先審其生滅，乃告大王：汝言彼迦旃延、毘羅胝子，咸言此身，死後斷滅。我且不問汝死後，但問汝生前；如孔子有言：未知生焉知死。故問汝此現在肉身，為是同於金剛（世間最堅固之物）常住世間，不朽壞耶？為復還是變壞耶？此處佛立二問，要匿王自己審答者，有二意：一、就王老相，易示遷變；二、顯身無常，王者不免。

世尊我今此身，終從變滅者：匿王答佛，稱呼世尊，佛問匿王，稱呼大王，彼此互相恭敬。我今此身，雖然存在，總屬無常。終者，究竟義，從作歸字解，究竟要歸遷變壞滅。王因受斷滅之教，懼其速滅，時時覺察，故此處以及下文，所答生滅之相，悉皆不謬。

佛言：大王！汝未曾滅，云何知滅？

世人身之現在，但知年往，不覺形遷。匿王迥超常情，未必無因，故問汝未曾滅，云何預知必滅耶？

世尊！我此無常變壞之身，雖未曾滅，我觀去聲現前念念遷謝，新新不住，如火成灰，漸漸銷殞，殞亡不息，決知此身，當從滅盡。

此略舉變相，決知必滅。謂我此無常變壞之身，此二句先以標定：此身因屬無常，故不得常住世間，雖然未滅，決知當滅。我觀下，即無常觀。匿王雖受邪教，此篇所答，全是佛法。觀字當是去聲，乃智觀，非眼觀也。下數句，即是五陰中行陰，諸行無常，是生滅法。

我觀現前，念念遷謝，新新不住：即諦觀無常身中。念念遷謝者：後念生，前念則遷流代謝是滅義，再後念生，後念又復遷謝，念念如是。新新不住者：前念舊，後念新，再後念起，後念復舊；再後念乃新，新而又新，不得停住；此即刹那生滅，行陰之相。喻如香火成灰，灰落火新，少頃火復成灰，灰落而火又新，漸漸銷磨殞滅，新新不住，殞亡不息止也，此一枝香，一定要滅盡。前五句是法，中三句是喻，後二句以法合喻，決定知此無常變壞之身，當歸滅盡而後已。此匿王所答，具有三支比量，三支者，宗、因、喻也。應立量云：身是有法，無常爲宗；因云：念念遷謝，新新不住故；同喻如香火，異喻如金剛。

佛言：如是！

因匿王說無常觀，事理不謬，故佛印可其說，言：「如是」。三支比量，全無犯過，如是者，言其極成也。匿王觀察無常，竟觀到刹那生滅，這種境界，凡夫不知，足證匿王爲四地菩薩，助揚佛化而來，故未承諸佛誨勅，而能說此行陰微細之相。孔子昔在川上曰：「逝者如斯夫！不捨晝夜。」不知者以爲說水，其知者，卽知孔子說行陰，念念遷流不住也。初略彰變滅竟。

午二　詳敍變滅 分三　**未初　較量老少　二　詳敍變狀　三　總結必滅**　今初

大王！汝今生齡，已從衰老，顏貌何如童子之時？

此辨老少形容。佛曰：大王！汝今生齡年也已從衰老，七十曰衰，王年六十有二，故曰已從（隨也）衰老。其容顏形貌，比較童子（十五曰童，未巾冠也。）之時，爲何如？還是同耶？異耶？

世尊！我昔孩孺，膚腠潤澤；年至長成，血氣充滿；而今頹齡，迫於衰耄，形色枯悴，精神昏昧，髮白面皺，逮將不久！如何見比充盛之時？

佛問老少，王加長成，從少敘起。我昔孩孺，膚腠潤澤者：始生曰孩兒，始行曰孺子；膚是身之皮膚，腠是身之文理，幼時滋潤光澤也。年至長成：二三十歲，長大成人，精神健康，血氣充滿（即氣充血滿）；而今頹齡：卽現時六十二歲，乃屬頹敗之年齡，迫（近也）於衰耄（不必定局歲數，但以迫近，衰朽老耄也。），下二句，即釋衰耄之相。形容顏色，枯槁憔悴，衰也；精采神氣，昏暗晦昧，耄也。髮白面皺，逮（至也）將不久：謂至此頹齡晚景，如日落西山，逮將不久於世，怎比壯年血氣充盛（即滿也。亦旺也。）之時？壯尚不可比，何況童耶？老年者，安可恬不知懼耶？初較量老少竟。

未二　詳敘變狀

佛言：大王！汝之形容，應不頓朽？

此如來引說，問言大王，汝之形貌容顏，應當不是一旦頓朽，汝亦自覺否？

王言：世尊！變化密移，我誠不覺，寒暑遷流，漸至於此。

此下王答漸至。變化密移者：乃行陰遷變化理，密密推移，屬幽隱妄想；凡夫心麤，當然莫辨，故曰：「我誠眞實也不覺」。莊生喻如夜壑負舟，彼謂造化密移，豈知行陰所遷。寒暑遷流，漸至於此者：寒來暑往，一年一度，遷變流轉，漸漸至此，誠非頓朽。

何以故？我年二十，雖號年少，顏貌已老初十歲時；三十之年，又衰二十；於今六十，又過於二，觀五十時，宛然強壯。

何以故？徵釋漸至於此，非是頓朽。老少比較，人固易知，那知二十之年，已老十歲，三十又衰二十，於今六十二歲，反觀五十之時，宛然強壯，此麤推也。

世尊！我見密移，雖此殂落，其間流易，且限十年；若復令我微細思惟，其變寧惟一紀、二紀，實惟年變；豈惟年變？亦兼月化；何直月化？兼又日遷；沉思諦觀，剎那剎那，念念之間，不得停住。

初四句牒前文。謂我見變化，密密遷移，雖然如此殂落，其間遷流變易，且限十年（指前二十衰於十歲，三十又衰於二十也）。殂落者：尚書云：魂升於天，魄歸於地，是謂殂落，乃死之別名，此同斷滅之見。今者乃取變遷之義，殂者往也，謂壯色日銷，同逝波之東去；落者下也，謂精神日損，如夕陽之西下。

若復下細推。令我微細思惟，其遷變豈獨一紀、二紀；一紀十二年也，實在年年有變；豈唯年變？亦兼月月有化，此一月不及上一月；何直（即何止也）月化？兼又日日有遷，命光與時光共謝。若再沉其思慮，諦實觀察，剎那剎那（時之最短也），念念之間，不得停留暫住。仁王經云：「一念中，具九十剎那；一剎那有九百生滅。」一剎那生滅，非智莫覺。古有偈云：「如以一睫毛，置掌人不覺，若置眼睛上，爲害實不安。」此豈凡夫所能知耶？二詳敘變狀竟。

未三　總結必滅

故知我身，終從變滅。

因念念不得停住，故驗知我身，究竟要歸變滅，總屬無常。佛引敘肉身遷謝之相，正欲王與會衆，同明虛妄生滅，無常性也。初顯身有遷變竟。

巳二　指見無生滅　分三　午初　徵定許說　二　所見不變　三　能見不滅　今初

佛告大王：汝見變化，遷改不停，悟知汝滅；亦於滅時，汝知身中，有不滅耶？波斯匿王，合掌白佛：我實不知。佛言：我今示汝，不生滅性。

此徵定生滅身中，有不生滅性，而許說也。佛見匿王，詳敘行陰，頗覺入細，可示以不生滅性。故問之曰：大王！汝見變化，遷移改易，念念之間，不得停住，悟知汝身，必歸滅盡；亦於念念剎那，生滅之時，汝知身中，還有不滅性耶？此正欲發揮證知，眞實不生滅，常住之性。匿王合掌白佛：我實在不知，設若早知，豈受斷滅之敎。佛言汝既不知，我今指示汝，現前生滅身中之不生滅性。王前請求，云何證知，此心不生滅地？今佛許示不生滅性，正請許相應也。初徵定許說竟。

午二　所見不變

大王！汝年幾時，見恆河水？王言：我生三歲，慈母攜我，謁耆婆天，經過此流，爾時即知是恆河水。

此引敍觀河。謁者參拜；耆婆天，此云長壽天。謁此天神，以求長壽也。

佛言：大王！如汝所說，二十之時，衰於十歲，乃至六十，日月歲時，念念遷變；則汝三歲，見此河時，至年十三，其水云何？王言：如三歲時，宛然無異；乃至於今年六十二，亦無有異。

此欲彰所見之水無異，引顯能見之性不變，文顯易知。二所見不變竟。

午三　能見不滅

佛言：汝今自傷髮白面皺，其面必定皺於童年；則汝今時觀此恒河，與昔童時，觀河之見，有童耄不？王言：不也，世尊！

此科正顯能見之性不變。先以皺變對顯，其面必定皺於童年者，因此不是本來面目，故有皺變。故問今時觀河，與昔童時觀河之見，有老少否？童即少，耄即老，不必定指九十歲曰耄。王答不也，世尊！即無老少之變異。

此中有一疑問，必須解釋。問：「世有年老，精神健康，聰明不衰者，可說不變，多有老眼昏暗，如何可說不變？」答曰：「自是眼暗，非關見性之事。若凡不信，我有一比例：世有老人，眼根昏暗，帶着眼鏡一看完全明白，如說見性有變，眼鏡亦復無用，今一帶眼鏡則明，足驗見性不變，自是眼昏，不是見性亦昏。如盲人眼根雖壞，見性無虧，眼鏡但爲助緣而已，實是性明，不是鏡明。若定執鏡明，未帶眼上，何以不明？」

佛言大王！汝面雖皺，而此見精，性未曾皺；皺者爲變，不皺非變。

此因皺以分變與不變。而此見精性未曾皺。見精卽第八識識精，性卽元明之性；因在眼故曰見精，此見精之性，卽本來面目，故無皺變。

變者受滅，彼不變者，元無生滅，云何於中，受汝生死？而猶引彼末伽黎等，都言此身，死後全滅。

此因變以分滅與不滅。匿王既因身之衰變，而預知身之必滅；何不因見之不變，而預知此見，死後必不滅乎？彼不變者，元無生滅：指見性，本來不生不滅。云何於中，受汝生死者：以見性既不與身同變，云何於汝身中，而同受生死耶？當知此身雖壞，眞性常存。

而猶引彼末伽黎等四句，乃責留斷見。末伽黎此云不見道，字也，拘賒黎是其母名子，其人謂衆生罪垢，無因無緣，卽外道六師之第二，皆以斷滅爲宗，故云都言此身，死後全滅。

能見不滅之文，既破匿王斷滅之疑，巧答會衆，意請諸義。此中面皺，見性不皺（身心之眞妄判然矣。），皺者爲變，不皺非變（身心之虛實攸分矣。），變者受滅，彼不變者，元無生滅（身心生滅與不生滅發明矣）。此卽向生滅身中，指出不生滅性。分明證驗，前匿王在身上觀察，故恐斷滅；今世尊在見上發揮，故無生滅。所謂：「不離花下路，引入洞中天。」足見世尊說法之妙也！三如來徵顯不滅竟。

辰四　王等極爲慶喜

王聞是言，信知身後，捨生趣生。與諸大衆，踊躍歡喜，得未曾有！

一切凡夫外道，多執斷見，匿王本爲除凡夫斷見之惑，故示同凡情而問。今聞死後不滅，已破斷見，故以生信發解，知卽是解，此信知，與前狐疑相照應，信知此身，死後不至斷滅。捨生趣生者：謂捨此生之現陰身，而受中陰身，再趣他生，而得後陰身，此卽第八識「去後來先作主翁」依業受報也。王與他一類懷斷見之機，斷疑生信，聞法歡喜矣！

匿王本不求取眞心，雖聞不變不滅，不以爲喜；又匿王本不求出生死，雖聞受汝生死，不以爲驚；惟聞不至全滅，顯有後世，頓銷斷見之疑，故信解生喜，非餘衆無有信解歡喜也！權小聞說，彼不變者，元無生滅，云何於中，受汝生死；遂信生滅身中，元有不生滅性，解悟離識心外，別有此常住眞心。自此修大定，成菩提，端有望矣，故亦踴躍歡喜，得未曾有也！此科以見性不滅論，盡未來際，究竟常住不滅，是四義中常義。三顯見不滅竟。

卯四　顯見不失　分三　辰初　阿難因悟反疑前語　二　如來發明因倒說失　三　深責迷倒結合前喻　今初

阿難即從座起，禮佛合掌，長跪白佛：世尊！若此見聞，必不生滅，云何世尊名我等輩，遺失眞性，顚倒行事？願興慈悲，洗我塵垢。

此科顯見不失，與上科顯見不滅，俱屬常義。上科顯盡未來際，究竟常住不滅；此科顯從無始來，雖然顚倒不失。阿難前問答客、塵之義，以身境有動，如客如塵，見性不動，如主如空，佛已印可，復普告大衆，當以不住者，名之爲客，搖動者名之爲塵，後乃斥責遺失眞性，顚倒行事。適聞上科佛云：彼不變者，元無生滅，與不動之見性，絲毫不異，遂起疑問，謂若此見聞，必不生滅，即上文彼不變者，元無生滅；此起疑之端也。

云何世尊，名我等輩，遺失眞性，顚倒行事？此正所疑。阿難因後疑前，以爲性有生滅，可說遺失，既是見性不滅不動，以何因緣，佛責遺失？但我等二障所纏，如染塵垢，願佛興大慈悲雲，而降甘露雨，洗滌我之塵垢。故佛下文答意，以因顚倒而說遺失，非因斷滅而說遺失也，可見非眞遺失。本科全示，非失說失，失本不失之相。初阿難因悟反疑前語竟。

辰二　如來發明因倒說失　分二　**巳初　即臂倒無失爲喻　二　以心倒無失合喻**　巳初分三　午初　**定臂之倒相　二　定臂之正相　三　明顯倒非失**　今初

即時如來垂金色臂，輪手下指，示阿難言：汝今見我母陀羅手（此云印手），**爲正爲倒？阿難言：世間衆生，以此爲倒，而我**

不知，誰正誰倒。

此即臂之正倒以喻不失，以顯心之正倒，亦復不失。諸佛衆生，眞性平等，在聖不增，在凡不減，減尙不減，豈有失耶？祇因顚倒，則非失說失耳。佛以心之正倒不失難知，故借臂之正倒易見，令其觸類旁通，遂即垂金色臂，以千輻輪手，下指於地，示阿難言：汝見我手，爲正爲倒？當機因常遭如來當頭棒喝，不敢以己意自答，乃引世間衆生，以此爲倒，而我不知，誰正誰倒？猶言不知何者謂之正，何者謂之倒。初定臂之倒相竟。

午二 定臂之正相

佛告阿難：若世間人以此爲倒，即世間人，將何爲正？阿難言：如來豎臂，兜羅緜手，上指於空，則名爲正。

佛緊就其語而追之曰：若世間人，既以此爲倒，即世間人，又將以何爲正？阿難至此，不得不言，如來豎臂，以兜羅緜手，上指虛空，則名爲正。二定臂之正相竟。

午三　明顚倒非失

佛即豎臂，告阿難言：若此顚倒，首尾相換，諸世間人，一倍瞻視！

良以手臂，本無正倒之相，但阿難隨順世間，謂如來豎臂，則名爲正。佛卽豎臂，告阿難言，若此顚倒；此句卽告以顚倒之名，下句乃指其顚倒之義；但是將下垂之首，換作上豎之尾，首尾相換而已。縱說上豎爲正，下垂爲倒，臂亦不失。諸世間人，不了手臂本無一定正倒，一迷也；定要執着下垂爲倒，上豎爲正，卽是加一倍迷執之瞻視，卽下結文，所謂迷中倍人。瞻視二字，與上汝今見我，母陀羅手，見字相照應。瞻爲仰瞻，則看上豎之首；視爲俯視，則看下垂之尾。但加一倍看法，無論說正說倒，皆不離此臂，雖說倒時，臂本不失。初臂倒無失爲喻竟。

巳二　以心倒無失合喻　分三　午初　標名合定　二　身無正倒　三　正倒從心　今初

則知汝身，與諸如來，清淨法身，比類發明，如來之身，名正徧知；汝等之身，號性顚倒。

此以法合喻，擧生身佛身之法，合上手臂倒正之喻。承上言，手臂下垂爲倒，手臂上豎爲正。無論倒正，皆不離此臂，由是卽喻觀法，則知汝阿難之身，與諸（助語詞）如來清淨法身（此是離垢清淨），比類發明者：卽生身佛身，比例形顯，自可發明，如來之身，名正徧知身；了知心包萬法，爲正知，萬法唯心爲徧知；如手上豎爲正。汝等之身，執心在身內，執法居心外，號性顚倒身；如手下垂爲倒。此文不必在手臂上豎下垂，爭正爭倒。阿難說，世人以此下垂爲倒，上豎爲正，佛卽順彼之說，但取臂之雖倒不失，喻明心之雖迷不失也。

當知眞心，本無迷悟，但爲生佛迷悟所依，悟時名正徧知，雖悟亦無所得；迷時號性顚倒，雖迷亦本不失，不過多一分迷執而已。如手臂本無正倒，而爲正倒所依，上豎說正，臂無所增；下垂說倒，臂亦無失，亦不過多一倍瞻視而已。初標名合定竟。

午二　身無正倒

隨汝諦觀，汝身佛身，稱顚倒者，名字何處，號爲顚倒？於時阿難，與諸大衆，瞪瞢瞻佛，目睛不瞬，不知身心顚倒所在。

此佛明知身無正倒之相，故問阿難，令其觀察。以手之顚倒，人所易知；心之顚倒，人皆莫解，若能觀察，恍然自悟，則不至遺失眞性耳。故曰：隨汝諦審觀察，汝此色身，與佛法身比較，汝身稱顚倒者，旣有名字，定有相狀，何處號爲顚倒？正要阿難循名核實，諦觀身上何處，號爲顚倒之相，分明指出。　於時阿難，與諸大衆，被此一問，恰似木偶，不能開口，瞪瞢瞻佛。瞪、雙目直視，瞢、昏悶不了，瞻仰於佛，目睛不瞬動也，不知身心，顚倒所在，望佛待教也。不知者，因有甚深義趣，所以不知。一、顚倒名雖在身，義乃從心：由心起顚倒，故於身上，不知顚倒相之所在；二、其相更不在心，義乃在執：由迷眞起執，號爲顚倒，而心實不依之眞成顚倒，故於心上，亦不知顚倒相之所在。三、非可相見，祇可義求：因迷執而說顚倒，迷執亦非有相之物，豈能指其相之所在耶？故曰：不知身心，顚倒所在。二身無正倒竟。

午三　正倒從心　分三　未初　標如來慈悲告衆　二　引昔教以明正相　三　責遺認以明正相　今初

佛興慈悲，哀愍阿難，及諸大衆，發海潮音，徧告同會：

佛興慈悲：興者發也；慈能與樂，悲能拔苦；不待請問，運無緣慈，與以正徧知樂，運同體悲，拔其性顚倒苦。哀愍者：因見阿難大衆，不知身心顚倒所在，以目直視如來，昏瞢不了，實堪哀愍！海潮音，應不失時。阿難大衆，殷殷待敎，故不失其時，而徧告同會也。初標如來慈悲告衆竟。

未二　引昔教以明正相

諸善男子！我常說言：色心諸緣，及心所使，諸所緣法，唯心所現。

佛引常說之敎，以明正徧知義。此大乘了義，是佛常說，亦各隨機解。如一切唯心造，凡小解爲業造，權教解爲識造，圓頓之機，直了眞心所現，眞所謂「佛以一音演說法，衆生隨類各得解」。今約深義，重明昔教。色心諸緣，及心所使四句，明萬法唯心所現。色卽十一色法，心卽八識心王。諸緣者：生心有四緣，謂親因緣、增上緣、等無間緣，亦名次第緣，所緣緣；色法只有前二緣，不須後二緣故。及心所使者，卽五十一心所法：徧行五法，別境五法，善十一法，根本煩惱六法，隨煩惱二十法，不定四法。此五十一法，隨心王所驅使，故名心所使。五十一心所法，八識所具多寡不同，第八識唯具五徧行心所；第七識具徧行五法，別境慧、根本四法貪、癡、我見、慢；大隨煩惱八法，共十八心所；第六識，力用最強，具足五十一心所；前五識具徧行，別境各五法，善法十一，根本煩惱前三，中隨二法，大隨八法，共三十四心所。諸所緣法者：卽二十四種不相應法，因不與心王、心所、色法無爲法相應，乃色心分位假立之法。得及命根衆同分，異生性與無想定，滅盡定及無想報，名身句身並文身，生住老無常流轉，定異相應併勢速，次第時方及與數，和合性不和合性。二十四種不相應（是識所緣），及六種無爲（是智所緣），此中卽百法五位，廣如唯識百法論說。以上百法，卽統一切法，惟是眞心所現，眞心如鏡，諸法如鏡中像而已。此文重一現字，見萬法卽心也。

汝身汝心，皆是妙明，眞精妙心中所現物。

此明萬法常在心中。汝身指阿難根身；汝心指阿難識心，其餘諸法，俱攝在皆字之中。此如來直指阿難現前身心，以明諸法所依本體。寂照不二，耀古騰今，曰妙明；性無妄染，純一無雜，曰眞精；不變隨緣，隨緣不變，不可思議，曰妙心；中卽妙心之中，妙心爲能現，諸法爲所現，卽阿難之身心，亦爲妙心中所現之物。

此二段文中，有二種疑問，須加辨明：一、問：「諸所緣法，唯心所現，眞如無爲，亦在其中，何以眞如亦爲所現耶？」答：「本經乃圓實大教，是絕待，非對待也，以彼眞如無爲，是對有爲而立，如下文云：『言妄顯諸眞，妄眞同二妄』故也。」又問：「前顯見性黎耶體，是爲能現，今汝身汝心，皆是妙心所現之物，則此心外，另有眞心耶？」答：「七轉識，但爲所現，眞心獨爲能現，而黎耶通於能所，對純眞之心，則降爲所現，對七轉識，則陞爲能現，與眞心非一非異。故本經云：『眞非眞恐迷，我常不開演。』若悟上文，心包萬法，萬法唯心之旨，則爲正徧知，而非性顚倒矣！」二引昔教以明正相竟。

未三　責遺認以明正相　分三
申初　怪責遺眞認妄　二
酉初　法說遺認之相
三喻說遺認之相　今初

云何汝等，遺失本妙，圓妙明心，寶明妙性，認悟中迷？

此責遺眞認妄。前阿難問：「若此見聞，必不生滅，云何名我等輩，遺失眞性？」其意不知以何因緣，說爲遺失，此科卽其因緣也。由顚倒而說失，非失似失，雖不失而顚倒無倒爲倒，故責曰：云何汝等，遺失云云。本妙者：本來自妙，不假修爲，非謂他法妙，卽謂心性，本來自妙也。心性單擧，體用自應雙兼，今心性對擧，體用不分而分，自其本覺而言謂之心，自其本寂而言謂之性。圓妙明心者：圓卽本覺照用，圓融朗徹，乃從妙起明，寂而常照，此用妙也；如摩尼珠之光。寶明妙性者：寶卽本性寂體，淸淨堅實，乃卽明而妙，照而常寂，此體妙也；如摩尼珠之體。此心性，全體大用，原是自己本有家珍，如何遺失？

認悟中迷：此卽遺失眞性所以。認字卽屬顚倒執情，不當認而認也。悟者悟萬法唯心，心包萬法；迷者迷法皆心外，心在身中。衆生應當反迷歸悟，云何竟認悟中一點迷情，爲己心性？此卽是顚倒，卽爲遺失眞性，一迷也；若更執所認迷情，以爲眞心極量，此卽屬認物爲己，迷上加迷，倍迷也，卽是顚倒之中，更加一倍顚倒也。

心之悟迷，與臂之正倒對論，其理易明。心本無悟迷，而說悟迷，如手本無正倒，而分正倒。其病皆在執之一字，執情若化，則爲正徧知，執情不化，則爲性顚倒。手之正倒，不離一臂，人之悟迷，不出一心，見雖迷執顚倒，而眞心實不曾依之，而果成顚倒；如人迷東爲西，東實不轉爲西，但一迷情妄執，東西顚倒，乃是不顚倒中，妄計顚倒，故曰認悟中迷。亦乃不迷中起迷，如第四卷所云：「昔本無迷，似有迷覺」也。初怪責遺眞認妄竟。

申二　法說認遺之相

晦昧爲空，空晦暗中，結暗爲色。

妙明明妙之心性，本無迷、悟、世界、身、心等相，云何遺失本妙心性，而起迷認？乃由最初一念妄動，迷性明故，而成無明，故曰晦昧（即無明也）。由此無明，將靈明洞徹之眞空，變爲冥頑晦昧之虛空，故云爲空，是爲業相，此則從眞起妄，卽經云：「迷妄有虛空」也。空晦暗中，結暗爲色者：於此頑空，晦昧暗中，復依無明之力，轉本有之智光，爲能見之妄見，是爲轉相；於空晦暗中，欲有所見，而業相本無可見，瞪以發勞，故結暗境，而成四大之色，變起山河大地世界，依報外色，故曰結暗爲色，是爲現相，卽經云：「依空立世界，想澄成國土」也。合業、轉、現三相，爲三細，卽阿賴耶識。以上色空等法，迷者誤認虛空世界，心外實有。

色雜妄想，想相爲身。

色，卽結暗所成，四大之色；妄想，卽能成之心。復由妄心，摶取少分四大妄色，色心相雜，變起衆生，正報內色，故曰：「想相爲身」。想卽妄心，相卽妄色，色心和合，五蘊具備，而爲五蘊之衆生，卽經云：「知覺乃衆生」也。迷者誤認四大假合之身，爲自身相。

聚緣內搖，趣外奔逸，昏擾擾相，以爲心性。

聚緣者，圓覺云：「妄有緣氣，於中積聚。」積聚能緣氣分，於妄身中，內緣五塵落卸影子，計度分別，搖動不休（此卽獨頭意識，內緣法塵之境。）；外緣五塵諸境之法，明了分別，奔逸不已（此即五俱意識，外緣五塵之境。），趣向外境，奔馳縱逸，故曰：「趣外奔逸」。聚緣內搖故昏，趣外奔逸故擾，卽此昏迷，擾攘之相。迷者不知，原是無明，展轉麤動之相，由無明不覺生三細，境界爲緣，再起四麤，誤認妄識緣塵分別，爲自心相。合色雜妄想，想相爲身，卽圓覺經所云：「妄認四大，爲自身相；六塵緣影，爲自心相。」此卽認物爲己，顛倒之相。

一迷爲心，決定惑爲色身之內。

自晦昧爲空，從眞起妄，悉皆認妄，已成顛倒，此處正屬顛倒之中，更加顛倒。旣一迷積聚緣氣，以爲自心，決定迷惑，心在色身之內，萬法皆在心外，與正徧知見，敵對相反，以上皆認妄之相。

不知身色，外泊山河，虛空大地，咸是妙明，眞心中物。

不知，卽迷執心在身內，並不知眞心廣大周徧，包含萬象。卽阿難內之色身（四大之色法，和合所成。），外泊（及也）山河，虛空大地之世界，咸（皆也）是妙明眞心中，所現之物。此乃遺眞之相。若知心包萬法，法在心中，則成正徧知矣！因不知故，認物爲己，乃成性顛倒也。二法說認遺之相竟。

申三　喻說遺認之相

譬如澄清百千大海，棄之，惟認一浮漚體。

以下設喻。澄清百千大海，譬如包羅虛空大地之廣大眞心，反遺棄之，此喻遺眞也；惟認一浮漚體，惟獨認海中一漚之體，譬如惟認悟中一點迷情，似在色身之內，此喻認妄也。

目爲全潮，窮盡瀛渤。

此喻執妄爲眞。喻中惟認一漚，卽目爲全海之潮，窮盡大瀛、小渤；法中認妄識爲眞心，執妄識窮盡眞心極量。三喻說遺認之相竟。併前二如來發明因倒說失竟。

辰三　深責迷倒結合前喻

汝等卽是迷中倍人，如我垂手，等無差別，如來說爲可憐愍者！

上喻中棄海認漚，一迷也；目漚爲海，乃是迷中倍迷之人。合法中遺廣大之妙心，認緣影之妄心，一迷也；執此妄心卽是眞心全體，詎非加一倍之迷耶？如我垂手一樣，不知手臂本無正倒，一迷也；今定執上竪爲正，下垂爲倒，亦迷中倍迷之人，故曰等無差別。

又不知眞心本無迷悟，一迷也；反認悟中迷，亦迷中倍迷之人。心雖迷倒而不失，猶臂之雖倒而不失，等無差別也。前云遺失眞性，正由顚倒，則非遺似遺，日用不知，則無失說失，懷珠乞丐，枉受困窮，名可憐愍！果能於此悟明，雖顚倒而不失，則不負本有；雖不失而顚倒，則不廢修證，庶性修無礙矣。此科以眞性不失而論，從無始來，雖然顚倒不失，亦四義中常義。以如來盡心吐露，可謂澈法底源，惜當機未能直下承當，似極顯見性，妙明周圓之義。四顯見不失竟。

楞嚴經講義第三卷終

大佛頂如來密因修證了義諸菩薩萬行首楞嚴經講義

福州鼓山湧泉禪寺圓瑛宏悟述　受法弟子明暘日新敬校

卯五　顯見無還　分四　**辰初　阿難求決取捨　二　如來力爲破顯　三　承前判決取捨　四　結歎自述淪溺　今初**

阿難承佛悲救深誨，垂泣叉手，而白佛言：我雖承佛如是妙音，悟妙明心，元所圓滿，常住心地。

上科如來，盡心吐露，極顯眞心，可惜阿難未能領悟，而反起疑，故向佛求決取捨。悲救深誨者：承佛悲憐愍念，救拔性顚倒苦，深加訓誨，而與正徧知樂。感傷眞心不失，顚倒受淪，故致垂泣矣！我雖承佛如是妙音：如是指法之詞，卽指上三科妙音，乃讚佛說法微妙音聲；佛音具足衆妙，乃總讚之曰：「妙音」。悟妙明心：卽指領悟上三科，所顯見性。阿難前求發妙明心，佛向阿難眼中指出，顯見性卽是妙明心，阿難領悟不動、不滅、不失之見性。元所圓滿：指不失科中，包括虛空曰圓，周徧萬法曰滿，所顯廣大圓滿之義；常指不滅科中，眞常不滅之義；住指不動科中安住不動之義。此述聞法雖悟本心，下乃歸功意識。

而我悟佛，現說法音，現以緣心，允所瞻仰，

而字轉語詞，悟佛法音，是猶但領其文，未諳其旨，觀下未敢認取可知。阿難以聞解之功，全歸重於聽法緣心，故曰現以用也緣心，緣心卽第六意識，緣慮分別之心，而能聞法領悟，有大功能。允所瞻仰者：允誠義，謂此緣心，是誠我所瞻依仰慕，而不能捨者，若捨此心，憑誰聞法領悟耶？

徒獲此心，未敢認爲本元心地。

此心，卽妙明心。衆生日用施爲，一一無非承其恩力，咸皆迷而不知，故歸功於緣心，阿難亦復如是，故曰：「徒獲此心」。獲者得也，其意徒得此心，而未敢認爲本來圓滿，元來無失，常住心地。其故何也？因不得其用，故未敢認也。

倘若認此，則必捨彼，却後將何承領佛法？縱不惜緣心，而獨不重佛法乎？所以躊躇莫決。觀此阿難則眞妄雙迷。倘無根性眞心，豈能聞法？聞既不聞，則分別緣慮之心，何自而有？全承根性恩力，反疑不得其用，此迷眞也；聞法領悟之心，離塵卽無分別，塵有則生，塵無則滅，完全無體，不過妄有緣慮分別，執認不捨，此迷妄也。旣是眞妄雙迷，何得稱悟？直至三卷末，獲本妙心，常住不滅，方敢認取此心，方是眞悟。

願佛哀愍，宣示圓音，拔我疑根，歸無上道。

圓音：卽佛最勝口輪「但以一音演說法，衆生隨類各得解」，圓音，卽是一音。佛之音聲，圓滿普被，諸方異類，聞之皆同本音，一音具足一切音，故稱圓音；一切音不出一音，故曰一音。佛音爲衆生作增上緣，隨根差別，現衆多聲，猶如一雨所潤，草木大小，隨根受益，有緣隔遠，如在一堂。

疑根者：謂致疑之端，乃疑自、疑人、疑法，三疑中疑法也。此疑根之於心，非大雄大力之世尊，莫能拔之。此卽緣心、眞心，誰取、誰捨，莫衷一是，如人惑於歧途，莫知所向，故求拔疑根，令到不疑之地，庶可歸無上道，無上道，卽不生不滅之果覺，須識不生滅之因心，庶可圓成矣！初阿難求決取捨竟。

辰二　如來力爲破顯分二　巳初　破緣心有還　二　顯見性無還

巳初分三　午初　破所緣之法　二　破能緣之心　三　指各有所還

今初

佛告阿難：汝等尚以緣心聽法，此法亦緣，非得法性。

上科阿難求決取捨，此科如來力爲破顯。破者破妄緣心也，顯者顯眞見性也，此欲破緣心有還，先破所緣之法現說法音。阿難不捨緣心，爲重於法，若破所緣非眞，而能緣自捨矣。

汝等尚以緣心聽法，謂以能緣之心，聽我所說法音。則此法亦成所緣之塵，非得法性眞理。以法音但是能詮，眞理方是所詮，眞理卽衆生之心，聽法能悟眞理，方不負我所說，故下喻說，聽法自應觀心。

如人以手指月示人，彼人因指，當應看月。

上人字喻說教人；下二人字皆喻聽教人；指喻佛之聲教；月喻聽教人之心。如人以手指月示人，喻佛以音聲，而作佛事，說出聲教，直指人心，告示聽教之人。彼聽教人，因教自當觀心，猶因指自當看月也。若聽教悟心，則因指見月矣！

若復觀指，以爲月體，此人豈惟亡失月輪，亦亡其指？何以故？以所標指，爲明月故。

此喻執教迷心。若復觀指，以爲是月之體，此人豈惟獨也亡失月輪不能見，亦亡其所謂指也。何以故是徵，下二句是釋。卽以所標之指，認爲明月故；法合當云：若復執教爲心，此聽教人，豈惟不達眞心，亦且不知教意，何以故？卽以所緣聲教，爲眞心故。

豈惟亡指，亦復不識明之與暗。何以故？卽以指體，爲月明性，明暗二性，無所了故，汝亦如是。

明暗二字，喻中易知，法中難解。喻中不但亡指，並不識明暗。何以故句徵，下釋不識明暗之義。卽以指體之暗性，認爲月光之明性，自是明暗二性雙迷，無所了知故。　法中教合指喻，心合月喻。教以聲名句文爲體，無覺照之用，合暗喻；心以靈知不昧爲性，有覺照之用，合明喻；學人不解依教觀心，但認聲教爲眞心，豈獨迷心，亦迷其教。何以故？以所說教，認爲眞心故。又不但迷教，亦復不達有覺照，無覺照之用。何以故？即以聲、名、句、文，無覺照之教體，爲靈知不昧，有覺照之心性，覺與不覺，二者無所了別故。謂汝以緣心聽法，則我所說之法，亦成緣塵，汝則迷失法性，何異執指爲月，不識明暗之人？故曰：「汝亦如是」。初破所緣之法竟。

午二　破能緣之心

若以分別，我說法音，爲汝心者，此心自應離分別音，有分別性；譬如有客，寄宿旅亭，暫止便去，終不常住，而掌亭人，都無所去，名爲亭主。

此正拔不捨緣心之疑根。分別：指聽法緣心；法音：即所聽聲教。上科先破所緣之法，此科乃破能緣之心。謂汝雖不以所分別聲教爲心，若以能分別法音，爲汝眞心者，此心自應離却所分別法音，有能分別自性，方許爲眞。此暫縱，下即奪，先喻說，後法合。

此喻能緣心，離塵無性，譬如行客，寄宿旅

亭，不過暫時止住便去，終不常住，而掌亭人，是爲亭主，則無所去。管也

此亦如是：若眞汝心，則無所去；云何離聲，無分別性？

此以法合。亦復如是者：能緣心不住，緣境之時，暫緣便去，終不久緣，故喻如客。若眞是汝心，則如亭主常住，並無所去；云何離却所分別聲，無有能分別之自性？此破意識緣聲之心也。

斯則豈惟聲分別心；分別我容，離諸色相，無分別性。

此下廣示有還。故云：斯則豈獨緣聲分別之心，離聲無性；卽能分別我三十二相之容貌，亦是相有則生，相無則滅，離諸所分別之色相，亦無能分別之自性。

如是乃至分別都無，非色非空，拘舍離等，昧爲冥諦，離諸法緣，無分別性。

如是二字，指上緣聲色二塵，離塵無分別性。乃至二字，超略中間香、味觸、塵，幷法處所攝，半分生塵，而分別之性，亦復都無。此是六識不緣六

塵境界，五俱意亦皆不行，如是則能分別心，與所分別境，悉皆寂然。故曰：「都無」。唯留獨頭意識，緣法處半分滅塵，因法塵有生滅之分故。　非色非空：卽內守幽閒，法處滅塵境界，已離六塵麤相，故非色；猶有寂靜細境，故非空。參禪之士，到此境界，難免被他所誤。又非同色界（四禪天）定，故非色；非同空處（空無邊處天）定，故非空。如八定後三定，所緣境界相似。不但隨塵起滅之見聞，緣心不行，卽齅、嘗、覺、知，亦復不起，此處猶非眞心，切勿錯認。

拘舍離等，此云牛舍，乃末伽黎母名，卽拘舍離子，六師之一，等餘外道。昧爲冥諦者：昧卽迷昧，不知此境非眞，執爲冥初主諦。智論云：「外道通力，能觀八萬劫，八萬劫外，冥然不知」。謂爲冥初；從此覺知初立，故名主諦，亦云世性，謂世間衆生，由冥初而有此性，卽世間本性也。　離諸法緣，無分別性者：正脈云：「縱使心之分別都無，亦但離於麤分別耳，微細流注，固所未覺；縱使境之色空都盡，亦但離於麤境耳，滅塵影事，固不能離。若離諸法塵，半分滅塵之緣，卽無分別之性，與上之離聲、色，而無性者，同一例也。」二破能緣之心竟。

午三　指各有所還

則汝心性，各有所還，云何為主？

此心性，非圓妙明心，寶明妙性，卽緣塵分別之心性，亦卽上文所謂昏擾擾相，以為心性，乃隨塵生滅，各有所還。分別聲者，從聲塵來，還之於聲；乃至分別冥諦者，從冥諦來，還之冥諦。如人影相似，從何人來，還隨何人而去。有來有去，但是暫住之客，不是常住主人，故曰：「云何為主」。初破緣心有還竟。

巳二　顯見性無還　分二　**午初　阿難求示無還　二　如來詳與顯示**

今初

阿難言：若我心性，各有所還；則如來說，妙明元心，云何無還？惟垂哀愍，為我宣說。（元本也）

此當機聞說緣心有還，而求示無還也。還者歸還，如世間之物，從誰借來，還之於誰。若是自己之物，則無可還，故問曰：若我能緣心性，如來現說，各有所還，而如來所說妙明元心，云何乃是無還？惟垂哀愍，為我宣說。初阿難求示無還竟。

午二　如來詳與顯示 分四　未初　指喻見精切眞　二　許示無還之旨

三　備彰八相皆還　四　獨顯見性無還　今初

佛告阿難：且汝見我，見精明元，此見雖非妙精明心，如第二月，非是月影。

佛欲示無還之旨，先明見性，切近眞心，且就阿難日用之見，分明指示，故曰：且汝現前見我之時，此見卽是八識精明之體，元者本也；故出其名曰：見精明元。卽二根本中眞本，識精元明是也。體卽第八識見分，映在六根門頭：在眼曰見精。在耳曰聞精；在鼻曰齅精；在舌曰嘗精；在身曰覺精；在意曰知精，本具精明之體，而有了境之用，但體受妄熏，而有二種顚倒，見妄未除，精明尚欠於妙，故曰：「雖非妙精明心」。雖非二字暫抑之。

而喻中，隨卽揚其切近於眞，如揑目所見之第二月，雖非眞月，而與眞月原無別體，但多一揑而已，放手卽眞；非同水中月影，與眞月有虛實之殊，天淵之隔。以第一月，喻純眞無妄之妙精明心；第二月喻見精明元；水中月影，喩緣塵分別之識心。佛欲令人捨彼妄識，取此見精，爲本修因也。

問：「阿難求索眞心，佛何不指與純眞無妄之心，而乃指此帶妄之見精耶？」答：「純眞之心，唯佛獨證，等覺菩薩，猶有一分無明未破，眞尚未純，而況位居凡、小，離此憑何指示乎？譬如指鑛說金，求金之人，若捨於鑛，豈有眞金可求？十番正示，二見翻顯，如銷鑛成金，其金一純，則光明煥發矣！從上諸祖，皆本佛意，多於六根門頭，接引學人，豎臂擎拳，一棒一喝，無非欲令學人，親向自身中，識取本來面目。愼勿因此有雖非妙精明句，遂疑見精，以爲全妄，不敢認取也。」初指喩見精切眞竟。

未二　許示無還之旨

汝應諦聽！今當示汝，無所還地：

首句誡聽，下乃許示。無所還地者：卽本元妙明心地；前阿難所云：「悟妙明心，元所圓滿，常住心地。」旣圓滿，則無來無去，常住不動，安有所還？是爲無所還地。二許示無還之旨竟。

未三　備彰八相皆還

阿難！此大講堂，洞開東方，日輪升天，則有明曜；中夜黑月，雲霧晦暝，則復昏暗；戶牖之隙，則復見通；牆宇之間，則復觀壅；分別之處，則復見緣；頑虛之中，徧是空性；鬱𡋯之象，則紆昏塵；澄霽斂氛，又觀清淨。

此欲示無還之見，先列可還之相。佛意非有可還之相，莫顯無還之見，故先列可還，共有八相四對：明、暗；通、塞；同、異；清、濁也。各有體相，如日輪是體，明曜是相，乃至澄霽是體，清淨是相。其中惟六七體相顛倒，觀還處自知。　大講堂戶牖洞然大開，內外通達，東方日輪升天，則全講堂，皆有明曜之相；中夜卽子夜，黑月謂一月之中，有分白月、黑月，白月則光，黑月便暗，因雲霧晦冥掩蔽於空，則復現昏暗之相。昏者暗之始，暗者昏之極。此明、暗一對。戶牖空隙之處，則見通相；牆宇之間，四圍曰牆，四簷曰宇，內外彼此不通，則復觀壅塞之相；此通、塞一對。分別之處：指眼前所分別之境，處卽境也，如山、地、林、泉等處。則復見緣：緣卽塵緣差別，如山是高，地是平，林是密，泉是流，彼此之相不一，則復見差別之相；頑虛之中，偏是空性，應是空性之中，偏是頑虛，空性廣大，同是冥頑無知，故曰偏是頑虛之相；此同、異一對。鬱𡋯之象，則紆昏塵，應是昏塵之象，則紆鬱𡋯，象卽境象；紆環繞也；地氣屯聚曰鬱；灰沙飛揚曰𡋯。昏塵境象，則紆繞鬱𡋯之相；澄霽斂（收也）氛：雨後天晴爲澄霽，所有塵氛，悉皆收斂，萬里蒼蒼，一色清淨，故又觀清淨之相；此清、濁一對也。此八相，皆爲見精所對之境，下明各有所還，對顯見精無還，離塵別有全性，異前緣心，離塵無體也。

此大講堂，喻妙明元心，不動不變之體，爲大總相法門；八相，喻心體隨緣，現一切別相。總言之，隨迷、悟二緣，而現染、淨諸相。明喻智慧，善能照了；暗喻無明，昏於長夜；通喻六根通達，觸處洞然；壅喻二執障蔽，頭頭是礙；差別之緣，喻善惡；頑虛之狀，喻無記；鬱𡋯喻昏迷之性；清淨喻澄湛之心；正顯種種幻化，皆生當人妙明元心，此心不拒諸相發揮，能爲諸相所依，若講堂然，人人皆有此大講堂，試深思之！　昔報慈文遂禪師，嘗究首楞嚴，謁於法眼，述己所業，深符經旨。眼曰：「楞嚴豈不是有八還義？」遂曰：「是」。眼曰：「明還甚麼？」遂曰：「明還日輪。」眼又曰：「日還甚麼？

」遂懵然無對，自此服膺請益。是可知主中主，故非註疏所及。端師子頌曰：「八還之教垂來久，自古宗師各分剖，直饒還得不還時，也是蝦跳不出斗」。

阿難，汝咸看此諸變化相，吾今各還本所因處。

能見是一，所見不一之相，咸在一見之中，故曰咸看此諸變化相。相以變化稱者，自無而有，謂之變，雖有若無，謂之化，顯其不實也。吾今各還本所因處：以上八相，各有所因，本因何處而來，還之何處。

云何本因？阿難！此諸變化，明還日輪，何以故？無日不明，明因屬日，是故還日。

上科云：諸相各有本因；此科徵釋本因，謂明相當還日輪，以日是明相本因，以是之故，還之於日。

暗還黑月，通還戶牖，擁還牆宇，緣還分別，頑虛還空，鬱𡋯還塵，清明還霽，則諸世間，一切所有，不出斯類。

此中頑虛還空，鬱坌還塵，足證前之體相顛倒，其餘例上可知。以此八相類推，則諸世間，一切眼家所對之色塵，皆有可還，不出斯類。三備彰八相皆還竟。

未四　獨顯見性無還

汝見八種見精明性，當欲誰還？何以故？若還於明，則不明時，無復見暗；雖明暗等種種差別，見無差別。

此正顯見性無還，乃爲眞主人。謂汝能見八種之相，此見之精，即是妙明眞性，無來無去，不生不滅，當欲從誰以俱還乎？誰字，即八相中隨舉那一相。何以故起，是徵釋。設若見精還於明相，已隨明相而去，則不明時，應無復見暗？汝今不然，雖明去暗來，通去塞來，異滅同生，濁滅清生，所見之相，任從種種，千差萬別，而能見之性，湛然盈滿，如明鏡當臺，有物斯鑑，明來見明，乃至清來見清，昭然不昧，凝然不動，無差無別，無往無還。本科獨顯見性無還竟。併前二如來力爲破顯竟。

辰三　承前判決取捨

諸可還者，自然非汝，不汝還者，非汝而誰？

首句，近指八相，遠指六識。八相從緣而有，還之於緣，緣有則有，緣無則無；六識因塵而有，還之於塵，塵生則生，塵滅則滅，皆有可還，自然非汝常住不遷之眞性，汝當決定棄捨，而不須執悋矣。云何汝先說，現以緣心，允所瞻仰，而猶戀戀不捨！今此見精明性，明來見明，暗來見暗，不由汝以可還者，自然屬汝自己，非汝之眞性，而是誰耶？汝當決定認取，而不可猶豫也。云何汝先言，未敢認爲本元心地，而起愛妄疑眞之心，今聞如是破顯，其疑根當可自拔矣。三承前判決取捨竟。

辰四　結歎自迷淪溺

則知汝心，本妙明淨。汝自迷悶，喪本受淪，於生死中，常被漂溺，是故如來，名可憐愍！

則知二字，承上無還而言，則知汝之見性眞心，雖隨緣而恆不變。本字貫下妙明淨，此三義本來現具根中，卽生滅門中之本覺心。衆生日用，不離這箇，不為諸相所遷，非同緣心之離塵無體，故曰：「本妙」；不為諸相所蔽，非同緣心之昏擾為性，故曰：「本明」；不為諸相所染，非同緣心之分別愛著，故曰：「本淨」。迷悶者：執恡緣心，無智自解，具足本末不覺，由是喪失本妙明淨之覺心，此非失似失也。法身流轉於五道，枉受淪溺，於生死苦海之中，常被漂流沉溺，如懷珠乞丐，珠本不失，枉受貧窮，為可憐愍者。此科以見性無還而論，無往無還，挺物表而常住，亦四義中常義。五顯見無還竟。

卯六　顯見不雜　分二　**辰初　阿難以物見混雜疑自性　二　如來以物見分明顯自性　今初**

阿難言：我雖識此見性無還，云何得知是我眞性？

阿難雖聞見精無還，而領之未的，故言我雖識此見性無還，是雖知見性，不與諸相以俱還，云何分辨，可以得知是我眞性，而不屬於物也？觀雖識二字阿難以見性，昭昭靈靈，盈滿目前，物、見混雜，仍是有疑莫決，不敢認見為心，故佛即以物、見分明顯自性也。初阿難以物、見混雜疑自性竟。

辰二　如來以物見分明顯自性　分四　**巳初　標定能所　二　就中揀擇**

三 物見分明 四 責疑自性 今初

佛告阿難，吾今問汝：汝今未得無漏清淨，承佛神力，見於初禪，得無障礙；而阿那律，見閻浮提，如觀掌中，菴摩羅果。

上科，當機疑物、見混雜，此科佛欲顯物、見不雜，故先須列出，如何是能見之性，如何是所見之物，然後就中揀擇，自然見是見，物是物，分明不雜。此先列能見，有聲聞見、菩薩見、佛見、凡夫見，故呼當機而告之曰：吾今問汝，汝現今未得四果無漏，清淨慧眼，乃承佛神力加被，乃能見於初禪，得無遮障留礙；而阿那律，具足云阿那律陀，彌陀經云：阿㝹樓陀、此云無貧，亦云不滅。因昔日以稗飯，施供辟支佛，所以受福不滅，於九十一刼中，天上人間不受貧窮果報。過去刼中爲農夫，遠種山田，無暇回家吃飯，帶飯而食。山中有一道人修行已證辟支佛果，七日下山化緣一次，是年饑荒，米糧昂貴，一日下山募化，連化七家，竟無一家施供，空鉢而回。該農夫見而問之曰「大師今日乞食得否？」答曰：「無人布施」。農夫聞言，心中動念：此大師七日化一次，每次化七家，無論多少，下七再化，今空鉢而回，豈不是要餓七日？自愧無可供養，乃以所帶稗飯一包，布施供養，辟支佛接而受之，乃爲咒願曰：「所謂布施者，必獲其利益，若爲樂布施，後必得安樂。」願畢而去，十分感激！後農夫持刀割草，草中跳出一兔，其色純黃，遂跳至農夫背上，伏而不動。農夫驚怪，奔回急喚其妻捉之，乃一金兔。自此無貧，九十一劫，受福不滅，故以名焉，此過去因緣也。

阿那律是佛堂弟，因聽法之時，常好睡眠，被佛訶云：「咄咄何爲睡？螺螄蚌蛤類，一睡一千年，不聞佛名字。」遂生慚愧，發大精進，七日不寐，失其雙目。佛愍而教之，授以樂見照明，金剛三昧，遂得半頭天眼，而證圓通，自述「我不因眼，觀見十方，精眞洞然，如觀掌果。」維摩詰經阿那律答嚴淨梵王亦云：「吾見此釋迦牟尼佛土，三千大千世界，如觀掌中菴摩羅果。」今言閻浮提者，以大千世界，有萬億閻浮提，舉別顯總也。故華嚴云：「一切閻浮提，皆言佛在中」者是矣。　有云：此閻浮提三字，與下科此見周圓，偏娑婆國三字對換，則兩皆不訛，此應見娑婆國，下科居日月宮，應只見閻浮提，此理不錯。據愚見不必更換，兩處但加字可也，此加萬億，或一切二字，於閻浮提之上，下科娑婆國下，加一四天下，南閻浮提即可。菴摩羅果，桃柰相似，生熟難分，此方所無，故不翻。上二是聲聞見。

諸菩薩等見百千界；十方如來窮盡微塵，清淨國土，無所不矚；衆生洞視，不過分寸。

前二句菩薩見，中四句佛見，後二句凡夫見。百千界者：初地菩薩見百界，二地見千界，乃至十地見無量世界。十方如來，見無限量，故曰：「窮盡微塵」，喻其多不可數也。國土皆稱清淨者：佛眼等觀，見穢同淨，無所不矚，即佛見周圓也。以上聖見，下爲凡見。

衆生洞視，不過分寸：作三意釋之：一、對勝顯劣：謂衆生洞明之見，較之佛聖，不過分寸而已；二、收盡含生：謂蛸螟之屬，見量狹窄，極其洞視明見也，不過分寸之地；三、障礙失用：謂隔紙不見，此不過分也，隔板不見，此不過寸也。過作通過解，與上二不同，此中能見之文，具足十界五眼，凡夫肉眼，阿那律天眼，阿難仗承佛力慧眼，菩薩法眼，如來佛眼。

五眼頌云：「天眼通非礙，肉眼礙非通，法眼唯觀俗，慧眼了知空真諦，佛眼如千日，照異體還同同是如來藏，清淨本然平等一相。，圓明法界內，無處不含容。」

阿難！且吾與汝，觀四天王所住宮殿，中間徧覽水、陸、空行，雖有昏明，種種形像，無非前塵，分別留礙。

此列所見，獨約當機，現量所親見之境。謂言以上聖凡諸見，姑勿論耳。且就吾與汝，觀四天王所住宮殿，在須彌山腰，離地四萬二千由旬，東方持國天王，居黃金埵；南方增長天王，居琉璃埵；西方廣目天王，居白銀埵；北方多聞天王，居水晶埵，而齊日月。

中間徧覽者：忉利天之下，大地之上，周徧歷覽，有情之類，有水居、陸處、空行諸衆生，無情之處，有山、河、大地、虛空、諸境界，雖有晦昧而昏暗者，晴霽而明朗者，種種形像，差殊不一，無非眼前塵境，所分別之相，種種滯留隔礙也。初標定能所竟。

巳二　就中揀擇

汝應於此，分別自他，今吾將汝，擇於見中，誰是我體？誰為物象？

物見本來不雜，阿難先疑混雜，故佛欲令自己揀擇，自驗自知，自可不疑。應字平聲，謂汝當於此能見所見之中，分別誰自誰他，自即見性，他指物象。

吾今將汝擇於見中四句，吾是佛自稱，將汝將字，文意稍難領會；今不作別解，謂現今吾將汝現前所見，要汝自己揀擇，於能見所見之中，仔細分別，誰是我能見之見體？誰為我所見之物象？令能所分明不混，自然得知汝之真性矣。二就中揀擇竟。

巳三　物見分明　分四　午初　正明物不是見　二　正明見不是物　三　反辨見不是物　四　反辨物不是見　今初

阿難！極汝見源，從日月宮，是物非汝；至七金山，周徧諦觀，雖種種光，亦物非汝；漸漸更觀，雲騰鳥飛，風動塵起，樹

木山川，草芥人畜，咸皆也**物非汝。**

上文佛令自揀物見，惜阿難無此智力，不能辨別分明，故佛此下，更以四番，展轉發明也。此正明物不是見。極者盡也，見源即見性，如云盡汝見性能力，從日月宮，此最上所見是物，而非汝見性也；又至七金山，此山圍繞須彌山之外，一重香水海，一重金山，共有七重香水海，七重金山，其體皆金，一、雙持，二、持軸，三、擔木，四、善見，五、馬耳，六、象鼻，七、魚觜。周徧諦觀者：用目循歷，諦實觀察，雖有種種光明，亦是物而非汝見性也。漸漸更觀，自高而卑，自近而遠，乃見雲之騰，鳥之飛，風之動，塵之起，此皆空中所有；以至地上、樹木也，山川也，草芥蔡類也，人畜也，亦咸是物，而非汝見性也。初正明物不是見竟。

午二　正明見不是物

阿難！是諸近遠，諸有物性，雖復差殊，同汝見精，清淨所矚，則諸物類，自有差別，見性無殊，此精妙明，誠汝見性。

此正明見不是物，上明諸物非見。見性已經擇出，阿難不解，故此承上重示云：阿難是汝所見，若近若遠，若高若低，若大若小，所有物性（物是無情性），雖復種種狀態，差別殊異，列在目前，同是汝之見精，一道清淨，不起分別，圓明照了，矚見也。

則諸物類：指所見一切物類，自有千差萬別，而汝見性畢竟無殊。此精妙明者：即此見精，本妙本明；與物不雜故妙，徧見諸物故明，即此妙明眞心，誠汝自己見性；物見分明，云何於諸物中，而不能揀擇耶？此正酬上文，云何得知是我眞性之問也。二正明見不是物竟。

午三　反辨見不是物

若見是物，則汝亦可，見吾之見？

此數節文，承上反辨，見不是物。上科已將物、見分析明白，物有差別，見性無殊，則見當然不是物。反辨云：若汝執言，見即是物，即當有相，見若有相，則汝見有相，我見亦當有相，則汝亦可見吾之見，畢竟作何形相？試問我見之相，同於何物？爲方圓耶？爲大小耶？

若同見者，名爲見吾，吾不見時，何不見吾不見之處？

前二句防謬，下三句難破。若謂汝我同見萬物之時，我見在於物上，汝見此物時，即名爲見吾之見者；下即難其當見不見，則吾收視不見物時，汝亦當見吾不見之處，現今吾不見物時，汝何以不能見吾不見之體，在於何處？既不能見吾不見之處，而說能見吾見物之見者，亦不足信也。譬如我手取物之時，伸在物上，爲汝所見，吾不取物時，手在何處，汝亦應見。

若見不見，自然非彼不見之相；若不見吾不見之地，自然非物，云何非汝？

此躡前何不見吾不見之處，防阿難謬答能見，故分開若見若不見兩途，俱反證見性非物。上三句，謂若能見我收視不見之處，自然是我能不見之見體，自然非彼所不見之物相。自然二字，即分明義；非彼不見之相六字，即非物二字。此句與第四句，自然非物四字同，乃譯者潤文之巧耳。此文欲求義理明白，須知彼字即指物言，當與我字對看，再用能所二字對釋，我見爲能見，彼物爲所見，例如眼根見物，是我能見之見體，非彼所見之物相。今不見物，照上例云：自然是我能不見之見體，自然非彼所不見之物相（此句，即自然非物四字。），不必過於搜索，愈晦本意。　下二句，若不見吾不見之地，則吾之見，自然非物。何以故？若是物，收視不見時，必有所在之處，當然令汝可見，既不能見，當然非物。吾之見既非是物，汝之見亦應非物，故末句結曰：云何非汝眞性？此云何非汝句，即答阿難前言，云何得知，是我眞性相對。三反辨見不是物竟。

午四　反辨物不是見

又則汝今見物之時，汝既見物，物亦見汝，體性紛雜，則汝與我，幷諸世間，不成安立。

此反辨物不是見。當承上云：見若是物者，物亦當是見，則汝現今見物之時，汝既見物，而物亦當見汝矣。體性紛雜者：則無情之物體，與有情之見性，紛然雜亂，而不可辨也。果然如是，則汝與我，並諸世間衆生，有情之界，不成安立矣！何以故？物亦能見，物亦屬有情，則有情無情雜亂，故不成安立。又有一解：則汝與我有情世間，幷諸器世間，則不成安立矣。何以故？物亦能見，就無有無情之器世間，即壞器世間相，何成安立。

阿難！若汝見時，是汝非我，見性周徧，非汝而誰？

此轉正意。言若汝見物見我之時，一定是汝見而非我見，汝我有情之與有情，尚不混濫，豈有情之與無情，而至雜亂耶？　見性周徧者：謂汝現前，觀四天王宮，以及水陸空行，皆屬汝之見性周徧，此見總不屬於物，亦不屬於我，非汝眞性，而是誰耶？物見分明，本不混雜，爲何不敢認取？四辯見不是物竟。併上巳三物見分明竟。

巳四　責疑自性

云何自疑，汝之眞性，性汝不眞，取我求實？

此承上物、見分明不雜。見性是在汝，而不屬於物，云何汝自疑汝之眞性。性汝不眞者：此性本來是汝，本有家珍，反不敢認以爲眞，而取我言，以求證實。汝問云何得知是我眞性？故我責汝，云何自疑汝之眞性也。此科以見性非物而論，不雜不亂，超象外以孤標，是四義中明義。六顯見非物竟。

卯七　顯見無礙　分二

辰初　阿難因塵疑礙　二　如來顯性無礙

今初

阿難白佛言：世尊！若此見性，必我非餘。

此科因當機聞說見性周徧一語，遂生疑惑，以為眞性，既是周徧，應當一定周徧，自應無礙，何乃動被物礙？故白佛言：「世尊！若此見性，必我非餘。」見性下，當加本來周徧意，與下文語脈，方可連續。謂若此見性，本來周徧，必定是我眞性，而非餘物，則應當一定無礙，今何不然？

我與如來，觀四天王，勝藏寶殿，居日月宮，此見周圓，徧娑婆國，退歸精舍，祇見伽藍，清心戶堂，但瞻簷廡。

此述見性大小不定。云我與如來，觀四天王勝藏寶殿，此殿乃殊勝藏寶所成，故稱勝藏寶殿。阿難隨佛至彼，故與如來，同觀日月宮，此宮亦在須彌山半，與天王宮殿齊，隨至二宮，故曰居日月宮。灌頂云：「日宮縱廣五十一由旬，火摩尼寶所成；月宮四十九由旬，水摩尼寶所成，皆天人充滿。日宮雖火摩尼寶所成，其清涼與月宮同，但光勝下注耳，猶如火鏡，體質不熱，光注成燒。」起世經云：「日月宮運行無滯，爲五風所持：一、持風令不墜；二、住風令安住；三、隨順風令順行；四、攝風令緩急；五、將行風令得中」也。

此見周圓，偏娑婆國者：自二宮遠觀，此見周偏圓滿，偏娑婆國。據日月宮所見，不應偏娑婆國，有云：此處娑婆國三字，與上文閻浮提三字對換，兩皆不訛。余意亦可不必換，但於娑婆國下加一四天下，南閻浮提，便是。退歸精舍祇見伽藍者：從四天退歸精舍，祇見伽藍，此云衆園；清心戶堂，謂講堂，聞法能清淨心地故。安處於戶內堂中，不能遠見，但瞻垂簷與廊廡，先大今小。

世尊！此見如是，其體本來周偏一界，今在室中，唯滿一室？

此陳疑以請。意謂：見性既云周偏，自當一定常偏，自在無礙。此見今何如是大小不定，其體本來周偏一界，今在室中，忽然成小，唯滿一室？

爲復此見，縮大爲小？爲當牆宇，夾令斷絕？我今不知斯

義所在，願垂弘慈，爲我敷演。

此妄情計度，求決於佛。承上徧界之見，今滿一室，爲復此見，因室所局，縮一界廣大之見，而爲一室狹小之見耶？如身入卑門，必要鞠躬。爲當牆宇夾斷周徧整個之見，而成內外之二耶？如水築長隄，則分彼此。爲復爲當二句，皆有疑不決之意，故求佛與決，曰：「我今不知斯義所在」。即大、小、縮、斷之義，還是縮大爲小耶？還是夾令斷絕耶？實未明了；願垂弘慈（大也），爲我敷演斯義，一定所在。初阿難因塵疑礙竟。

辰二　如來顯性無礙 分五　**巳初　明不定由塵　二　教忘塵自徧**
三　以反難顯謬　四　出成礙之由　五　教轉物自在　今初

佛告阿難：一切世間，大小內外，諸所事業，各屬前塵，不應說言，見有舒縮。

以下如來，顯性無礙，此總示大略。一切世間，大小內外，諸凡所有事相業用，該上下方圓等類，皆屬前塵而有留礙，非關見性也。不應說言，見有舒縮者：舒縮意該斷續，應知見性不變，不因境礙，而有縮有斷。又見性隨緣，在大見大，處小見小，亦非塵之所能礙也。而衆生妄見，大小之遷，別有元由，下科自明。

譬如方器中見方空，吾復問汝：此方器中所見方空，為復定方？為不定方？

此以喻明塵，大小不定，全由於塵，但得亡塵，自然無礙。今以見性譬虛空，塵相譬器皿，塵相有大小內外，而見性無舒縮斷續，其猶器有方圓，空無定相。先舉方器，中見方空，分開定方與不定方兩義。

若定方者，別安圓器，空應不圓？若不定者，在方器中，應無方空？

此明二義皆非。若言定方者，易以圓器，空應不圓，既隨圓現圓，是不定方；若言不定者，則在方器中，應無方空之相，今既器方而方，是又定方矣。兩應字，皆讀平聲。

汝言不知斯義所在，義性如是，云何爲在？

汝先言，不知大、小、縮、斷之義所在，而見性大小之義，與定不定之性，如虛空者是也。虛空隨器而現方、圓之相，云何爲有定在耶？初不定由塵竟。

巳二　教亡塵自徧

阿難！若復欲令入無方圓，但除器方，空體無方，不應說言更除虛空方相所在。

此輾轉解釋，見性無礙。故謂阿難，汝今欲令虛空之入，無有方、圓之相，但除器之方、圓，空體本無一定方、圓，不應說言：除器之方、圓外，更除虛空方、圓相之所在也。　法合欲令見性無大、小之相，但除塵（界空色塵之相）之大、小，見性本無一定大、小，不應說言；除塵之外，更除見性大、小相之所在也。大、小由塵，但得亡塵，而大、小之相自泯。則見性廓周法界矣！二教亡塵自徧竟。

巳三　以反難顯謬

若如汝問，入室之時，縮見令小，仰觀日時，汝豈挽見，齊於日面？若築牆宇，能夾見斷，穿為小竇，寧無續迹？是義不然。

此之反難，要當機自審，以顯其謬。若如汝先所問，入室之時，縮見令小，則汝仰觀日時，豈能挽引長也見，齊於日之面前耶？此乃令審，觀日非舒，自知入室非縮矣。若築牆宇，能夾汝見令斷，則將牆宇穿為小竇孔穴也時，寧無接續之迹耶？此亦令審穿無續迹，自知夾無斷痕矣。而疑縮疑斷，俱非正義。故斥之曰：「是義不然」。三以反難顯謬竟。

巳四　出成礙之由

一切衆生，從無始來，迷己為物，失於本心，為物所轉，故於是中，觀大觀小。

此出成礙之由，由於法執。衆生法執未亡，執心外有法，動成有礙，法執一亡，自可同佛作用，惟妙覺明，圓融照了，無有少法可得，夫復何礙？一切衆生，總該凡、外、權、小而言，夫見本不可礙，而物亦不能礙，而凡、外、權、小，畢竟成礙者，皆從無始無明住地而來，迷己眞心，而爲萬物，不了萬物皆己，遂失本來一體之眞心，而執心外有實法。迷字即是法執，乃爲成礙之由，不達萬法唯心，遂有心、物之分，非惟物不隨心轉，而心反被物礙矣。故於是中，即是於一體之中，觀大觀小，逐境遷移，動被物礙。又不僅觀小，是爲物轉，即觀大亦然。以界相尚在，塵相未亡，總成有礙。須知物本是心，迷之爲物，則能礙心，亦如冰原是水，結之成冰，則能礙水；果能返迷，自可轉物矣！轉物者，即轉萬物爲自己，如融冰爲水，水自不至礙水也。四出成礙之由竟。

巳五　教轉物自在

若能轉物，則同如來。

轉物之功，須憑妙智，悟圓理，破法執，悟明心外無法，法法唯心，轉萬物為自己，則知天地與我同根，萬物皆吾一體，此由事法界，而悟入理法界也。

繼起圓修，亡塵入性，以性融塵，則同如來。以妙明不生不滅之自性，合如來藏，而如來藏，唯妙覺明，圓照法界，理不礙事，事不礙理，一為無量，無量為一，而證入理事無礙法界也。

則同如來者，法身如來也。法身以理為身，圓融無礙，隨舉一法，體即法身。由理事無礙，然後身界無分，塵毛相即，小中現大，大中現小，而證入事事無礙法界，即同如來，稱性作用，一切自在矣！

昔僧問谷隱聰禪師：「若能轉物，即同如來。萬象是物，如何轉得？」聰曰：「吃了飯，無些子意智。」若有意智，為物轉也。

又僧問韶國師：「如何是轉物，即同如來？」韶曰：「汝喚甚麼作物？」曰：「恁麼則卽同如來也？」韶曰：「莫作野干鳴，擬同如來，即千里萬里。」

又此兩節文，若按相宗解釋，一切衆生，從無始一念妄動以來，不生不滅，與生滅和合，成阿賴識。此識有見、相二分，不知見、相二分，本來不離一心，以能見之見分，取所見之相分，如下文云：「自心取自心，非幻成幻法。」此為迷己為物，既迷為物，則失本心將心認作物，不了是心，則非失似失矣。，由是心、物兩分，見分恆被相分所轉，逐物意移，故於相分中觀大觀小。若能轉物，即同如來者：見、相二分，如蝸牛二角，出則成雙，收則歸一，現要轉物，相分即是物，必由見分去轉他，如何轉法？但要見分不取相分，不取無非幻，非幻尚不生，幻法云何立？則無物可轉矣！如性宗金剛經云：「不取於相，如如不動。」則同如來矣。相既叵得，礙從何來？

身心圓明，不動道場。

此明體自在，屬理事無礙法界。衆生迷時，妄認四大爲自身相，則被四大留礙而不圓；妄認六塵緣影爲自心相，則被六塵障蔽而不明；即是認物爲己。又妄認諸法，心外實有，即是迷己爲物，所以動被物礙，今既轉物，則身爲法性身，圓照周徧，心爲妙明心，靈明洞徹，萬物身心，本來一體，即所謂澈法底源，無動無壞，身心即是法界，不動之道場矣。

於一毛端，徧能含受十方國土。

此明用自在，屬事事無礙法界，十玄門中，廣狹自在無礙門也。亦即第四卷，小中現大，大中現小之義相。毛端即一毛頭上，屬正報之最小者；國土即佛刹大千世界，屬依報之最大者；毛端含國土，即以正攝依；國土在毛端，即以依入正。毛端看國，而國不小，即小中現大也；國外觀毛，而毛不大，即大中現小也。如一尺之鏡，而現千里之境，境在鏡而不小，鏡含境而有餘，依正相涉，不相妨礙，小大相容，無不自在，即廣狹自在無礙玄門也。

前文故於是中，觀大觀小，乃是正報被依報所礙，見性被境界所遷。此則非獨不礙不遷，且能相即相入，而成無障礙之妙用矣！又較前亡塵境界，更是甚深，彼但圓照法界，而得理事無礙，此則大用自在，而得事事無礙，見性之妙，無以加矣！此科以見性無礙而論，觀大觀小，轉物自在無礙，是四義中妙義，又兼具如來藏，不動周圓二義。七顯見無礙竟。

卯八　顯見不分　分二　辰初　阿難疑身見各體　二　如來明萬法一體

今初

阿難白佛言：世尊！若此見精，必我妙性，今此妙性，現在我前？

此領前義，以生疑難也。前佛要當機，認見爲心，多與發明，見性超然獨立，身境無干。無還科中云：「諸可還者，自然非汝；不汝還者，非汝而誰？」不雜科中云：「此精妙明，誠汝見性。」又云：「見性周徧，非汝而誰？」阿難遂從分別心中，變現一種昭昭靈靈光景，湛然盈滿目前，喚作見性，似與身心，判而爲二。阿難前疑見性，與萬物混雜，此疑見性，與身心各體。故白佛言：「世尊！若此現前周徧萬物之見精，必定是我妙精明性者，今此妙性，現在我之眼前，則離我身矣；既然是我妙性，豈有反在身外耶？」

見必我眞，我今身心，復是何物？而今身心，分別有實；彼見無別，分辨我身。

此恐認見必遺身心。意謂湛然滿前之見，必定是我眞性，則我現今之身心，當然非我，究竟復是何物，而今身心，分別有實？　此約分別以起計。謂：現今身心，爲能分別，有實在作用，彼在前之見，無有分別功能，來分辨我身，我身尚不能辨，況能辨萬物耶？此正同世間凡夫情見，以有分別者爲我，無分別者非我，不知恰墮意識窠臼，與前執緣心有用，悟妙明心，元所圓滿，常住心地，不得其用，故不敢認爲本元心地，如出一轍。

若實我心，令我今見，見性實我，而身非我？

此約能見以起計。謂在前之見，若實在是我眞心，令我現今，此身反爲所見，則見性在我之前，如同外物在前；若實在是我，而今此身竟成所見，反非是我矣？

何殊如來，先所難言：物能見我。惟垂大慈，開發未悟。

此解承上前一解，見性既已離我同物，反能見我身，即同物能見我。何殊異也如來，先所難言：「物能見我」。然物能見我，佛先不許，已斥其謬，惟願再垂大慈，開導發明，令未悟者，可以得悟，認見何得不遺身心，見身何得不同物見也。總會前文，佛則諄諄責之，警其不可認妄爲眞。阿難則種種疑之，反恐認眞遺妄，誠爲顛倒之甚！良由不達認妄者，必至遺眞，而識眞者，自能融妄，何至有所遺哉？詳佛答處，自見眞妄徧融之旨趣矣！又見性靈明洞徹，身心世界，外物頑礙，豈具能見功用，物不是見，前已辨明。初阿難疑身見各體竟。

辰二　如來明萬法一體 分六　**巳初　直斥妄擬　二　正遣是見**

三　轉遣非見　四　衆懼俯慰　五　文殊啓請　六　如來慈示　今初

佛告阿難：汝今所言，見在汝前，是義非實。

前阿難謬執，見性與身心各體，故有見性在前之疑。佛不即約身心見性，無有二體以釋之，而獨約萬法一體以破者，中有二意：一者、易於施破：見性如果在前，應同萬物分明可指，既於萬象中，竟無是見非見之可指，則是非雙絕，了無前相，而見性萬物，自成一體。以此例觀，疏遠之萬物，與見尙屬一體，而至親之身心，與見豈復爲二耶？

二者、兼除二執：蓋身心者，我執之親依；萬物者，法執之顯境。阿難祇恐認見，必遺身心，則我執正自熾然，而法執尙猶微隱，若但說見性身心一體，彼將更執見性身心，合爲我體，而以萬物爲他體，非惟法執不能兼破，而二執益增上矣！故佛總對萬法，悉顯其無自無他，則二執蕩然矣！如灸病者，須得其穴，阿難種種謬執，惟此見性在前，是其謬本，故佛首奪云：「見在汝前，是義非實。」初直斥妄擬竟。

巳　二正遣是見　分三　午初　如來問　二　阿難答　三　佛印證

今初

若實汝前，汝實見者，則此見精，既有方所，非無指示？

先阿難妄擬見性在前，佛已直斥其非。此下辨無是見，與無非見，此科雙用即物離物，而單遣是見也。如來問云：若此見精，實在汝之眼前，汝實實可以看見者，則此見精，一定有地方所在，既有方所，必有相狀，非是無可指示？此決斷定屬可指，下方令對物指出。

且今與汝，坐祇陀林，徧觀林渠，及與殿堂，上至日月，前對恆河。汝今於我師子座前，舉手指陳是種種相：陰者是林，明者是日，礙者是壁，通者是空，如是乃至草樹纖毫，大小雖殊，但可有形，無不指著。

此先以物皆可指爲例。下令指見，且今我之與汝，坐此祇陀林。周徧觀看，近處林渠水也河流之類，及與殿堂，高處上至日月宮，遠處前對恆河，汝今於我師子座前，但是目之可見，舉手皆可指陳，是種種相，分別明白，陰者是林，明者是日，礙者是壁，通者是空，如是乃至若草若樹，纖細毫末，大小雖殊，但可以有形，無不可以指著也。

若必其見，現在汝前，汝應以手，確實指陳，何者是見？

此教其指見。若必定見精，現在汝之眼前，汝應以手，確確實實指陳，何者是汝眼前之見？

阿難當知：若空是見，既已成見，何者是空？若物是見，既已是見，何者為物？

此有兩節文，乃佛立成格式，要阿難依此解答，不至混濫。先所謂雙用即物離物，單遣是見，即在本科。此節格式，乃即物，須不壞物之本相；下節乃離物，須當顯見之自體。

當知二字，要阿難注意著眼，何者是空，何者是物。此語莫作是見無空，是見無物解釋。佛要阿難，依所定格式，物、見雙指，不壞物之本相。先約空說：若空是見，既已成見，須當不壞空之本相，何者仍舊是空？再約物說：若物是見，既已是見，亦當不壞物之本相，何者仍舊是物？此種格式，譬如即壁成畫，要須壁畫雙存，方成物見各體之義。此順阿難迷執，見性與根身萬物，各皆有體，故作斯解。若是見，即便無空無物，遂成一體，則與阿難語意相違。又既成一體，自不容更說是見，如下文「我眞文殊，無是文殊」。此種解釋，是正脈疏，交光法師，特出手眼，能見人見不到之處。能會佛立格本意，殊令人心悅誠服也！

汝可微細，披剝萬象，析出精明，淨妙見元，指陳示我，同彼諸物，分明無惑。

上節即物索是見，此節離物索是見。乃離物須當顯見之自體，故囑阿難：汝可更加一番微細工夫，披剝萬象，即剖開萬象，分析出此見元，此即離物索是見也。　精、明、淨、妙見元者：萬象不能混曰精；萬象不能蔽曰明；萬象不能染曰淨；萬象不能變曰妙；此四乃見元義相，即本覺所具性功德相，此曰：「見元」，上曰見精，有曰見性，名雖各出，乃隨語便，同指衆生識精元明，即二根本中眞本，與物同體。如果物見各體，必須離物以顯見之自體，同彼諸物，歷歷分明，無所疑惑，指陳示我。初如來問竟。

午二　阿難答

阿難言：我今於此重閣講堂，遠泊音暨恆河，上觀日月，舉手所指，縱目所觀，指皆是物，無是見者。

此阿難答，即物無是見。謂舉手所指得到，縱目即放眼所觀見也得到，指者皆是物，不能不壞物之本相，更指出何者是見也。故曰：「無是見者」。

世尊！如佛所說，況我有漏初學聲聞，乃至菩薩，亦不能於萬物象前，剖出精見，離一切物，別有自性。

此阿難答，離物無是見。如佛所說，即指上文佛立格云：「汝可微細，披剝萬象，析出精明，淨妙見元，指陳示我。」況我乃是有漏初學人，那能離物指出是見，即羅漢、辟支佛，亦所不能，乃至菩薩，亦不能於萬象前，剖析出精見，離一切物，別有見之自性也。是離物亦無是見之可指矣！此雙用即離，單遣是見也。二阿難答竟。

午三　佛印證

佛言：如是如是！

此佛言印證。重言如是者，以阿難所答，即物無是見可指，離物亦無是見可指，二者皆是，故言：「如是如是」。良以見性，量括十方，體周萬法，其與萬法非即非離，惟其非即也，故能靈光獨耀，迥脫根塵，身界無干，生死不繫，衆生不達斯義，則混淆眞妄，沉溺輪迴；惟其非離也，故能塵剎普融，萬物一體，用彌法界，色心不二，衆生不達斯義，則沉空滯寂，中止化城。如來自指見是心以來，多約不即之義，分眞析妄，以決擇離塵獨立之體。今此科合下無非見，乃約不離之義，泯妄合眞，以顯洩乎與物混融之妙，以釋阿難身見各體之疑。二正遣是見竟。

巳三　轉遣非見　分三

午初　如來問　二　阿難答　三　佛印證

今初

佛復告阿難：如汝所言，無有見精，離一切物，別有自性，

則汝所指，是物之中，無是見者。

此顯離見無物，以遣非見也。上科雙用即物離物，單明無是見；此科單用即物，雙明無非見無是見。佛恐當機，祇知見性離一切相，不知見性即一切法也。故先述彼言，牒定其意，曰：如汝所言，無有見精，離一切物，別有自性；此牒上離物無是見也。則汝所指是物之中，無是見者：此牒上即物無是見也。此文雙牒離物即物，皆無是見。

今復告汝：汝與如來，坐祇陀林，更觀林苑，乃至日月，種種象殊，必無見精，受汝所指，汝又發明，此諸物中，何者非見？

此緊承上文，復告云：更觀種種物象差殊，必定無有見精，可以受汝所指，如是則完全無是見；復承上文，既是完全無有是見，汝再向萬象中，仔細發明，此諸物之中，何者非汝見耶？初如來問竟。

午二　阿難答

阿難言：我實徧見此祇陀林，不知是中，何者非見。

此直答：我實徧見，一切萬象，不知是萬象之中，何者非我之見也。

何以故？若樹非見，云何見樹？若樹即見，復云何樹？如是乃至若空非見，云何見空？若空即見，復云何空？

此徵釋無非見之所以。上云單用即物，雙明無非見，無是見，即在此節。以離物無憑，說於非見，故單用即物。承上徵云：我說無非見者，何以故？下釋云：若樹非見，云何能見於樹？若樹即見是見也，則樹既已成見，復云何猶名爲樹也？此文本明無非，帶明無是者，恐聞無非，仍復墮是，故兼帶雙明，遮止矯亂也。　如是徧歷萬象，指點將來，以至虛空，謂：若空非見，云何能見於空？若空即是見，則空即已成見，復云何猶名爲空也？

我又思惟：是萬象中，微細發明，無非見者。

此結答無非見。再四思惟是萬象之中，微細發明，見性朗見萬物，無一物而非是見者。二阿難答竟。

午三　佛印證

佛言：如是如是！

此佛印證。無一物而非見，斯言不謬，故重言如是以證之。本科惟明，一體不離之義，若有是非，何成一體？三轉遣非見竟。

巳四　衆懼俯慰

於是大衆非無學者，聞佛此言，茫然不知是義終始！一時惶悚，失其所守。

衆非無學，智力有限，故致茫然。是義即無是無非之二義，終者義之歸趣，始者義之由來，兩皆不知。下如來答中，本是淨圓眞心，妄爲色空，及與聞見，即義之所始也。既曰妄爲，即無是非之可指，又此見及緣，元是菩提妙淨明體，即義之所終也。既是一體，安有是非之可言哉？又觀見與塵，種種發明，則是非始起，縣是眞精妙覺明性，則是非終息矣！後二句，正由不知，莫衷一是，故驚惶悚懼，失其所守，或是或非，無可把握，故曰：「失守」。

如來知其魂慮變慴，心生憐愍，安慰阿難，及諸大衆：諸善男子！無上法王，是眞實語，如所如說，不誑不妄，非末伽黎，四種不死，矯亂論議；汝諦思惟，無忝哀慕！

此佛慈安慰。知其即知阿難等，神魂驚變而不安，思慮憂慴而不定，佛心生起憐愍，而安慰阿難及諸大衆曰：諸善男子！汝等不必驚疑怖畏，無上法王，是佛成無上道，爲諸法之王，於法自在；是眞語者無妄故，實語者不虛故。如所如說：如者依也，依佛所證，眞如實理而說故，不誑者，無賺誤也。

不妄者：無虛僞也。非同末伽黎，四種不死，矯亂論議。末伽黎解在前。四種不死者：彼外道託言有不死天，一生不亂答人，死後當生彼天，立爲四種矯亂論議，在十卷行陰中，謂：亦變、亦恆、亦生、亦滅、亦有、亦無、亦增亦滅，皆指兩可，終無決定，是爲四種不死，矯亂論議。今無是見，無非見，是非雙遣，豈同彼不死論議哉？此示以佛言可信，不必驚疑也。

汝諦思惟，無忝哀慕者：諦是諦實，思惟是八正道中正思惟，如來欲阿難從聞慧而入思慧，庶可爲起修之本，非敎以仍用識心，思量分別，故加一諦字揀之；忝者辜負也，可約自他二意釋之：約自者，汝旣已回小向大，哀求佛定，仰慕佛果，於此無是非之義，誠能諦實思惟，大開圓解，則悟明因心，自可圓成果覺，庶不負汝自己之哀慕矣！約他者，哀是佛哀，慕是衆慕，謂此中二義，茫然不知，佛哀愍之，望其領悟；衆仰慕之，望其啓發，故囑諦思，無負上下之望也。四衆懼俯慰竟。

巳五　文殊啓請　分二　午初　舉疑代問　二　揀過求示　今初

是時文殊師利法王子愍諸四衆，在大衆中，即從座起，頂禮佛足，合掌恭敬，而白佛言：世尊！此諸大衆，不悟如來，發明二種精見、色、空、是非是義。

前是經家，敍述代問之儀。今世尊此諸大衆起，至元是何物，於其中間，無是非是止，是文殊代問之辭，先標衆疑。不悟者：舉其疑端；二種即是義與非是義。精見，即八識精明之見分；色空，總該諸物即相分。文殊意謂：大衆所以惶悚失守者，祇因不悟如來兩番審問，特為發明，精見（即見精）之與色空，是義與非是義兩種。是義，即無非見之義，以無非曰是故；非是義，即無是見之義，義字雙連上是與非是，成二義也。

世尊！若此前緣色空等象，若是見者，應有所指，若非見者，應無所矚。而今不知是義所歸，故有驚怖！

此述衆疑。二應字，俱屬平聲。謂：若此色空等象若是見者，應當有所指，云何無是見之可指？若非見者，應當無所矚，云何又能見色見空？而今不知是義所歸者：即無是見、無非見二義，所歸趣也。故有驚怖！初學疑代問竟。

午二　揀過求示

非是疇昔善根輕尠（音鮮），惟願如來大慈發明，此諸物象，與此見精，元是何物？於其中間，無是非是。

此代求佛示。謂此衆雖然有漏，非同疇昔（從前也），未曾回小向大，善根輕薄尠少可比。元是何物句，正追究是義終始，詰本窮源之問也。願佛大慈哀愍，發明物象之與見精，元是何物。於中即無是見，又無非是見。無字，雙貫下是與非是。佛若發明，則大衆既知是義所歸，而驚怖自息矣。五文殊啓請竟。

巳六　如來慈示　分二　**午初　曉以無是非之故　二　教以出是非之法**

午初分四　**未初　明一眞無是非　二　喻一眞索是非　三　答本眞無二相　四　總以法而合喻**　今初

佛告文殊及諸大衆：十方如來，及大菩薩，於其自住三摩地中，見與見緣，并所想相，如虛空華，本無所有。

此佛酬答文殊之代問，故呼其名而告之，併及在會大衆。文中正顯眞心，絕諸對待，惟是一眞，以明無是非之故，若有是非，則非惟眞。十方如來，已證極果之佛，併及大菩薩，有此大字一字，非但二乘絕分，即權教菩薩，亦所不能，顯是佛及圓頓菩薩境界。自住三摩地中者：即是以自覺聖智，常住於首楞嚴大定也。所謂：「那伽常在定，無有不定時。」此三摩地，即同前佛告阿難，有三摩提，名大佛頂首楞嚴王，具足萬行，之三摩提相同。地、提，不過梵音淸濁之異耳。又此定非同權小，有出有入之定，是以曰自住，即自住本地風光，不假修爲造作也。

見與見緣四句，了妄無體。佛及大菩薩，住此定中，內脫身心，外遺世界。根、塵、識三，不能爲礙。見與見緣，並所想相者：見，即能緣見分，見緣即所緣六塵相分。並者及也，想即六識妄想，相即六根身相。此三六十八界，一切諸法，凡、外內執身心爲實我，外執萬法爲實法，具足我法二執；權、小法執堅固，仍執實有身心世界。　佛及圓頓菩薩，了知徧計（六識）本空，依他（根塵）如幻，喻如病目所見之空華，從緣無性，本無所有，非作故無，本性無故。非待病愈花滅纔無，即正當病眼見空華時，華本無有，此即當體即空也。

又空華，病眼觀之，非有似有，此喻凡、外、權小，見十八界；淨眼觀之，了不可得，此喻佛及圓頓菩薩，見一眞法界。　見與見緣幷所想相，又一解：見攝六識，見、聞、嗅、嘗、覺、知，見緣該六塵見等所緣之觀境，想相指六根，想屬心，相屬色，心、色和合，以成根身。前云：色雜妄想，想相爲身，故指六根。　正脈云：「此科全是諸聖圓觀大定，行人切須究心，若能常住此境，念念不昧，成佛何疑？」

此見及緣，元是菩提，妙淨明體，云何於中，有是非是？

此違妄即眞。了達能見見分，及所緣相分，當體即眞。緣字並攝根、塵、識三，根爲能緣，塵爲所緣，識從緣生，故以緣字，總該三六十八界，即身、心、世界，依正二報。上明萬象皆妄，故喻空華，此明一性元眞，故曰菩提。乃三菩提中，眞性菩提，亦即三性中，圓成實性。　元是二字，與前文殊所問，元是何物相照應。今順前文答云：此能見之見精，及所緣之物象，所以無是非者，何也？元是菩提妙淨明體，不假修爲，本來自妙；不用洗滌，本來自淨；不待指麾，本來自明。妙即法身德，非有非空；淨即解脫德，處染不變；明即般若德，靈光獨耀，乃是三德秘藏之體。既是一體，迥絕是非，故反顯之曰：云何更有是見之與非是見耶？此即無是非義之所終也。會諸相終歸於一性。

正脈問云：「佛初惟以見爲性，而曲明其不與身心萬物爲侶，以謂見獨眞，而餘皆妄，令人獨依見性也。今乃論妄，則降見性同是空華；論眞，則升諸法，同爲眞體，固是理極之論，其奈人之用心，將何所適從乎？」今別答云：「阿難自被破識心之後，便乃捨妄求眞，如來欲示眞心，特向眼根指出，意令阿難認見爲心，故獨顯見性爲眞心也。然見性即陀那細識，不生滅與生滅和合，體雖元明，用終帶妄，而衆生捨此，別無純眞之心可指，既不可認爲非眞，亦不可認爲全眞。若認全眞，無異執鑛爲金；若認非眞，便同捨鑛求金，二皆是迷。故前約元明，乃極顯其爲眞心，今約帶妄，乃同降而喻空華。」而識心諸法，觀相元妄，無可指陳；觀性元眞，惟妙覺明，既不可昧性而執相，亦不可撥相而求性；若欲捨諸法而求眞心，何異離波而覓水也。前約相妄，故極令決擇分明；今約性眞，故識心亦升眞體，如來爲是理極之論者，欲令衆生徹證而圓悟也。初明一相無是非竟。

末二　喻一眞索是非

文殊，吾今問汝：如汝文殊，更有文殊是文殊者？爲無文殊？

此假文殊爲喻，以明一眞法界，本無是非二相。先喻一眞索是非，文殊喻一眞之體。更有文殊二句索是，喻何者是見；末句索非，喻何者非見。問云：如汝此身，本來一個眞文殊，爲是更有文殊，喚作是文殊者，爲無有文殊耶？

又無字即作非字解，於文亦順，而詳文殊答處，無字義長。二喻一眞索是非竟。

末三　答本眞無二相

如是世尊！我眞文殊，無是文殊。何以故？若有是者，則二文殊，然我今日，非無文殊，於中實無，是非二相。

此喻一眞無是非。文殊是大智慧，一聞便悟，領旨直答：「如是」，即領諾之辭。答曰：世尊！我本一個眞文殊（此喻一眞之體），於我眞文殊分上，並無那個喚作是文殊者（此喻色空無是見也）。何以故三句，徵釋無是所以。若更有一喚作是文殊者，則成二文殊，而一體自不能成，意顯一體分上，更不容說是。此是字，非對非說是，即對本體說是，若說有是，則有對待，而非絕待矣。

然我今日，非無文殊，於中實無是非二相者：然轉語詞，承上轉云：然我今日，眞實文殊分上，非無有文殊（此喻色空無非見也。此句若作無非文殊，其理更明。）。於中者：於眞實文殊體中，實無從說是，及與說非；說既叵說，安有是非二相可得耶？此喻一眞無是非，眞如體中，不剩一法，不少一法，圓同太虛，無欠無餘故也。合前此見及緣，元是菩提妙淨明體，云何於中，有是非是，觀二於中，佛與文殊，法喻雖然各說，彼此照應，如出一轍。

昔法眼、同紹修、法進三人，參地藏禪師，天寒落雪，附鑪烘火次，舉肇論至：「天地與我同根處」。藏曰：「山河大地，與上座自己，是同是別？（此句即同佛問阿難，何者是見，何者非見一樣。）」眼云：「別」。藏竪起二指。眼曰：「同」。藏又竪起二指，便起去。雪霽三人辭去，藏至門前送之，問曰：「上座尋常說三界唯心，萬法唯識。」乃指庭前片石曰：「且道此石，在心內在心外？」眼曰：「在心內」。藏曰：「行脚人着甚麼來由，安片石在心頭？」眼無以對，即放下包囊，依席下求請決。近一月餘，日呈見解。藏曰：「佛法不恁麼」！眼曰：「某甲詞窮理絕也」。藏曰：「若論佛法，一切現成。」眼於言下大悟。

豐干欲遊五臺，問寒山、拾得曰：「汝共我去遊五臺，便是同流，若不共我去遊五臺，不是我同流。」山曰：「汝去五臺作甚麼？」曰：「禮文殊。」山曰：「汝不是我同流。」干獨入五臺，逢一老人，便問：「莫是文殊麼？」老人曰：「豈有二文殊？」干作禮未起，忽然不見。三答本眞無二相竟。

未四　總以法而合喻

佛言：此見妙明，與諸空塵，亦復如是。

此見即能見見精，無始在纏，靈光不昧，故稱妙明。與諸空、塵，即指物象，物象雖多，空、塵二字，足以該之。佛言此見精與物象，但惟一體，所以無是無非，亦復如文殊一樣，但有一眞文殊，無是文殊，與無文殊也。初曉以無是非之故竟。

午二　教以出是非之法　分三　**未初　曲顯眞妄二相　二　別舉眞妄二喩　三　以法各合二喩　今初**

本是妙明，無上菩提，淨圓眞心，妄爲色空，及與聞見。

上三句是所依眞，下二句是所起妄。本是對前元是，各有用意。前究是義之所終，欲曉以無是非之故，乃合二妄成一眞：明妄元是眞，於一眞總喩而總合，歸眞即無是非。　今推是義之所始，欲教以出是非之法，乃從一眞起二妄，明妄本依眞，於眞妄別喩而別合，悟眞方出是非。　準上文，亦有法喩合三節之文，推究見精、物象之來由，元是何物？既無是，而又無非，乃曰：「本來是妙明無上菩提，淨圓眞心，」此指所依眞。不變隨緣曰妙，寂而常照曰明，無上菩提，即第一義諦，眞性菩提，爲諸法之本源，無有何法，能在其上，故曰：「無上」。淨者，清淨本然；圓者，圓滿周徧；眞心，即人人本具一眞心體。此心本來寸絲不掛，一塵不染，亦即六祖所云：「本來無一物」是也。

妄爲色、空，及與聞見者：此明從眞起妄，妄爲二字，對上本是而來。謂本是一眞心體，由最初性覺必明，妄爲明覺，轉妙明而爲無明，轉眞覺而成不覺，起爲業識，詐現見、相二分。色、空即所現之相分，依報世界物象等；及與聞見，即所現之見分。正報六根身相等，皆屬妄爲，本非實有，雖非實有，宛現二相，則是非生焉。初曲顯眞妄二相竟。

未二　別舉眞妄二喻

如第二月，誰爲是月？又誰非月？文殊，但一月眞，中間自無是月非月。

此別舉眞妄二喻。上三句喻妄，有二月終墮是非。如字承上妄爲二分，如揑目所見第二月，既有二輪，是非鋒起，於中妄計，誰是眞月？誰非眞月？合上眞心，妄爲色、空、見相之二分，於中是非自生。此二月之喻，與前無還科中不同，前單喻見精，切近眞心，此雙喻見、相二分，以爲是非之端。下二句，不可作有何是月，有何非月解，若如是解，已成無是非，即錯矣！當作誰是眞月？又誰非眞月？　文殊但一月眞，中間自無是月非月者：此三句喻眞以一月，方出是非，佛呼文殊，而告之曰：但識得一月爲眞，則惟一體，本無二輪，中間自無是月非月之可言；自可超出妄擬之戲論。二別舉眞妄二喻竟。

未三　以法各合二喻

是以汝今觀見與塵，種種發明，名爲妄想，不能於中，出是非是。

是以二字，正承上文，乃謂是以上來所說法喻，研究起來，汝今觀見與塵，任從種種發明，無非妄想。汝非指文殊，乃指阿難；觀見即見精；塵即內之身心（此心乃妄識屬塵影），外之萬物。承上汝今不悟妙明眞心，故觀見與塵，不了元是何物。任從汝種種發明，如對萬象而言，云何知是我眞性？對身心而言，見性實我，而身非我。說是說非，總屬分別計度，名爲妄想。於依他法上，起徧計執，縱饒說到驢年，亦不能於中超出是與非是。此合二月妄計是非之喻。

由是眞精，妙覺明性，故能令汝，出指非指。

由是返迷歸悟，會妄歸眞，了知見之與塵，元是一眞，則能超出是非之外。眞精者，無妄離垢之體；妙覺明者，圓照法界之性。悟此體性，則能遠離依他起性，及徧計執性，則根、塵、識三，無非圓成實性，悉無自他之別，安有是非可指耶？故能令汝，出指非指者：此指字，與前佛問阿難，既有方所，非無指示句，相對。若悟一眞法界，見、相二分俱屬空華，萬物、見性本來一體，故能令汝超出是非，豈復於萬象中，謂何者是見可指，何者非見可指耶？亦如但知一月眞，則妄計全消。此合識得眞月，是非自息喻。可見迷、悟、眞、妄，惟在一念，若一念迷，則心境紛然，是非鋒起；若一念悟，則妙覺湛然，豈容是非於其間哉！此科以見性不分而論，無是無非，見眞妄情自息，是四義中妙義。卯八顯見不分竟。

楞嚴經講義第四卷終

大佛頂首楞嚴經講義第一册終

大佛頂如來密因修證了義諸菩薩萬行首楞嚴經講義

福州鼓山湧泉禪寺圓瑛宏悟述　受法弟子明暘日新敬校

卯九　顯見超情　分四　辰初　正遣自然　二　正遣因緣　三　迭拂妄情　四　責其滯情

辰初分二　巳初　阿難約徧常義疑自然　二　如來約隨緣義以破之

巳初分三　午初　領性徧常　二　疑濫外計　三　疑違自宗　今初

阿難白佛言：世尊！誠如法王所說，覺緣徧十方界，湛然常住，性非生滅。

此一大科，顯見超情。以見性不變隨緣故非自然，隨緣不變故非因緣；自然、因緣，皆是妄情計執，見性兩皆不屬，故曰超情。　誠如法王所說：誠者實也；法王所說，指如來上文諸科，所說徧常之義。覺緣指見性，謂親依覺性具有能緣之功能，故稱覺緣。徧十方界者：乃稱性周徧，不分科中，見性徧見一切，同體不分；不雜科中，見性周徧，非汝而誰？此二科俱成徧義。　湛然者：如寒潭止水，湛然不動，領不動科中，身境動搖，見無所動；無礙科中，身心圓明，不動道場之義。常住者：領無還科中，若眞汝心，則無所去；不失科中，雖稱顚倒，無始不遺之義。性非生滅者：領不滅科中，彼不變者，原無生滅之義。如上諸科，俱成常義。阿難躡之起疑，疑濫外宗，遂計自然。既破自然，復計因緣，皆是識心分別計度，妄情用事耳！初領性徧常竟。

午二　疑濫外計

與先梵志，娑毘迦羅，所談冥諦，及投灰等，諸外道種，說有眞我，徧滿十方，有何差別？

先梵志是古來梵志也。其人自謂，梵天苗裔，志生梵天，即婆羅門種。娑毗迦羅，解見序分中。冥諦，爲冥初自諦，是外道二十五諦中，第一諦也。彼數論師，計冥性是常，能生大等二十三法，與現今所說，湛然常住，性非生滅，義似有濫。及投灰等，諸外道種：投灰，亦云塗灰，有時以身投灰，有時以灰塗身，而修無益之苦行。等者等餘拔髮、熏鼻、臥刺、自餓、與持雞戒、牛戒諸外道種。此等皆心遊道外；種者類也。說有眞我，徧滿十方：眞我，或即二十五諦，末諦之神我。外道計我相有三：一、大我；二、小我；三、不定我。此所說覺緣徧十方界，義似有濫大我，如來所說徧常，與外道有何差別？二疑濫外計竟。

午三 疑違自宗

世尊亦曾於楞伽山，爲大慧等敷演斯義：彼外道等，常說自然，我說因緣，非彼境界。

此舉昔日自宗。楞伽山名，此云不可往，非有神通者，不能到故。佛依此而說楞伽經，表法殊勝，非二乘所能及。大慧菩薩，是楞伽會上當機，等者等餘衆故。佛曾在楞伽山，爲大慧等，廣辯內教，與外道不同之義。彼外道等，常說自然者，清涼云：「無因論師，計一切物，無因、無緣，自然生，自然滅。」如彼偈云：「誰開河海堆山嶽？誰削荊棘畫獸禽？一切無有能生者，是故我說爲自然。」此則撥無因果，不立修證，佛說因緣以破之，故曰：「我說因緣，非彼境界。」如楞伽經頌云：「我說唯鉤鎖（鉤鎖，即是因緣，取相連不斷義，十二因緣，名十二鉤鎖。），離諸外道過，若離緣鉤鎖，別有生法者，是則無因論，彼壞鉤鎖義。」又因謂種子親因，緣謂資發助緣，內而三乘等性，須假宿生善根，種子爲因；復假如來教法，以爲外助之緣，方生諸乘所證之果；外而百穀等物，亦須種子爲因，水土爲緣，方生芽等，大異於彼外道所說，故曰非彼境界。

我今觀此：覺性自然，非生非滅，遠離一切虛妄顚倒，似非因緣，與（同也）**彼自然；云何開示，不入羣邪，獲眞實心妙覺明性？**

首句判同外計。謂我今觀此，覺緣見性，亦成自然。非生非滅三句，謬取如來所顯見性之義，以證成之。非生者，由來本有；非滅者，究竟不壞，即不失不滅科義。若有動、有還、有雜、有礙、有分、俱屬虛妄顚倒，前顯不動、無還、不雜、無礙、不分，故云遠離。此實大乘正理，迴超凡情外計，阿難不達，反取之以證自然，故曰似非因緣（即自然），蓋外道自然，佛昔所破，今佛所說同彼自然，此疑違昔宗。

云何開示，不入群邪者：意謂佛之所說，與外道自然，或同或異，固所未語，云何開示分明，令知揀擇，不入群邪，頓獲無戲論之眞實心，而證妙覺明性之全體大用耶？初阿難約偏常義疑自然竟。

巳二　如來約隨緣義以破之 分二　**午初　責惑索體　二　詳與詰破**

今初

佛告阿難：我今如是開示方便，眞實告汝，汝猶未悟，惑爲自然！

此破自然。先呼當機之名，而責之曰：我今前來八番，如是開示，費却許多唇舌，或直顯旁通，或明彰曲示，種種權巧方便，無非將一眞實相之道，告知於汝，汝猶未能悟見性爲眞本，反乃惑爲自然，豈不辜負於我哉！

阿難！若必自然，自須甄明有自然體。

若汝必定，以此覺緣周偏不動，性非生滅，以爲是自然者，自當甄別明白，有一自然之體方可。初責惑索體竟。

午二　詳與詰破

汝且觀此，妙明見中，以何爲自，此見爲復以明爲自？以暗爲自？以空爲自？以塞爲自？

此就中詰問。謂妙明眞見、徧見諸緣，汝且觀察，此妙明見中，以見何者爲自然之體，此二句爲總詰。此見爲復下，約明、暗、空、塞四緣，逐一別詰。以明爲自者，謂以見明者爲自然體。下三例知。

阿難！若明爲自，應不見暗；若復以空爲自體者，應不見塞；如是乃至，諸暗等相，以爲自者，則於明時，見性斷滅，云何見明？

此難破。若以見明爲自然體者，自然應當不變，既以明爲自，只應見明，至於明去暗來，應不隨緣，不能見暗，方成自然？以空爲自等，例此可知。如是乃至，超略以塞爲自，應不見空？諸暗等相者：子夜黑月，雲霧晦瞑等，皆爲暗相，既以暗爲自然體，自應不隨明緣，故難以則於明時暗滅，見性應當斷滅，云何明時仍舊見明？既然明來見明，暗來見暗，乃是隨緣，有何自然之義？初正遣自然竟。

辰二　正遣因緣　分二

巳初　阿難翻自然而疑因緣　二　如來約不變義以破之　今初

阿難言：必此妙見性非自然，我今發明是因緣生。心猶未明，咨詢如來，是義云何，合因緣性？

當機聞佛難破自然，轉疑因緣。故曰：必此妙明見性，非是自然，我今發明，必定是從因緣所生。此之發明，不是眞智發明眞理，乃是對待發明，故心猶未曾明悟，必須咨詢也問如來，是前來各科，所說徧常之義，云何符合因緣性；誠是未明，今敎不但不墮自然，兼亦不墮因緣。初阿難翻自然而疑因緣竟。

巳二　如來約不變義以破之　分二　**午初　約因破　二　約緣破　今初**

佛言：汝言因緣，吾復問汝：汝今因見見性現前，此見爲復因明有見？因暗有見？因空有見？因塞有見？

上段以眞如隨緣義，破其自然，此段以眞如不變義，破其因緣。因是親因，如種子；緣是助緣，如水土，故分而破之，此先約因破。佛對阿難言：汝言我今發明，是因緣生。吾再來問汝：汝今因見明、暗、空、塞之境，見性乃得現前，但此性爲復因明而有見耶？爲復因暗而有見耶？若因明有，即是以明爲生見之因，餘可以此例知。

阿難！若因明有，應不見暗；如因暗有，應不見明；如是乃至因空、因塞，同於明暗。

若見性因明而有，則明爲生見之因，及至暗生明滅，則汝見性，應隨明以俱滅，不應當再見暗；如因暗有，明暗相傾，明時無暗，則汝見性，應與暗以俱亡，不應當再見明。下因空、因塞，與此相同。初約因破竟。

午二 約緣破

復次阿難！此見又復緣明有見？緣暗有見？緣空有見？緣塞有見？

此約緣破。復呼當機，謂汝此見性，於明、暗、空、塞四種，究竟以何爲發見之緣？

阿難！若緣空有，應不見塞；若緣塞有，應不見空；如是乃至緣明、緣暗，同於空塞。

若見性緣空而有，則空爲發見之緣，及塞時空滅，則汝見性，應隨空以俱滅，不應再見於塞；如緣塞有，塞空相奪，塞時無空，則汝見性，應與塞以俱亡，不應再見於空；下緣明、緣暗，與此相同。二正遣因緣竟。

辰三　迭拂妄情

當知如是精覺妙明，非因非緣，亦非自然。

當知者：應當起智觀察，了知見性，離四句，絕百非。精覺妙明：即是見性，以不變之覺體，純一無雜曰精覺；以隨緣之妙用，靈明不昧曰妙明，此申其正義。體既不變，故非因緣；用既隨緣，故非自然，此屬第一重遣。

又一解：精覺者，見精之體，親依本覺之性，從妙起明，即明而妙，寂照雙具，故曰妙明。衆生不達，即明而妙，不變之義，固執而爲因緣，則屬權宗；不達即妙而明，隨緣之義，固執而爲自然，竟成外計。故囑以當知：如是精覺妙明，本如來藏，既非因緣，亦非自然。因緣自然，皆爲戲論，古德云：「非因緣非自然，妙中之妙玄中玄，森羅萬象光中現，尋之不見有根源。」上但反詰，此中正義，下更迭拂。

非不自然，無非不非，無是非是。

首句非不自然上，應有非不因緣一句，但是遺脫矣！非不之不字，即是上非因非緣，亦非自然之非字，以因緣自然，皆是妄情計度，故上以非字遣之。恐轉計不因緣，不自然，仍舊未離戲論，故更以非字遣之，曰：非不因緣，非不自然即非非因緣，非非自然。此以非遣非，即遣上兩句，此屬第二重遣。

無非不非者：無字雙貫，非與不非，此爲躡遣。以一無字，躡遣前四句，應具四個無字，屬第三重遣。合云：無非因緣，無非自然遣第一重；無不非因緣，無不非自然；即遣非不因緣，非不自然，與遣第二重，不非非不義同。

無是非是者，無字亦雙貫，是與非是。此爲對遣，防其對非計是，對是計非。或聞上文，諸非盡遣，仍然計是，故更以無字遣之。亦有四句，應具四個無字，屬第四重遣。合云：無是因緣，無是自然；或聞是旣不存，非仍成立；再以無非是因緣，無非是自然。非是二字，亦即非字，到此重重迭拂，妄情自盡。

離一切相，即一切法。

此乃情盡法眞。相非萬法之自相，乃是妄情計度之心相，即執因緣自然等心。遣之又遣，諸情蕩盡，法法元眞；當知法本無差，情計成過，但用亡情，何勞壞相？六祖云：「六塵不惡，還同正覺。」但能離一切妄計之相，即一切諸法，無非全體法界。如唯識云：「若離徧計執，當體即是圓成實。」又此二句，即離妄即眞四字。三迭拂妄情竟。

辰四　責其滯情

汝今云何，於中措心，以諸世間戲論名相，而得分別？如以手掌，撮摩虛空，祇益自勞，虛空云何，隨汝執捉？

云何責怪詞。謂是法非思量分別之所能及，汝今云何於精覺妙明中，措心作意，用諸世間戲論名相，欲得分別妙明眞性；此性離名絕相，豈世間戲論名相，而得分別哉！　世間戲論名相，因緣權乘所宗，即學者世間戲論；自然外道所宗，即非學者世間戲論。下文所云：「但有言說，都無實義」是也。

如以手掌，撮摩虛空：下喻明無益，祇增自己勞苦，虛空云何隨汝執捉乎？　此以手掌撮摩喻戲論，虛空喻眞性，虛空既不可措手，而眞性又安可措心耶？此科以見性超情論，顯其諸情不墮，越遠外計、權宗，即四義中，妙明之義。九顯見超情竟。

卯十　顯見離見分四　辰初　引教質問　二　明昔是權　三　辨今非緣　四　正顯離見　今初

阿難白佛言：世尊！必妙覺性，非因非緣，世尊云何常與比丘宣說：見性具四種緣？所謂因空、因明、因心、因眼，是義云何？

此科顯見離見，不是常途所謂情見之見，乃指見精自體耳。見精自體，眞妄和合，約義可分眞、妄二見，並非眞妄各體。但約見精帶妄時，則名妄見，離妄時，則名眞見。如人在夢時，則名夢人，離夢時則名醒人；夢人醒人無二人，眞見妄見無二見。今言離見者，即眞見離自體中，一分妄見而已，故名爲顯見離見。即遠離依他起，當下即是圓成實。

上科因緣、自然二皆併遣，此處阿難白佛言：世尊！此妙覺明性，不屬外道自然則可，若謂非因非緣，似乎不可；以因緣是自宗，何得與自宗相違？必此見性，非因非緣，世尊云何，昔日常與比丘宣說，見性具四種緣，所謂因空、因明、因心、因眼耶？以目前不空、不明，則不能見，無心無眼，更不待言，所以必因四種，方能成見，則見性自屬因緣之義明矣！是義云何者：豈今是而昔非耶？抑或今昔相同，而我未達耶？

當機所引，乃眼根中眼識，如來所顯是眼根中見性，正是根、識不分。八識規矩頌云：「愚者難分識與根」。阿難即其人矣！前來世尊，乃托見精以顯見性，欲令證入妙覺明性，而得全體大用，而反認見性爲眼識，何異將彩鳳爲山雞，視和璞爲頑石，可不哀哉？

大乘眼識，九緣方生，所謂：空、明、根、境、作意（偏行心所之一）、分別（第六識）、染淨（第七識）、種子（三類性境之一）、根本（第八識）；小乘法中略具四緣，缺一不可，即空、明、心、眼四緣，爲眼識得生之緣，並未曾說，四緣生妙覺性。良以此性，非生因之所生，乃了因之所了，今說從因緣生，誤之甚矣！初引教質問竟。

辰二　明昔是權

佛言：阿難！我說世間，諸因緣相，非第一義。

此明今昔權實不同。佛告阿難，我昔日說四緣生識者，乃一時權巧方便，說世間諸因緣相，引誘小乘學者，免中外道之毒。彼外道妄計自然，我說因緣以破之，非同今日所說第一義諦，修證了義之法，何得取彼而難此耶？二明昔是權竟。

辰三　辦今非緣

阿難！吾復問汝：諸世間人，說我能見，云何名見？云何不見？阿難言：世人因於日、月、燈光，見種種相，名之爲見；若復

無此三種光明，則不能見。

此科辨今所說，非同昔日因緣。故問之曰：諸世間人，說我能見：是以我爲能見，物爲所見，此乃一切衆生共執。今詰以云何名見，云何不見者：爲探其藉緣不藉緣。答以因於日、月、燈三種光明，乃能有見，無光即無見，正述其必定藉緣。此雖單擧明緣，以該空、心、眼三緣，缺一不見，此昔日之權。阿難所述固是，然今日所說，是第一義，如第一番顯見，盲人矚暗，與有眼人，處於暗室，所見無異。見性脫根脫塵，靈光獨耀，又何藉明緣？此即權實不同也。

阿難！若無明時，名不見者，應不見暗！若必見暗，此但無明，云何無見？

此顯無明不是無見。若如汝謂，無明時即謂無見者，應當併暗亦不見，方可謂之無見；但無明便謂無見，乃常情所執，故以應不見暗詰之，斷無是理。若必見暗下，申其正理。謂若無明時，必能見暗者：此但是明無，而見不無，云何汝說無見？

阿難！若在暗時，不見明故，名為不見；今在明時，不見暗相，還名不見！如是二相，俱名不見。

此明、暗相例，以致二皆不見，豈不大謬！

若復二相，自相陵奪，非汝見性，於中暫無。如是則知，二俱名見，云何不見？

此結申正義。上科但是因謬反顯，決無二俱不見之理，故申以正義曰：若復明暗二相，自相侵陵傾奪，明來暗去，暗生明滅，明暗二相，時有時無，非汝見性，於中暫時或無。此句須着眼，明暗有生滅，見性非有無，明來見明，暗來見暗。非暫無即常有，正顯見性常住，不生不滅，不藉因不託緣也。世間常情，惟許見明有見，不許見暗成見，權敎亦須具足，空、明、心、眼四緣，方能成見。此經為了義眞詮，但取暗中有見，故曰如是則知，見明見暗，二俱名見，云何不見？是則暗中之見，尚不用眼，何假空明，及分別之心耶？是則顯一暗中之見，則四緣俱破矣。三辨今非緣竟。

辰四　正顯離見　分三　**巳初　先定離緣第一義　二　例成離見第一義　三　詰責勸勉善思惟**　今初

是故阿難！汝今當知：見明之時，見非是明；見暗之時，見非是暗；見空之時，見非是空；見塞之時，見非是塞。

此顯今教為第一義。然有淺、深兩重，先顯離緣第一義。蓋見性離緣之義，自盲人矚暗，顯見是心以來，不動、不滅、不失、無還、不雜、無礙諸科，不分前半，所顯皆是離緣之見，此見即是見精。前文所云：「此見雖非妙精明心，如第二月，非是月影。」喻如第二月者，以其帶妄之故；雖然帶妄，自體離緣，已自超乎因緣宗矣！　是故阿難汝今當知。是故二字，承上是明暗，二俱成見之故。汝今當知：見明之時，此之見精，非是因明所有；見暗之時，此之見精，亦非因暗所生；見空見塞，可以例知，則此見精，不屬因緣明矣。初先定離緣第一義竟。

巳二　例成離見第一義

四義成就。汝復應知：見見之時，見非是見；見猶離見，見不能及。云何復說因緣、自然及和合相？

此例顯離見第一義。即顯妙精明見性，喻如天上眞月，此節較上更深一層。四義成就者：即指上面見精，非明、暗、空、塞四緣所有之義，已成就離緣第一義，此理極成，無能破者。尚有離見第一義，汝復應知，若但悟見體離緣，而未見見體，尚非圓悟，必見見體離見，乃眞見見體矣，故以離緣爲例焉。

見見之時，見非是見者：一、三見字，是純眞無妄，本體之眞見，即妙精明心，如第一月；二、四見字，是所帶一分無明之妄見，即見精明元，如第二月。無始時來，此之眞見，常墮妄見之中，不能見妄（如人落水，不見乎水。）。若觀行力强，脫黏內伏，伏歸元眞，發本明耀，則眞見現前，即能徹見妄體，正當眞見，忽見妄見之時，眞見即離自體中一分妄見，而不墮在妄中（如人覺夢，夢便不在，即已離夢中矣。），此之眞見，非是帶妄之見也。非是二字，即不墮之意。

又一解：四義成就者，以上四義，皆以能見之性，見於所見之境，而見性原非是境，以此成就，能例之法，例下能見之眞見，見於所見之妄見，而眞見非是妄見，令難知者，而成易知也。　問：「心見尚不許爲二，今於見，何反言二耶？」答：「眞非眞恐迷，故不得不分也。但約眞見帶妄時，即名見精；見精離妄時，即名眞見，非實有二體也。而眞見之所以非妄，見精之所以爲妄之義，待下詳示妄因科中，佛自明之。」

見猶離見，見不能及者：第一見字是眞見，二、三見字皆帶妄之見精，言此眞見，猶離於見精之自相，見精亦所不能及也。良以有妄見時，眞見全隱，及至棄生滅，守眞常，常光現前，即眞見現前時，則妄見已空，故曰見精所不能及也。　云何復說，因緣自然，及和合相者：此責其執恪昔宗，不肯放捨，今離見第一義，尚非離緣第一義所可及，況世間戲論因緣、自然耶？及和合相，與因緣一類戲論，未應有與不和合一句，諒譯者錯漏耳。不和合，即自然一類，故以云何復說責之。此約見性離見論，顯其自相亦離，轉入純眞無妄，亦四義中，常住妙明之義。二例成離見第一義竟。

巳三　結責勸勉善思惟

汝等聲聞，狹劣無識，不能通達清淨實相。吾今誨汝，當善思惟，無得疲怠，妙菩提路。

此佛責其滯小，勉其向大。聲聞兼有學無學。謂汝等見狹志劣，無有廣大殊勝之識，執諸法爲實有，不了依他如幻，妄起徧計執情，迷於清淨實相之理，故曰不能通達。　清淨實相者：即如來藏，清淨本然，眞實之相；寸絲不掛，一塵不染，故曰清淨。實相有三：一、如實空義：稱眞如實理，空諸虛妄染法，此爲無相之實相。遠離能、所分別，萬法本空，彌滿清淨，中不容他（如六祖所云：本來無一物，何處惹塵埃。）。下四科七大，一一雙非因緣、自然，初銷倒想，說空如來藏，即此義也。　二、如實不空義：此爲無不相之實相。以有自體，常恆不變，體雖不變，用能隨緣，下忽生相續，不外清淨本然，審除細惑，說不空如來藏，即此義也。　三、如實空不空義：此爲無相無不相之實相。諸妄皆空，纖塵不立，萬境紛紜，一眞不動，眞空不礙妙有，妙有不礙眞空，下五大圓融，譬如虛空，體非群相，不拒諸相發揮，離即離非，是即非即，極顯圓融，清淨寶覺，說空不空藏，即此義也。

吾今誨汝下：如來欲阿難，悟明實相之理，故勖以三慧。誨汝者，有誨必聞，聞慧也；善思惟者，正念觀察（非緣心思慮），思慧也；無得疲怠者：無得因循悠忽，自謂疲勞，遂生懈怠，必須精勤進趣，未可半途或廢，修慧也。　妙菩提路者：即佛所證，無上菩提之道路。乃從凡至聖，中間所經五十五位，眞菩提路也。正脈交師，總論十科文辭極妙，收攝得宜，因其字句長短，略為增易：初科顯其脫根、脫塵，迥然靈光獨耀；二科顯其離身、離境，凝然本不動搖；三科顯其盡未來際，究竟常住不滅；四科顯其從無始來，雖然顛倒不失；五科顯其無往、無還，挺物表而常住；六科顯其不雜、不亂，超象外以孤標；七科顯其觀大、觀小，轉物自在無礙；八科顯其無是、無非，見眞妄情自息，九科顯其諸情不墮，遠越外計、權宗；十科顯其自相亦離，轉入純眞無妄。顯見至此，可謂顯之至矣！

舊解總將如是顯意，而悉為破見，此（交師自稱）所以不得已，而重疏之一端也。特就衆生迷位，而尚有二種見妄未除，故曰：帶妄顯眞耳。二種見妄未除，如璞蘊玉，璞雖非玉，畢竟玉不離璞。前帶妄顯眞，如指璞說玉；下文剖妄出眞，如剖璞出玉；二見即見性所帶，二種顛倒見妄。然眞不離妄，如玉在璞；妄

未除而眞不純，如璞未剖，而美玉之精瑩，不能煥發矣！此下剖妄，雖似破而實顯也，不可作破妄解。初帶妄顯眞竟

寅二 剖妄出眞 分三 **卯初 述迷請示 二 佛慈許宣 三 分別開示 今初**

阿難白佛言：世尊！如佛世尊，爲我等輩，宣說因緣，及與自然；諸和合相，與不和合，心猶未開。而今更聞，見見非見，重增迷悶！

此述其迷悶。謂世尊爲我等輩，於顯見超情科中，宣說因緣及與自然，二者俱非之義，更加重重迭拂，是我已聞；而諸助語詞和合相與不和合，是我未聞，心中猶未開通。心猶未開一句，別指和合與不和合，因先未聞，故心未開，欲望佛說，並無要佛重拂因緣自然之意。而今更聞見見非見，重增迷悶者：因未聞和合不和合之義，已是迷悶，而今更聞，見見非見，此理不明，重增一重迷悶，急於求示。

伏願弘慈，施大慧目，開示我等，覺心明淨。作是語已，悲淚頂禮，承受聖旨。

上述迷，此請示。弘者大也，施者賜也。伏願如來，發大慈心，賜我大慧。此大慧目，即奢摩他，微密觀照，稱正因之理，所起了因之慧；開示我等覺心，令得明淨。覺心即本覺眞心，亦即根中見性。二妄未除，迷悶未釋，則迷雲悶霧，重重籠罩，覺天心地，不得明淨，故求開示。使迷悶釋，見妄除，則覺心即得明淨矣！　作是語已，悲淚頂禮，承受聖旨者：作是請示語已，悲傷流淚，心有感傷，傷已沉迷不悟；頂禮則求釋迷悶，故凝神靜慮，承受佛聖之法旨。初述迷請示竟。

卯二　佛慈許宣

爾時世尊，憐愍阿難，及諸大衆，將欲敷演，大陀羅尼，諸三摩提，妙修行路。

此經家敍佛，將示妙悟妙修，令得圓證。以當機聞說見見非見，重增迷悶，故於爾時佛生憐愍。憐其智劣，愍其未悟，既然未開圓解，不能遽起妙修。曰將欲敷演者：是尚未敷揚演說，但先懸敘於此也。大陀羅尼，此云大總持：總一切法，持無量義。有多字陀羅尼如楞嚴咒，尊勝咒等。，少字陀羅尼如六字大明王咒。，一字陀羅尼如唵字，吽字。，無字陀羅尼之別。圭峯禪師疏圓覺經，不取多字、一字，但取無字，即淨圓覺心。今亦取無字，即如來密因之理，約因，即衆生所具，圓湛不生滅之見性。總持諸法，即起信論所云：「心為大總相法門」。非特近具根中，實則遠該萬法；約果，即首楞嚴王大定，總持百千三昧；約因果同時，即自性天然本定，是名妙蓮華，即三如來藏，圓融無礙之理，為大總持也。諸三摩提，乃躡解所起自利之行，即二十五聖圓通法門。妙修行路：乃依行所歷之位，即五十五位，眞菩提路；乃雙躡定慧，所修兩利之行。此則通指信、解、脩證諸文。

正脈云：「諸三摩提，總目二十五圓通；妙修行路，密指耳門，意言諸圓通中，妙耳門也。以此二句，釋上陀羅尼，顯修門中，耳根圓通，即大總持也。」不依舊註，平派定慧止觀等。按後阿難請入華屋，即有得陀羅尼，入佛知見之語。及佛許云：「開無上乘，妙修行路。」又云：「於佛如來，妙三摩提，不生疲倦。」語意全合，足徵此處，是預指後之修門也。

告阿難言：汝雖強記，但益多聞。於奢摩他，微密觀照，心猶未了，汝今諦聽，吾當為汝，分別開示。

此寄責多聞，未開眞智。告阿難言：「汝雖有強記之力，但增益多聞而已。於奢摩他，自性本定之眞理。所起微密觀照，朗然照體之眞智，心中猶未了悟，是則眞智未開，不能遽示妙修，必先開圓解，為當務之急也。又微密觀照，即稱眞理，所起之眞智，開解照了，自性本定，非同識心分別覺觀，麤浮顯露，故曰：「微密」。乃是離妄絕相，照體獨立，今之見見非見，即微密觀照也。

阿難但知見性是眞，而不知所以眞；復聞見性是妄，而不知所以妄。宜乎迷悶，而心未了。觀猶字，佛亦以迷悶是急，先為開示，令得廣開圓解，方為起修之本矣！故警之曰：「汝今自當諦實而聽，依教觀心，由言達理，吾當為汝分別眞見、妄見，開示奢摩他，微密觀照之義。」

亦令將來，諸有漏者，獲菩提果

此兼益未來。承上佛爲分別，見見非見，則眞、妄分明。依眞智照眞理，修微密觀照，不特利益現會，亦令將來有漏凡夫，及有學二乘，依此奢摩他，微密觀照之圓解，而起從根解結之圓修，得證圓滿菩提，無上極果。有漏尚然，無漏可知。二佛慈許宣竟。

卯三　分別開示　分二　辰初　釋其迷悶　二　開其未開　辰初分三

巳初　雙標二見　二　各擧易例　三　進退合明　今初

阿難！一切衆生，輪迴世間，由二顚倒，分別見妄，當處發生，當業輪轉。

此示上文所顯，帶妄之見精，乃有二種見妄。今阿難旣肯認見爲心，故佛呼當機，而告之曰：我先說見見之時，見非是見者，以見精尚有二妄，不得不爲詳剖也。　一切衆生：不獨六凡，亦兼小乘、權敎。輪迴世間：但指依、正二種世間，與二種見妄相合，而同分妄見，只是自惑所現之依、正，不假業招；而別業妄見，不獨惑現，亦兼業招。當處出生句，屬同分；當業輪轉句，屬別業。應知生死大患，其故皆由二種見妄。

由二顚倒者：即是迷眞起妄。眞、妄顚倒，妄生二種，分別見妄，是謂二顚倒。一者：吾人現在身境，乃親近之依、正，本是惑、業所現，自己別業之虛影，迷而不知，妄生分別，以爲心外，實有同他共住同見之境，此爲別業妄見。

二者：所有衆生世界，乃疏遠之依、正，本是自惑所現，與衆同分之虛影，亦迷不知，妄生分別，以爲心外實有，與已本身無干之境，此爲同分妄見。如是迷執，故曰顚倒分別。同分乃任運微細分別；別業具麤、細二種分別，而見妄體，即陀那細識，見分中和合一分深惑。下文諸佛，異口同音所稱，俱生無明，生死結根是也。

當（去聲）處發生者：不離本處發生也。本處即指眞心，謂此見妄無別所依，親依眞起，一切妄境皆從妄見所現，妄不離眞。如起信論所云：「不了一法界故，不覺心起，而有其念。念無自性，不離本覺。」（即當處發生。）將全法界眞理，徧成迷惑之境，現起世界、衆生，本非處而言處耳。下文云：「迷妄有虛空，依空立世界，想澄成國土，知覺乃衆生。」此但惑現，未經業招，乃由根本無明，所現業識，相分境界，方是同分境現也。如見空華，不了自心虛妄顯現，是同分妄見。當業輪轉者：不離業而輪轉也。即於惑境中，不了心現，妄執實有，依惑起業，依業受報，而成無邊輪轉。起信論所云：「依業受報，不自在故。」一惟是自業幻成，更無別物，此不但惑現，併由業招，乃由枝末無明，造業受報，所感境界，即是別業境成也。如見夢境，迷執實有，妄生苦樂，是別業妄見。

云何二見？一者衆生別業妄見；二者衆生同分妄見。

初句徵問，下標列二妄之名。有謂別業約一人，同分約多人，義雖可通，理未周足。當約惑、業，單、雙解釋：單由惑現，不加業感，乃爲同分妄見；雙具惑業，既由惑現，再加業招，是爲別業妄見。　衆生個個，都具惑業，而同、別二見，亦復全具。別業者：業別別見，見其自所住持，現得受用，依、正親近之境；不惟惑現，更由業招，但自業發明，還自取著，顛倒分別，視爲心外實有，與他同住共見之境，故曰別業妄見。　同分者：惑同同見，見其他所住持，非己受用，世界疏遠之境；雖非業招，亦由惑現，但與衆惑同，還同衆見，顛倒分別，視爲心外實有，與已本身無干之境，故曰同分妄見。

又相宗所釋：別業者，即不共業，所感之根身（不共衆人所造之業，乃個人前生所造業因，今生所感正報根身之業果。）

。從黎耶識（第八識）中，不共種子生，以是自業所感，自所受用，故曰別業。同分者：即共業所感器界（與衆人公共所造之業，依業感報，感受今生依報之器界。）。從黎耶識中，共種子所生，以由共業所感，衆皆有分，故曰同分。本經別業，不獨指正報，亦兼依報，同分並非由業感，祇是惑現，與相宗稍別。初雙標二見竟。

巳二　各舉易例　分二　**午初　別業妄見　二　同分妄見**　午初分五

未初　徵陳所見　二　審難即離　三　詳示妄因　四　喻明所以　五　以法合喻　今初

云何名爲別業妄見？阿難！如世間人目有赤眚，夜見燈光，別有圓影，五色重疊。

首句徵問，阿難下陳其所見。如字舉例之辭；世間人指凡、外、權、小；目有赤眚（眼生紅翳），例無明見病；夜指迷位；燈指藏性；五色圓影，例衆生五蘊幻軀，世界五塵幻境。因衆生有能見之妄見，故有所見之身、心、世界，見妄若除，身界叵得；赤眚不起，圓影何來？好眼例眞智，燈例眞理；以眞智見眞理，惟是一眞法界，本無所有。　此處眚影，與下災象，皆不是喻，此舉別業中之別業，易知之法，例彼別業難知之法，令難知者，亦易知也。有以目眚、災象，二皆爲喻，以喻後之一處多處，則與後文，文理相背。後文明言：「例汝今日，例閻浮提」等文，皆是以易知例難知也。　良以親近之身境，雖爲別業，實則與衆同住共見，誠難覺其爲別爲虛也。故舉眚見燈影，眚目別見，別中之別，虛上之虛。最易知其爲別爲虛者，以例之。故下文云：「例汝今日，以目觀見，山、河、大地，及諸衆生，皆是無始見妄所成。」一人如是，彼彼皆然，即以一人例多人，同是別業妄見，所有親近之依、正，雖然彼此同住共見，與群翳觀燈，所現圓影，雖然是同，其實各病。　又以疏遠之境，雖爲同分，與已懸隔，受用不一，誠難覺其爲同爲妄也。故舉瘴惡、災象，舉國同見，同中之別，妄中之妄，尚可知其爲同爲妄者，以例之。故下文云：「例閻浮提，三千洲中，並洎十方，諸有漏國，及諸衆生，同是覺明，無漏妙心，見聞覺知，虛妄病緣。」一處如是，處處皆然，即以一處而例多處矣。

見性本來清淨，從來無病，爲無明所熏，黏湛發見，轉本有智光，爲能見之妄見，此屬根本見病；見精映色，結色成根，遂有勝義根、浮塵根，亦眚依浮塵根而起，屬枝末見病；衆生聚見於眼，浮塵眼根，爲見精所託之處，眚雖浮根之病，亦即見精之病，圓影爲枝末見病之影；身界爲根本見病之影。又眚見，雙帶本、末二病，見精惟屬根本見病，單複雖殊，其妄一也。下文云：「即彼目睛，瞪發勞者，兼目與勞，同是菩提心中，瞪發勞相。」亦此意也。此以眚影爲例者，有兩重易知：一、易知其爲別業，以燈上圓影，爲自己病眼獨見故；二、易知其爲妄見，以五色圓影，雖然似境，畢竟非實故。初徵陳所見竟。

未二　審難即離

於意云何？此夜燈明，所現圓光，爲是燈色？爲當見色？

此雙標審問。問曰：在汝之意，以爲云何？此夜燈明，所現圓光，即上文燈光所現圓影。下二句雙審，即燈即見，試審察看，此夜燈光，所現五色圓影，爲是即燈所有；爲當即見所有？見約眚見，例衆生迷位中，於眞理上，所變現身、心、世界，爲是眞理實有之色法耶？爲當妄見所成之色法耶？

阿難！此若燈色，則非眚人何不同見，而此圓影唯眚之觀？若是見色，見已成色，則彼眚人見圓影者，名爲何等？

此破雙即。謂此圓影，若即燈實有之色，則好眼人，何不同見？而此圓影，唯獨眚人之觀見？此約非眚不見，破即燈也。　若是眚見所成之色，見已成圓影之色，不能以見見見，則彼目眚之人，見圓影之見，當名爲何等物耶？此約見體不失，破即見也。此以例合法。

五色圓影，例五蘊根身，五塵境界；燈例眞理；非眚人例諸佛並大菩薩；眚人例迷位之衆生；眚見例妄見。謂此五蘊五塵之身界，非即眞理所有，亦非即眚見之色。按文例云：此之身界，若是眞理所有，則諸佛諸大菩薩，何以不見？於其自住三摩地中，不見有少法可得，惟是一眞法界。而此身界，惟有無明未破，妄見之衆生所見，此約佛聖不見，破即眞理所有也；若此身界，謂是妄見之色，見已成身界之色，則迷位衆生，見身界之見，當名爲何等物耶？此約見體不失，破即見之色也。

復次阿難！若此圓影，離燈別有，則合傍觀屛、帳、几、筵有圓影出？離見別有，應非眼矚，云何眚人目見圓影？

此破雙離。謂若此圓影，離燈別有，則合也（當）傍觀圍屛、帳幔之上，几案、筵席之間，皆有圓影出，今則傍觀不見，豈離燈耶？若云離眚見別有者，眚見依眼根，離眚見，併離眼根，則此圓影，應非眼矚，云何眚病之人，必假目見圓影？今則非眼莫矚，豈離見耶？例彼五蘊、五塵之身界，若離眞理別有，不合前云：「當處發生」，則合外道所計，時生、方生、梵天生、神我生，究竟實非時、方、梵天、神我而生。前云：「諸法所生，唯心所現。」心外本來無法，豈離眞理耶？

例彼身界，若離妄見別有，則此身界，應非妄見所見，云何必有妄見之衆生，方見根身器界耶？起信論云：「以依能見故，境界妄現；若離能見，則無境界。」是則身界，豈離見耶？二審難即離竟。

未三　詳示妄因

是故當知色實在燈，見病為影，影見俱眚，見眚非病，終不應言是燈是見，於是中有非燈非見。

此正示妄因。見病二字即妄因。是故者，承上非即燈即見，非離燈離見之故。當知者：應當起智觀察，若以淨眼觀燈，只有光明，並無圓影，今此圓影，究從何來？觀察之後，乃知因目有赤眚之故。則能見之見成病，致所見之光有影，色（即五色）實在於燈，非燈不現故；見因病爲影，非病無影故。上句色實在燈，合上非離燈非即見；下句見病爲影，合上非離見非即燈。究之此影雖不離燈，原非即燈之影，皆由見病所成；縱不離見，亦非即見之影，都緣眚翳爲咎。

影見俱眚者：燈影與見病俱因目眚之故，非但所見燈影，是赤眚所生，即能見見病，亦赤眚所成，以見非眚而不病，燈非眚而無影，故合影與見，同是眚爲過咎，故曰：「影、見俱眚」。

見眚非病者：此見是眞見，不墮在眚妄之中，故能見於眚。既能見眚，即已離眚，如人既已覺夢，即已離夢，所以非病，正由有此無病見體，故前云：「見見非見」。

終不應（平聲）言下，誡止之辭，誡人妄情計度。既惟病影，全體無實，不應執此圓影。即燈見生，離燈見有，說即說離，皆不中理。是、非二字，即即、離二字，合例眞智照眞理，惟是一眞法界，本無所有，如好眼觀燈，本無圓影也。因一念不覺妄動，遂轉本有之智光，而爲能見之見分。以有見分，遂有相分，乃成根身、器界耳。故起信論云：「以依動故能見，以依能見故，境界妄現。」所謂見病爲影也。是則，不惟所見之根身、器界，是無明之影，即能見見精，亦無明所起，所謂影、見俱眚也。若能照破相、見二分，皆是無明之所熏起，即是眞智，亦即眞見；離能、離所、脫根、脫塵，本來無病，所謂見眚非病也。末四句，既知眞見，離妄獨立，無有身、界可緣，說誰爲即，說誰爲離耶？三詳示妄因竟。

未四　喻明所以

如第二月，非體非影。何以故？第二之觀，揑所成故。諸有智者，不應說言：此揑根元，是形非形，離見非見。

此方是喻，足證前眚影，後災象，皆非喻也。二月合上燈光圓影。非體者：此二月固非見體所有之色，合上非見色；非影者：此二月亦非眞月本有之影，合上非燈色。何以故下，徵釋妄因。揑所成故：揑即妄因，揑之則有，不揑元無，合見病爲影，此影乃眚病以爲其咎，目病則有，不病本無也。　諸有智者，不應說言，此揑目之根本元因，所見第二月，謂是眞月之形，非眞月之形。離見非離見，離字雙用。離見即非見，非離見即是見。揑目之根本元因，惟是一妄，若在妄上，更說是非，則妄上加妄，豈智者之所爲耶？此合上終不應言，是燈是見，於是中，有非燈非見。四喩明所以竟。

未五　以法合顯

此亦如是，目眚所成，今欲名誰是燈是見？何況分別，非燈非見？

此以法合顯。二月非實，惟捏所成；圓影非實，惟眚所成；同一虛妄，無本可據，憑誰說即說離耶？總合眚與無明，皆如捏也；圓影與身界，皆如第二月也。此與前，此見雖非妙精明心，如第二月，非是月影，前後照應。二月從捏目生，見精因動心有，足知所有身界，無非妄影。若不了身界是妄，當觀燈影；不了燈影，當觀二月。即二月之非有，了燈影之無實；即燈影之無實，悟身界之虛妄。境既是妄，見亦非眞，識此見精非眞，是名見見；能見見者，自非是妄，故前云：「見非是見」，後云：「覺非眚中」。初別業妄見竟。

午二　同分妄見　分二　未初　徵陳所見　二　了無其實　今初

云何名爲同分妄見？阿難！此閻浮提，除大海水，中間平陸有三千洲。正中大洲，東西括量，大國凡有二千三百，其餘小洲，在諸海中，其間或有三兩百國，或一、或二，至於三十、四十、五十。

初句是徵，阿難下陳其所見。此閻浮提，是須彌山南面洲名，此洲多閻浮提樹，故以立名。歐、亞各洲，都屬南洲。除大海水者：四大部洲，俱在鹹水海之中，除大海水，中間平原廣陸，爲陸居衆生所依止者，有三千洲。正中大洲，乃閻浮提中心點，東西括量（平聲），略南北二字，含在其中，自東徂西，由南及北，包括量計，大國凡有二千三百，小國則不計也。其餘小洲，皆布在大洲之外，亦在鹹海之中，其間洲之大小不一，大者或有三百國，二百國，小者或一國、二國，中者或三、四、五十不等。

阿難！若復此中，有一小洲，只有兩國，惟一國人，同感惡緣，則彼小洲，當土衆生，覩（見也）諸一切，不祥境界：或見二日，或見兩月，其中乃至暈、適、珮、玦、彗、孛、飛、流、負、耳、虹、蜺，種種惡相。

此災象，亦不是喻，乃舉同分中之別分，易知之法，例彼同分難知之法，令難知者，亦易知也。別舉此閻浮提洲中，有一小洲，只有兩國，以有兩國，所見不同，方可驗知，同分妄見。　惟一國人，同感惡緣者：兩國同洲，心行不同，惟獨一國人，同感惡緣。注意「感」字，乃依因感果，感應不忒，由妄惑為能感之惡因，而災象為所感之惡緣。故彼小洲，當土衆生，依妄惑妄現，種種不祥境界，為與本國衆生同見，隣國不見，故知乃由妄惑，妄現咎徵，惟應此國，不應彼國。　或見二日，或見兩月者：儒云：「天無二日」，既見二日、兩月，自非吉祥之兆。如夏桀之亡，兩日並照是也。其中乃至超略其餘。此日月之災象也。如月暈七重，漢高祖在平城，有重圍之難。　彗孛飛流，負耳虹蜺者：惡氣環匝曰暈；黑氣薄蝕曰適；適昏也。白氣在旁如衡璜曰珮；如半環曰玦；光芒偏指曰彗；俗呼掃帚星。芒氣四出曰孛；絕跡橫去曰飛；光相下注曰流；此皆星辰災象。如宋襄公時，星隕如雨，秦始皇時，彗星徧出。

宋景公時，熒惑在心，景公懼，召子韋而問焉。子韋曰：「熒惑天罰也。心，是宋之分野，禍當君身，雖然災兆已現，可以移之宰相。」景公曰：「宰相所使之治國者，而移死焉不祥！寡人願自當也。」子韋曰：「可移於民」。公曰：「民死將誰君乎？寧獨死耳。」子韋曰：「可移於歲」。公曰：「歲饑民饑必死，爲人君欲殺其民以自活，其誰以我爲君乎？是寡人之命固盡矣！子無復言矣。」子韋北面再拜曰：「臣敢賀君！天之處高而聽卑，君有仁人之言三，天必三賞君，今夕星必徙舍，君延壽二十一歲。」公曰：「何以知之？」對曰：「君有三善，故三賞，星必三舍，舍行七星，星當一年，三七二十一，故知延壽二十一年。臣請伏於陛下以伺之，星不徙，臣請死之。」公曰：「可」。其夜星三徙舍，如子韋之言。景公不忍損人利己，故得延壽。此誠爲賢聖之君，實足爲千古之模範也。　負耳虹蜺，種種惡相者：負耳乃陰陽之氣，如弓之背日者名負；如玦之傍日者名耳；映日而晨出者爲虹；對日而暮現見者爲蜺；又雄曰虹，雌曰蜺，此皆陰陽之災象。災象尚多，總屬惡緣感召之咎徵，故以種種惡相該之。初徵陳所見竟。

未二　了無其實

但此國見，彼國衆生，本所不見，亦復不聞。

同一洲中，天原是一象，分有無，足知非實。前必取兩國者，以一國不足以顯妄，若兩國同見，亦不足以顯妄，故曰：「但此國見，彼國衆生，本所不見。」但者獨也，又非特不見，併亦不聞。雖此國惑同同見，畢竟非實。此說妄處，比別業中，既略即、離，復缺妄因。略者，準上可思；缺者，待下進退合明中例出。然此亦有兩重易知：一者易知其爲同分，以舉國皆見故；二者易知其爲妄見，以彼國不見故。是以取此爲能例焉。二各舉易例竟。

巳三　進退合明　分二　**午初　總標　二　別明　今初**

阿難！吾今爲汝，以此二事，進退合明。

此總標例法。以即用也；二事乃眚影、災象之事。進、退合明，按下三節之文，有分屬進退合明；交互進退合明二義。　若約例處：例汝、例彼、例閻浮提，三番進退合明：先進一人見眚影，別中之別，例阿難見身、界別業之妄，是以一人例多人，屬進別例別以合明。　次退一國見災象，同中之別，例彼一人見眚影，別業之妄，是以多人例一人，屬退同例別以合明。後進一國所見災象，同中之別，例彼十方依、正，同分之同，是以一國例諸國，屬進同例同以合明。此二進一退，分屬合明也。

若約結處：皆是、俱是、同是，三番交互合明。先進眚影，別中之別，合明別業所見身、界，別中之同。則此身、界，固無始根本見病之影，與眚影同一例也；退後身界，別中之同，以合明前之眚影，別中之別，則此眚影，雖枝末見病之影，亦由無始根本見病而來，與身界同一例也；二者皆是無始見病所成。次退一國所見災象，同中之別，合明一病目人，所見眚影別中之別，則此眚影，亦是一人瘴惡所起，與災象同一例也；復進一病目人，所見眚影，合明一國，同見災象，則此災象，亦一國見病妄現，與眚影同一例也；二者俱是無始見妄所生。　後進一國同見災象，同中之別，合明十方依、正，同分之同，則此依、正，亦是衆生瘴惡所起，與災象同一例也；復退十方依、正，同分之同，合一國所現災象，同中之別，則此災象亦是衆生同分之惑所現，與十方依、正同一例也；二者同是覺明無漏妙心，虛妄病緣，此各具進退交互合明也。

釋疑：此中第一番交互合明，以眚影合明身界，固是以易知例難知；以身界合明眚影，究屬何意？當知：身界虛妄，固比眚影之難知，而目眚遠因，皆是無始見病所成，更不易曉。第二番交互合明，以一人所見眚影，合明一國所見災象，固是以易知例難知；以災象合明眚影，究屬何意？當知：災象虛妄，固比妄眚之難知，而眚影遠因，俱是無始見妄所生，更不易曉。第三番交互合明，以一國災象，合明十方依、正，固是以易知例難知，以十方依、正，合明一國災象，究屬何意？當知：十方依、正虛妄，固比災象之難知，而災象遠因，同是覺明無漏妙心，虛妄病緣，豈人所易曉耶？蓋必交互合明者，要顯本末見病，皆無始無明，以為其咎，此處預為發揮，到下文自易明了也。初總標竟。

午二　別明　分二　未初　例明別業　二　例明同分

未初又分三

申初　舉能例法牒定眚妄　二　就所例法進別合別　三　結見見即離釋迷悶　今初

阿難！如彼衆生，別業妄見，矚燈光中，所現圓影，雖現似境，終彼見者，目眚所成。

此例明別業，重舉能例之法，牒定眚見，全體虛妄。觀佛直呼前之眚影，爲別業妄見，可以證知不是譬喻。要知燈原無影，眚見似有，故云：如彼衆生，有了別業目有赤眚，故成妄見；見已成妄，故矚看燈光中，所以現出五色圓影。雖似現前境界，但是幻有，而非實有。其故何也？終彼見者指病目人，目眚所成故。終者究極之謂也，追究到底，實因別業衆生，目有赤眚所成。合前文見病爲影竟。

眚即見勞，非色所造。

首句，重中目眚所成之義。勞即圓影之勞相，謂目有眚病，即見如斯，妄發五色之勞相，不病則無見也。次句重中，雖似前境之義。色指燈上五色，謂此圓影之勞相，非燈上本有之色，亦非燈明所造之色，故曰：「非色所造」。但眚見似有，妄體本無也。是則所見之圓影，固是目眚所發之勞相，即能見之眚見，亦是菩提心中，瞪發勞相，合前影見俱眚。

然見眚者，終無見咎。

此明眞見無病。然字轉語之辭。見眚者：即能見此眚之眞體，由來無病，終不墮眚病之中，故曰：「終無見咎」。咎即病也。以眚不能自見其眚，今旣見眚，自體即離眚妄；如人墮水，一經見水，則身已離水。合前見眚非病。下文覺所覺眚，覺非眚中；又彼見真精，性非眚者，皆指真見之體。初學能例法喋定眚妄竟。

申二　就所例法進別合別　分二

酉初　總成例意　二　詳應前文

今初

例汝今日：以目觀見，山河國土，及諸衆生，皆是無始，見病所成。

此舉所例法。例者同一例也，若約三番，分屬進退合明，此乃第一番，進以合明；進前眚目見圓影，易知之別業，例今好眼見身界，難知之別業。今日目觀者；就今眼前，親住親見之近境，山河國土，及諸衆生，即所見身界，皆是無始根本見病所成之影，與圓影枝末見病之影，同一例也。又皆是二字，有註家云：「所見身界之相分，與能見之見分，皆是根本無明，動彼淨心，而成業識，轉本有智光，爲能見之見分，於無相真理中，妄現所見之相分，故見、相二分，皆是根本見病所成，即影、見俱眚也。」此解於文雖順，於義未足。

結處須以見圓影，與見依、正皆是無始見病所成，於義方足。此屬交互進退合明，進圓影合明身界，則身界固無始見病所成，與眚見圓影，同一例虛妄也；退身界合明圓影，而圓影雖爲枝末見病所成，亦不離根本見病，以末由本起，亦與身界同一例見妄也。初總成例意竟。

酉二　詳應前文

見與見緣，似現前境，元我覺明，見所緣眚，覺見即眚，本覺明心，覺緣非眚。

初二句，妄境似有。見即見分，合上以目觀見。見緣即見所緣之相分，合上國土衆生。此見、相二分，依自證分而起，屬依他起性；依他如幻，非有似有，故曰似現前境。詰其根本，元我眞覺墮在妄明之中，以爲其咎，覺明二字，亦即四卷中，性覺必明，妄爲明覺。性覺即自性之覺體，本具妙明之德用，不假明而明之，設若必定加明於覺體之上，則此必明一念，即是妄爲，不當爲而爲也。即轉妙明爲無明，性覺成妄覺，由此妄覺，遂起見、相二分之妄。覺明乃爲根本無明，諸妄總因。四卷三種忽生相續，無不因此而成。

見所緣眚者：見即轉相之見分，所緣即現相之相分，皆由無明之力，轉眞見成妄見。此見即眚見，遂有所緣依、正之眚影，合上見病爲影。

覺見即眚者：接上句，謂非但所緣是眚，即覺明所發之能見，亦即是眚，以俱依無明而有，妄體本無，合上影見俱眚也。

本覺明心，覺緣非眚者：此明眞體非病；上覺字指眞體，下覺字指妙用。緣字雙攝見分、相分，能、所二緣。謂本覺妙明眞心，徧覺能、所二緣皆妄，此覺體自不墮妄中，實非有眚妄見可比，故曰：「非眚」，合上見眚非病。

正脈云：此阿難所見身境，即有兩重難知：「一者難知其爲別業，以與衆同住，彼此不異也。二者難知其爲妄見，以與衆見同，信其實有也。故以前眚影，兩重易知者例之」。問：「身境同見，何以類眚影之別見？」答：「衆生依自心法界，而迷起夢境，法界唯心，夢境非有，故爲別爲妄，見同衆人，不過業同同見耳，豈同外教共一而實有乎？譬如千燈一室，雖同處而各別光滿；又如群翳觀燈，似同輪而實各病；及其一人病愈，只消一人之輪，始知非共一，而非實有矣。」二就所例法進退合明竟。

申三　結見見即釋離迷悶　分二

酉初　合取上義轉釋　　**二　合對目前**

覺所覺眚，覺非眚中。此實見見，云何復名覺、聞、知、見？

會釋　今初

上來別業中種種發揮，結歸覺緣非眚一句，正轉釋見見非見之迷悶也。首句即上覺緣見相二分二字；二句即上非眚二字。一、三覺字是真體，所覺即能緣所緣，由無明所熏，知見妄發見分，發妄不息，勞見發塵相分，悉皆如眚，真覺未覺時，常墮眚中，一覺所覺是眚，則此真覺，即已離眚，非墮眚中矣！此牒前本覺明心，覺緣非眚，及前能見眚者，終無見咎，又見眚非病之義，亦如圓覺所云：「知幻即離」是也。

此實見見：此字即指上二句，實即見見非見之義。比顯云：真覺覺於所覺是眚時，真覺不墮於眚中此上二句義；即前真見，見於見精帶妄時，真見非墮於見精妄中，彼此意義相類。云何下責怪之辭，見性即是寂常心性，所應取為本修因者，云何復將此妙覺明性，名為覺、聞、知、見？何異將連城之璧，喚作碔砆，豈不誤哉？覺、聞、知、見，即是六精，體同用異。「元以一精明，分作六和合。」一覺知二字，各具二精，即帶妄之見精也。衆生既不可執妄為真，亦不可將眞作妄，如祗認見、聞、覺、知爲心，則被所覆，即不見精明本體矣。須知眞心雖不離見、聞、覺、知，本不屬見、聞、覺、知，方有超脫之一日也。初令取上義轉釋竟。

酉二　令對目前會釋

是故汝今見我及汝，并諸世間，十類衆生，皆即見眚，非見眚者。

此對境會釋，眞妄二見。見我即觀佛相好，及汝即阿難自身。世間指虛空、山、河、大地。十類衆生：於十二類中，除無色、無想；此舉聖、凡、依、正。此二見眚，字同義異，上謂見有眚，下謂能見眚。若自惑未除，縱觀如來勝相，猶是見帶眚病。古德云：「眼中猶有翳，空裏見花紅。」非能見眚者之眞見。上判是妄非眞。

彼見眞精，性非眚者，故不名見。

彼見即能見眚之見。已離於妄曰眞；純一無雜曰精。性非眚者；其性不變隨緣，隨緣不變，能爲見相所依，不爲見相所變，其性不墮於眚妄之中，故曰：「非眚」。既非是眚，故不應名見。此後二句，判眞非妄，即上「覺非眚中，云何復名覺、聞、知、見。」

一切衆生，不達所見身界，皆自心別業之妄影，本來無實，所以凡夫深生取著，二乘深生厭離，皆非解脫之道。若知惑業所現，妄體本空，不生執著，無可厭離，則終日對境，終日不被境轉矣！初例明別業竟。

未二　例明同分　分三　**申初　舉能例法退同合別　二　就所例法進同合同　三　結離見即覺教取證**　今初

阿難！如彼衆生，同分妄見，例彼妄見，別業一人。

此例明同分，文具能、所二例。若對例閻浮提等，此爲能例；若對例別業妄見，此爲所例。問：「前云舉國同見災象，易知其爲同分，彼國衆生不見，易知其爲妄見，既有兩重易知，即可例下十方依、正，而更取例於別業者，何也？」答：「前見災象文中，元缺詳示妄因，故必取例別業之妄，令知同彼眚影，一例虛妄，則妄因成，方可以爲能例之法，不得不退例別業也。」故呼當機而告之曰：如彼一國衆生，同分妄見，所見種種災象，例彼目眚，別業妄見之一人。若約三番，分屬進退合明，此乃第二番退以合明，退一國同分所見災象之妄，例彼一人見眚影之別業。

一病目人，同彼一國，彼見圓影，眚妄所生。此衆同分，所見不祥，同見業中，瘴惡所起。

此承前易知之同分，轉取例於易知之別業。即牒定一病目人，同彼一國，彼此合明，例出妄因。彼別業所見圓影，既非即燈即見，亦非離燈離見，但由眚妄所生。此同分所見災象，既非即空即見，亦非離空離見，同是見業中，瘴惡所起，與彼見圓影，無以異也。

同見業中，瘴惡所起者。由衆生見分，妄起能見之業用，故有所見之妄相。而災象乃瘴癘惡氣，上應於天，故現種種不祥之象，但惟瘴惡，是其妄因，豈天象有實體哉？

俱是無始見妄所生。

眚影、災象，同、別雖殊，爲妄則一，皆無實體，究其妄因，俱是無始無明，熏成見妄，所生之𧖴影。若約交互進退合明，進圓影以合明災象，則災象亦一國之眚妄，與圓影同一例也；退災象以合明圓影，則圓影亦一人之惡緣，與災象同一例也；二者雖爲浮塵根所見之境，推末由本，俱是無始，眞見墮在妄見中，所生之妄境，了無實體。初舉能例法退同合別竟。

申二　就所例法進同合同

例閻浮提，三千洲中，兼四大海，娑婆世界，并洎十方諸有漏國，及諸衆生。

此舉所例之法，進退合明。即以一國同見災象爲能例，若約分屬進退合明，此屬第三番進以合明。進一國所現災象，合明十方依、正之境，以災象一國同見，易知其爲同分；彼國不見，易知其爲妄見。以此例閻浮提等，依、正；淨、穢；苦、樂不等，難知其爲同分，無始恒然，非偶爾暫現，難知其爲妄見，令難知者，與易知同一例也。三千洲，即閻浮一洲中，有三千洲，兼須彌四面，四大海中，一四天下。娑婆世界：即釋迦所主，三千大千世界。並洎十方，諸佛刹土，此由近以及遠也。

諸有漏國，及諸衆生者：國與衆生，均以有漏稱，因皆依無明，而得建立也。下文云：「迷妄有虛空，依空立世界，想澄成國土，知覺乃衆生。」無非自心所現之惑境，豈得謂爲無分？以因妄而有，故曰「有漏」。雖遐方異域，他所住持，非己受用之境，例同災象，亦可易知，其爲虛爲妄也。

同是覺明，無漏妙心，見聞覺知，虛妄病緣，和合妄生，和合妄死。

此合明同妄。同是覺明，與上元我覺明不同，前是眞覺而起妄明，此是本覺自具妙明。十方依正，有漏妄法，同依眞起，乃依本覺妙明，無漏妙心；心以無漏稱故妙，未起煩惱，無有生死，即本源眞心；受無明本熏，業識資熏之力，起成見分，映在六根門頭，故有見聞覺知，虛妄之病，合上瘴惡。緣字即所緣相分之妄境，指十方依、正同分惑境，乃根本無明，見病之影，合上災象。　和合妄生，和合妄死者：以依、正二報，總屬依他起性。依他如幻，有生有滅；依報有成、住、壞、空，正報有生、老、病、死。皆由無明爲因，業識爲緣，因緣和合，於無生中，虗妄有生，此有乃爲幻有，非實有所生；因緣別離，和合終盡，於無滅中，虗妄名滅，此滅但有其名，非實有所滅。死字應作滅字，方通無情。若約交互進退合明，進一國災象，以合明十方依、正，則依、正亦同分之境，與災象同一例也；退十方依、正，以合明一國災象，則災象亦虗妄病緣，與依、正同一例也。

問：「十方依、正，與己無干，何爲同分？」答：「雖非業招，亦由惑現，自心無明一起，將全法界眞心，偏成迷惑之境，於無同異中，熾然成異相之世界。因異顯同，復立同相之虗空；因同異發明，復立無同異之衆生。未至發眞歸元，則空漏未滅，十方依、正，皆自心無明，妄現之惑境，固屬有分，何得曰非同分耶？」二就所例法進同合同竟。

申三　結離見即覺教取證

若能遠離諸和合緣，及不和合，則復滅除諸生死因。

此與上節，同是覺明無漏妙心，見、聞、覺、知，虗妄病緣，和合妄生，和合妄死，正是敵體相翻。上節約從眞起妄，妄有二種顚倒，分別見妄，爲虗妄病，既有妄見，乃有所緣。緣即所緣依正身境，亦即總標中，當處發生，當業輪轉，二妄惑業之境，和合生滅。　此節約返妄歸眞。緣即別業、同分所緣之境。不和合下，亦應有一緣字。和合緣即別業境，不但惑現，還加有業，和合而成，故曰和合緣；不和合緣，即同分境，但由惑現，並無有業，和合其中，故曰不和合緣。若能遠離，即微密觀照，離妄之功，妄離則眞自復。謂修楞嚴大定者，若能了知同分、別業，二所緣境，爲虛爲妄，不執實有，即遠離諸和合緣，及不和合緣。不能離緣，便爲物轉，若能離緣，即可轉物同如來矣！此二句離緣也。

則復滅除諸生死因：生死因即二種顚倒，分別見妄，爲輪迴之本。別業妄見，屬事識，爲分段生死因；同分妄見屬業識，爲變易生死因；但所緣同、別二境既離，能緣本、末二妄自息，即不起二種顚倒，分別見妄。故曰：「則復滅除諸生死因」。此句離見也，幷上三句，即下文不隨分別，世間、業果、衆生三種相續，三緣斷故，三因不生，文義相類，遠離即不隨也。　又塵既不緣，根無所偶，返流全一，六用不行，十方國土，皎然淸淨，如淨琉璃，內懸明月。

圓滿菩提，不生滅性，清淨本心，本覺常住。

此明即覺，合上離見即覺，如圓覺經離幻即覺，義相同，顯言之，即離妄即眞也。前二句圓滿及性字，皆要雙用。不生滅性，即是涅槃，謂妄見即離，眞覺全顯，即能圓滿三菩提性，及圓滿三涅槃性。承上能緣之妄見除，則轉煩惱圓滿菩提性；所緣之妄境離，則轉生死圓滿涅槃性。此即菩提、涅槃，二轉依果。

清淨本心，本覺常住者：既已圓滿智、斷二果，復本心源，究竟清淨，本覺到此，方得出纏，常住不變，輪迴從此永卸矣！此節文但能不取見緣，不隨見妄，則終日對境，終日無境可對，能所不立，法法全眞，是謂常住首楞嚴三昧。如起信論云：「離一切法差別之相，以無虛妄心念，即是眞如常恆不變，淨法滿足」也。初釋其迷悶竟。

今初

辰二　開其未開　分二　**巳初　躡前悟與未悟　二　正破和合俱非**

阿難！汝雖先悟，本覺妙明，性非因緣，非自然性；而猶未

明如是覺元，非和合生，及不和合。

此躡前文，當機述意：「世尊！為我等輩，宣說因緣及與自然，諸和合相，與不和合，心猶未開，而今更聞，見見非見，重增迷悶。」而佛先其所急，與釋迷悶，今了知眞見見於見精之時，眞見已離自體中一分妄，非是帶妄之見矣，則迷悶已釋；此當開其未開，謂阿難言：汝雖先前已悟，本覺妙明眞心，雙超妄情，分別計度，而非因緣性，非自然性。而猶未明下屬未悟。以因緣、自然，佛已開示，故得先悟。如是本覺妙心，元非和合生，及不和合，此理實猶未明，故不得不再為開示也。若說覺性，是和合生，則與離一切相相背；若說非和合有，則與即一切法相背，故下正明非和合，及非不和合之義。初躡前悟與未悟竟。

巳二　正破和合俱非 分二　**午初　先破和合**　**二　破非和合**

午初又分二　**未初　總舉妄惑**　**二　別為破斥**　**今初**

阿難！吾今復以前塵問汝：汝今猶以一切世間，妄想和合，諸因緣性，而自疑惑，證菩提心，和合起者。

前破因緣等，皆約前塵而破，以見離塵不顯故；今破和合，亦以前塵爲問。故佛云：吾今復以前塵問汝，汝今猶以一切世間，妄想情計，疑見性爲和合而有，此誠不當。觀猶以二字，有責怪意，和合上加妄想二字，以眞見本無和合，妄想情計，妄計和合。諸因緣性一句，以和合與因緣相關，故兼言之；自生疑惑，即是妄想。

證菩提心，和合起者：此二句按定錯計。上句即指眞見，以眞見爲能證菩提之因地心，此心爲如來密因，由來不變，豈屬和合起者？故不應自生疑惑。

初總舉妄惑竟。

未二　別爲破斥　分二　申初　破和　二　破合　今初

則汝今者妙淨見精，爲與明和？爲與暗和？爲與通和？爲與塞和？

此仍用見精者，以眞見、見精無別體故。因二妄既剖，故加妙淨二字，以此見雖然處染，畢竟不染，其清淨本體，由來不變，故曰：「妙淨」。爲與明和等，即以前塵爲問也。

若明和者，且汝觀明，當明現前，何處雜見？見相可辨，雜何形像？

首句牒定，下以名、義、體、相四意破之。先約相破。雜即和也，凡言和者，必有二物，相投不分，方成和義。故難云：且汝觀見明相，正當明相現前之時，何處雜和汝見耶？見相可辨，雜何形像者：見精屬內心，明相屬外境，如果雜和爲一，亦應可辨；如朱與麵粉二物雜和，則朱失其紅，麵失其白，成爲非紅非白之色，今見相二者雜和，究竟作何色相耶？

若非見者，云何見明？若即見者，云何見見？

二約義破。凡言和者，必有二物，先相離而後相即，方成和義。難云：見與明相和後，畢竟還是見耶？非是見耶？若和後明相非是見者，應無所屬，云何而能見明？此非離也。若和後明相即是見者，相既成見，應不能自見其相，若仍見其相，云何以見自見其見？此非即也。如是觀察，則和義不成。

必見圓滿，何處和明？若明圓滿，不合見和！

三約體破。凡言和者，必二體各不圓滿，方可相和。難云：必其見性圓滿，何處可以再和明相？若使明相圓滿，不合更容見與之和？

見必異明，雜則失彼性明名字，雜失明性，和明非義。

四約名破。凡言和者，必二物不同，而後相和，既和當失本名。難云：若見性與明相，未雜之時，見是見，明是明，有情之見性，必異於無情之明相，雜和之後，則必失彼見性明相，本有之名字，而見當非見，明應非明；如水土相和，則失彼水土本名，轉名為泥矣。雜和既失明相見性之本名，則說見性和明相者非義矣。

彼暗與通，及諸羣塞，亦復如是。

以明例餘，彼暗與通塞，非和之義，亦復如是。初破和竟。

申二　破合

復次，阿難！又汝今者，妙淨見精，為與明合？為與暗合？為與通合？為與塞合？

此破合。凡言合者，如蓋與函相合附，而不離也。

若明合者，至於暗時，明相已滅，此見即不與諸暗合，云何見暗？若見暗時，不與暗合，與明合者，應非見明！既不見明，云何明合，了明非暗？

此正破明合。若與明合者，如圓蓋合於圓函，附而不離，至於暗時，暗生明滅，見與明合，自必隨明以俱滅，此見即不與諸暗合，既不合暗，云何而能見暗？　若見暗時，不與暗合者：恐防謬計，不必暗合，而能見暗。故破云：若見暗之時，不必定與暗合，依舊與明合，而能見暗者，則不合能見，合應不見，汝見與明合者，應當見暗，而非見明矣！

云何明合，了明非暗。此歸正破。既與明合，應非見明，云何現前，與明合時，了知是明非暗也？明暗是二，見性是一，明、暗有生滅，見性無去來，豈可說合耶？

彼暗、與通，及諸羣塞，亦復如是。

此以上可以例知，故云亦復如是。初破和合竟。

午二　破非和合　分二　未初　承示轉惑　二　別爲破斥　今初

阿難白佛言：世尊！如我思惟：此妙覺元，與諸緣塵，及心念慮，非和合耶？

當機聞說，證菩提心，不從和合起，遂轉惑非和非合，離緣別有，此妄情計度，勢所必至。觀其問詞曰：如我思惟，末句殿以耶字，是未敢自決，而請佛求決也。此妙覺元者：指此根中見性，乃本妙覺明，元淸淨體，具不變隨緣二義：依不變義故非和合，依隨緣義非不和合，性、相互融，眞、俗無礙，此以剖妄之後，乃立斯名。

與諸緣塵：即明、暗、通、塞，所緣塵境。及心念慮：即六處識心，以心爲識體，念慮爲識用，此正辯根性之與塵識，非則俱非也。初承示轉惑竟。

未二　別爲破斥　分二　申初　破非和　二　破非合　今初

佛言：汝今又言覺非和合，吾復問汝：此妙見精，非和合

者，為非明和？為非暗和？為非通和？為非塞和？

此正破非和，以顯非不和也。非和者兩物異體，各不相入之謂也。佛言：汝今又言此妙覺元，非和合者，吾復問汝，此妙見精，非和合者，應如磚石並砌，彼此各不相入，為與明、暗、通、塞，四法之中，與何法非和耶？此中見精稱妙者，亦二妄已剖故也。

若非明和，則見與明，必有邊畔！汝且諦觀：何處是明？何處是見？在見在明，自何為畔？

此但約明破。若見非與明和，如磚、石並砌，體不相入，則見之與明，必有邊際界畔，此是必然之理。汝且現今諦實觀察，何處是明相？何處是見精？在見精與明相二者之間，自何處為界畔耶？此先與索畔。

阿難！若明際中，必無見者，則不相及，自不知其明相所在，畔云何成？

此蹑成破意。謂言縱有邊畔，亦如磚石之不相入。際者界限也。承上見精、明相，各有界限，見中無明，明中無見。若明相界限中間，必無見者，則彼此不相及，自然不知明相所在之處；處尚不知，邊畔從何分別？畔既不分，則非和之義不成矣！

彼暗、與通、及諸羣塞、亦復如是。

此破一，自可例餘。初破非和竟。

申二　破非合

又妙見精，非和合者，為非明合？為非暗合？為非通合？為非塞合？

此破合可知。

若非明合，則見與明，性、相乖角，如耳與明，了不相觸。

首句牒定。若見不與明合者，則見與明，一屬性，一屬相，彼此乖違角立，各不相順。此據理論，下以喻明。既然非合，應如耳根之與明相，了無關係，不相觸合；觸即合也。

見且不知明相所在，云何甄明，合非合理？

此承上既不相合，縱見之亦不能見，見且不見，自然不知明相所在；如耳聽明，聽且不能聽，豈知所在耶？知既不知，云何甄別明白，合與非合之理？

彼暗、與通，及諸羣塞，亦復如是。

此例破，可知。後無結文者，因此科但釋前超情科中餘情，故不另結。文自阿難妄識破後，求示寂常妙明眞心，而如來指與根中見性，十番極顯其眞，二見復剖其妄，尅就當人分上，最親切處，分明指出，會見、聞、覺、知，虛妄病緣，妄不離眞，同是覺明無漏妙心；此中復明，本妙覺元，非和合與不和合，密示萬法一體之旨，大科尅就根性，直指眞心已竟。自此以前但顯理究竟堅固，若不知所指之心，不獨近具根中，實則量周法界，則何以明事究竟堅固耶？故下會通四科，全事即理，圓彰七大，全相皆性，極於三如來藏，圓融無礙；說奢摩他，令悟一切事相，無非理性，乃統世界、身、心，爲一定體。自此見性，轉名如來藏性，以能徧爲諸法實體，乃對萬法而立名也。初尅就根性直指眞心竟。

楞嚴經講義第五卷終

大佛頂如來密因修證了義諸菩薩萬行首楞嚴經講義

福州鼓山湧泉禪寺圓瑛弘悟述　受法弟子明暘日新敬校

丑二　會通四科即性常住　分二　**寅初　總標即妄即眞　二　別明即妄即眞**

寅初分二　**卯初　明幻化相即眞　二　會四科法即眞　今初**

阿難！汝猶未明，一切浮塵，諸幻化相，當處出生，隨處滅盡，幻妄稱相，其性眞爲妙覺明體。

此下會通四科：五陰、六入、十二處、十八界，一一諸法，觀相生滅全妄，論性即妄皆眞。上科無有結文者，正因上科所顯，見精相妄性眞，但約近具根中，實則量周法界，徧爲諸法實體，故與會合融通，攝事歸理，會相入性，以明情與無情共一體，處處皆同眞法界。文乃一氣貫下，是以不結。從此不復稱見精、見性之名，改稱爲如來藏，妙眞如性；見性約一根是別，藏性攝六根是總，但是總、別異稱，實無異體耳。

此科緊承上文，不但見精相妄性眞，乃至一切諸法，無不皆然，即一切幻化之相，亦復如是，因汝猶未明了，今當爲汝示之。浮塵者虛浮不實之塵境。無而忽有曰幻，有而倏滅曰化，如空華、鏡像、夢境等。當去聲處出生，生無來處；隨處滅盡，滅無去處；不過徒有幻妄名相而已，全無實體可得。稱即名也，上明相妄。其性眞爲妙覺明體者：其字指一切浮塵之相，性即相中之性，相雖妄而性元眞，此明性眞。以浮塵幻化之相，相不離性，其性即是衆生妙覺明體；無相而能現相，故謂之妙。雖現諸相，乃是本覺湛明之性，而爲諸法所依之體，即此至虛幻之法，本來無體，今明無體之體，即是妙覺明眞體；如虛空華，雖至虛妄，華體即是空體。舉此至虛之法爲能例，例明下文，陰、入、處、界，似實有法，令其比類發明，令知一一相妄性眞，即事即理也。初明幻化相即眞竟。

卯二　會四科法即眞

如是乃至五陰、六入、從十二處、至十八界，因緣和合，虛妄有生；因緣別離，虛妄名滅。

如是指法之辭，緊承上文，如是至虛幻之法，尚且相妄性眞，例顯世間所有諸法，乃至陰、入、處、界，皆如是也。諸經論中，多皆陰、處、界三科，惟此經加六入一科，因為圓通法門，推重根性故也。諸法雖多，四科之中，科科收無不盡，以一切諸法，總不出心、色二法，因對機開、合故，廣、略有異：一、為迷心重迷色輕者，合色、開心，合色法為色陰；開心法為受、想、行、識四陰，乃說五陰。二、為迷色重迷心輕者，合心、開色，合心法為意根；開色法為五根、六塵，說十二處，六入亦然。三、為色、心二迷俱重者，心色俱開，開心法為意根、六識、七種；開色法為五根、六塵、十一種，說十八界。四、為心、色二迷俱輕者，心、色俱合，但說二法，皆可收盡一切諸法。此四科法，合上一切幻相。

因緣和合，虛妄有生者：即指四科心、色諸法，不離因緣。先約心法釋：夫眞心絕待，寂湛常恆，不假因緣；而六種染心，虛妄生滅，必藉因緣。一、以眞如不守自性為因，無明風動為緣，因緣和合，於如來藏海，妄有三種不相應染心生。二、以業識內熏為因，境界風動為緣，亦是因緣和合，於第八識海，妄有三種相應染心生。次約色法釋：夫佛界眞善妙色，性本清淨，不假因緣；而九界依、正，虛妄生滅，必藉因緣。一、染法以種子為因，現行為緣，熏彼事識，妄有六凡法界，染色生。二、淨法以本覺內熏爲因，聖教外熏爲緣，熏彼業識，妄有三聖法界，淨色生。

因緣別離，虛妄名滅者：亦先約心法：若衆生依本覺內熏，發起始覺之智，於所緣境，不執實有，離一切法差別之相，則境風既息，識浪自澄，因緣別離，三種相應染心滅；若更了知一切心念，皆依無明而有，由無明不覺，生起三細，皆是不覺之相；無明不覺之相，不離本覺之性，則無明風息，覺海波澄，因緣別離，三種不相應染心滅。上之生滅心法，攝盡五陰中後四陰，六入中意入，十二處中意根處，十八界中意根及六識界。

次約色法釋：若衆生始覺有功，了知身、心、世界，無我、我所，則觀智現前，事識已轉，因緣別離，六凡染色滅；若更了知，不但生死染色本空，即涅槃淨色亦非實有，則無明夢破，業識還源，三聖淨色亦滅。上之生滅色法，攝五陰中色陰，六入中前五入，十二處中前十一處，十八界中六塵及五根界。

總論心、色諸法，唯心所現。本經云：「汝身、汝心，皆是妙明眞心中所現物。」又云：「不知色身，外洎山河虛空大地，咸是妙明眞心中物。」俱屬依他起性，依他似有，觀相元妄，於本無生滅中妄見生滅；合能例中，幻妄稱相，若執實有，則成徧計執性，若能了知，依他起性如幻，徧計執性本空，則當下即是圓成實性矣。

殊不能知，生滅去來，本如來藏，常住妙明，不動周圓，妙眞如性。

上明相妄，此論性眞。以身、心、世界，乃屬依他起性，從緣生滅，虛妄無體；然當知妄不離眞，全體即是圓成實性。按唯識三性解，依他起性如繩，圓成實性如蔴，繩依蔴有，故曰依他，離却蔴即無繩可得。若於依他法上，不了如幻，更起徧計執性，如夜間見繩，認作是蛇。徧計執性，情有理無；依他起性，相有性無；相有是幻有，性無乃本無，此明無性之性，即如來藏性。生滅去來，乃指心與器界，似有生滅之相；衆生根身，似有去來之相；相依性起，不離當處，如空華、鏡像、夢境，華性即是空性，像體即爲鏡體，夢人本屬醒人，衆生迷而不覺，故曰：「殊不能知，身心世界，生滅去來之相，本即如來藏性也。」

如來藏，即衆生同具本覺性體。本覺者本有之佛性，衆生迷位，本覺在纏，此性隱而不顯，如來之性，含藏衆生心中，故曰如來藏。又即不生不滅之眞如心，一切如來，恆沙淨德，無不含藏於此，故曰如來藏。常住妙明，不動周圓，即藏性德相。本無去來曰常住；不屬迷悟曰妙明；本無生滅曰不動；無處不徧曰周圓；合此四德，爲妙眞如性。妙者不可思議之謂也，以其全妄即眞故，一切皆如故，無有一法不眞，無有一法不如，合能例中，其性眞爲妙覺明體，如法華所云：「是法住法位，世間相常住」是也。

性眞常中，求於去、來、迷、悟、生、死，了無所得。

上明妄元是眞，此明眞本無妄。由不知萬法唯心，宛見差殊，而有彼此去、來，聖、凡、迷、悟，始終生死等相，猶如翳眼，妄見空華。然既知相妄性眞，於藏性眞常之中，求其去來等相，了無所得；如夢行千里，一經醒寤，不離床枕，豈有去、來之相可得哉？如迷東爲西，忽然有人指示令悟，豈有迷、悟之相可得哉？如夢生人間，自少而老，報盡命終，豈有生、死之相可得哉？迷、悟二字，約義乃在於心，約人即是聖、凡，約法即生死、涅槃。迷、悟在人，理中實無迷悟。此合上能例中，「當處出生，隨處滅盡」，故無所得。

此中數節之文，與論云：「因緣所生法，我說即是空，亦名爲假名，亦名中道義。」若合符節，其意會之自明。初總明即妄即眞竟。

寅二　別明即妄即眞　分四

卯初　會五陰即藏性　二　會六入即藏性

三　會十二處即藏性　四　會十八界即藏性　卯初分二

辰初　總徵

二　別釋　今初

阿難！云何五陰，本如來藏，妙眞如性？

上總以取例，下別爲顯示。先顯示五陰，全妄即眞。色、受、想、行、識五陰，本是世間有爲之法，一旦許即藏性，故須徵起，而釋明耳。陰者蓋覆義，蓋覆眞性故。新譯爲五蘊，蘊者積聚義，積聚有爲故。今欲解釋，須取二譯，其義方足，謂積聚有爲，蓋覆眞性。對下三科，此爲迷心重，迷色輕者說也。

本如來藏者：謂五陰之相雖妄，其性本眞，如來藏即眞心之別名。今再約義而解：「如」指眞心不變之體，「來」指眞心隨緣之用，不變常隨緣，隨緣常不變，故稱如來藏。藏者含藏，五陰一一諸法，悉在其中。妙眞如性者：不可思議曰妙，以一體具足萬用，萬用不離一體。如下文所謂：「一爲無量，無量爲一。」譬如一金能成衆器，衆器不離一金。一眞一切眞，五陰皆眞，一如一切如，五陰皆如，全相皆性，故曰本如來藏，妙眞如性。初總徵竟。

辰二　別釋 分五　**巳　初色陰　二　受陰　三　想陰　四　行陰　五　識陰**

巳初分三　**午　初　舉喻合法　二　就喻詳辨　三結妄歸眞　今初**

阿難！譬如有人，以清淨目，觀晴明空，惟一晴虛，迥無所有。

此喻明色陰即藏性，乃就自法爲喻。色即五根六塵，十一色法。清涼云：形質可緣曰色，變礙爲義。刹那無常，終歸變滅，現前形質，能爲障礙。先舉喻後法合。譬如世間有此一人，以清淨無翳之眼目，觀晴霽光明之虛空，惟一晴虛，迥然一無所有；此喻眞本無妄。　有人喻一念未動之本來人；清淨眼喻無妄眞智；晴明空喻湛寂眞理。一念未動以前，以眞智照眞理，理、智一如，惟是如來藏性，清淨本然，纖塵不立，豈有九界依正可得？

其人無故，不動目睛，瞪以發勞，則於虛空，別見狂華，復有一切，狂亂非相。

此喻從眞起妄。其人無故，不動目睛：喻最初無端，眞如不守自性，不覺念起而有無明。瞪以發勞：瞪是直視貌，喻業識妄爲明覺；勞即勞見，喻轉相，轉本有之智光，爲能見之見分。起信論云：「以依不覺故心動，說名爲業」，動則有見也。則於虛空，別見狂華者：空原無華，瞪目妄現，此即論中所云，以依能見故，境界妄現，故曰：「則於虛空，別見狂華。」別見即妄見也。虛空即業相，無同無異，晦昧空中；狂華即相分之境。於無同異中，熾然成異，此業識中之色陰成矣。

復有一切，狂亂非相者：上二句指細色，此二句指麤色，即虛妄身境，內外四大之色。內四大有生、老、病、死，外四大有生、住、異、滅，狂亂不定，畢竟皆空，故曰「非相」。非相即空相也，色、空皆眼根所對之法，故四空天，舜若多神，乃至二乘涅槃，所證偏空，妄解色滅，如見非相也。

色陰當知，亦復如是。

此以法合喻。一切色陰虛妄，自當以此瞪目，所見華相，比類而知。此有二義當知：一者當知相妄，以狂華之相，乃依瞪目妄現，非實有也。二者當知性眞，狂華依空而現，華體即是空體，故總合曰「亦復如是」。如空華本無所有也。初舉喻合法竟。

午二　就喻詳辨

阿難！是諸狂華，非從空來，非從目出。

首句牒定狂華。諸字助語辭，辨此狂華，非從空中而來，以華非空來，喻身、界、內、外之色，非無因，自然而生也；亦非從眼目而出。以此觀察，身心、世界，既如空華，無所從生，無所還滅，則當體虛妄明矣。

如是，阿難！若空來者，既從空來，還從空入，若有出入，即非虛空；空若非空，自不容其華相起滅；如阿難體不容阿難。

此破華從空來。來即出也，謂此華既從空而出，還應從空而入，若有出入，即有內外，既有內外，即不成虛空矣！空若非空，是有實體，自不容華相，在空中忽起忽滅；空若是實體，喻如阿難是實體，自不容阿難實體上，更有華相出入。此反顯虛空，以容為義，由非實體，故容空華；既容空華，則是虛空；既是虛空，必無內外；既無內外，安有出入？云何說華從空而出？此之破法，名為倒破，猶破竹從梢也。

若目出者，既從目出，還從目入。

若從目出，有出必定有入，既然從目而出，還要從目而入。

即此華性，從目出故，當合有見！若有見者，去既華空，旋合見眼？若無見者，出既翳空，旋當翳眼！

此雙約有見無見破。若謂此華，是從目而出者，目以能見為性，既從目出，合當有見？如世間有情所生，定屬有情，若果有見者，出去既為華於空，旋歸之時，合當見眼！　若無見者下，謂此華性，雖從目出，體本無見，但能遮障，則出去時，既翳障於空，至旋歸時，當翳障乎眼，以理推之，勢所必然。

又見華時，目應無翳，云何晴空，號清明眼？

此緊接上文出既翳空，又則目見華時，華既從目而出，目中應當無翳，而號清明眼；云何二句反難，云何現見華空，乃爲翳眼，必見晴空，方號清明眼耶？有見無見，兩者俱非，足徵華非從目出矣！　上以空華喻色陰，推究非從空生，非從目出，就喻順解已竟。今約法而釋：色陰非從空生，西域凡、外，妄執色從空生，以將世界，七分七分，重重分析，析至鄰虛塵，再析即入虛空，遂執色既可析入虛空，虛空定能出生色相，故執色從空生。　此方儒、道二教，皆謂虛以生氣，氣以成形，是萬象固本於一氣，而一氣乃始於太虛，與西域凡、外，旨趣相同。今本文法喻，皆是破色從空生，以空喻心中眞理，眞理不動，何嘗有法可生，亦無內外出入等相。凡、外都執色法從空而出。正脈云：「世智不達，太虛何所從來，身、界豈窮根本乎？」　色陰非從目出，法中以目喻眞智，何嘗有法可出，若謂色從眞智出者，即此色法當合有知，出既爲色於空，旋當知心，若無知者，出既障空，旋當障心。又迷者色出，心應無障，悟者色入，心應有障，云何一定要無有煩惱，所知二障，唯以如如智，照如如理，方號爲清淨心乎？二就喻詳辨竟。

午三　結妄歸眞

是故當知色陰虛妄，本非因緣，非自然性。

是華相非從空來，非從目出之故，應當起智觀察，即喻知法，所有一切色陰，無非業轉之勞相，同彼狂華，由瞪目發勞，虛妄顯現，無以異也。以本無生體曰虛，由循業僞現曰妄。當知是教悟意，上一句教悟相妄，下二句教悟性眞。謂色陰之法，觀相元妄，觀性元眞，若生若滅，皆不離當處，即不離自心，如狂華不離虛空，華體即空體也。由本如來藏，常住不動，體恆無變，故非因緣；本如來藏，妙明周圓，用恆隨緣，故非自然；一一即妙眞如性，果能善用其心，起智觀察，親見色陰根本，即此色陰，便可通達實相矣。初色陰竟。

巳二　受陰　分三　午初　舉喻合法　二　就喻詳辨　三　結妄歸眞

今初

阿難！譬如有人，手足宴安，百骸調適，忽如忘生，性無違

順其人無故以二手掌，於空相摩，於二手中**妄生澀滑冷熱諸相。**

此顯受陰即藏性。以下開一心法爲四陰。受即偏行五心所中受心所，以領納爲義。領納違苦境、順樂境、俱非不苦不樂、境相，而生苦、樂、捨苦樂雙捨即不苦不樂也三受，雖諸識中，皆有受心所，而前五識根境相對，受之用偏多，受之力最强，即以五識爲受陰。此文就自法爲喻，以身識領受觸塵之境，但事出假設，又偏約身識，故得爲喻耳。

譬如有人，即假設有此一人，手足宴然安靜，百骸調和順適，此喻眞如不動，性德自如。忽如忘生者：忽然忘其有生，即不知有身之謂也。大凡人生，有苦有樂，覺得有身，而受苦樂之境，若無苦樂，即不知有身。忘生，亦可作忘身解，尚且不覺有身，而安知有受耶？違是苦受，順是樂受，苦、樂兩無，併身亦忘，正屬捨受。喻心體離念，無受陰故，以捨受難破，故下只約苦、樂二受破。

其人無故以二手掌，於空相摩者：無故即無端起妄；二手於空相摩，即根塵相對，亦可指生滅不生滅和合，三細俄興，六粗競作。於二手中妄生澀、滑、冷、熱等觸，即妄現受陰之相。

受陰當知，亦復如是。

先舉喻，此法合。一切受陰虛妄，自當比例而知，亦如摩掌，妄生覺受。此喻即自法，但能了喻之妄，便知受陰之妄也。藏性不動，本來無受，即喻中有人喻藏性；宴安調適喻不動；無故二掌摩空喻無端妄起無明，不生滅與生滅和合，妄生三細六麤，故有澀、滑、冷、熱諸相。澀喻三途苦受，滑喻人天樂受，冷喻二乘滯寂枯受，熱喻權教事修等，觸指樂受等，以上皆明從眞起妄。初舉喻合法竟。

午二　就喻詳辨

阿難！是諸幻觸，不從空來，不從掌出。

幻觸，即身識所覺之觸受。空中本來無物，但是二掌相摩妄生諸觸，虛妄不實，故稱爲幻。上二句雙標二途，究其來處。

如是，阿難！若空來者，既能觸掌，何不觸身？不應虛空選擇來觸！

此下詳辨推破。先正破空來，身之外皆空，若從空來，既然能觸於掌，何以不觸於身？空無知覺，不應虛空，有所選擇，喜來觸掌，不喜觸身也！

若從掌出，應非待合？又掌出故，合則掌知，離則觸入，臂、腕、骨髓應亦覺知入時蹤跡！必有覺心，知出知入，自有一物，身中往來，何待合知，要名為觸？

此正破掌出。約未合不出，既離不入，兩途而破。二應字皆當念平聲。初二句謂若此觸受，是從掌中而出，未合之前，應當即出，應非待合之後方出？又掌出故下，合則掌知觸出，有出必有入，離時則應知觸入。如果有入，而手腕肘臂，以及骨髓，應當亦要覺知，此觸入時蹤跡，在於何處？ 必有覺心，知出知入，則此觸受，自有一物，在人身中往來，爾時即可名之為觸，何待合掌而知，要名爲觸耶？二就喩詳辨竟。

午三　結妄歸眞

是故當知，受陰虛妄，本非因緣，非自然性。

是觸受非從空來，非從掌出之故，當知舉體虛妄。本無生體曰虛，循業僞現（二掌相摩業也）曰妄。此句結其相妄，下二句結顯性眞。謂觀相元是虛妄，觀性究係何物耶？曰本來是非因緣，非自然之妙眞如性，此二句解見上科。二受陰竟。

巳三　想陰　分三　午初　舉喩合法　二　就喩詳辨　三　結妄歸眞

今初

阿難！譬如有人，談說酢梅，口中水出；思蹋懸崖，足心酸澀。

此顯想陰即藏性。想亦徧行心所之一，以緣慮爲義，能安立自境分齊。諸識雖皆能安立自境，而意識偏强，以能緣慮三世境故，即以意識爲想陰。此亦就自法爲喩，單取意識之懸遠想像。譬如有人，亦假設一人，談說酢梅（以梅酸如酢故以稱之，口中自然水出。酢梅是所想之境，梅雖未食，但談說懸想，即能令口中出水，故下文云，想陰是融通妄想。

昔日曹操出兵，兵行失路，口渴無水。乃下令曰：大家速行，過去不遠有大梅林，梅子甚多，可以摘食。兵聞梅想梅，口中水出，操有權宜，知望梅可止渴。又譚子云：有言臭腐之狀，則輒有所噦；聞珍羞之名，則妄有所嚥者，非妄而何也？　思踏懸崖，足心酸澀者：懸崖未登，只思踐踏，而足心酸澀。與酢梅未食但談說，而口中水出，可以類推而知，同一例也。

想陰當知，亦復如是。

此法合。前舉二喻，皆自法為喻，都是意識懸想之境，舉體虛妄，一切想陰。當知亦復如談說酢梅，思踏懸崖，同一虛妄。一喻順境之想，一喻逆境之想。初舉喻合法竟。

午二　就喻詳辨

阿難！如是酢說，不從梅生，非從口入。

酢說文字不足，應云酢梅之說，所引之水，不從酢梅而生，非從口入而出，此雙開兩途，以明想妄非實。

如是，阿難！若梅生者，梅合自談，何待人說？若從口入，自合口聞，何須待耳？若獨耳聞，此水何不耳中而出？

梅生口入，皆指水言。如是口中之水，不從梅生，非從口入；若謂此水從酢梅而生，則梅合當自談，自出其水，何待人說而後口中水出耶？梅不談，則此水不從梅生也，明矣。

若謂此水從口入而出者，則聞酢梅者，應合是口，何須更待耳聞，而後口中水出耶？口不聞，則此水非從口入也，明矣。若觸耳聞酢梅，故有水出者，則此水何不從耳中流出，而轉從口中流出耶？耳不出，則此水非耳所致也，又明矣。

思踏懸崖，與說相類。

思想自身，足踏萬丈懸崖之上，足心酸澀，與口說酢梅相似，可以類推。

若合上文如是崖想所生酸澀，不從崖生，非從足入。若崖生者，崖合自思，何待人想，若從足入，自合足想，何待心思？若獨心思，此酸澀何不心中而出？若知此水與他酸澀，二處皆無所從來，則幻妄稱相也，明矣。二就喻詳辨竟。

午三　結妄歸眞

是故當知：想陰虛妄，本非因緣，非自然性。

準上可知，此結相妄性眞。昔黃山趙文儒，親覲圓通善國師，有省頌曰：「妄想元來本自眞，除時又起一重塵，言思動靜承誰力，仔細看來無別人。」三想陰竟。

巳四　行陰　分三　午初　舉喻合法　二　就喻詳辨　三　結妄歸眞

今初

阿難！譬如暴流，波浪相續，前際後際，不相踰越。

此顯行陰即藏性。行即五徧行中思心所，能驅役自心，造作善不善等業，即是業行；於百法中，攝法最多，以造作遷流爲義。雖八識皆有遷流，而第七末那識，恆審思量，念念相續不斷，遷流最勝，即以七識爲行陰。喩如暴流，波浪相續：即陀那細識，習氣所成，念念生滅，各有分齊，前不落後，後不超前，故曰：前際後際，不相踰越即超越也。

此陰有麤、有細，若究根心潛伏之本，乃比前受、想爲細。如本經十卷中云：「乃同分生基，沉細綱紐」是也。然內由此念，則外之造業趣果，無量麤相，似暴流之不可遏，故約迷位，則細隱而麤彰；約修位，則麤盡而細顯。今約迷位，故喩暴流。

行陰當知，亦復如是。

此法合。諸行無常，念念遷流，相續不斷，亦復如暴流相似，雖無間斷，實則生滅不停。孔子一日在川上嘆曰：「逝者如斯夫，不捨晝夜。」幼時讀書，但讀其文，未諳其義，迨學佛之後，方知孔子，亦是嘆諸行無常，如逝波之不可挽！莊子喩如夜壑負舟，即念念遷流不覺之意。初學喩合法竟。

午二　就喩詳辨

阿難！如是流性，不因空生；不因水有；亦非水性；非離空水。

此雙約空、水、即、離破。謂如是暴流之性，不因空而生，亦不因水而有，亦非即水之本性，此標不即空水矣；亦非離空水外，有此暴流，此標不離空水矣；破意在下，空喻眞如，水喻藏識，行陰非即眞如藏識，非離眞如藏識。

如是阿難！若因空生，則諸十方無盡虛空，成無盡流，世界自然，俱受淪溺！

此非即空。若謂暴流因空而生者，則十方有無盡虛空，當成無盡暴流，如是則世界衆生，自然都在水中，俱受飄淪沉溺之苦，今虛空無盡，暴流有盡，則知非因空生明矣。法合：空合眞如；暴流合行陰。眞如周徧常住，是無盡，而行陰若從眞如生，亦應無盡，則佛菩薩俱應永受生滅，而不能破行陰，而今行陰生滅遷流是有盡，故非即眞如。

若因水有，則此暴流，性應非水，有所有相，今應現在。

此非即水。若謂暴流，因水而有者，則此暴流之性，應非水之自性。何以故？暴流之性渾濁，水性澄清，水性爲能有，流性爲所有，能有所有二相，今應明白現在，方可說因水而有。喻行陰，若說因藏識有者，則行陰性應非識性，能有所有之相，應當現在；如樹能生果，能生樹，與所生果，分明可辨。今二相叵得，故非即藏識。

若即水性，則澄清時，應非水體！

此非即水性。若說暴流即水性者，暴流渾濁，如即水性，則澄淸時，渾濁已無，應非水之自體。喻行陰即是藏識，則行陰破後，應非藏識，何以必待行盡之時，藏識始現？故非即識性。

若離空水，空非有外，水外無流。

此非離空水。若謂暴流離空水者，水空圓滿周徧，並非有外，豈能離空別有耶？水外亦復無流，豈能離水別有耶？喻眞如圓徧，眞乃無外，萬法唯識，識外無法，行陰豈離眞如藏識，而別有耶？既不即又不離，則行陰皆幻妄稱相也，明矣。二就喻詳辨竟。

午三　結妄歸眞

是故當知：行陰虛妄，本非因緣，非自然性。

準上可知。四行陰竟。

巳五　識陰　分三　午初　舉喻合法　二　就喻詳辨　三　結妄歸眞

今初

阿難！譬如有人：取頻伽瓶，塞其兩孔，滿中擎空，千里遠行，用餉他國。

此顯識陰即藏性。識即阿賴耶識，以了別爲義，能了別自分境故。以受、想、思三陰，已分配前七識，此當獨指第八阿賴耶識。觀本文之義，皆指第八識，以瓶外空喻藏性，瓶內空喻識性，祇因迷執成二，觀下解自知。人喻衆生，瓶喻妄業。瓶以頻伽名者，頻伽此譯妙音鳥，瓶形像鳥，故以名焉。衆生由業牽識走，如瓶擎空行。瓶塞兩孔，喻衆生起我、法二執；空分內、外，瓶內空喻識性，瓶外空喻藏性。由二執障蔽二空眞理，依惑造業，依業受報，如瓶擎空行，將藏性裹入身中，而成識性，致使藏性、識性，不隔而隔，究之內空、外空，固無二空，藏性、識性本來一性。

瓶擎空行一句，當約迷位、修位，二種解釋。先約迷位：業牽識走，捨身受身，輪迴六道之家，有人喻三界內衆生，依善惡不動（禪定也）三業，受苦、樂等報。第八識爲總報主，隨業受生。業報身喻瓶；瓶內空喻識性；由惑業故，轉藏性成識性，隨業所牽輪迴六道。本道爲此國，餘五道爲他國，如擎空遠餉也。餉者田野送飯曰餉，即饋送義。次約修位：瓶喻業識，塞其兩孔，喻起二執，滿中擎空，喻二執未破，識性受局，地、水、火、風之中。千里遠餉，喻佛道長遠，發心修行趣向，當歷信、住、行、向，及四加行、十地、等覺諸位，猶如千里路程。他國喻常寂光土，開孔喻二執已斷，二空已證，轉八識成四智，則全識性是藏性，如瓶內空，即瓶外空，一空無二空也。

指掌問：此識去後來先，爲受報之主。古德謂業牽識走，如瓶擎空行；捨身受身，如用餉他國；似甚有理。今約轉有漏入無漏釋之，而有何理可據？答：此識固爲報之主，亦是成佛之源，故前文呼爲菩提涅槃，元清淨體。而後文識陰盡處，則曰超諸位盡，入於如來妙莊嚴海。況此識即是六根中性，而是經所以獨爲推重者，正以其用爲因地心，決定成佛故。是知此經，不取捨身受身之功，但取修因尅果之力，爲順佛意，故作此配。下破悉照後義。

識陰當知，亦復如是。

以法合。孤山曰：「瓶喻妄業，空喻妄識，業牽識走，如瓶擎空行；捨身受身，如用餉他國。」

正脈云：「愚謂但約現身，尤益日用，身即喻瓶，空乃喻識，千里萬里，但是身之往來，識常不動，以總攝識性周徧矣！」又曰：「非破識陰無體無性，但破其無去無來耳。」識陰無有去來，亦復如瓶空相似。初學喻合法竟。

午二 就喻詳辨

阿難！如是虛空，非彼方來，非此方入。

如是虛空，指已到他國之空，喻佛地無垢識；非彼方來者，非從凡夫同居土帶來；非此方入者，非到佛地，始入無漏身中也。以識性周徧，本無去來，有何出入？但隨緣異稱，因位有賴耶異熟之名，果地擅無垢菴摩之號，其性一也。若向此處薦得親切，則即識性，而悟藏性矣！

如是，阿難！若彼方來，則本瓶中，既貯空去，於本瓶地，應少虛空！

如是虛空，本無去來，若謂瓶內之空，從彼方擎來，則本置瓶之地即處也，瓶中既貯得一瓶虛空去，於本瓶所來之地，應少一瓶虛空？喻無漏識若從凡夫同居土帶來，則同居土應少識性，則犯識性不周之過。不少，則非彼方來明矣。昔報恩慧明上座，有新到僧，問曰：「近離何處來？」僧曰：「都城。」明曰：「上座離都城到此山，則都城欠上座，此山剩上座，剩則心外有法，欠則心法不周，說得道理即住，不會即去。」僧無語，與此同旨。

若此方入，開孔倒瓶，應見空出！

若謂空非彼方來，定從此方入。若從此方入者，則開孔倒瓶時，應先見前空從瓶中而出，前既不出，知此空非此方入矣！喻無漏識，若到佛果，始入無漏身上，則破二執，轉無漏時，應先見有漏識出，有漏既無出，無漏亦不入，祇因二執有無，因果名異，實非識有出入也。昔陸亘大夫問南泉：「古人瓶中養一鵝，日漸長大，出瓶不得。今者不得毀瓶，不得損鵝，作麼生出得！」泉召大夫！陸便應諾。泉曰：「出也。」陸從此開解。二就喻詳辨竟。

午三　結妄歸眞

是故當知識陰虛妄，本非因緣，非自然性。

是虛空，非從彼來此入之故，自當即喻知法，了知識陰，相妄性眞。上一句相妄，下二句性眞。既知相妄，不捐修證之功，可有轉識之日；既知性眞，可起圓通之行，而入平等之門；因緣、自然，皆成戲論，故俱非之。總明五陰虛妄，本無實體，其體即藏性，若以微密觀照，照見五蘊皆空，則破五陰，而超五濁，自可頓入三摩地，與觀音把手共行。故下阿難請示修門，如來第一義中，即教以澄濁就清，入涅槃義。然一切衆生，名爲五蘊衆生，故以澄濁，爲先務焉。又一念中，皆具五陰，一念執着，執則成礙，便是色陰；覺知苦、樂，領納在心，便是受陰；緣慮此境，於中想像，即是想陰；刹那變滅，不得停住，即是行陰；歷歷不昧，了了分明，即是識陰。據此則五陰舉體即是一念，一念舉體即是五陰，若能觀無念者，便是破陰下手工夫也。又奢摩他，微密觀照，照此五陰一一相妄：色陰如影像；受陰如陽燄；想陰如夢境；行陰如電光；識陰如幻事。不執實有，則本有如來藏性，不被五陰之所蓋覆，自可親見首楞嚴定體，不生不滅之妙眞如性矣。初會五陰即藏性竟。

大佛頂首楞嚴經正文卷第二終

卯二　會六入即藏性　分二　辰初　總徵　二　別釋　今初

復次阿難！云何六入，本如來藏，妙眞如性？

此總徵。梵語鉢羅吠奢，此云入，亦云處。入有二義：一爲能入，以能入塵取境故；二爲所入，以爲塵入之處故。按本文吸此塵象，當以吸入爲義，即吸入六塵之處，故又名處。他經色心開合無此科，本經以根中不生滅性，即首楞嚴定體，亦即如來成佛之密因，脩證圓通，下手所依之處，故特加焉。

本如來藏者，本即根本，一切枝末，依之而起，今追究六入枝末之根本，元是如來藏，如即本有不變，眞如之本體，來即眞如隨緣，徧周之妙用，藏者，含藏世出世間，一切善功德，無不具足，猶如寶故。

妙眞如性者：即如來藏之性。此性即理即事，全妄全眞，不滯一法，不捨一法故，所以稱妙。非是此眞而彼不眞，此如而彼不如，若如是則有對待，則不圓滿；今乃統萬法惟是一心，一眞一切眞，無有那一法不眞，一如一切如，無有那一法不如：即六入亦妙眞如性也。初總標竟。

辰二　別釋　分六　巳初　眼入　乃至六意入　巳初分四　午初　擧例顯妄　二　辨妄無體　三　無所從來　四　結妄歸眞　今初

阿難！即彼目睛，瞪發勞者，兼目與勞，同是菩提，瞪發勞相。

此擧前色陰，瞪目發勞爲能例，發明眼入同一虛妄也。即彼：乃就彼色陰所云，其人無故不動目睛，瞪以發勞，因此見勞，遂見空華之勞相。兼目與勞：勞字指空華，謂不特空華是勞相，兼能見之目，與所見之勞相，同是眞性菩提心中，瞪發勞相。如前所云：「見與見緣，併所想相，如虛空華，本無所有。」又如前所云：「影見俱眚。」眚與勞義同。能見之目是勞見，所見之相是勞相。

菩提是本有眞心，眞原無妄，由最初一念妄動，依動故能見；依能見故，境界妄現。由末推本，豈僅色陰虛妄，即眼入同是菩提心中，一念妄動之勞相。一念妄動，與無故瞪目，無以異也。初學例顯妄竟。

午二　辨妄無體

因於明暗二種妄塵，發見居中，吸此塵象，名為見性。此見離彼明、暗二塵，畢竟無體。

前五句托塵妄現，後三句離塵無體。以此眼入，因有明、暗二塵，黏湛然之體，發為勞見，居於浮、勝二根之中，吸入此明、暗二塵之象，如磁吸鐵，名為能見之量（此即菩提瞪發勞相），乃屬托塵妄現。倘若離彼明、暗二塵，畢竟無有能入之體可得，是謂離塵無體。下文阿難疑根性斷滅，亦由此也。　正脈問：「前取根性，離塵有體，異彼緣心，今云明、暗雙離，畢竟無體，何異緣心之無體乎？」答：「淺論之，前因眾生離緣心，不見眞心，乃就根中指性，令識眞心。然自是心非眼之後，但唯顯性不復論根，所以極表其離塵有體之眞。今已領眞性，尚執六根，別有體相，未融一性；更須令知，六入無自體相，所以極破其離塵無體之妄。雖說見性，乃根中局執之自性，非離眼廓周之見性也。前顯是性，而此破相，所以異矣！更深究之，此之破相，亦欲其離相，即妙眞如性耳。則顯性之旨仍同，豈如緣心，直破其一定無體哉？」二辨妄無體竟。

午三　無所從來

如是，阿難！當知是見，非明暗來，非於根出，不於空生。

此總標。據世人多謂見是其眼，從根是其正計，餘二併破，極顯其妄也。非明暗來不他生；非於根出不自生；不於空生，非無因生。於四性推檢無生，但缺不共生。

何以故？若從明來，暗即隨滅，應非見暗；若從暗來，明即隨滅，應無見明。

前三字總徵；此不從塵來。若說眼入從明塵而來，暗生明滅之時，見亦隨滅，應不見暗；若從暗塵而來，明生暗滅之時，見亦隨滅，應無見明。今明來見明，暗來見暗，明暗有去來，見性不生滅，當知是見，非明、暗來也，明矣！

若從根生，必無明、暗；如是見精，本無自性。

此不從根來。若說眼入，從根而生，必無明、暗二塵時，單根不能生見。故曰：「如是見精，本無自性。」自性乃能入之自體。

若於空出，前矚塵象，歸當見根，又空自觀，何關汝入？

此不從空來。若說眼入，從空而出，則以空爲見之根，出來時，前矚看塵也境萬象，回歸時，應當自見其根；當然不能見。縱使能見，乃空自觀，何關汝眼入之事？三無所從來竟。

午四　結妄歸眞

是故當知眼入虛妄，本非因緣，非自然性。

是無實體，無從來之故，當知眼入虛妄。以無實體故虛；無從來故妄，但是幻妄稱相。上句明相妄，下二句顯性眞。謂眼入之相雖妄，妄不離眞，其性本來不變，非因緣性；又復隨緣而非自然性耳。初眼入竟。

巳二　耳入　分四

午初　舉例顯妄　二　辨妄無體　三　無所從來

四　結妄歸眞　今初

阿難！譬如有人：以兩手指，急塞其耳，耳根勞故，頭中作聲。兼耳與勞，同是菩提，瞪發勞相。

此亦自法爲例。以塞耳成勞，易知之例，以例耳入，所聞一切音聲，同一妄也。故呼阿難之名，而告之曰：譬如有人，此亦假設以顯妄。以者用也，用兩手指，急塞其耳，塞久成勞，以致頭中發爲虛響，故云：頭中作聲。

兼耳與勞三句，耳字意取耳入聞性，以性不自顯，寄根說故。勞字乃指頭中作聲，以勞雖妄發，因境顯故，故曰兼，曰與。謂不特聲是耳入之勞相，兼能聞之耳入，與所聞之勞相，同是眞性菩提心中，瞪發勞相；比例發明，令知根塵同源，同一妄也。

指掌疏云：此三句有二義：一者比例信眞。言耳中聞性，本於眞性菩提，人或易信；塞耳所發勞相，亦本於眞性菩提，人皆難明，故曰同是菩提；佛意以根性本眞，例彼勞相亦本眞也。　二者比例知妄。言瞪發勞相，唯是虛妄無實，人皆易知；耳中能聞之性，亦惟是虛妄無實，人或難信，故曰同是瞪發；

佛意以瞪勞虛妄，例彼見性，亦唯妄也。二義中，前義比例信眞，亦可兼釋總標中，浮塵諸幻化相，其性眞爲妙覺明體之疑。以今瞪發勞相，與浮塵幻化無異，勞相本於菩提，重明幻化相，亦不離眞也。又瞪字，前眼入取例瞪目發勞，而後五入，何以亦用瞪發勞相？當知目瞪發勞，妄見空華，菩提心瞪發勞，則六精俱發，故皆用瞪發勞相。初舉例顯妄竟。

午二　辨妄無體

因於動、靜二種妄塵，發聞居中，吸此塵象，名聽聞性。此聞離彼動、靜二塵，畢竟無體。

前五句托塵妄。現以其動、靜不常，故稱爲妄。聞則托塵似有，豈屬眞實？此聞雖居耳根之中，吸入塵象，但名聽聞性，亦顯其唯是幻妄名相而已。下三句離塵無體，同前所解。二辨妄無體竟。

午三　無所從來

如是，阿難！當知是聞，非動、靜來，非於根出，不於空生。

此總以標列，下則徵起逐破。

何以故？若從靜來，動即隨滅，應非聞動！若從動來，靜即隨滅，應無覺靜！

初句徵起，下先破從塵來。若從靜塵來，動生靜滅，耳中聞性，即當隨靜塵以俱滅，應不能聞動；若從動塵來，亦復如是。二應字，俱讀平聲。

若從根生，必無動靜；如是聞體，本無自性。

此破從根生。若謂此聞從根而生者，但有增上緣，必無動、靜所緣之塵，如是聞體根也，本來亦無能入之自性，以單根不立之故。

若於空出，有聞成性，即非虛空；又空自聞，何關汝入？

此破從空而生。若謂此聞從虛空而出者，是空能有聞，亦得成爲根性，既成根性，即非虛空；以聞屬靈知，空乃頑礙故。又空縱有聞，乃空自聞，即同他聞，何預干也汝之耳入？三無所從來竟。

午四　結妄歸眞

是故當知耳入虛妄，本非因緣，非自然性。

此準上可知。二耳入竟。

巳三　鼻入　分四　**午初　舉例顯妄　二　辨妄無體　三　無所從來　四　結妄歸眞**　今初

阿難！譬如有人，急畜其鼻，畜久成勞，則於鼻中，聞有冷觸；因觸分別，通、塞、虛、實，如是乃至諸香臭氣。兼鼻與勞，同是菩提瞪發勞相。

此亦假設爲例。譬如有人，急畜縮也其鼻，鼻息出入，自有常度，無故急縮，連縮既久，則反常成勞，即於鼻中，聞有冷觸。此冷觸由縮風所成，因有冷觸，則分別通、塞、虛、實；疏通呼吸之氣爲虛，閉塞出入之息名實。如是乃至，吸入各種香、臭等氣，同一妄耳。兼鼻與勞：勞字指冷觸及香、臭氣；謂不特冷觸，香、臭氣，是鼻入之勞相，兼能聞之鼻入，與所聞之勞相，同是菩提心中，瞪發之勞相，以根塵同妄故。如第八番顯見文云，本是妙明，無上菩提，淨圓眞心，妄爲色空，及與聞見。初學例顯妄竟。

午二　辨妄無體

因於通、塞，二種妄塵，發聞居中，吸此塵象，名齅聞性。此聞離彼通、塞二塵，畢竟無體。

然此鼻入，元無自性，但因浮、勝二根，對彼通而有聞，塞而無聞，二種妄塵，黏湛發齅，居於根中，吸入此塵象，名爲齅聞能入之性。此聞亦不過幻妄稱相，離彼通、塞二種妄塵，畢竟無有能入之自體。上五句托塵妄現，後三句離塵無體。二辨妄無体竟。

午三　無所從來

當知是聞，非通塞來，非於根出，不於空生。

此總以標列，下則徵起別破。

何以故？若從通來，塞則聞滅，云何知塞？如因塞有，通則無聞，云何發明香、臭等觸？

初句徵，下先破不從塵生。若謂齅聞之性，從有聞之通而來，至無聞之塞時，此聞必隨通而去，應不更聞於塞，云何又知塞而無聞？既能知塞，則不從通來也明矣！如因無聞之塞，而有鼻入之齅性，則至有聞之通時，此聞則應隨塞而滅，無有齅聞之性，云何通時，又能發明香、臭等氣，來觸於鼻耶？既聞香、臭，應非從塞而有也，抑又明矣！

若從根生，必無通、塞。如是聞機，本無自性。

此破從根生。若謂鼻入齅聞之性，從根而生者，則單根無塵，如是聞機（根也）離塵無體，本無能入之自性。以有所方有能，今既無所入之塵，安有能入之根？則不從根生也，抑又明矣！

若從空出，是聞自當迴齅汝鼻；空自有聞，何關汝入？

此破從空來。若謂齅聞之性，從鼻孔之空而來者，是空有聞，自當迴（返也）齅汝之鼻根。因有迴齅二字，故知是指鼻孔之空，非外空也。縱許能齅，但是虛空，自己有聞，又何關汝阿難鼻入之事？是知不從空生也，抑又明矣！三無所從來竟。

午四　結妄歸眞

是故當知：鼻入虛妄，本非因緣，非自然性。

準上可知。三鼻入竟。

巳四　舌入 分四　午初　舉例顯妄　二　辨妄無體　三　無所從來　四　結妄歸眞　今初

阿難！譬如有人，以舌舐吻，熟舐令勞。其人若病，則有苦味。無病之人，微有甜觸。由甜與苦，顯此舌根，不動之時，淡性常在。兼舌與勞，同是菩提，瞪發勞相。

此亦自法爲例。假設一事，譬如有人，以舌舐吻；舐即舔也。舌根無有外物可舐，但用舌入，自舐其脣吻；吻即口之兩角。熟舐乃舐之既久，令舌發勞。其人若病，舐之則妄有苦味，無病之人，舐之微有甜觸。由此熟舐，妄生甜苦，正顯舌入之根不動即不舐之時，淡性非甜非苦常在。甜苦與淡，乃舌入之勞相，以此爲例，兼能嘗之舌入，與甜苦淡之勞相，同是菩提心中，瞪發勞相。前三科塵唯舉二，此科有甜、苦、淡三字，甜苦乃有味之味，淡屬無味之味，仍爲二種。初舉例顯妄竟。

午二　辨妄無體

因甜、苦、淡二種妄塵，發知居中，吸此塵象，名知味性。此知味性，離彼甜、苦及淡二塵，畢竟無體。

此辨舌入虛妄。舌入元無自性，但因舌動時之甜、苦，及不動時之淡，二種妄塵，黏湛發知，居於根中，吸此塵象，托塵妄現，名爲知味能入之性。然此舌入知性，離塵畢竟無體。二辨妄無體竟。

午三　無所從來

如是阿難！當知如是嘗苦、淡知，非甜、苦來；非因淡有；又非根出；不於空生。

此追究舌入無所從來，總標非塵、非根、非空。

何以故？若甜、苦來，淡則知滅，云何知淡？若從淡出，甜即知亡，復云何知甜、苦二相？

初句徵，下逐破。先破不從塵來。

若從舌生，必無甜、淡，及與苦塵。斯知味根，本無自性。

此破不從根來。

若從空出，虛空自味，非汝口知；又空自知，何關汝入？

此破不從空生。三無所從來竟。

午四　結妄歸眞

是故當知：舌入虛妄，本非因緣，非自然性。

準上可知。四舌入竟。

巳五　身入 分四

午初　擧例顯妄　二　辨妄無體　三　無所從來

四　結妄歸眞　今初

阿難，譬如有人，以一冷手，觸於熱手，若冷勢多，熱者從冷；若熱功勝，冷者成熱。如是以此合覺之觸，顯於離知，涉勢若成，因於勞觸。兼身與勞，同是菩提，瞪發勞相。

此舉易知之身觸，以爲能例，顯明身入虛妄。乃假設一人，用一隻冷手，觸合一隻熱手，兩手皆屬身根，與尋常有知之身，與無知之物，合則成觸不同。若冷之勢力多，則熱者從冷而成冷；若熱之功用勝，則冷者從熱而成熱矣。如是以此合覺之觸，顯於離知下，如是指上四句，用此兩手相合，覺知冷熱之觸，顯於兩手相離時，亦復有知觸之用，以驗身入所對觸塵，有離、合二種。彼此兩手，冷熱相涉之勢若成，乃因兩手相合，合久成勞，故現冷熱相涉之觸。兼身下三句，謂不但交相涉入，冷熱之相，是身入之勞相，兼身入與冷熱之相，同是菩提心中，瞪發勞相。初舉例顯妄竟。

午二　辨妄無體

因於離、合二種妄塵，發覺居中，吸此塵象，名知覺性。此

知覺體，離彼離、合違順二塵，畢竟無體。

此身入之知覺，乃托塵妄現其相。因於離、合二種妄塵，黏起湛然之體，發爲覺精，居於浮、勝二根之中，吸入此塵象，名爲身入知覺之性。此知覺體，離彼離、合違順二塵，畢竟無有身入之自體可得。離、合屬二塵，違順乃二相。苦觸，則違背衆生，厭苦求樂之心理，故曰違；樂觸，則順從衆生，厭苦求樂之心理，故曰順。離、合各有違順二相。二辨妄無體竟。

午三　無所從來

如是阿難！當知是覺，非離、合來，非違順有，不於根出，又非空生。

此總標無從來，下則徵破。

何以故？若合時來，離當已滅，云何覺離？違順二相，亦復如是。

初句徵，下先破從塵來。

若從根出，必無離、合、違、順四相。則汝身知，元無自性。

四相，非指離合違順為四，乃指離合二塵，各有違順二相，則成四相。此破從根出。

必於空出，空自知覺，何關汝入？

此破空生。三無所從來竟。

午四　結妄歸眞

是故當知，身入虛妄，本非因緣，非自然性。

準上可知。此中相妄性眞之旨，如昔日僧問洞山曰：「寒暑到來如何迴避？」山曰：「何不向無寒暑處去？」僧曰：「如何是無寒暑處？」山曰：「寒時寒煞闍黎，熱時熱煞闍黎。」此為達妄即眞，處處總成華藏界矣！五身入竟。

巳六　意入　分四

午初　舉例顯妄　二　辨妄無體　三　無所從來

四　結妄歸眞　今初

阿難！譬如有人，勞倦則眠，睡熟便寤；覽塵斯憶，失憶爲忘。是其顚倒，生、住、異、滅，吸習中歸，不相踰越，稱意知根。兼意與勞，同是菩提，瞪發勞相。

此亦擧意入易知之例，以顯虛妄。假設一人辛勞疲倦，精神不足，意根不對緣境，則妄現睡眠之相；睡眠既熟，精神恢復，意根不甘滯寂，則便現醒寤之相；此乃約忽寐忽覺而言，非指夜寐夙興也。據此則勞倦睡熟，俱指意根，取此虛妄易知者，比例意入虛妄無體。覽塵斯憶，失憶爲忘者：以既寤之時，則歷覽前塵，而斯憶記也；欲睡之時，則失憶以爲忘。又正睡之時，夢中獨頭，所緣覽塵境，亦稱記憶；既寤之後，則夢沉境寂，亦曰爲忘。

是其顚倒，生、住、異、滅者：以上忽眠、忽寤，或憶、或忘，皆屬顚倒之相。生、住、異、滅，對眠、寤、憶、忘而說。初眠爲生，正眠爲住；將寤爲異，寤已爲滅。始憶爲生，正憶爲住；將忘爲異，忘盡爲滅。寤忘準此可知。

吸習中歸，不相踰越，稱意知根者：謂意根能吸入現習，生、住、異、滅四相，次第遷流，中歸意地，前不落後，後不超前，不相踰越，稱意入爲能知之根焉。　兼意與勞，同是菩提，瞪發勞相者：世人只知，眠、寤、憶、忘，爲意家之勞相，並不知兼意知根，與所緣勞相，同是菩提心中，瞪發勞相。初舉例顯妄竟。

午二　辨妄無體

因於生滅二種妄塵，集知居中；吸撮取也內塵，見聞逆流，流不及地，名覺知性。

此生滅，乃前五塵，落卸影子，有生、滅二種法塵之別。意入因於生、滅二塵，黏起湛然之體，集能知之性，居於意根之中，如幽室見。吸撮內塵：即吸取內之法塵，爲己所緣。前五科向外，故云發見發聞等，今云集知者，以其但約緣內塵言。

見聞逆流，流不及地者：前五根緣五塵之境；見、聞二字，該餘三根，皆順流外緣；倘若見、聞等根，要逆流反緣，也緣不到。因五塵落卸影子，落在意地之中，爲意根之所獨緣，故曰見聞逆流，流不及地。此能緣性，名意入覺知之性，亦不過托塵妄現而已。

此覺知性，離彼寤、寐生滅二塵，畢竟無體。

然此覺知之性，既是因塵而有，離塵自應無體可得。正脈云：寤寐不同上眠寤，彼是假設，取於睡時，此是法塵，但約衶思昏、明而已。二辨妄無體竟。

午三　無所從來

如是，阿難！當知如是覺知之根，非寤寐來；非生滅有；不於根出；亦非空生。

此總標，下徵破。

何以故？若從寤來，寐即隨滅，將何爲寐？必生時有，滅即同無，令誰受滅？若從滅有，生即滅無，誰知生者？

初句徵；此先破從塵來。若謂此覺知之意入，從寤而來者，至於寐時，此覺知必隨寤而滅，又將何者而爲寐乎？即今寐中，能做夢者，又是誰耶？若從寐來，類此可推。若謂此覺知，必從生塵有者，至於滅塵時，即應同生塵而無矣，又令誰領受滅塵，而內守幽閒寂靜之境耶？若謂此覺知，從滅塵有者，至於生塵時，即應同滅塵而無矣，即今能覺知生塵，分別苦樂者，又是誰耶？

若從根出，寤、寐二相，隨身開合，離斯二體，此覺知者，同於空華，畢竟無性。

此破從根出。若謂此覺知，從意根出者，寤、寐二種之相，乃隨身根之內，肉團心開合而成。肉團心是肉質，狀如倒掛蓮華，寤則開，寐則合，離斯也此寤寐開合二體，此意入之覺知，同於空華，畢竟無有能入之性，是則根尚叵得，如何可說從根出也？

若從空出，自是空知，何關汝入？

此破從空而出。若謂此覺知，從空出者，空性頑鈍，根性靈知，虛空本屬無知，縱然能有知覺，自是空之有知，何關於汝意入之事？以上追究，此覺知者，來處不可得。三無所從來竟。

午四　結妄歸真

是故當知：意入虛妄，本非因緣，非自然性。

準上可知。此處正脈疏，交光法師，發明入、處、界三科，破法有三種差別，爲千古獨唱！一者約緣破：言不局本法，廣破外緣也。如滅火不徑撲火，但抽去其薪，火自滅矣，以火無自體也。　二者更互破：言二法相依而立，即須更互破之。如蛟水相依，兩皆爲患，除之者，驅蛟絕水之本，泄水破蛟之居也。　三者從要破：此有兩種，一者二法從要破：如兩木相倚而立，但推倒一邊，二皆倒矣。二者三法從要破：如筋、膠、角三合爲弓，而膠爲其要，但除去其膠，則筋、角皆不成弓矣。故此六入，全是約緣破，塵即其緣也。下十二處，兼更互破，及二法從要破也，眼、色、耳、聲四處，更互破也；餘八處二法從要破也。又惟身、觸二處，獨約根破，餘六處獨約塵破也。後十八界，全是三法從要破也。然文雖從要，意實並破，非同六入，正意在根也。詳其結處，蓋可見矣。卯二六入竟。

楞嚴經講義第六卷終

大佛頂如來密因修證了義諸菩薩萬行首楞嚴經講義

福州鼓山湧泉禪寺圓瑛宏悟述　受法弟子明暘日新敬校

卯三　會十二處即藏性 分二　**辰初　總徵　二　別破**　今初

復次阿難！云何十二處本如來藏，妙眞如性？

此總標十二處即藏性。處者方所也，定在也。以權教相宗說，根一定在內，塵一定在外，眼唯對色，耳唯對聲等，內外各六處，故名十二處，亦名十二入；謂取境，則以根入塵，受境，則以塵入根，通爲能入，亦通爲所入，故名爲入。六科中，前二眼、色、耳、聲四處，約根塵互破，身、觸二處，獨約根破，餘六處皆約塵破，循循善誘，巧爲開發，一一顯其相妄性眞，全事即理也。

本科十二處，爲如來對迷色重迷心輕者，開色合心：開一色法，爲六塵、五根，合受、想、行、識四陰心法爲一意根，故說十二處。根、塵互相依倚，下文云：根塵同源，縛脫無二，迷晦即無明，發明便解脫。今爲融歸藏性者，正欲令發明也。初總徵竟。

辰二　別破 分六　**巳初　眼色處** 至六 **意法處**

巳初 分四　**午初　標舉**

二處　二　雙以徵起　三　分文難破　四　結妄歸眞　今初

阿難！汝且觀此：祇陀樹林，及諸泉池。

此標舉眼、色二處，觀即眼處，餘爲塵處。

午二　雙以徵起

於意云何？此等爲是色生眼見？眼生色相？

此約權宗，心、法相生爲問。由法生故，種種心生；由心生故，種種法生。故徵云：在汝之意以爲如何？還是色塵生出眼見耶？還是眼根生出色相耶？雙開兩途爲問，下乃分破。

午三　分文難破　分二　**未初　破眼見生色　二　破色生眼見　今初**

阿難！若復眼根生色相者，見空非色，色性應銷，銷則顯發一切都無；色相既無，誰明空質？空亦如是。

此破眼生色相。故呼阿難，而告之曰：若復內之眼根，生出外之色相者，則眼具生色之性，設或見空之時，而非色相，是所生之色相既無，而能生之色性（指眼見），應即銷亡！　銷則顯發一切都無者：銷字即能生之見銷亡，而所生之色亦無，色相既無，空相亦復叵得？故曰顯發一切都無。

色相既無，誰明（顯也）空質者：言空、色相形而顯，色相既無，空應不顯矣。反言無色，將誰顯空？此二句，即解釋顯發一切都無之義。　空亦如是者：例破眼生空相，空、色俱為眼根所對之境，故須例破云：若復眼根生空相者，見色非空之時，空性應銷，銷則顯發一切都無，空相既無，誰明色質？為避文繁，故總例之曰：空亦如是。

未二　破色生眼見

若復色塵生眼見者，觀空非色，見即銷亡，亡則都無，誰明空色？

此破色生眼見。若復外之色塵，能生內之眼見者，觀空之時，而非色相，是能生見之色塵已滅，而所生之見，即應銷亡！然見既銷亡，則一切都無；既無能見，則將誰來明是空是色，故曰：誰明空色？則見與色、空，一總都無矣。準上亦應有空亦如是句。三分文難破竟。

午四　結妄歸眞

是故當知見與色、空，俱無處所。即色與見，二處虛妄，本非因緣，非自然性。

此科結云：由是義故，應當起智觀察，了知能見之眼根，與所見之色、空，俱無定在之處所。以眼不生色，則色無處所；色不生眼，則見無處所，此且明其無內、外二處耳。即色與見，二處虛妄者：即色塵與眼見，二處之體，亦屬虛妄，以無體曰虛，僞現曰妄。前文云：「見與見緣，如虛空華，本無所有。」本非因緣，非自然性者：亦如前文云：其性眞爲妙覺明體，本非權乘所計之因緣性，及外道所計之自然性；以因緣、自然，俱爲戲論矣。初眼色處竟。

巳二　耳聲處　分四　午初　標擧二處　二　雙以徵起　三　分文難破　四　結妄歸眞　今初

阿難！汝更聽此，祇陀園中，食辦擊鼓，衆集撞鐘，鐘鼓音聲，前後相續。

此標舉耳、聲二處；聽即耳，鐘鼓為聲。

午二　雙以徵起

於意云何？此等為是聲來耳邊？耳往聲處？

聞非自然生，因聲而聞；聲非自然生，因聞有聲。在汝之意，以為如何？為是聲來耳邊而聞耶？為是耳往聲處而聞耶？邊字即處也。聲處下，應有為無來往一句，蓋有來往，是凡小妄情，無來往是權宗所計。彼謂耳、聲二處，離中知故，分了義之教，故並破之。分破中有若無來往句，此應是缺漏。

午三　分文難破　分三　**未初　聲來耳邊　二　耳往聲處　三　無來無往　今初**

阿難！若復此聲來於耳邊，如我乞食室羅筏城，在祇陀林，則無有我；此聲必來阿難耳處，目連迦葉應不俱聞？何況其中，一千二百五十沙門，一聞鐘聲，同來食處？

此約聲來耳處破。以聲一耳多，不能徧至。如我下法喻合辨：喻中如來乞食城中，林中則無；法中聲來阿難耳處，餘衆則無。故曰：「目連、迦葉，應不俱聞。」何況下，反顯一聲衆聞，同來食處，則計聲來耳邊者，妄也。

未二　耳往聲處

若復汝耳，往彼聲邊，如我歸住祇陀林中，在室羅城，則無有我。汝聞鼓聲，其耳已往擊鼓之處，鐘聲齊出，應不俱聞！何況其中，象、馬、牛、羊，種種音響？

此約耳往聲處破。以聞一聲多，不能偏往。如我下法喻合辨：喻中如來歸住林中，城裏則無；法中耳往擊鼓之處，鐘處則無。故鐘聲齊出，應不俱聞，何況其他種種音響，而豈得聞耶？今能聞衆聲，則計耳往聲處者，亦妄也。

未三　無來無往

若無來往，亦復無聞。

此恐防轉計。因來往被破，則計無來無往，情所必至，故為此破。如無來往，則根、塵兩不相到，故曰：「亦復無聞」。今衆聲皆聞，則計無來往者，亦妄也。

問：「此中耳、聲二處，既非有來有往，亦非無來無往，畢竟如何成聞？」答：「按本經，大乘了義，根塵俱周法界，如七大文云：『清淨本然，周徧法界。』今以無線電可以證信，外國廣播，按時收聽，彼處一說，此處即聞，如同一室談話，豈有來去之相？此即根性周徧，托緣便顯，應知性本自徧，但託緣顯，非藉緣生，塵性亦復如是。三分文難破竟。

午四　結妄歸眞

是故當知：聽與音聲，俱無處所，即聽與聲，二處虛妄，本非因緣，非自然性。

是有無來、往俱非之故，應當悟明，耳根之聽，與音聲之塵，俱無內外定在之處所。即聽與聲，二處自體，亦不可得；說誰來往，及不來往，亦不過虛妄名相而已。其性本即如來藏性，非因緣、自然二種戲論矣！問：「無來無往，與根、塵俱徧法界同旨，離中知，即無來往，何亦被破？」答：「根、塵俱徧，實屬一體，同一如來藏，安可言離？若有離，則成二矣！今唯一性，故須並破。」二耳聲處竟。

己三 鼻香處 分四

午初 標舉二處 二 詳以徵起 三 分文難破 四 結妄歸眞 今初

阿難！汝又齅此爐中旃檀，此香若復然於一銖，室羅筏城四十里內，同時聞氣。

此標舉鼻香二處。齅即鼻；旃檀、香也，義翻與藥，齅之可以除病，亦云「牛頭旃檀」，出北俱盧洲，牛頭山中。法華經云：「此香六銖，價值娑婆世界」是也。此乃異香，功用殊勝。若復然於一銖，室羅筏城，四十里內，同於一時，俱聞香氣。律曆志云：二十四銖爲一兩。每銖乃四分一釐，六毫六絲六忽。博物志云：「漢武帝時，西國遣使，獻異香四枚於朝，漢制香不滿斤不得受。使乃將其香，取如大豆許，著在宮門上，香聞長安四十里，經月乃歇，帝乃受之。後長安瘟疫流行，博士奏請，焚香一枚，四十里間，民疫皆愈。」此異香功用殊勝之明證也。

午二 詳以徵起

於意云何？此香爲復生旃檀木；生於汝鼻；爲生於空？

以上眼、色、耳、聲四處，乃更互破。此科乃二法從要破，故但徵香塵，了無生處，如兩木相倚，推倒一邊，則兩木皆倒矣。

午三　分文難破　分三　**未初　破從鼻生　二　破從空生　三　破從香生**　今初

阿難！若復此香生於汝鼻，稱鼻所生，當從鼻出，鼻非旃檀，云何鼻中有旃檀氣？稱汝聞香當於鼻入，鼻中出香，說聞非義？

若謂此香，生於汝鼻，既稱此香，是鼻所生，應當香氣從鼻而出，方合生義；鼻非旃檀，云何鼻中有旃檀氣？此約體用相違破。鼻是肉體，而非旃檀香體，異體不能發用，云何肉鼻之中，而有發生旃檀氣之用？　稱汝聞香，當於鼻入，鼻中出香，說聞非義者：此約名義不符破。聞字是名，以入爲義，稱汝聞香，應當於汝鼻入，現鼻中生出香氣，名義不符，故難曰：「說聞非義」。

則香不從鼻生也，明矣！

未二　破從空生

若生於空，空性常恆，香應常在，何藉爐中，爇此枯木？

若謂此香，不從肉鼻所生，乃生於鼻孔中之空者，鼻孔之空，與世界之空無二。空性常恆不變，所生之香，亦應常在，一切得皆有香氣，又何藉爐中，爇此枯木，然後有香？未爇無香，足顯不從空生也，明矣！

未三　破從香生

若生於木，則此香質，因爇成煙，若鼻得聞，合蒙煙氣！其煙騰空，未及遙遠，四十里內，云何已聞？

香生於木，常情共計。故破云：若生於木，則此香之木質，因爇成煙，乃可通於鼻中。若鼻得聞，合當蒙受煙氣！今其煙騰空，未及遙遠，室羅筏城，四十里內，同時聞氣，足徵非生於木明矣，故以云何已聞反難焉。未三破香從木生。合上三科，三分文難破竟。

午四　結妄歸眞

是故當知：香鼻與聞，俱無處所。即齅與香，二處虛妄，本非因緣，非自然性。

是香塵無從來之故，應當悟知。香塵與鼻根，指浮、勝二根，及托根之齅聞性，仍屬根、塵二處，非有三法也。俱無處所者：外塵之處，既已叵得，內根之處，亦復不立，故曰：「俱無」。即齅聞與香塵二處之體，亦屬虛妄；無體曰虛，僞現曰妄，但有虛妄名相，若究其源，不從根生木生，則非因緣所生法；又不從空生，則非自然性，惟是如來藏，妙眞如性也。三鼻、香二處竟。

巳四　舌味二處　分四　午初　標擧二處　二　詳以徵起　三　分文難破　四　結妄歸眞　今初

阿難！汝常二時，衆中持缽，其間或遇酥、酪、醍醐，名爲上味。

此標擧舌味二處。而舌處寄遇字之中。常即尋常日用；二時乃早食、午食時也。酥、酪、醍醐，皆從乳生，從乳出酪，從酪出生酥，從生酥出熟酥，從熟酥出醍醐。其間或遇此等之味，名爲上味。

午二 詳以徵起

於意云何？此味爲復生於空中？生於舌中？爲生食中？

午三 分文難破 分三 未初 破從舌生 二 破從味生 三 破從空生 今初

阿難！若復此味，生於汝舌，在汝口中，祇有一舌，其舌爾時，已成酥味，遇黑石蜜，應不推移？

此先破味從舌生。若復此味，生汝阿難之舌，在汝口中，祇有一舌，亦祇能生出一味，譬如果樹，一樹祇能生一味之果。其舌爾時遇酥，已成酥味，或更遇黑石蜜時，自應不推變，不移易，不至再生甜味。善見律云：黑石蜜，即甘蔗糖。色黑、質堅、味甜，故名黑石蜜。

若不變移，不名知味；若變移者，舌非多體，云何多味，一

舌之知？

此分兩途難破。舌以知味爲義，承上云若不變遷移易，只知一味，則不名一舌能知衆味，即失知味之義矣。倘若推變移易，一口祇有一舌，舌非有多體，云何衆多之味，祇有一舌能知，如世間一樹，能生多味之果，安有是理耶？

未二　破從味生

若生於食，食非有識，云何知味？又食自知，即同他食，何預於汝，名味之知？

此破味從食生。常情妄計，味生於食，故爲此破。若言味生於食品，食品非有分別之識，乃屬無知之物，若不假舌根，云何能知味耶？縱使能知，又屬食品自知其味，何干汝舌之事，而名汝舌嘗味之知也！如他人之食，豈可名汝舌嘗味之知乎？

未三　破從空生

若生於空，汝噉虛空，當作何味？必其虛空，若作鹹味，既鹹汝舌，亦鹹汝面？則此界人，同於海魚！既常受鹹，了不知淡。若不識淡，亦不覺鹹，必無所知，云何名味？

此破味從空生。因前從舌從食，皆已被破，勢必轉計從空而生。故此並破云：若言味生於虛空，則空必具味，故今噉虛空，當作何等之味？必其虛空下，按定一味；若空作鹹味，虛性周徧，汝全身在虛空之中，既能鹹汝舌，亦必鹹汝面，及汝全身，則此世界人類，都在鹹味之中，同於海魚一樣。既常受鹹，無時不在鹹中，自然了不知淡。而鹹、淡二味，相待以顯，既常受鹹味，曾不識知何者爲淡，則應亦不覺所處是鹹，以無待故無辨也。如是則必一無所知，云何又以酥、酪、醍醐，名爲上味耶？三分文難破竟。

午四　結妄歸眞

是故當知：味、舌與嘗，俱無處所。即嘗與味，二處虛妄，本非因緣，非自然性。

是味塵無有生處之故。此亦二法從要破中，獨約塵破。塵既叵得，根豈能有？因此當知，味塵、舌根，與舌根嘗性，能嘗所嘗，俱無定在處所。即能嘗之根，與所嘗之味亦無自體可得。推究其性不變，本非因緣；其用隨緣，亦非自然，乃如來藏，妙眞如性。四舌味二處竟。

巳五　身觸二處　分四　午初　標舉二處　二　約二觸破　三　約一觸破　四　結妄歸眞　今初

阿難！汝常晨朝，以手摩頭。

此標舉身、觸二處。觸塵與諸塵不同，乃以有知之身，與無知之物，合則成觸。如衣服未穿身上，但屬色塵，待穿身上，覺知違順，方名爲觸。夏天穿棉衣則違，穿紗衣則順。觸即身分之覺也，具有能知之用者爲能觸，而無知覺者爲所觸，是根、塵、能、所合成。本科觸塵，又與諸觸不同，獨以一身明觸，頭手皆身根，無外觸塵，但假摩以成觸相，根塵互不可分，無定處所，以例諸觸，皆類此虛妄。此科乃二法從要破，獨約根破也。

律中佛勅弟子，一日三摩其頭，默誦偈曰：「守口攝意身莫犯，莫惱一切諸有情，無益之苦當遠離，如是行者得度世。」此中無益之苦，指外道所修苦行，非是眞因，不得實果。佛弟子中，多有外道歸佛者，欲令捨邪從正，三摩其頭，自覺落髮出家，不忘爲僧也。佛以阿難遵依佛敕，每日行之，故擧爲問焉。

午二　約二觸破

於意云何？此摩所知，誰爲能觸？能爲在手？爲復在頭？

此雙徵云，在汝阿難之意云何？此摩頭所生之知覺，手知所摩是頭，頭知是手來摩，二俱有知，頭手二邊，誰爲能觸者？誰爲所觸者？能觸爲在於手耶？爲在於頭耶？要阿難自審。觸之爲義，以有知者爲能觸，無知者爲所觸。能所相合，方成觸義。

若在於手，頭則無知，云何成觸？若在於頭，手則無用，云何名觸？

若言能觸在於手，而手是有知，頭則應屬無知。現今頭亦有知，頭手皆爲能知，無有所知，云何可以成觸？以觸必有知無知，能所相合之故。若言能觸在於頭，而頭是有知，手則應無知觸之用？現今手亦有知，頭手二俱有知，云何得名爲觸耶？

若各各有，則汝阿難，應有二身？

一身一知，世間共許，若謂頭之與手，各有一知，則汝阿難，應有二身？

午三　約一觸破

若頭與手，一觸所生，則手與頭，當爲一體！若一體者，觸則無成，

此翻前兩觸，轉成一觸。若言頭與手一觸所生，即頭手共一知，則成一觸也。若然，則手與頭，當爲一體。若果一體者，無能所，絕對待，觸則無成。何以故？必有二體相合，方可成觸，如衣與身合，方成觸義。

若二體者，觸誰爲在屬也**？在能非所？在所非能？不應虛空，與汝成觸？**

此防轉計二體。文中在能在所，能所二字，莫作能觸所觸解，當作能摩、所摩，文義始暢。因上一體被破，防計二體乃破云：若頭手二知，是為二體者，此二皆屬有知，皆為能觸，且道所觸之塵，又誰為在？即又當誰屬耶？若在能摩之手，即非在所摩之頭；若在所摩之頭，即非在能摩之手，現今頭手二皆有知，二皆能觸，無有所觸之塵，乃詰之曰：「不應當虛空，與汝成所觸耶？」

午四　結妄歸眞

是故當知：覺觸與身，俱無處所。即身與觸，二處虛妄，本非因緣，非自然性。

是約二觸，則一知、二知了不可定；約一觸，則一體、二體，無所適從之故，當知所覺之觸，與能覺之身，俱無眞實處所；即身根與觸塵，亦無體相，悉皆虛妄名相而已。若求其本，乃非因緣、非自然，乃如來藏，妙眞如性也。

五身觸二處竟。

巳六意法二處 分四

午初　標舉二處　二　雙以徵起　三　就法辨

妄　四　結妄歸眞　今初

阿難！汝常意中所緣，善、惡、無記三性，生成法則。

此標舉意、法二處。意中乃意根之中，所緣下爲法塵。而法塵與前五塵不同，非有實性境，此唯意識之獨影境。何謂獨影境？由同時意識，與前五識同時而起，緣五塵性境，吸入意根之中，名爲五塵落卸影子，故爲獨影境。同時意識緣善境界，則意根中，有善性影子現起；緣惡境界，則意根中，有惡性影子現起；緣無記境界，則意根中，有無記性影子現起；無記境界，乃非善非惡之中庸境，於善惡二者，無可記別，故名無記性。此三性，乃生成法塵之定則。又一解，此三性，乃意根中，生成一定之法則，故名爲性。

午二　雙以徵起

此法爲復即心所生？爲當離心，別有方所？

此雙徵法塵，爲復即汝意根之心所生乎？爲當離汝意根之心，而別有法塵之方向所在耶？

午三　就法辨妄　分二

未初　破即心所生　二　破離心別有　今初

阿難！若即心者，法則非塵，非心所緣，云何成處？

若此法塵，即意根之心所生者，能生之心有知，所生之法，亦當有知，如有情生有情。法塵既是有知，則應非塵，亦非心所緣之境；是心所緣，方成法處，反難既非心之所緣，云何可以成處也？

未二　破離心別有

若離於心，別有方所，則法自性，爲知非知？

此破離心，雙開知與非知兩途。若言法塵，是離意根之心，別有方向處所者，則法塵應有自性，試問法塵自性，爲是有知耶？爲非有知耶？

知則名心，異汝非塵，同他心量。即汝即心，云何汝心更二於汝？

此先約有知破。若謂離心法塵，是有知者，則當名爲心，不應名塵。異汝非塵，同他心量者：異作離字解，謂此法塵，既然離汝意根之心；而又有知，自應非是塵，乃另是一心也，豈不同他人之心量乎？他人之心，方是離汝有知也。

即汝即心，云何汝心，更二於汝者：此三句防謬辯。若必執言，離心有知之法塵，亦即是汝，即汝之心量，非他人心量者，既是汝心，應不離汝，云何汝心，不與汝合而爲一，更爲二而離於汝耶？是則計法塵，離意根而有知者，謬矣！

若非知者此塵既非色、聲、香、味、離、合、冷、煖，及虛空相，當於何在？

此更約非知破。若謂此法塵，乃離意根之心，而非知者，前五塵離心非知，此法塵，既不是五塵，及虛空相，而徵其定在何處也。離、合、冷、煖，乃屬觸塵。

今於色、空，都無表示，不應人間，更有空外。心非所緣，處從誰立？

色即五塵色法，空即由色所顯虛空，今在五塵虛空。都無可表顯指示，汝之法塵。終不應言，人世之間，更有一個空外之處，爲法塵所在，色容有外，空豈有外哉？

心非所緣，處從誰立者：心指意根，所緣屬法塵。謂此法塵，離心非知，自不是能緣之心，又復離根而處空外，亦非所緣之境；則法塵非心、非境，處將從誰而立耶？三就法辨妄竟。

午四　結妄歸眞

是故當知法則與心，俱無處所，則意與法，二處虛妄，本非因緣，非自然性。

是即心、離心，有知、非知皆謬之故，當知法塵、與意根之心，俱無一定處所。下二句，不特無處，亦復無體，則意根與法塵二處之體，亦但虛妄名相而已，如空中華，全無實體。推究無體之體，元是妙明眞體，故曰：本非因緣，非自然性，乃如來藏，妙眞如性。三會十二處即藏性竟。

卯四　會十八界即藏性　分二　**辰初　總徵　二　別釋**　今初

復次阿難！云何十八界，本如來藏，妙眞如性？

此總徵十八界即藏性。梵語馱都，此云界。界者界限，六根、六塵、六識，各有界限。以內之能緣者，屬根之界限；外之所緣者，屬塵之界限；中間能了別者，屬識之界限，三六十八，各有界限故。又界者因義，因即是依，以根、塵、識，互相依也。又界者種族義，以根、塵、識三，各有種子族類故。十八界，佛爲心、色二迷俱重者說，心色俱開：色法開爲六塵、五根；心法開爲意根、及六識，合成十八。此中破意，乃三法從要破、根、塵、識三，識爲其要，故獨約識破。識界既破，則根、塵二界，自不成立，如三間之屋，但拆去中間牆壁，左右二間之界，亦自不成矣！雖則獨約識破，實則根、塵兼破，但破其相妄，妄相既破，眞性自顯，故曰：「本如來藏，妙眞如性。」初總徵竟。

辰二　別釋　分六　**巳初　眼色識界**至**六意法識界**　巳初又分四　**午初　標擧三界　二　雙以徵起　三　分合難破　四　結妄歸眞**　今初

阿難！如汝所明，眼色爲緣，生於眼識。

此佛就阿難，昔聞因緣權教，所明者爲問。眼根與色塵，根、塵相對，互相爲緣故；根爲增上緣，塵爲所緣緣，二緣相合，識生其中，故曰：「生於眼識」，而成三界矣。

午二　雙以徵起

此識，爲復因眼所生，以眼爲界？因色所生，以色爲界？

根、塵、識三，惟徵於識，即三法從要破也；識既被破，三界自無。承上徵云：「此識爲復因眼根所生，即以眼爲識之界，名爲眼識界耶？爲復因色塵所生，即以色爲識之界，名爲色識界耶？」良以根、塵各有別名，皆隨自法爲名，而識則無之，若不係以根、塵，則無所分別。諸經多係屬於根，曰眼識、耳識等，今以權教，根、塵皆能生識，故雙約以徵之。

午三　分合難破　分三

未初　破因眼生　二　破因色生　三　破和合生　今初

阿難！若因眼生，既無色空，無可分別；縱有汝識，欲將何

用？

此破識單從眼生。若謂此識單因眼根生，即以眼爲界者，則不藉乎色、空。既無色空，無有可分別之塵，單根則不能生識；縱使有能生汝之識，若無色、空，汝識亦將何所施其用乎？識以了別塵、境爲用，無塵則不用識也。

汝見又非青、黃、赤、白，無所表示，從何立界？

此承上汝眼根之見，無形、無色，既無長、短、方、圓之形，又非有青、黃、赤、白之色，無所表示，汝根之相。前段無色、空則塵無，此段無表示則根無，則中間之識，從何處可以立其界限乎？

未二　破因色生

若因色生，空無色時，汝識應滅，云何識知是虛空性？

此破識單從色生。若謂此識，單因色塵生，即以色爲界者。至於見空無色之時，則色塵已滅，汝識應當隨色而滅，識滅則無所識知，云何見空之時，又識知是虛空性耶？

若色變時，汝亦識其色相遷變，汝識不遷，界從何立？

此言色塵遷變之時，汝亦識其色相已經遷變，是汝識不隨色遷變矣？一存一亡，無有對待，則識界從何可以成立耶？此與上段文，有二意：上乃從變不識空，此乃不變不成界。

從變則變，界相自無；不變則恆，既從色生，應不識知，虛空所在？

此段上二句，因聞識不從色變，應不成界，乃轉計識從色變。遂破云：若識從色變，則色與識，二俱變滅，界相自然無矣。此從變不成界，乃對上不變不成界，成爲交互之文。

下四句，因聞識從色變，應不識空，乃轉計識不從色變。亦破云：若識不從色變，則識性恆常，雖然恆常不變，此識既因色塵所生，自屬無知，應當不能識知虛空所在！今能知空，足證識非從色生矣。此不變不識空，乃對上從變不識空，成爲交互文。此種經文，是爲交牀（牒）法，兩頭俱到，文法極妙。

未三　破和合生

若兼二種，眼色共生，合則中離，離則兩合，體性雜亂，云何成界？

此以上單根獨塵，皆不能生識，轉計和合而生。遂破云：若言兼眼根、色塵二種，共生汝識者，且問還是眼色相合而生耶？還是眼色相離而生耶？此二句，上合離兩字指眼色，下離合兩字指眼識。若謂眼色，合併而生，則汝識半從根生，半從塵生，中間必有離縫，以不是整個生成。如二物相合，合處有離縫也；若謂眼色，離開而生，則汝識半是有知，半是無知，有知者合於眼，無知者合於色，遂成兩合矣。　體性雜亂者：指識之體性。雜對合則中離說，半從根半從塵，和雜而生故曰雜；亂對離則兩合說，半合根半合塵，則成動亂故曰亂。既是雜亂，云何能成識之中界乎？三分合離破竟。

午四　結妄歸眞

是故當知：眼色爲緣，生眼識界，三處都無。則眼與色及

色界三本非因緣，非自然性。

是各生共生，俱不得成之故，應當了知。此知含二義：一者應當知妄，至三處都無止，結相之妄；二者應當知眞，後四句歸性之眞。以上所言，眼、色二種爲緣，生於眼識者，現前推究，眼識既不從眼生，又不從色生，亦非雙兼眼色共生，則中間所生眼識，既不成界，內外眼色，何得爲緣？中界既無，內外叵得，故曰三處都無。又三處都無，處即界也，所謂眼色爲緣生識，今眼、色、識三界，俱不可得；應知此是相宗權教，順世之談，都無實義。則眼與色，及色界三：色界即色識界，係塵爲名；此眼、色、識三，本非因緣，非自然性，乃是如來藏，妙眞如性。初眼色識界竟。

巳二　耳聲識界 分四　**午初　標舉三界　二　雙以徵起　三　分合難破　四　結妄歸眞**　今初

阿難！又汝所明，耳聲爲緣，生於耳識。

午二　雙以徵起

此識爲復因耳所生，以耳爲界？因聲所生，以聲爲界？

午三　分合難破　分三　未初　破因耳生　二　破因聲生　三　破和合生　今初

阿難！若因耳生，動靜二相，既不現前，根不成知，必無所知，知尚無成，識何形貌？

耳識本無生處可得，先破因耳生。呼阿難而告之曰：若謂耳識因耳根生者，動靜二種聲塵既不現前，耳根不成能知，必無所知之聲塵，能知之耳根，尚且不得成，所生耳識畢竟作何形貌？

若取耳聞，無動靜故，聞無所成；云何耳形，雜色觸塵，名爲識界？則耳識界，復從誰立？

此文防謬。因聞上段必無所知，知尚無成，乃謬辯云：知屬意根，耳根惟取能聞。今取耳聞生識，乃破之曰：若取耳聞，能生識者，無有動、靜二種聲塵，則能聞之根，亦無所成，何能生識？能聞又復被破，轉計有形之肉耳，爲能生識，若謂但取肉耳能生識者，肉耳屬身根之色相，身根所對惟觸塵，故破曰：云何以肉耳，如新卷葉之形，雜於身根之色相，與身所對之觸塵，名爲能生耳識之界耶？則耳識界，既非聞根肉耳所生，復從誰而立界乎？

未二　破因聲生

若生於聲，識因聲有，則不關聞。無聞則亡聲相所在？

此破耳識從聲生。若謂耳識生於聲塵者，是此識單從聲塵而有，則不關耳聞之事，須知聲必因聞而顯，設若無聞，則亦亡失聲相所在，聲尚不可得，云何能生於識？

識從聲生，許聲因聞而有聲相；聞應(平聲)**聞識！**

此防轉救。恐聞若無有聞，聲亦不有，遂轉救云：識固是從聲而生，却許能生之聲，亦必因聞而有聲相，如是則聲中有識，聞聲之時，應當併聞於識！

不聞非界；聞則同聲；識已被聞，誰知聞識？若無知者，終

如草木。

此下展轉顯謬：一、不聞非界謬：倘但聞聲，不復聞識，是則聲中無識，而聲則非生識之界矣。二、聞則同聲謬：倘若聞聲之時，亦聞於識，是識則同於聲，而被耳根所聞矣。三、被聞無知謬：蓋識以了知爲用，而識已被耳根所聞，則無有識，又誰知聞聲，併聞於識耶？四、人同草木謬：若謂無有能知聞識者，則亦無有能知聞聲者，果都無所知，則人豈不終如草木之無情乎？

未三　破和合生

不應聲聞雜成中界界無中位，則內外相復從何成？

此破根塵和合共生。不應說言：聲塵與聞根，和雜而成中界。雜則不分，無有中位，可以爲緣生識也。中間識界，既已不成，則內根外塵之界相，復從何而得成耶？三分合難破竟。

午四　結妄歸眞

是故當知耳聲爲緣，生耳識界，三處都無。則耳與聲，及聲界三，本非因緣，非自然性。

由是義故，自當了知，所謂耳根與聲塵兩者為緣，而生耳識者，則內外中間三處界限，覓之都無，但幻妄稱相而已。上結相妄，下顯性真，則此耳之與聲，及聲識界三，本來非是因緣、自然，二種世間戲論名相，其性即是如來藏，妙真如性。二耳聲識界竟

巳三　鼻香識界　分四　午初　標舉三界　二　雙以徵起　三　分合難破　四　結妄歸真　今初

阿難！又汝所明，鼻香為緣，生於鼻識。

午二　雙以徵起

此識為復因鼻所生，以鼻為界？因香所生，以香為界？

午三　分合難破　分三　未初　破因鼻生　二　破因香生　三　破和合生　今初

阿難！若因鼻生，則汝心中，以何為鼻？為取肉形雙爪之

相？為取齅知動搖之性？

首句按定，識因鼻生，下乃徵定鼻根。則汝阿難心中，將以何者，為汝之鼻根？為是取臉上肉之形質，如雙垂爪之相為鼻耶？為是取能發齅知，動搖之性為鼻耶？此雙開二句，下則詳破。

若取肉形，肉質乃身，身知即觸，名身非鼻；名觸即塵，鼻尚無名，云何立界？

若取臉上肉形，為汝鼻者，須知肉之體質，乃屬身根，身之所知，即是觸塵，既名身根，即非鼻根；既名觸塵，即非香塵；鼻根之名，尚不可得，云何可說，識因鼻生，依之而立界耶？

若取齅知，又汝心中以何為知？以肉為知，則肉之知，元觸非鼻。

若取根中齅知之性，為汝鼻者，又汝阿難心中，將以何者為能知，若以鼻頭之肉，爲能知者，鼻肉體質，乃屬身根。則肉之知，元是身根，知觸之用，非是鼻根，齅知之性。末二句，同上身知即觸。

以空爲知，空則自知，肉應非覺，如是則應虛空是汝，汝身非知，今日阿難，應無所在？

此以鼻肉爲知被破，轉計以空爲知。亦破云：設若汝以鼻孔之空，爲能齅知者，空本無知，縱許有知，則是空自有知，汝鼻頭之肉，應非覺矣？如是則應虛空是汝，汝身非知者：如是乃指上三句，鼻孔之空有知，若即是汝齅知之性，以此類推，則一切虛空，皆應是汝。又鼻上之肉，既無知性，則汝全身之肉，皆應非知；以此而論，空若是汝，則虛空無在，今日阿難，亦應無所在矣？

以香爲知，知自屬香，何預於汝？

此因肉知、空知被破，轉計以香爲知。若謂以鼻中香，爲齅知性者，香本非有知，縱許香具鼻根之知，此知自屬於香，何預於汝鼻知之事？此文但以香具鼻知，不可濫下香生鼻識。

若香臭氣，必生汝鼻，則彼香、臭二種流氣，不生伊蘭，及栴檀木？二物不來，汝自齅鼻，為香為臭？臭則非香，香應非臭。

此文與上文，似不相接續，須補充轉救之意。因上以香為知，遂招知自屬香，何預於汝之破，遂轉救云：知雖屬香，香氣却生於鼻，離鼻則無香氣，何得謂為不預於我？故復破云：如是香氣，生於汝鼻，臭氣亦生汝鼻，若香臭二氣，必定生於汝鼻者，則彼香、臭二種流動之氣，不生伊蘭，及栴檀木矣！二物不來之時，汝自齅汝鼻，還是為香耶？還是為臭耶？若是臭則非香；若是香應非臭。

指掌引觀佛三昧經云：「末利山中，有伊蘭樹，臭若胖屍，熏聞四十由旬。其花紅色，甚可愛樂，若有食者，發狂而死；而栴檀之樹，亦發生伊蘭叢中，未及長大，如閻浮洲竹筍，不能發香，仲秋月滿，卒從地生，成栴檀樹，衆人皆聞妙香，永無伊蘭臭惡之氣。」

若香、臭二俱能聞者，則汝一人，應有兩鼻？對我問道，有二阿難，誰為汝體？

鼻根是一，香、臭為二，故上破曰：臭則非香，香則非臭。若謂香臭二氣，俱能聞者，則汝一人應有兩個鼻知。此句對上以香為知，自不能再以臭為知。一人一鼻，世間共許，若有二知，即有兩鼻，如果兩鼻，對我問道，有二阿難，誰為汝阿難眞體？

若鼻是一，香臭無二，臭既為香，香復成臭，二性不有，界從誰立？

此因聞既有二鼻，應有二身之破，遂轉計云：我本來無二，鼻祇是一個，不妨具足香、臭二知。故此破云：若鼻是一，則香臭自應混而為一，而無二矣！臭既可以為香，則臭無自性；香復可成臭，則香無自性；以香臭互奪兩亡，二種齅知根性，既然不有，而鼻識之界，欲從誰而立耶？

未二　破因香生

若因香生，識因香有，如眼有見，不能觀眼；因香有故，應不知香？

此文具法、喻、合三。若執鼻識，因香塵生者，此識乃因香而有知，此是法；喻如因眼所有之見，自不能返觀其眼，此是喻；法合云：識因香有之故，應不自知其香，同見因眼有之故，應不自觀其眼矣！

知即非生，不知非識；香非知有，香界不成；識不知香，因界則非從香建立。

首二句，知與不知，兩途俱非。若能知香，此知即非從香所生；若不知香，又非可名能知之識。下五句，如果香非識知其有香，則香界自不成立。何故？蓋香必以齅知而後顯故，香非齅知則不有，香界何自而成？倘若識不知香，所言因香立識界者，則非從香建立。

未三　破和合生

既無中間，不成內外，彼諸聞性，畢竟虛妄。

如上所破，鼻識不從根生，不從塵生，既無中間之識界可得，自不成內外根塵二界。如三進房屋，既無中間牆界，前後兩進之界相，自然亦無。彼諸聞性，畢竟虛妄者：承上二句，既內外不成，則能共生者無實；既無中間，則所共生者非眞：如是齅聞之識，畢竟虛妄。三分合難破竟。

午四　結妄歸眞

是故當知：鼻香爲緣，生鼻識界，三處都無，則鼻與香，及香界三，本非因緣，非自然性。

是鼻識，不從根塵，各生共生之故，當知權教相宗所云：鼻香二者爲緣，生於鼻識者，乃順世之談，非了義之敎。今推究識界生處，了不可得，中界既無，內外二界，亦復叵得？故曰三處界也都無。以上結相妄，以下顯性眞，則鼻根與香塵，及香識界三，本非因緣性，及自然性，即是如來藏，妙眞如性。三鼻香識界竟。

巳四　舌味識界　分四　午初　標舉三界　二　雙以徵起　三　分合難破　四　結妄歸眞　今初

阿難！又汝所明，舌味爲緣，生於舌識。

午二　雙以徵起

此識爲復因舌所生，以舌爲界？因味所生，以味爲界？

午三　分合難破　分四　未初　破因舌生　二　破因味生　三　破因空生　四　破和合生　今初

阿難！若因舌生，則諸世間，甘蔗、烏梅、黃連、石鹽、細辛、薑、桂，都無有味，汝自嘗舌，爲甜爲苦？

此破識因舌生。若謂舌識，單因舌根所生，不藉味塵，自能了別其味，即以舌爲識之界者；則諸（助語辭）世間，甘蔗甜味，烏梅酸味，黃連苦味，石鹽鹹味，細辛藥名，生薑、肉桂藥品，此三種皆辣味，都成了無有味。倘無有此等味塵，來合汝舌，汝自嘗其舌，到底還是爲甜耶？還是爲苦耶？

若舌性苦，誰來嘗舌？舌不自嘗，孰爲知覺？舌性非苦，味自不生，云何立界？

此明舌性，有味、無味俱非。承上云：若自嘗其舌，舌性是苦，誰來嘗汝之舌，而知其苦也？苦字該甜等諸味。蓋舌不能自嘗其舌，如眼不能自見其眼。又熟（誰字解）爲知覺，其舌是苦耶？若謂舌性非苦，即無有味，則味自然不生於汝之舌，云何可立識界耶？

未二　破因味生

若因味生，識自爲味，同於舌根，應不自嘗，云何識知是味非味？

若言舌識，單因味塵而生者，識自然就是味。味不能自知其味，同於舌根，應不能自嘗其舌；既不自嘗，云何而能識知，是有味，而非有味耶？

又一切味，非一物生，味既多生，識應多體？

又味塵類廣，一切之味，元非一物所生。以能生之味塵，既從多物而生，而所生之識，自應從味亦有多體，如母多，子亦應多，此以味多，而破識一也。

識體若一，體必味生，鹹、淡、甘、辛，和合俱生，諸變異相，同爲一味，應無分別？

設若識體是一，其體必定因味生者，所生之識是一，能生之味應亦非多。如世間鹽之鹹，水之淡，蔗之甘，薑之辛(辣也)，亦該酸苦，是爲六味總相；和合俱生變異，是六味別相；如豆麵鹽水，合而爲醬，是爲和合；如黃連生來便苦，其味與物，俱時而生，謂之俱生；如變生成熟，異其本味，如炮炙煎煮之類，皆名變異。種種諸味，皆當同爲一味，亦應無有分別，如子一，母亦應一，此以識一，而破味多也。

分別既無，則不名識，云何復名舌味識界？

識以分別爲用，承上諸味既合爲一。則無鹹、淡、甘、苦、酸、辣之分別。能生之味，分別既無，所生之識，分別亦無，則不應名之爲識。云何復名，舌味爲緣，生汝中間舌識界耶？

未三　破因空生

不應虛空，生汝心識？

以上根生、塵生，二俱不成，恐計從空而生，然空性頑鈍，故曰：不應以無知之虛空，生汝有知之心識耶？

未四　破和合生

舌味和合，即於是中，元無自性，云何界生？

若以舌根味塵二者，和合生汝舌識者，舌是有知，塵是無知，一經和合，體性紛雜。如世間水土和合，水失流動之自性，土失乾燥之自性，故曰：「元無自性」。能生根塵，自性既無，云何識界，可從而生？本科四性推檢無生具足：不因舌生，是不自生；不因味生，是不他生；不因空生，是不無因生；不因舌味和合生，是不共生。三分文難破竟。

午四　結妄歸眞

是故當知：舌味爲緣，生舌識界，三處都無。則舌與味，及舌界三，本非因緣，非自然性。

舌界，即舌識界。前三科係塵爲名，曰色識界、聲識界、香識界，此科併後二科，係根爲名，曰舌識界、身識界、意識界。餘同上可知。四舌味識界竟。

巳五　身觸識界　分四　午初　標擧三界　二　雙以徵起　三　分合難破　四　結妄歸眞　今初

阿難！又汝所明，身觸爲緣，生於身識。

午二　雙以徵起

此識爲復因身所生，以身爲界？因觸所生，以觸爲界？

午三　分合難破　分三　未初　破因身生　二　破因觸生　三　破和合生　今初

阿難！若因身生，必無離合二覺觀緣，身何所識？

此破單根，不能生識。覺觀二字，麤緣為覺，細緣曰觀。有能覺觀，與所覺觀之別；又有離時覺觀，合時覺觀二種。若謂身識，單因身根而生，不藉觸塵者，如是雖有身根，必定無有離合二種，所覺觀之塵緣，則惟身無境，安能生識乎？此句又作一解：合離是觸塵，覺觀指識心。謂必定無有合離，二種觸塵，為生覺觀識心之助緣，何能生汝身識乎？縱許能生身識，無有觸塵，將何所識耶？此計識因身生者，非也。

未二　破因觸生

若因觸生，必無汝身，誰有非身，知合離者？

此破單塵，亦不能生識。若計身識，單因觸塵而生，不藉身根者，必定無有汝身，惟塵無根，不成身觸為緣之義；世間誰有非依於身，能知合離之觸塵者？離卻身根，則能生之觸塵，尚不可得，則計識因觸生者，亦非也。

未三　破和合生

阿難，物不觸知，身知有觸。

此標觸知之相。世間之物，不能自觸而成知，必定與身相合，方知有觸。

此二句，爲下正破共生之張本耳。

知身即觸，知觸即身；即觸非身，即身非觸。

此下文分三段，正破身觸和合生識，俱不成共生之義。此中首句知字，即上段身觸合處，所顯之知、屬識；身字屬根；觸字屬塵。此文承上，物不能自觸而成知，必與身合方知有觸，遂計身觸，和合共生。今以所生之識，無雙兼根塵二相爲破。　文有四句。上二約雙即，不得爲共生；下二約雙非，亦不得爲共生。乃以所生之識，仔細審察，還是知身乎？還是知觸乎？　知身即觸，知觸即身者：若知於身，此識知，即從觸所生，並不兼乎身，以身但爲所知；若知於觸，此識知即從身所生，並不兼乎觸，以觸亦但爲所知；上句即觸所生，下句即身所生，其識知，皆單屬一邊，何得爲根塵共生耶？

即觸非身，即身非觸者：即觸即身，乃承上二句，即觸即身之文。若此識知，即從觸所生者，則非兼於身，惟單屬於觸之一邊；若此識知，即從身所生者，則非兼於觸，亦單屬身之一邊；何以爲共生乎？　另作一解，以便易知。四句中，以一、三相連，二、四相連，解曰：所生之識知，若知身根者，此知即是從觸塵所生。接第三句：即是從觸塵所生之識，當非兼屬身根，何得爲共生耶？第二句，所生之識知，若知觸塵者，此知即從身根所生，接第四句：即是從身根所生之識，當非兼屬觸塵，亦何得爲共生耶？交光法師所云：「所生無兼相」者是也。

身觸二相，元無處所，合身即爲身自體性，離身即是虛空等相。

此段以能生根塵，無內外對立之相爲破。以身根之與觸塵二相，元本也無內外對立之處所。此二句標，下釋云：以觸合身，即與身爲自體，合而不分；若觸離身，即是虛空等相。等指色法，身外無非色空諸相。此明合離，皆無身觸對立之相，何能共生身識耶？交師所云：「能生無對相」者是也。

內外不成，中云何立？中不復立，內外性空，則汝識生，從誰立界？

此明根、塵、識三界，互不得成。上二句因能生根塵，內外二界不成，以致中間所生之識，亦何從而得安立？中二句，因中間所生識界，不復成立，致內外根塵之性亦空。末二句總結，不能共生。以上三界，皆不得成之故，則汝身識之生，畢竟從誰以立界耶？三分合難破竟。

午四　結妄歸眞

是故當知，身觸爲緣，生身識界，三處都無。則身與觸，及身界三，本非因緣，非自然性。

準上可知。五身觸識界竟。

巳六　意法識界　分四　午初　標擧三界　二　雙以徵起　三　分文各破　四　結妄歸眞　今初

阿難，又汝所明，意法爲緣，生於意識。

午二　雙以徵起

此識，爲復因意所生，以意爲界，因法所生，以法爲界？

午三　分文各破　分二　未初　破因意生　二　破因法生　今初

阿難，若因意生，於汝意中，必有所思，發明汝意；若無前法，意無所生。離緣無形，識將何用？

此約根塵存亡破。故呼阿難，而告之曰：若謂意識，單因意根所生者，然汝意根之中，必有所思之法塵，方可發明汝能思之意根，以塵存則根存也；若無現前所思之法塵，則能思之意根，亦無所生，是塵亡則根亡也。離緣無形者：以意根離却所緣法塵，根亦無形可得，云何而能生識耶？若是根塵雙泯，識將何用？

又汝識心，與諸思量，兼了別性，爲同爲異？同意即意，云何所生？異意不同，應無所識。若無所識，云何意生？若有所識，云何識意？唯同與異，二性無成，界云何立？

此約根識同異破。識心指意識；思量指意根，即第七識，恆審思量，爲意所依之根。兼、同也。破云：又汝意識之心，與諸思量之意根，同爲能了別性，且道根識，爲同耶？爲異耶？

同意即意四句，意指意根。若識心同於意根，則識心即是意根，云何識心，又爲意根所生？若識心異於意根，而不同者，則定同無知之塵；旣是同塵，應無所識，若果無所識知，則非意根同類，云何名爲意生之識？若有所識知，則識心與意根，同爲了別性，云何可分此是意識之了別性耶？此是意根之了別性耶？唯同與異，二性無成者：承上結云：惟同與異，根識二性，悉皆無成。何以故？若同意根，則識即是意，根識唯一，二性無成；若異意根，則不名識，根識二性亦復無成。則此意識之界，云何可說從根而立耶？是則以意根，爲生識之界者，非也。

未二　破因法生

若因法生，世間諸法，不離五塵，汝觀色法，及諸聲法，香法、味法，及與觸法，相狀分明，以對五根，非意所攝。

首句法字，指內法塵，餘六個法字，皆指五塵實法。若謂意識，單從法塵所生者，然而世間所有諸法，不離色、聲、香、味、觸五塵，今汝且觀，色等諸法，悉有相狀分明，以對眼等五根，均非意根所攝之法。意根所緣法塵，乃前五塵落卸影子，五塵之法，決不能入於意根。

汝識決定依於法生，汝今諦觀，法法何狀？

上二句牒定。若汝識心，決定依於法塵生者，旣有所生，必有形狀。汝現今諦實觀察，法塵之法，畢竟作何形狀？上一法字，別指法塵，下一法字，同上五塵之法，此破內無自體也。

若離色空、動靜、通塞、合離、生滅，越此諸相，終無所得。

此中五塵，甜淡味塵，含在四塵之中。生滅即屬法塵，此二字應連下解釋，越字作離解。謂汝之法塵，全係五塵影子，有形方有影，若汝生滅法塵離却色空等前五塵，豈能別有自體耶？當如離形，其影終無所得。

生、則色空諸法等生，滅、則色空諸法等滅。所因既無，因生有識，作何形相？相狀不有，界云何生？

等字作同字解。法塵生，則與色空五塵諸法同生，如形生影生；法塵滅，則與色空五塵諸法同滅，如形滅影滅，此破離外無體也。

所因之法塵，既無自體，因他生有之意識，又作何等形狀相貌乎？既能生之法塵，相狀不有，則意識之界，云何因法塵而生耶？是則以法塵為生識之界者，亦非也。此科無破根塵共生之文，以意根與法塵，皆無自相，意根乃七識，法塵為影事，況此文分破中，又極明根塵虛無，故無復共生之相可破。三分文各破竟。

午四　結妄歸眞

是故當知意法為緣，生意識界，三處都無。則意與法，及意界三，本非因緣，非自然性。

交光法師云：「此科可為理事無礙法界之由致，雖不全具彼之諸門，但悟此，而自可達彼諸門之義，故曰由致。良以凡夫著於事相，而全不見理，權教隔乎事理，而兩不通融，故皆不能入理事無礙法界。今經且將事相，一一融歸於理。即彼十門中，全事皆理門也。既達諸事即理，則衆妙之門，自可相次而洞開矣，非彼由致而何哉！」合上三科，丑二會通四科即性常住竟。

楞嚴經講義第七卷終

大佛頂如來密因修證了義諸菩薩萬行首楞嚴經講義

福州鼓山湧泉禪寺圓瑛弘悟述　受法弟子明暘日新敬校

丑三　圓彰七大即性周徧　分二　寅初　阿難轉疑雙非　二　如來進示圓旨　今初

阿難白佛言：世尊！如來常說和合因緣，一切世間種種變化，皆因四大和合發明。

此由阿難執權疑實。執昔日所聞因緣權教，疑現今所說了義實教。蓋阿難因緣之執，於九番顯見超情科中，佛已與自然而併破矣。阿難祇知妙覺明性，非因緣和合，至於世間諸相，因緣和合之執如故。所以聞佛於四科世間法，一一皆云非因緣，及自然性，所以騰疑復問也。阿難仰白佛言：世尊！如來昔日常說，和合因緣，和合即因緣和合，故並稱焉。佛初立教，以因緣爲宗，對破外道自然，所以常說。但是如來一時權巧方便，以因緣正理而破外道邪說，非大乘了義之談，今經爲了義教，阿難不達斯旨，是以執權疑實也。

一切世間，種種變化四句，即舉四科諸相。一切去聲包括之詞，世間乃有情世間，及器世間，簡言之即身、心、世界。五陰中色陰即器世間之外色，與有情世間之外身；受、想、行、識四陰，即有情世間之內心，六入即有情世間身心，前五根屬身，意根屬心。十二處、十八界、十一色法，即器世間之世界，與有情世間之根身。意根與六識，即有情世間之內心。四科諸法乃世間有爲之相，細分之，則千差萬別，種種不一，無非因緣和合，虛妄有生，皆自本無，變化而有。故曰：「皆因四大，和合發明」，是則不出因緣矣。

云何如來因緣、自然二俱排擯？我今不知斯義所屬！

上段執昔權義，此文疑今實教。阿難曰：云何如來，因緣、自然，二者俱同排斥，而擯棄之？若單遣自然，原是外計，因無可疑；而併遣因緣，有違自宗。果係何意，而我現今不知，雙非因緣、自然，斯此也義之所歸屬？此句即言不知雙非之旨，屬於何宗何教，故下請佛開示。

惟垂哀愍，開示眾生，中道了義，無戲論法。

惟願如來，垂慈哀愍：哀憐我等惑深，愍念我等智淺，不知非因緣非自然，斯義所屬。今求開示，中道了義，無戲論法。此阿難所請之法，正是四科所說雙非之法，因緣是學者世間戲論，自然是非學者世間戲論，非因緣非自然，即無戲論法，此法亦即中道了義。中道者不偏有無二邊，謂之中道；非因緣，即妙性不滯於有爲，非自然，即妙性不墮於無爲，有無雙遣，中道現前；正是大乘了義，眞實之法，爲如來藏，妙眞如性。阿難所請之法，即佛已說之法，迷而不知，更爲疑請，故佛責以，如說藥人，眞藥現前，不能分別者此也。初阿難轉疑雙非竟。

寅二　如來進示圓旨　分三　**卯初　責迷許說　二　總喻性相　三　別詳七大**　今初

爾時世尊，告阿難言：汝先厭離，聲聞、緣覺，諸小乘法，發心勤求，無上菩提，故我今時，爲汝開示，第一義諦。

此如來述其應求施教之意。爾時世尊，告阿難言：我昔日因緣之教，乃應求小乘者而說，汝自婬室歸來，悔恨多聞，未全道力，殷勤啓請，十方如來，得成菩提之妙定；是汝先已厭離聲聞、緣覺，諸小乘法，回小向大，已發心勤求，無上菩提之佛道矣。

故我今時，為汝開示，第一義諦：即是應汝所求，而施汝大教。今時，即三番破識以後之時，十番顯見，剋就根性，直指眞心，攝事歸理，會通四科，即性常住，會相歸性。眞心者，第一義諦也。即事即理，全妄全眞，非因非緣，亦非自然，即是中道了義第一義也，眞如實相，無戲論之法，早為開示，何待更請？

如何復將世間戲論，妄想因緣，而自纏繞！

如何是怪責意。此怪責阿難，悋惜舊聞，因緣權教，而不肯放捨。謂汝既厭離聲聞小乘法，如何復將小乘學者，世間戲論之因緣法，自纏自繞，迄今猶不肯放捨。妄想與因緣相關，心思因緣，是謂妄想因緣，口說因緣，是為因緣戲論。

汝雖多聞，如說藥人，眞藥現前，不能分別，如來說為眞可憐愍！

此怪責阿難，雖聞中道，第一義諦，不能識取，謂汝雖多聞第一，我今應汝所求，爲汝說非因緣，非自然之了義，汝不能諳識，汝如說藥之人，熟讀本草，口雖能說藥名，而未親採，眞藥現前，不能分別是眞，反疑棄之。眞藥喻如來已說第一義諦；不能識取，反生疑難，豈不眞可憐愍哉！

汝今諦聽，我當爲汝分別開示；亦令當來修大乘者，通達實相。阿難默然，承佛聖旨。

首句誡聽，下則許說。已說眞理，不能會悟，都緣徒聞，不肯諦實審察，故誡以諦聽。我當爲汝，分別開示，非因緣、非自然之了義；不獨爲汝，現會大衆，亦令當來之世，修習大乘行者人也，皆得通達實相，共入如來藏海也。實相與如來藏，名異體同，本經佛與阿難釋迷悶科中，即責其汝等聲聞，狹劣無識，不能通達，清淨實相，則知十番顯見，所顯見性眞心，即清淨實相。復於四科，一一皆非因緣，非自然，本如來藏，妙眞如性，亦即清淨實相。本科又標許，令現未修大乘者，通達實相，不過重明非因緣非自然之義，非離前法而別有也。如正脈所云：四科方談其一一皆是性眞，而未嘗言其一一皆周法界，如指香柴煤炭，一一言其是火，而未及言一一皆可洞燒林野。此處標許下，別詳七大，方談其一一皆周法界，如方說出諸火，每一星之火，皆有洞燒林野之極量。四科但顯法法當體眞常，七大極顯法法圓融周徧。前後兩科，義理淺深，即在是矣。

實相有三，即三如來藏：一、無相之實相：無一切妄法差別之相，祇有一眞平等實相，即空如來藏，空諸一切，虛妄染法之相，併非本體而全無也，乃藏性不變之體。二、無不相之實相：並非無相，而能隨緣現一切相，即不空如來藏，具足十界諸法，非無諸相也，乃藏性隨緣之用。三、無相無不相之實相：若言其無，則不捨一法；若言其有，則不立一塵，即空不空如來藏，眞空不礙妙有，妙有不礙眞空，乃藏性體用雙彰。阿難默然，承受聖旨者：默然即凝神靜慮，一心入於語義之中，欽承領受，我佛大聖之法旨。初責迷許說竟。

卯二　總喻性相

阿難，如汝所言：四大和合，發明世間種種變化。

此牒取阿難問詞，呼阿難言：如汝前來所言，以地水火風，四大和合，方能發明世間種種變化者，汝實不知，四大之性，本非和合，非不和合之故，今當以喻明之。

阿難，若彼大性，體非和合，則不能與諸大雜和，猶如虛空，不和諸色。

此以異喻別明，先明大性，非不和合。和合不和合，約性相論。文中法固反言，喻亦反顯。大性指四大之性，即如來藏性也。諸大指四大之相，相從性起，相不離性，相即性中之相，性即相中之性，性相雖有二名，性相本來一體，此為正義。若謂彼四大之性，體即性體，如非和合者，只許性之不變，不許性能隨緣，則不能與諸大之相雜和，猶如虛空之不和諸色也。此與眞如隨緣之用相反，迴異虛空之不和諸色，故非不和合，此名異喻。

若和合者，同於變化，始終相成，生滅相續；生死死生，生生死死，如旋火輪，未有休息。

此明大性，非是和合。若謂四大之性，是和合者，只許性之隨緣，不許性仍不變，則應同諸大之相，變易遷化，由始而終，因終復始，而始終相成也。從生至滅，既滅復生，而生滅相續也，此約無情世界而說。生死死生，生生死死者，因生有死，至死復生，而遞互相成也。生而復生，死而再死，亦前後相續也，此約有情根身而說。是知內外四大，皆變化相，若大性如此，猶如旋火成輪，未有休息。此亦法固反言，喻亦反顯。與眞如不變之體相反，非同火輪之不息，故非是和合，此亦異喻。

此二段文，具宗、因、喻三支比量，以法喻皆與大性相反，落於非量。前量云：大性是有法，體非和合爲宗，因云：不與諸大雜和故；喻如虛空不和諸色。若爾，則眞如用不隨緣。後量云：大性是有法，和合爲宗。因云：同於變化故：喻如火輪不息。若爾，則眞如體非不變。

阿難，如水成冰，冰還成水。

此單喻顯法，乃以同喻，翻前異喻。喻大性不變隨緣，隨緣不變，翻前二段：一則體非和合，則墮自然，而失隨緣之義；一、則和合，則墮因緣，而失不變之義。今以同喻，而顯眞如不變、隨緣二義，故重呼阿難之名，而告之曰：如水成冰，冰還[復也]成水。上句大性體雖不變，而用能隨緣成相，既不如虛空不和諸相，當如何等乎？當如水能隨緣成冰，無所和合，而能現和合之相，水不離冰，豈一定屬於非和合耶？

下句大性用雖隨緣成相，仍然不變本體，既不如火輪之不息，當如何等乎？當如冰還成水，但似和合，終無和合之實，豈一定屬於和合耶？交光法師謂：還字當玩，足顯不變。正因不變，故還爲水，正於還爲水處，見其非眞和合，若眞和合則變矣！如青、黃和合，即變爲綠，豈能還爲青、黃乎？

總立量云：諸大性相是有法，非不和合非和合爲宗，因云：隨緣不變故；同喻如水冰冰水，異喻如虛空火輪。此量與諸大性相相合，爲眞比量，其理極成。

阿難前言，四大和合，發明諸相，如來所答，有二意應研究：一、阿難但問四大之相，如來則雙明性相。良以權宗，雖依性說相，性是密意，惟說法相，不說法性。阿難久習權宗，迷性執相，故有斯問。如來則性相雙舉，明相依性起，以性融相，以祛舊見，冀得新悟也。

二、阿難但執因緣和合，乃爲自宗，因何排擯？如來則兼破和合及不和合，恐阿難和合被破，轉計不和合，故此兼破，以杜轉計也。二總喻性相竟。

卯三　別詳七大 分七　辰初　地大 乃至 七識大　巳初　標性約析　二　就析詳辨　三　結顯體用　四　變拂二計　今初 辰初地大分四

汝觀地性：麤爲大地，細爲微塵，至隣虛塵，析彼極微，色邊際相，七分所成，更析隣虛，即實空性。

阿難但言四大和合，發明世間諸相。佛今廣融七大者，以四大攝法未周，但攝五陰中色陰，十二處前之十一處，十八界五根、六塵，而受想行識四陰，六入根性，十二處之意根，十八界中意根、六識，及色陰之空，皆不能攝。故加空、見、識三大，則收盡有爲諸法，此佛廣談七大之意也。意謂汝阿難，不達諸大之性，非和合非不和合，故教觀地大。汝且觀察，此地大之性，有麤有細，麤者爲大地，細者爲微塵，至隣虛塵，以微塵分析作七分，名極微塵；極微塵再分析作七分，名隣虛塵，故用一至字。

隣虛塵是析彼極微塵，七分所成。一極微塵，分作七個隣虛塵、此塵是色邊際相。文中色邊際相四字，當在七分所成之下，諒係抄寫之誤。若連上者，以極微塵，非是色邊際相，因尚有隣虛塵故，自當易之。應作如是解：析彼極微塵七分所成之隣虛塵，即是色邊際相；與虛空爲隣，故名隣虛塵。不能更析，若更析隣虛，即歸於空，實是空性，而非色性矣。

巳二　就析詳辨

阿難，若此隣虛，析成虛空，當知虛空，出生色相。

此就析色歸空，而定合空成色。謂若此隣虛塵，既可析成虛空，自當以此例知，虛空定能出生色相，空生色相，本無是理。佛故意爲難，以破和合之計，併破此方儒宗所執，虛以生氣，氣以成形，而世間萬物，皆從陰陽之氣，所成等僞。

汝今問言：由和合故，出生世間，諸變化相。

此牒定和合因緣之執。

汝且觀此：一隣虛塵，用幾虛空，和合而有？不應平聲**隣虛，合成隣虛。**

此要阿難自己審觀，謂汝言世間諸法，和合發明；而隣虛塵，即色法之一，亦應由和合而有。汝且觀此一隣虛塵，用幾多虛空和合，而有此隣虛塵也。色、空相異，色是有相，空是無相，佛明知空無數量，本不可合，故意舉此，以破和合之計。而隣虛塵，色法之最小者，此塵之外，更無色法可和合，除非合空而成，故問用幾虛空，和合而有。設若汝說和合，乃是合色成色，非言合空成色者，豈是隣虛，合成隣虛耶？　倘說隣虛合成隣虛，則當有三過：一者合自成自過。蓋唯有合他成自，未有合自成自者；二者合一成一過，蓋唯有合多成一，未有合一成一者；三者合細成細過，蓋唯有合細成麤，未有合細成細者。如是隣虛，既非合色所成，當是合空而有，故問其用幾虛空，和合而有？

又隣虛塵，析入空者，用幾色相，合成虛空？

此如來以析入，而難合成。良以析色歸空，是小乘之自教，諸法和合，是阿難之自語，今則順彼自教，難以自語，故又曰：鄰虛塵既可析入虛空者，當知色相出生虛空，究竟用幾多色相（即隣虛塵）合成虛空？佛明知色非合空所成，空非析色而有，故作斯難。阿難不能施辯何也？以順析入，則非和合，與自語諸法和合相違；以依和合，則非析入，與自宗析色歸空相背，兩處負墮，故默無辯。

若色合時，合色非空；若空合時，合空非色；色猶可析，空云何合？

此結申正義。若色法和合之時，合色祇能成色，決非可以成空，而空無形相，本不可合。縱許虛空和合之時，合空亦祇是成空，決非可以成色，此爲一定之理。由是而觀，色空俱非和合而有也，明矣。色猶可析，空云何合者：然又當知，色法猶可分析，觀猶可二字，析色但自析色，實非析色可以成空，空終無和合之義，何以故？無形段故，無數量故，云何可說和合耶？佛意以空不可合，則鄰虛非和合而有，鄰虛既非和合而有，則世間種種諸法，執爲因緣和合者，豈實義耶？此中但以空不可合，則諸法和合而有之執，破盡無餘矣。

巳三　結顯體用

汝元不知如來藏中，性色眞空，性空眞色，清淨本然，周

徧法界。

此明全體圓融。地大之色，體即法界，色空圓融無礙，本非和合。汝阿難固執因緣和合者，因無始覺妙智，元不知如來藏，本覺妙理之中，無法不具，無法不融者也。　如來藏即眞心之別名，乃依理立名。如來二字，即眞心不變隨緣，隨緣不變之理，圓融無礙，含藏一切諸法，無一法不在裏許，故曰如來藏中。　性色眞空，性空眞色者：乃指如來藏中，性眞色空，互相融即，此七大，科科皆曰如來藏中，是屬理具之七大，當約藏中未發現者說，不同前四科，是屬事造之七大，乃爲藏中已發現者說也。

問：「四科之法，何以亦目爲七大？」答：「陰、入、處、界，與七大無別，但橫、豎、開、合之不同耳。約豎論，則開色陰爲前六大，合受、想、行、識四陰爲識大；約橫論，則合六塵爲五大，合六根爲見大，合六識爲識大。何嘗離七大而別有哉？」　而如來先會四科即藏性，是將已發現七大，一一會歸藏性，以明即事即理，故曰本如來藏。此科是說未發現七大，一一含具藏中，以明全性全相，故曰如來藏中；觀中字即理具事造所由分也。　問：「本科原屬地大，不言地大，而易以色字，其故何也？」答：「地大爲色法所攝，易以色字，舉其總也。」色而稱曰性色眞色者，非指世間已發現之色，乃指藏中性具之色，眞體之色，與空相融相即色空，本屬對待，融之則性具之色，即是眞體之空，豈同析色以歸空也。性具之空，即是眞體之色，豈待合空以成色也。性則言其非相，亦即理而非事也；眞則言其非俗，亦即體而非用也。有以理事體用合釋者，非也。　性眞二字，即是理體，爲色空之本。字別義同，今影互用之，若不影互應有四句，當曰性色眞空，眞空性色；性空眞色，眞色性空。總成色空融即，其義方足。

又性色眞色，非但揀異於已發現，世間麤細之色，併不同乎般若觀照，即空之色也。又性空眞空，非但揀異於凡夫外道，頑斷之空，併不同乎般若觀照，即色之空也。此之色空，俱屬全體，隨心應量下，方顯大用。　清淨本然者：指如來藏，自性清淨，不假功用，並非澄之使清，滌之使淨，乃本來清淨，無有濁垢，藏中色空，唯性唯眞，即同體清淨也。

周徧法界者：上句約藏性，本具不變之體，此句約藏性，本具隨緣之用。未經起用，但周徧於理法界，若從體起用，自可周徧於事法界矣。起用在下一段。

隨衆生心，應所知量。

此明大用無限。用從體起，事造不離理具也。仍本如來藏，不變之體，現起隨緣之用，隨九法界衆生之緣，此衆生，即九界衆生；心以根性言，九界衆生根性，有勝劣之不同；量以知識言，九界衆生知量，有大小之不等，此皆從平等性中，已起差別之相。若衆生，但以劣心小量致之，則所以應之以麤少之色者，固無不副其心，而無不滿其量也；若衆生，能以勝心大量致之，則所以應之以廣妙之色者，亦無不副其心，而不滿其量也。交師此解極好，併下段乃爲千古獨唱，無人能出其右者。

巳四　雙拂二計

循業發現，世間無知，惑爲因緣，及自然性，皆是識心，分別計度，但有言說，都無實義。

此循業發現句，不連接隨心應量下，而列入此科者，因按照以下諸大之文，分屬之本意也。又此句正是致下二惑之由，應入此科。蓋業有染淨之分，九界衆生，依、正二報之色，皆循隨也業所感，而發現也。業爲能發現，色爲所發現，如谷應聲，如影隨形，豈唯迷位，必循染業，而後能發，即是悟人，亦須循淨業，而後能現。交師云：此四字，雙具兩種不自在意：一者世出世間，一切淨妙之色，若不循彼種種淨業，雖欲發現，不可得也；二者三塗四惡，一切苦穢之色，若不戒彼種種染業，雖欲不發現，不可得也。蓋不戒即是循也。故此四字，非但只表不循業，則不得發現，兼表循業，則不得不發現，而二俱無自由分矣。

世間無知：指有情世間，無有正智之衆生，不了藏性，不變、隨緣二義，因循業發現，遂起因緣、自然二惑。交師謂：良以業之起也，似有由藉，故世間淺智衆生，執此生起之近由，而遂惑爲因緣性；曾不達圓融不變之體，周徧法界，何所藉於因緣。業之成也，似難改移，故世間無智衆生，執此難改之現量，而遂惑爲自然性；曾不達無礙隨緣之用，隨心應量，何得泥於自然，是皆爲一循業之所惑耳。

皆是識心，分別計度者：以因緣、自然二惑，皆由第六意識妄心，妄生分別，周徧計度，即徧計執性，徧計本空，故曰：但有虛妄言說，都無眞實義理。言說指因緣、自然，二種戲論。和合與因緣相關，不和合與自然相關，攝在二惑中，故不別列。初地大竟。

辰二　火大　分四　巳初　標性約求　二　就求詳辨　三　結顯體用　四　雙拂二計　今初

阿難，火性無我，寄於諸緣。汝觀城中未食之家，欲炊爨時，手執陽燧，日前求火。

火大之性，無有自體；我即自體。寄託於鑽木、執鏡、擊石等諸緣，而得顯現。又曰、艾、鏡三者，爲諸緣。溫陵戒環法師所謂：「火無體，寓物成形者」是也。汝觀下，要阿難就事以驗。汝觀看室羅筏城之中，未食之家，要炊爨時，手執陽燧，在於日前求火，以爲炊爨熟食之用。陽燧是取火之鏡，以此試驗，火大是否和合而有。

陽燧，崔豹古今註云：「以銅爲之，如鏡之狀，照人則影倒，向日則火生。」淮南子曰：「陽燧、火方諸也。」王充論云：「五月丙午日午時，燒煉五方石，圓如鏡，中央窪，天晴向日，其光影注處即燒。」引此一事，以爲下文，破和合立難之本。

巳二　就求詳辨

阿難，名和合者，如我與汝，一千二百五十比丘，今爲一衆；衆雖爲一，詰其根本，各各有身，皆有所生氏族名字。如舍利弗，婆羅門種；優樓頻螺，迦葉波種；乃至阿難，瞿曇種姓。

此擧和合之例反例火大，不同如是。凡言和合者，必先分而後合，如我與汝，一千二百五十比丘，今爲一衆，是爲和合；衆雖爲一，若詰其和合之根本，各人有各人之身，皆有各人所生之姓氏、種族、名字不同，後合爲一衆。火大若是和合者，火大是一，若詰其根本，亦應各有體質、種類、名字不同，如可指出日來之火，艾生之火，鏡出之火，今合爲一，可說和合，若不爾者，和合之義，自不能成。

如舍利弗，婆羅門種，此云淨裔，謂是梵天苗裔；又云淨志，志生淨天，印度智識階級。優樓頻螺此云木瓜林，依此林脩道故，依之立名。迦葉波種，此云龜氏，先人在此脩道，感靈龜負圖而應，以是命族。阿難瞿曇種姓，此云甘蔗種族，佛之始祖，日炙甘蔗而生，號瞿曇氏；又譯日種，又譯甘蔗，後四世改爲釋迦。此舉衆之所生，氏族名字也。

阿難，若此火性，因和合有，彼手執鏡，於日求火，此火爲從鏡中而出？爲從艾出？爲於日來？

此文前二句先牒定，下標徵。若此火性，是因和合有者，彼人手執火鏡，於日前求火，此火爲從鏡中而出來？爲從艾中而出來？爲於日中而出來？先徵後破。

阿難，若日來者，自能燒汝手中之艾，來處林木，皆應受焚？

此破火從日來。若謂火從日來，自能燒汝手中，所持之艾，是日中有火，來處所有山林樹木，爲日所照之處，皆應受焚；今既不焚，則知此火，非從日來矣。

若鏡中出，自能於鏡，出然於艾，鏡何不鎔？紆屈也汝手執，尚無熱相，云何融泮？

此破火從鏡出。若謂火從鏡中而出，自能於鏡中出來，然燒於艾，是鏡中具火大，火能剋金，鏡何以不銷鎔？又鏡中有火，定有熱相，現紆屈汝手，執持此鏡，尚無熱相，鏡云何而得融泮？融泮即化也。鏡既不熱，則知此火，非從鏡出矣。

若生於艾，何藉日鏡，光明相接，然後火生？

此破火從艾生。若謂火大出生於艾，艾當自燃，又何所藉日鏡光明，與艾相接，然後火於艾生。不接不生，則知火大，非從艾生矣。

汝又諦觀：鏡因手執，日從天來，艾本地生，火從何方，遊歷於此？

此要阿難，再諦實觀察，鏡、日、艾三者，各有從來，而火何所從來，而遊歷於艾乎？既無從來，當非和合。

日、鏡相遠，非和非合；不應火光，無從自有？

凡言和合，須同處相雜相交，現日之與鏡，一在天，一在地，相隔遙遠，非有和合之相。後二句反難云：不應當火光，無因自然而有；從即因也。以上至非和非合止，先破因緣，後二句破自然。

巳三 結顯體用

汝猶不知，如來藏中，性火眞空，性空眞火，清淨本然，周徧法界。

此顯全體圓融。猶者依舊也。不知由無眞智，不達眞理，如來藏，即是清淨實相眞理，火大是事，事不離理，由阿難狹劣無識，不能通達，清淨實相。故責云：吾先爲汝發明，地大即藏性，應當覺悟，何以汝依舊不了知，火大即藏性之中，本有之物，乃天眞本具非和合不和合也？　性火眞空，性空眞火：

亦互影言之，合四句爲兩句，謂性具之火，即是眞體之空；性具之空，即是眞體之火，即火即眞，全相全性，圓融無礙，體本淸淨，離諸染垢。即六祖大師所云：「本來無一物，何處惹塵埃。」周徧法界，即是體徧，用徧乃在下段。

隨衆生心，應所知量。

此與上科，體用攸分。上明藏性不變之體，此明藏性隨緣之用，用元從體起，亦必隨緣而興，乃隨九法界衆生，勝劣之心，應其所知，大小之量，隨緣顯現其用，即事可以驗知。

阿難，當知世人，一處執鏡，一處火生；徧法界執，滿世間起。起徧世間，寧有方所？

此即事驗知。一人一處，執鏡求火，隨一人之緣，一處火生；徧法界衆生，執鏡求火，隨多人之緣，滿世間都有火起。起徧世間，寧有一定方所？此約凡夫現境，尚見無限，而聖分上，更不待言；隨心應量，於此可知矣。

巳四　雙拂二計

循業發現。世間無知，惑爲因緣，及自然性，皆是識心，分別計度，但有言說，都無實義。

循業發現，乃爲因緣、自然，二種妄計根本。此火大不獨迷位，業障衆生，必循染業而後能發，如餓鬼之道，饑火交然，頂髮煙生，口吐火焰；縱是修位，大心之士，亦須循淨業而後能現，如火頭金剛，烏芻瑟摩，化多婬心，成智慧火，此皆循業發現之明證也。

世間無知者：謂權乘學者世間，無有眞智，昧乎藏性不變之體，竟惑爲因緣；外道非學者世間，無有正智，昧乎藏性隨緣之用，竟惑爲自然。此等皆是識心，妄想分別，周徧計度，於依他起性法中，不了當體，即是如來藏，圓成實性，妄起徧計執性。但有言說：但作凡解，凡有言說，如說因緣自然，和合不和合，非因緣非自然，非和合非不和合等，皆屬戲論，都無眞實之義。二火大竟。

辰三　水大　分四

巳初　標性約求　二　就求詳辨　三　結顯體用　四　雙拂二計　今初

阿難，水性不定，流息無恆。如室羅城，迦毘羅仙、斫迦羅仙、及鉢頭摩、訶薩多等，諸大幻師，求太陰精，用和幻藥，是諸師等，於白月晝，手執方諸，承月中水。

水大之性即藏性。體雖不變，用能隨緣，所以不定。流息（止也）無恆（常也）：流無常流，隨緣而息，如河水塡之則息；息無常息，隨緣而流，如池水決之則流，正顯不定也。又此句，對下求太陰精解，求之則流，不求則息（不流也），流與不流，無有恆常，是爲不定。如室羅城下，舉事以驗。迦毘羅，此云：黃赤色，以其髮黃兼赤也。斫迦羅，此云輪，以自執所見理圓，能摧他宗故。鉢頭摩，此云赤蓮華，池名，近此住故。訶薩多，梵語之略，灌頂疏云：阿迦薩謨多羅，此云海水。近海而住，事水外道也。等者舉此四人，以等其餘。

諸大幻師：以其善用幻術，不僅能幻化人物，且能奪陰陽造化之工，故稱大幻師。求太陰精：即月中水，用以和合幻藥，爲丸作餌，是諸幻師等，多皆如是。於白月晝：即在中夜，月白如晝之時，八月中秋等夜。手執方諸，承接月中水，即太陰精。方諸，即水精珠。許慎曰：「方，石也，諸，珠也。」王充論云：「十一月（子月）壬子日，夜半子時，於北方（壬癸水）煉五方石爲之，向月得津。」淮南子曰：「方諸見月，則津而爲水。」故諸幻師，以此求水。

巳二　就求詳辨

此水爲復從珠中出？空中自有？爲從月來？

此標三處徵起，下則逐破。

阿難，若從月來，尚能遠方令珠出水，所經林木，皆應吐流，流則何待方諸所出？不流明水非從月降。

此破水大從月來。若說水從月來，此月尚能於隔遠之處，令珠出水，則於所經過，近處之林木，皆應吐流；即出水也。此以遠證近，當必流水，若必流，則隨處皆可承月中水，又何待方諸所承而水出也？若林木不吐流，則分明此水，非從月中而降也。此破從月來者，非也。

若從珠出，則此珠中，常應（平聲）流水，何待中宵承白月晝？

此破水大從珠出。若水從珠出，則不假藉他緣，珠中常應流水，隨時皆可承之。又何待中宵（即半夜），又何必月白如晝之時耶？

若從空生，空性無邊，水當無際，從人洎（及也）天，皆同滔溺，云何復有水、陸、空行？

此破水大從空生。若水從空而生者，虛空之性無邊，則水亦應當無際；際即邊也。如是下自人間，上及天宮，皆應同在滔滔大海之中，俱受沉溺之患，云何更有水居、陸地、空行之分？以上所徵三處，悉已逐破，下令審觀。

汝更諦觀，月從天陟，珠因手持，承珠水盤，本人敷設，水從何方流注於此？

此更令諦審觀察也。月從天陟：即月在天上行走。珠因手持，承珠水盤，盤以承水，珠安盤中，故曰承珠水盤。本人敷設：本人即幻師。上已說明，水不從月來，不從珠出，不於空生，此水究竟從何方流注於此盤中，是不得不加審察也。

月、珠相遠，非和非合；不應水精，無從自有！

此破和合不和合，二計俱非。若說月之與珠，和合而生水大，一月在天，一珠在地，相隔遙遠，自非和合；和合必同處不離，方可說和說合。而月珠相遠和合之計、破矣。恐轉計非和合，即破曰：不應當說言，此月中水，無所從來，自然而有也。此非和合之計又破矣。水精謂月中水，即水中之精也。

巳三　結顯體用

汝尚不知，如來藏中，性水眞空，性空眞水，清淨本然，周徧法界。

由汝一向蒙昧，尚且不知如來藏中，性具之水，全體即是眞空；性具之空，全體即是眞水。性眞二字，字異義一，即如來藏體，清淨本然者。自性由來清淨，寂湛常恆，不動不變；不變體中，本具隨緣妙用，故曰周徧法界。此屬理具，事造當在下段。

隨衆生心，應所知量。

此二句，即如來藏隨緣之用。隨九界衆生，勝劣之心，大小之量，皆能應之。併上淸淨本然，即所謂寂然不動，感而遂通之故，下則擧事驗知。

一處執珠，一處水出；徧法界執，滿法界生，生滿世間，寧有方所？

此即擧現前之事，驗知水大隨心應量。

巳四　雙拂二計

循業發現。世間無知，惑爲因緣，及自然性，皆是識心，分別計度，但有言說，都無實義。

首句循即隨也。亦指迷位，及修位衆生，皆隨染淨業，發現水大之相。如地獄衆生，隨惡業所感，則現鑊湯油鍋，血河灰河，洋銅灌呑諸事；月光童子，修習水觀，入定之時，則現水滿室中，童子投礫，激水作聲等事。　世間無知衆生，不知水大唯心，惑爲因緣、自然二執，皆是識心，妄生分別計度；但有言說，虛妄名相，都無眞實之義。三水大竟。

辰四　風大分四　巳初　標性約拂　二　就拂詳辨　三　結顯體用
四　雙拂二計　今初

阿難，風性無體，動、靜不常：汝常整衣，入於大衆，僧伽黎角，動及傍人，則有微風，拂彼人面。

風大之性，本無自體可得。時動時靜，忽起忽滅，動非常動，有時而靜；靜非常靜，有時而動。故曰：「不常」。汝常（尋常也）整（理也）衣，入於大衆之中。僧伽黎：即大衣，又名雜碎衣，二十五條，各四長一短。凡分衛（乞食也）入衆，常披此衣。衣角動及傍人，則有微風，拂彼人面。且舉此一事，驗證風性無體，動、靜不常也。

巳二　就拂詳辨

此風爲復出袈裟角？發於虛空？生彼人面？

此徵問風所從來，下則逐破。

阿難，此風若復出袈裟角，汝乃披風，其衣飛搖，應離汝

體。我今說法，會中垂衣汝看我衣，風何所在？不應衣中有藏風地？

此破風大出袈裟角。袈裟此云壞色，義翻離塵服。若謂此風，出於袈裟角，是衣中有風，汝乃披風。風性屬動，其衣飛搖，自應離汝身體；現衣不離體，是衣中無風，則此風不出袈裟角，明矣。　我今說法，會中垂衣，汝看我衣，風何所在？我今之上，應補救詞，文方接續。恐聞衣中無風，乃轉救云：衣中有風，但是動衣風出，垂衣風藏，何得以飛搖離體為難？佛則以說法垂衣，風何所在，不應說言，衣中另有藏風地破之。

若生虛空，汝衣不動，何因無拂？空性常住，風應常生，若無風時，虛空當滅；滅風可見，滅空何狀？

此破風大從空生。若風生於虛空，應不藉拂衣之緣，當汝衣不動之時，何因無風？拂彼人面，空性常住下，以風空性異為破。空性常住，風性生滅，若以風從空，風應常生，若以空從風，至無風之時，風滅空亦當滅。下二句明空無可滅，然滅風可見，滅空究作何狀耶？

若有生滅，不名虛空；名爲虛空，云何風出？

此以名義不符爲破。若有生滅，不應名爲虛空，空無生滅故，上二句破名不相當；名曰虛空，云何有風而出，空以無物爲體故，此二句破義不相合，若有風出，則名義雙失耳。

若風自生被拂之面，從彼面生，當應拂汝；自汝整衣，云何倒拂？

此破風大從彼面生。既從彼面而生，自當拂汝。自汝整衣，云何彼面所生之風，仍倒拂於彼耶？

汝審諦觀：整衣在汝；面屬彼人；虛空寂然，不參流動；風自誰方鼓動來此？

此令審觀，整衣在汝，衣中無藏風地；面屬彼人，彼面亦不生風；虛空寂然，不參也流動，自不生風。汝應審諦觀察，風自誰方，鼓動來此？鼓即動也。以上三處，皆無風大生處。

風空性隔，非和非合；不應風性，無從自有？

上二句，風空體性隔異，一動一靜，所以非和非合，此破因緣之執。下二句，不應當說此風性，無因自有，此破自然之執；從即因也。

巳三　結顯體用

汝宛不知，如來藏中，性風眞空，性空眞風，清淨本然，周徧法界。

此顯全體圓融，全相全性。阿難雖曰多聞，宛然不知如來藏中，性具風大，本自眞空；性具之空，亦本眞風，其體清淨本然，不假功用，周徧法界。

隨衆生心，應所知量。阿難！如汝一人，微動服衣，有微風出；徧法界拂，滿國土生，周徧世間，寧有方所？

此顯大用無限。如汝下，即事驗徧。

己四　雙拂二計

循業發現。世間無知，惑為因緣，及自然性，皆是識心，分別計度，但有言說，都無實義。

所循之業，有漏無漏之別；所現之大，亦有染淨不同。迷位衆生現染，修位衆生現淨，一一無非隨業所感。交光法師，假立問答，發揮循業之理甚詳，而與學者，大有啓發。問：「悟人既須循業，佛循業否？」答：「在因位循之，卻即菩薩，因滿果發之後，但惟隨心，尚無量之可應，何有業之可循？惟除示現，無實業也。故知稱體作用，無不自在，惟佛能之。」問：「現見菩薩作用自在，何言惟佛能之？」答：「菩薩修行未畢，正由循業所發，故今非揀其不能作用自在，但揀其非是不循業耳。然惟圓實菩薩，所循大自在業，所發十玄妙用，與果人敵體相似。」　又所應之知，即解悟也；所循之業，即修行也。若惟務修行，而不求圓解，則三祇六度，終無實果；正以知自局，而量自有限也。若但專務多聞，而不策圓修，則恆沙妙理，祇益戲論；正以業不循，而果終不發也。以此而圓解圓修，不可不相應矣。世間淺智衆生，見此循業發現之近由，遂惑爲因緣；世間無智衆生，昧此循業發現之根源，遂惑爲自然；此等皆是識心分別計度，情有理無，故曰但有言說，都無實義。四風大竟。

辰五　空大分五　巳初　標性約鑿　二　就鑿詳辨　三　合會警悟　四　結顯體用　五　雙拂二計　今初

阿難，空性無形，因色顯發：如室羅城，去河遙處，諸刹利種，及婆羅門、毘舍、首陀、兼頗羅墮、旃陀羅等。新立安居，鑿井求水，出土一尺，於中則有一尺虛空；如是乃至出土一丈，中間還得一丈虛空，虛空淺深，隨出多少。

此融空大即藏性。空性無形：此句指不變之體，性者體性，本無大小方圓之形段，有形則有變，無形則不變。因色顯發：此句指隨緣之用，因隨色塵之緣，顯現發明也。如顯見無礙科，觀一界之大則現大空，一室之小則現小空，方器則現方空，圓器則現圓空，雖隨緣顯發，空體不變。如下即事驗證。如室羅城（即舍衛國），去（離也）河遙遠之處，諸剎利種，此云王種，亦云田主；及婆羅門，此云淨志，亦云淨行，以守道居正，潔淨其行也；毗舍此云商賈，行商坐賈者是；首陀此云農夫，耕田種地者是；如此方四民。更有智愚二族，兼及頗羅墮，此云利根，即六藝百工之輩；旃陀羅，此云屠者，即屠兒魁膾之徒，亦云嚴幟，國法令其搖鈴執幟，警人異路，良民不與同行。

新立安居下，要新立安身居住之家，因離河遙遠，必須鑿井求水。鑿出土一尺深，在井中即有一尺虛空，如是乃至，越略二至九之數，鑿出土一丈深，井中還得一丈虛空，虛空之淺深，乃隨鑿出之土，多少而論。此即空性無形，因色顯發之事實。

己二　就鑿詳辨

此空為當因土所出？因鑿所有？無因自生？

此徵起，下逐破。

阿難，若復此空，無因自生，未鑿土前，何不無礙？惟見大

地，迥無通達。

此破空大無因生。若復此空，無因自然而生，未鑿土前，即應無礙，何以不能無礙，惟見大地，迥然質礙，無有通達之相。鑿土方見虛空，非無因而生也。西域外道，於空大多執自然，故首破之，以明非自然也。

若因土出，則土出時，應見空入，若土先出，無空入者，云何虛空因土而出？

此破空大因土所出。以未鑿土前，原不見空，因鑿土出，而後成空，遂謂空因土出。則土鑿出之時，應見虛空，從井內周圍土中出來，入於井中，如井水，從井內土中出來可也。若土先出，無空入者，如何可說，虛空因土所出？

若無出入，則應空土，原無異因，無異則同，則土出時，空何不出？

此破空無出入。若謂空本在土中，無有從土出，從井入者。則應未鑿土前，空之與土，本無各異之因；因者依也。同處相依，無異則是同體不分，則土出時，空何以不與土而俱出耶？

若因鑿出，則鑿出空，應非出土？不因鑿出，鑿自出土，云何見空？

此破因鑿不因鑿，兩者俱非。若謂此空，是因鑿而出，則是鑿出虛空，應非出土，而成空也。若謂此空，不因鑿出，與鑿無干者，則鑿井之時，但自出土，應不成空，云何隨鑿，隨見虛空耶？

汝更審諦，諦審諦觀：鑿從人手，隨方運轉，土因地移，如是虛空，因何所出？

此更教以審察諦觀：井因鑿出，鑿從人手，隨其方向，擇地施工，運轉而成，土因地中搬移而出；如是井內虛空，因何所出？以此空，上已辨明，既非無因自出，又非土出，又非鑿出，畢竟從何所出耶？

鑿空虛實，不相爲用，非和非合，不應虛空，無從自出。

鑿體是實，空性是虛，一虛一實，不相爲用，云何可說因緣和合而有？故曰非和非合；下二句翻上，既非和合，則不和合，故亦破云：不應說言，此空無所從來，自然而出？此即雙破因緣、自然二計。

己三 合會警悟

若此虛空性圓周偏，本不動搖，當知現前地、水、火、風，均名五大，性眞圓融，皆如來藏，本無生滅。同也

佛意以此空大，合前四大，同名五大，會歸藏性。諸經多惟說四大，此經點出空大，例彼四大，同名五大。當知非僅虛空，新得大名，兼顯四大，昔日雖稱爲大，亦惟其據處處皆有，地水火風言之，而實未顯互不相礙，非眞大也。自今融以藏性，圓徧常住，方爲眞大，雖非新得大名，至今始得眞大之實。若尋常談空，雖說周徧，有色礙處，即不圓滿，因色、空二法，相傾、相奪之故。今此空性，即是藏性，圓融無礙，圓滿周偏，色、空相即，乃是性圓周偏。此性寂然常住，本不動搖，與下無生滅同。

當知現前地、水、火、風，均名五大者：此以空大，性圓周偏，本不生滅

，例知現前地、水、火、風，四大均等。四大平昔，雖稱周徧，未經彰顯，一一稱性，圓融周徧，今會同空大，同名五大。

性眞圓融，皆如來藏，本無生滅者：即言諸大一一，唯性唯眞，如前所云，性色眞空，乃至性風眞空等，以性融大，諸大全性，故曰皆如來藏。性眞二字，即指藏性眞心，諸大圓融無礙，無一而非如來藏，從本以來，元無生滅，即常住不動。

阿難，汝心昏迷，不悟四大，元如來藏，當觀虛空：爲出爲入？爲非出入？

此警令觀察空大，悟明四大。謂阿難言，汝心昏迷；無明障心故昏，眞智不起故迷。執諸法皆因四大和合而有，是不悟四大，元是如來藏，非和非合，非不和合，故令觀察虛空，自可便知。當觀虛空，爲出爲入，爲非出入者：教以應當觀察虛空，即觀鑿井所見之空，爲因鑿土而出耶？爲因移土而入耶？爲土有出入，空非無出入耶？若悟空大，非出非入，非不出入，即可悟明四大，一一性圓周徧，非和非合，非不和合矣！如前總喻云：「如水成冰」，豈可說一定不和合耶？如「冰還成水」，豈可說一定和合耶？

巳四　結顯體用

汝全不知，如來藏中，性覺眞空，性空眞覺，清淨本然，周徧法界。

汝全不知，寓有深責之意。我如是爲汝種種開示，中道了義，要汝觀空得悟。汝竟全然不知，如來藏中，性具之覺，本是眞體之空；性具之空，即是眞體之覺。此二句，按前空大，變其文法，將前指性之空，換爲覺字，空覺二字，皆指藏性。藏性具有寂、照二義，空是寂義，覺是照義。又復顚倒其詞，將本大性空之句放在下句，若不變其文，則雙句皆是，性空眞空，性空眞空，無可分別。清淨本然，周徧法界，準前可知。

隨衆生心，應所知量。

上顯全體圓融，此顯大用無限。

阿難，如一井空，空生一井；十方虛空，亦復如是，圓滿十

方寧有方所。

此即事以驗，性圓周徧。如一處鑿井，所見之空，空生一井；十方鑿井，所現虛空，亦復如此。一井之空，非出非入者是也。虛空圓滿，周徧十方，寧有一定方所？正由虛空，無所不徧，故成大義。非此有彼無，先無今有，不但具有大義，亦具常義，故前云：「本不動搖，本無生滅」也。

巳五　雙拂二計

循業發現。世間無知，惑爲因緣，及自然性，皆是識心，分別計度。但有言說，都無實義。

迷位衆生，循其所造有漏之業，則發現染空，如第四禪天人，厭有趣空，則現空無邊處。修位衆生，循其所修無漏之業，則發現淨空，如第四果羅漢，灰身泯智，則現偏空涅槃。前者旣循有漏之業，要不發現染空不可得；後者不循無漏之業，雖欲發現淨空，亦不可得也。世間無知：此指凡、小、外道，惑爲空大，是因緣所生，或執空大，乃自然而有，皆是識心分別計度，徧計執性用事，但有言說，都無眞實之義。五空大竟。

辰六　見大　分五　巳初　標性約塵　二　就塵詳辨　三　合會警悟　四　結顯體用　五　雙拂二計　今初

阿難，見覺無知，因色空有。如汝今者，在祇陀林，朝明夕昏；設居中宵，白月則光，黑月便暗；則明暗等，因見分析。

此會見大即藏性。見大統指六根中，見、聞、齅、嘗、覺、知之性，今單舉見，以例餘五耳。此屬第八識見分，映在六根門頭，緣彼現量六塵者，非取浮、勝二根，故不言根，而言見也。

一切諸法，色、心二字收無不盡。前五大屬色法，後識大屬心法，故諸經祇明三科，無六入，見大即六入。本經立此大，有三義存焉：一、收前文：前十番顯見，顯此見大是眞，今更申明見聞等性，即如來藏，則顯見是心之旨愈暢。二、順後文：諸佛異口同音，告阿難言，使汝輪轉，生死結根，唯汝六根，更非他物；令汝速證安樂解脫，寂靜妙常，亦汝六根，更無他物；欲說根性法門，應立此大。三、為圓通故：如六塵、六根、六識，前後六大，皆為諸聖圓通法門，若無根大，則大勢至念佛圓通，都攝六根，何所依據？故須立此大，具足二十五數也。

見覺無知，因色空有者：乃明見大即藏性，見覺即見性，是靈明洞澈之覺體，一段光明，寂而常照，不立能所，本來無有，能知所知，乃因色空，而有能知，及所知耳。此即下文，由塵發知之義。由有色、空之塵，黏湛發見，始有能見之根，與所見之塵，而成能所二知。見覺無知，指不變之體，因色空有，指隨緣之用。

如汝今者，在祇陀林，尋常所見，晨朝日出則明，傍晚日夕日落時便昏，此晝之明暗也；設居中宵半夜之時，逢白月夜，則有光明，逢黑月夜，即便昏暗，此夜之明暗也。　則明暗等，因見分析者：等者等於色、空，本科塵以明、暗、色、空四字，互爲隱顯。如言色空，是合明暗之色以對空；單言明暗，是開色以攝空；如言見空，是以空攝色，而對見也。文中開攝不定，故先明之。則明暗等，因見分析：是開色以攝空，即因此塵境，而見始得以分析，是明是暗，乃是見托塵立，塵因見顯，例知其餘，五根、五塵，莫不皆爾。即下文所謂：「由塵發知，因根有相，相見無性，同如交蘆。」根塵皆無獨立之自性。

巳二　就塵詳辨

此見為復與明暗相，幷太虛空為同一體？為非一體？或同非同？或異非異？

此下就塵辨見。佛先徵後破，徵以根塵同異為徵，共有四句：一同、二異，三或同或異，四非同非異。以二或二非各成一句，與下文合。佛以二同二異，各成一句，非同即是或異，義無乖也。問阿難言：而此見大，為復與明暗相色法（此闕），併太虛空之相，為是同一體耶？為非同一體耶？為或同非同耶？為或異非異耶？先標徵，下逐破。

阿難，此見若復與明與暗，及與虛空元一體者，則明與暗，二體相亡，暗時無明，明時無暗，若與暗一，明則見亡？必一於明，暗時當滅？滅則云何見明見暗？若明暗殊，見無生滅，一云何成？

此破見大，與塵同一體。謂阿難言：此之見覺，若復與明與暗，及與虛空（此闕色對空），元是一體者，一體則合而不分，此牒徵詞。下約塵破，則明之與暗，二體更互相亡：暗時無有明，則明亡；明時無有暗，則暗亡。明暗相傾奪，故二體相亡，此見究竟與誰爲一耶？

若與暗一下六句，正以顯謬。此見若與暗爲一體者，明生暗滅，則見應當與暗偕亡，云何又能見明？若必此見與明爲一體者，暗生明滅，則見亦當與明以俱滅，云何又能見暗？後二句，即連上分解頗順。倘欲另解滅字，當承上雙約明暗，承一二兩句，謂見既隨暗而滅，當明現前，云何見明？承三、四兩句，謂見既隨明而滅，當暗現前，云何見暗？　若明暗殊，見無生滅，一云何成？此三句，結成非一之義。以明來暗去，暗生明滅，明暗雖復差殊，見性本無生滅，一體之義，云何得成？

若此見精與暗與明非一體者，汝離明暗，及與虛空，分析見元，作何形相？

此破見大與塵非一體。見精見元，俱見性之別稱。謂若此見精，與暗與明，非一體者，則見當離塵，別有自體。下顯不能離塵，若離明暗，及與虛空，（開色對空）分析汝見元本體，究竟作何形相？

離明離暗，及離虛空，是見元同龜毛、兔角；明、暗、虛空三事俱異，從何立見？

上四句明離塵，則見無體，同於龜毛兔角之本無；後三句結成非異之義，若明、暗、虛空三事俱異（離）也，無塵不能立見，如是云何可說，此見與塵非一體耶？

明暗相背，云何或同？離三元無，云何或異？

此破或同或異。此或同即一體，或異即非一體，悉本前義。明暗互奪兩亡，是為相背，云何或同？離却明、暗、虛空三者，元無獨立之見，云何或異？

分空分見，本無邊畔，云何非同？見暗見明，性非遷改，云何非異？

此破非同非異。首句以空攝色，若謂見性，非同於塵，應可分析，各自有體，現今分析所見之空攝色，分析能見之見，本無空、見，邊際界畔可得，云何可說爲非同乎？見暗見明開色攝空，明暗有互相傾奪，見性無遷變改易，一則生滅，一則常住，不得混同，云何可說爲非異乎？辨見至此，可謂盡矣。故下阿難，而得明心生信之益。

汝更細審，微細審詳，審諦審觀：明從太陽，暗隨黑月，通屬虛空，壅歸大地，如是見精，因何所出？

上以四義，已破見大無和合相，再令審觀生信，故謂汝更加細審。下二句即釋細審之義，必令觀察現境，窮極見源而後已。當觀所見之明相，從於太陽，暗相隨於黑月，通相屬於虛空，壅相歸於大地，各有從來，汝能見明、暗、通、塞之見精，畢竟因何所出？既無所出，將何和合耶？

見覺空頑，以空攝色**非和非合；不應見精，無從自出？**

此破非因緣非自然。見精有知覺，虛空是頑鈍，體性各異，非和非合，何得謂曰，諸法皆由因緣，和合而有？既非因緣，不應見精，無從因也自然而出。

巳三　合會警悟

若見、聞、知，性圓周徧，本不動搖，當知無邊不動虛空，併其動搖地、水、火、風，均名六大，性眞圓融，皆如來藏，本無生滅。

佛意以此見大，合前五大，同名六大，會歸藏性。五大是無情，見大是有情，合會情與無情共一體。首句若見、聞、知：六精舉三該六。性圓周徧：性即六精之性，本來圓滿，周徧法界，非此有彼無，此無彼有，方是性圓周徧；本不動搖生滅，非先無今有，今有後無，乃是常住義。阿難後悟徧常二義，皆由此也。當知無邊不動虛空，并其動搖地、水、火、風，與此見大均平，以其體性平等，可名六大。均字，上科作同義解，此科作平等解，義俱可通。性眞圓融三句，即會相歸性，論六大之相元妄，非無彼此；觀六大之性本眞，莫不圓融，皆是如來藏性，從本以來，原無生、滅、動搖之相可得。

阿難，汝性沉淪，不悟汝之見、聞、覺、知，本如來藏，汝當觀此：見、聞、覺、知，爲生爲滅？爲同爲異？爲非生滅？爲非同異？

上段合無情之五大，與有情之見大，皆會歸如來藏性，以五大是第八識相分，見大是第八識見分，見、相皆依自證分，自證分是第八識本體，乃依證自證分（即是眞如）。其中有兩重難知難信，故須合會：一者見聞等是無形，說圓周徧，易知易信；地等是有形，說圓周徧，難知難信。二者見等是有情，說是藏心，易知易信，空等是無情，說是藏心，難知難信，今已合會，皆同藏性。　此段警令覺悟，謂阿難言：汝之心性沉淪，溺於權見，無有眞智，不悟汝之見、聞、齅、嘗、覺、知六精，本來是如來藏，妙眞如性。汝當觀察：此等見、聞、覺、知（聞攝鼻根　知攝舌根）之性，爲是生滅耶？爲非生滅耶？而與五大，爲是同異耶？爲非同異耶？

上科不悟者四大，當觀者空大，令悟四大，與空大同體圓融；此科不悟者見大，當觀者亦見大。生、滅就自體言，同、異對五大說。欲令阿難，悟明見等，非生、滅、同、異，亦非不生滅、不同異。　若能悟此見大，性圓周徧，本無生滅，則生滅與不生滅，同異與非同異，俱爲戲論，便知五大，亦本如來藏，非和非合非不和合矣。

巳四　結顯體用

汝曾不知：如來藏中，性見覺明，覺精明見，清淨本然，周徧法界。

此顯全體圓融。曾不知，即一向未曾悟也。汝未悟如來藏中，性具之見，即是覺體本明，本覺之精，即是妙明眞見。此中性見、明見，同上性色、眞色，以性融大也；覺明、覺精，同上性空、眞空，直指本體也。淸淨本然二句，謂見等體本淸淨，廣大圓滿，周徧法界。

隨衆生心，應所知量。如一見根，見周法界。聽、齅、嘗觸、觸覺、覺知，妙德瑩然，徧周法界，圓滿十虛，寧有方所？

此顯大用無限。隨即隨緣起用，能隨九界衆生，勝劣之心，大小之量，一一應之；下則舉例以顯，如一見根，稱體周徧，以例諸根，耳之聽，鼻之齅，舌之嘗觸，味以合方知，故亦名觸，身之覺觸，意之覺知，此等諸根，即妙性之德用，清淨光明，如玉之瑩光皎潔，俱同見根，徧周法界，圓滿十方虛空，寧有一定方所，即無在無所不在也。四結顯體用竟。

巳五　雙拂二計

循業發現。世間無知，惑爲因緣，及自然性，皆是識心，分別計度，但有言說，都無實義。

循九界衆生之業，發現之見，各有不同。衆生肉眼，不見障外之色；天眼視遠惟明；慧眼見色了空；法眼徧觀塵世，此皆循染淨業，發現勝劣見。世間無知衆生，惑爲因緣、自然，皆是意識妄心，妄生分別計度，但有言說，都無眞實之義。　問：「十番顯見，已顯見性即是眞心，而爲諸法總相，今則融入藏性，則見大乃爲別相，未審其義云何？」答：「此經推重圓通，悟修證入，皆依六根，故前特顯見性，以爲全體，必須悟此不生滅性，爲本脩因，然後方可圓成，果地修證。」

此七大普融萬法，而如來藏當爲總相，萬法皆爲別相。若約圓實教旨，法法皆可互爲總別，如帝網千珠，一珠含多珠，多珠趣一珠，以一珠爲總相，多珠爲別相，珠珠皆然，即是互爲總別。正脈云：良以前之開顯，今之融入，俱有初後二相。前之初相，自根中薦出，及其後相，則會萬法爲一體，而根身器界，皆是其中幻影，當即是此中，如來藏也。今之初相，亦從目前明暗辨起，與前根中薦出無異，及其後相，則合會結顯，性眞圓融，周徧法界，當亦與前開顯後相，無有異也。又此中七大，皆許同是圓融，又是依圓旨之萬法互含也。而彼中見性，獨許冠於萬法，又是本經之別旨宗要也。當知前欲其巧於悟修，而此欲其圓於見解矣。具眼者辨之。六見大竟。

辰七 識大 分五　巳初 標約根塵　二 就根塵辨　三 合會警悟

四 結顯體用　五 雙拂二計　今初

阿難，識性無源，因於六種根塵妄出。汝今徧觀此會聖衆，用目循歷，其目周視，但如鏡中，無別分析。

識性對下六種根塵，是指前六識，性即了別性，此性無有根源。下二句，即釋無源之義，因於六種根塵爲緣，虛妄顯現，乃爲塵影，塵有則有，塵無則無，是謂無源。　汝今徧觀：此楞嚴法會聖衆，此單舉眼根對色塵，以例餘五。用目循歷者：用眼目循序歷覽。其目周圍巡視，此根塵相對之時，一念未起，正根中見性，取現量性境。但如鏡中現像，元無妍、媸、美、惡，差別之分析也。此揀明眼根之相也。

汝識於中次第標指，此是文殊，此富樓那，此目犍連，此須菩提，此舍利弗。

此揀明識之相。即眼識及隨眼識，同時而起之明了意識，此二者亦有揀別。但對色塵，初起第一念，不涉名言，即是眼識名隨念分別；如起第二念，計執名字，即是隨眼家，俱起之同時意識，名計度分別。分別名相，緣境之後，將外境攝入，交內之獨頭意識。　於中次第標指者：於此聖衆之中，次第與循歷相照應，眼根循序而觀，意識次第標名指相。此是文殊，譯爲妙德；此富樓那，譯爲滿慈；此目犍連，譯採菽氏；此須菩提，譯爲空生；此舍利弗，譯爲鶖子。此揀明眼識，與隨眼意識之相。

巳二　就根塵辨

此識了知，爲生於見？爲生於相？爲生虛空？爲無所因，突然而出？

此先徵起，下則逐破。徵問此識，能了別之知，爲是生於見根？爲是生於塵相？爲是生於虛空？爲無所因，突然忽然生出此識耶？

阿難，若汝識性，生於見中，如無明暗，及與色空，四種必無。元無汝見，見性尚無，從何發識？

此破因根生。見即根也。離塵無根，從何發識？

若汝識性，生於相中，不從見生？既不見明，亦不見暗，明暗不矚視，即無色空，彼相尚無，識從何發？

此破因塵生。相即塵也，彼相亦即塵相，塵尚無有，識從何發？

若生於空，非相非見，非見無辨，自不能知明暗色空？非相滅緣，見聞覺知，無處安立？

此破因空生。若生於空，既非塵相，又非見根。若非見根，則無能辨之性，自然不能知於明、暗、色、空，是離根無塵；若非塵相，則滅所緣之境，而見、聞、覺、知無處安立，是離塵無根矣！

處此二非，空則同無，有非同物，縱發汝識，欲何分別？

處此非相、非見二非之中，能生之空，則幾同於無。何以故？因非見無辨故？此空等同於無，何能生識耶？若說空是有，又非同於物，亦何能生識？縱然能生汝識，因非相已滅所緣之境，欲將何者爲所分別耶？

若無所因，突然而出，何不日中，別識明月？

此破無因生。若謂無因，突然而能生出汝識者，何不於白日之中，無有明月，突然特別生出汝識，以了知明月耶？

汝更細詳，微細詳審：見託汝睛，相推前境，可狀成有，不相成無，如是識緣，因何所出？

如前所說，非和合非不和合之義。汝可更加細詳，微細詳審句，即解釋細詳二字。能見之根，寄託於眼睛之內；所見之塵，推爲現前之境；可有形狀者，成爲有相之色；不有形相者，成爲無相之空；如是根、塵、色、空之中，汝可微細審詳，生識之緣，畢竟因依也何所出？於根、塵、色、空，既無所出，則非和合明矣！

識動、見澄，非和非合，聞、聽、覺、知，亦復如是；不應識緣，無從自出？

凡言和合，必體性相類，可說和合，現今識有分別屬動，見無分別屬澄，澄湛不動也。體性各異，非和非合；聞、聽、覺、知五根之性，亦復如是，均非因緣和合矣。不應、誡止之詞，不應說此識生緣，乃是無從因也自然而出耶？然必根、塵相對而生，則又非不和合矣！

巳三 合會警悟

若此識心，本無所從，當知了別，見、聞、覺、知，圓滿湛然，性非從所，兼彼虛空、地、水、火、風，均名七大，性眞圓融，皆如來

藏本無生滅。

此合前六大，會歸藏性。謂如我前來所說，此之識心，本無所從，則非和合而有。當知此了別之識，與上見、聞、覺、知之根，同是圓滿湛然，其性非從緣所生。倘不圓滿，可說從緣所生，今既圓滿，此外無法，豈有緣之可從？兼彼無情之虛空，及地、水、火、風悉皆均等，同名七大。此以識大，會通前之六大。　性眞圓融，皆如來藏，本無生滅者：七大一一皆性皆眞，圓融無礙；如前云：性色眞空，性空眞色等。既唯性唯眞，七大本非七大，故皆如來藏，本無生滅，常住不動也。

阿難，汝心麤浮，不悟見聞，發明了知，本如來藏。汝應觀此六處識心，為同為異？為空為有？為非同異？為非空有？

此警令悟明識大即藏性。謂阿難言：汝心麤浮，麤則不細，浮則不深，無有深細之慧，不能悟明，見聞等根即藏性，不發明能了知之識性，本如來藏者：不字雙用，即不悟不發明根識，同是如來藏性。則教以應當起智觀察，六處識心。　為是同異乎？為是空有乎？為非同異乎？為非空有乎？　若言是同，六用差別；若言是異，元一精明；此識豈可以同異言耶？若言是空，現有了別；若言是有，全無形相；此識豈可以空有言耶？若言非同，元本一體；若言非異，六處用殊；則知此識，又不可以非同非異言矣？若言非空，離於根塵，元無所有；若言非有，現能分別，諸塵境界；則知此識，又未可以空有言矣？若能悟明識大，同異非同異，空有非空有，則可悟明前之見大，與今之識大，非和合非不和合矣！

巳四　結顯體用

汝元不知：如來藏中，性識明知，覺明眞識，妙覺湛然，徧周法界。

此結顯識大之體。以識體即是如來藏體，由阿難無有眞智，不悟眞理，故曰：汝元不知如來藏性之中，性具之識，即是妙明眞知；本覺之明，即是性眞之識。以藏性、識性，相融、相即也。　妙覺湛然，徧周法界者：前云淸淨本然，約本元自性說；今此識大，體即妙本明覺，湛然凝然，故直稱妙覺湛然；

體中元具徧周法界之用，此亦但理具，而非事造，事造亦在下文。理具與事造之用，當云何分？理具者，全體具足大用，渾涵未發；雖然未發，其本有之力用，毫無欠闕，如火柴具足火之力用，雖然未發，具有焚燒林野之用。事造者，將此火柴一擦，一星之火，便可燎原。理具事造，亦復如是。

含吐十虛，寧有方所？

此明大用無限。此科無隨心應量之文者，以心即識心，量亦識量，不復自隨自應，故不列焉。但言識性，能含能吐，含即包藏義，吐即出生義。此即稱性所起之大用，藏性能含裹十方，無際虛空，何況空中，所有世界衆生耶？藏性能顯現十方，無盡虛空，以及空中所有一切諸法，識亦如是。故相宗云，「萬法唯識」也。

巳五　雙拂二計

循業發現，世間無知，惑為因緣，及自然性，皆是識心，分別計度，但有言說，都無實義。

循有漏、無漏二種之業，發現六凡有情世間，三乘正覺世間，染淨之識，凡、外無有正知正見之衆，迷惑爲因緣和合而生，及自然不和合而生。此等皆妄想識心，分別計度，但有戲論之言說，都無眞實之了義耳。正脈問：「此經首先正破識心，如七處曲搜，三迷決了，名義皆妄，畢竟無體；乃至顯見文中，又復旁兼相形而破，未嘗少假寬容。何後於十八界，即已許爲如來藏心，妙眞如性，至此愈稱其周徧法界，含吐十虛，是即性之全體，而同彼開顯見性之極量，何前乃妄之至，而後乃眞之極乎？」

答：「前約初心悟修須從方便，決擇眞妄，捨生死根本，取涅槃妙心，則識須破盡，決定不用；後約圓解普融，無法不眞，無法不如，乃至刹塵念劫，無非一眞法界，何況識心，不融法界？懸示中雙具二門，此意詳盡，宜研味之。指掌云：識之所以爲患者，要在不知是妄，良以不知是妄，必至認以爲眞，遂不復更求眞本：因將如來藏心，日汩沒於情塵之中，從迷積迷，浩劫不返。若果知是妄，不認爲眞，還須會歸如來藏性，如不然者，必至全體灰泯，反將含吐十虛之妙覺明用，永沉幻果，塵劫莫升。所以妙成二智，斷分於焦芽敗種者，豈曰無故？是知前之所以正破旁破者，務令了識是妄；後之所以會相融性者，務令達妄即眞，得旨忘筌，微智者不足與道也」。丑三圓彰七大即性周徧竟。併上大科辛初如來破妄顯眞竟。

楞嚴經講義第八卷終

大佛頂如來密因修證了義諸菩薩萬行首楞嚴經講義

福州鼓山湧泉禪寺圓瑛弘悟述　受法弟子明暘日新敬校

辛二　阿難明心生信　分三　**壬初　承示開悟　二　讚謝獲益　三　發廣大心**

壬初分二　**癸初　敍承示　二　敍開悟　今初**

爾時阿難，及諸大衆，蒙佛如來微妙開示。

此結集經家，敍述阿難，悟明本有眞心，發起大乘正信，先敍承示，以爲開悟之大本也。爾時，乃如來破妄顯眞，已竟之時。微者隱微，昔日權宗，未曾顯說，六識是生死根本，根性是涅槃正因。妙者奧妙，今日實教，廣談了義，直指生滅身中有佛性，一切諸法是眞如：此即上三卷之微妙開示。正脈云：通承破妄顯眞科中，諸文爲言，良以此大開解，功夫非近，今當總前，撮其大要，令知微妙之實。破妄心有三：一、七破以密示無處；二、重徵以顯呵非心；三、縱奪以決指無體。是所以破妄心者，極微細而盡精妙矣。顯眞心文中亦三：一示見等，而剋就根性，直指其實體。二、示陰等，而廣融諸相，以明其一體。三、示地等，而極顯圓融，以彰其全體。是所以顯眞心者，亦可謂極微細而盡精妙矣。

癸二　敍開悟　分二　子初　敍心蕩然　二　敍身蕩然　今初

身心蕩然，得無罣礙，是諸大衆，各各自知，心徧十方，見十方空，如觀手中，所持葉物。

阿難開悟，即是已開見道之眼。自第一卷阿難認識爲心，三迷被破，遂即捨妄求眞，求如來爲發妙明心，爲開道眼。如來即爲指見是心，顯見不動、不滅、不失、無還、不雜、無礙、不分、超情、離見、經歷十番，可謂發妙明心，而至微細矣！更爲會四科，全事即理，融七大全相皆性，普融萬法，可謂發妙明心，而極奧妙矣！由是阿難明心生信，頓開道眼，故有此悟。

身心蕩然，得無罣礙者：當以二義釋之：一、達妄本空：昔在迷時，妄認四大假合，爲自身相；六塵緣影，爲自心相；乃爲六根所局，六識所錮，皆成罣礙。今者了達妄身、妄心，本自空寂，蕩然（如大水漂蕩）無存，故得無礙，解脫自在也。　二、知眞本具：昔在迷時，將本有法性身，妙明心，埋沒於塵勞煩惱之中，幻妄身心之內，今者知法身清淨，徧一切處，則身蕩然；妙心圓明，徧周法界，則心蕩然；無形無相，蕩然寬廓，得無罣礙，得大受用也。

是諸大衆，各各自知，心徧十方者：以既蒙如來，微妙開示，不獨當機阿難得悟，是諸同聞大衆，亦多各各自知；自知即悟也。其中大衆，位有淺、深不同，悟有解、證不等，所悟爲何？乃悟眞心，徧滿十方，包含萬法。較之昔日，認識爲心，執心在身內；捨妄求眞文云：「不知寂常心性。」不失科中云：「不知色身外洎山河，虛空大地，咸是妙明眞心中物。」不雜科中則曰：「云何得知，是我眞性？」不分科中又謂：「茫然不知，是義終始！」四科總標文云：「殊不能知，生滅去來，本如來藏，常住妙明，不動周圓，妙眞如性。」此皆不自知也。

今聞四科，全事即理，七大全相皆性，到此雲散月明，瓜熟蒂落，如人飲水，冷暖自知。心徧十方，見十方虛空，乃依報世界之最大者。在眞心中，如觀手中，所持葉物，此則觀大同小也。葉即貝葉，物如菴摩羅果。

一切世間，諸所有物，皆即菩提，妙明元心。

此悟萬法唯心。妙明元心，即如來藏心。一切包括之詞，世間即情、器二世間，身心世界是也。此皆領上顯見科中，第四顯見不失文云：「色心諸緣，及心所使，諸所緣法，唯心所現；汝身汝心，皆是妙明，眞精妙心中所現物。」又領第八顯見不分文云：「此見及緣即身心世界，元是菩提，妙淨明體。」又領陰等四科，皆即如來藏性，而成此悟，至此則斥破妄心，顯示眞心之旨，方以極領，更不再認緣塵分別爲心矣。

心精徧圓，含裹十方。

此悟心包萬法。向者誤認妄想爲眞心，惑在色身之內，身在界中，界在空中，重重含裹，遺眞認妄，迷己爲物，曾無超越；今者圓悟眞心，惟精惟一，惟是一眞法界，純一無雜，周徧圓滿，故曰：心精徧圓。含容萬法，包裹十方，無往而非常住眞心，無處不是性淨明體，此則轉小成大也。乃領上七大文中，性眞圓融，皆如來藏，而成此悟。以上正敍心蕩然，得無罣礙。

子二　敍身蕩然

反觀父母所生之身，猶彼十方虛空之中，吹一微塵，若存若亡。

此悟正報法身。向者妄認四大假合，以爲眞身，亦復認物爲己，六根各局，四支質礙，處在空界之中，不能超越；今則悟明本有法身，虛廓曠蕩，猶若太虛，反觀父母所生血肉之身，高不過七尺，壽不上百年，總屬幻妄不實，猶彼十方虛空之中，風吹所起一點微塵，至渺小，極幻妄，似有似無。太虛喻法身廣大，微塵喻生身渺小。此身在法性空中，如草露風燈，雖然暫存，終非永存，故曰若存；又如幻事夢境，雖未即亡，終歸滅亡，故曰若亡。此則轉麤爲細也。

如湛巨海，流一浮漚，起滅無從，了然自知，獲本妙心，常住不滅。

向者誤執此身堅實，今悟法性身，如湛然澄清不動之巨大海也；生身如海中所流一浮漚，倏起倏滅，起無所從來，滅無所從去，當處出生，隨處滅盡，乃屬幻妄無常。此則轉實爲虛也。　了然自知，獲本妙心，常住不滅者：此結身蕩然也。前敍開悟之文，總標身心蕩然，得無罣礙，身即法性身，心即妙明心，因悟法身妙心，故得蕩然無礙。下則先敍心蕩然。阿難與大衆，自知妙心，徧滿十方，萬法唯心，心包萬法，澈悟依報，法法全眞。後敍身蕩然，因悟法身廣大，常住不滅，故反觀父母所生之身，如空中一塵，海中一漚，是以結曰：「了然自知」。了然明白，纖毫不昧，親證實到，自知自信，不由他悟也。獲本妙心者：即得親見，本覺妙心。本覺妙心，是本有法身，一向迷時，法身埋沒在五蘊身中；今已開悟，親見本來面目，雖然曰獲，既屬本有，實非新得。此身常無始終，住無去來，無始無終，無去無來，則永劫不滅，故曰「常住不滅」。此亦領前，不滅、不失、無還三科，及釋迷悶科末，淸淨本心，本覺常住，會四科一一非因緣，非自然，融七大一一皆如來藏，本無生滅，諸微妙開示，而成此悟也。

正脈交光法師云：經家於佛說之後，偈讚之前，特詳敍此者，正以示奢摩他，秘奧觀體，令行人於此著眼；蓋通前三卷工夫，全爲揭露，此至妙至密之觀體也。良以衆生常流轉，權乘不究竟者，皆緣未見此體，猶如生盲故也。行人若能於斯所敍，心境一如，不犯思惟，物物頭頭，了然在目，渾是妙心自體，亦不費纖毫功力，身心本來，廓周沙界；但不馳散，積之歲月，而不心開者，未之有也。當知本惟一體，若語正因本性，即空如來藏，以一味眞如，更無餘物故。若兼了因，即奢摩他秘密觀照，以親見自心，非作意思惟故。若更不避彌天過犯，則西來直指，正法眼藏，即此而已。但彼直入無分別，此由方便分別，至此無分別處，其歸一也。問：此似意盡無餘，然奢摩他未竟，後二藏未談，彼是何意？答：微密觀照，此方了其密字，以體屬秘奧故也。後乃兼用，盡其精細，始屬微字，宜酌分之。初承示開悟竟。

壬二　讚謝獲益　分二　癸初　讚謝佛法　二　悟獲法身　今初

禮佛合掌，得未曾有！於如來前，說偈讚佛：

此亦經家所敍，禮謝標偈。得未曾有者：向所未悟，今得妙悟，是爲昔所未曾有，蓋悟有解悟、證悟之不同，位有深位、淺位之不等。如阿難但解悟而已，是以仍居初果之位，今即以所悟之理，偈讚於佛：

妙湛總持不動尊，首楞嚴王世希有！

此讚謝佛法。上句讚佛，下句上四字讚法，下三字雙讚佛法。標偈中祗標讚佛，以法是佛所證，亦爲佛所說，標佛即可攝法。阿難今以所悟之理，即佛所證、所說之法，乃依之而讚佛法。上句依佛所證，法身、般若、解脫三德秘密之藏，圓成法、報、應三身，讚佛三身，是謂讚佛；乃順序而讚，與諸家略有不同。妙湛讚佛法身。法身，爲諸法所依之理體，在無情分中爲法性，在有情分中爲佛性，即衆生本有之佛性，妙覺湛然，徧周法界。衆生在迷，法身埋沒於五蘊山中，我佛因中，悟此妙覺湛然之眞心，即法身德。依此自性清淨法身，不生不滅，爲因地心，然後圓成，果地修證，得證離垢妙極法身，是謂成佛。經云：「微妙淨法身，湛然映一切。」故讚曰妙湛。

總持：讚佛報身。報身以智慧爲身，此智即般若妙智，是般若德，人人本有。佛云：大地衆生，個個具有如來智慧德相，即指般若德。衆生迷此，全智成識；我佛因中悟此，依如如智，照如如理，回光返照，照澈心源，惑盡智圓，轉識成智，得根本智，成自受用報身。此智總持一切智，是爲一切智之根本。依根本智，復起後得智，成他受用報身。總持無量，相好莊嚴，能爲衆生，作外熏之緣，故讚曰總持。

不動：讚佛應身。應身乃應衆生機，所示現之身，觀察衆生，應以勝應身得度者，即現勝應身；應以劣應身得度者；即現劣應身；應以樹神身得度者，即現樹神身；隨機應現，不動本際，普應十方，自在解脫，任運無礙，即解脫德。如佛初說華嚴，以大教不契於小機，由是雙垂兩相，不動寂場，而遊鹿苑，現丈六身，爲五比丘說法，故讚曰不動。此以三德三身合釋，以佛證三德成三身，故以讚之。尊字，由佛從因剋果，五住究盡，二死永亡，福慧兩足，九界稱尊。爲世間六凡，出世三乘，之所共尊故。

首楞嚴王：即阿難所請，世尊所證、所說之法。阿難啓請，十方如來，得成菩提之定。前請說妙奢摩他、三摩、禪那，乃定之別名；後佛告以有三摩提，名大佛頂，首楞嚴王，即三定之總名。今以總名讚之。首楞嚴譯爲一切事究竟堅固，佛證此究竟堅固之定，前說四科七大，一切事相之法，一一會歸如來藏性，本不動搖，本不生滅，自性天然妙定，即首楞嚴定也。此定爲定中之王，能統百千三昧。阿難聞此悟此，故以所悟之定名讚之。世希有三字，雙讚佛法，難逢難遇。如法華經云：「諸佛出於世，懸遠値遇難；正使出於世，說是法復難；譬如優曇花，時時乃一現。」豈非世所希有耶？

癸二　悟獲法身

銷我億劫顚倒想，不歷僧祇獲法身。

此明所獲之益。上句斷妄益，下句明眞益。銷者銷除，億劫即無量劫，非局定數；顚倒想者，迷眞認妄，執妄爲眞，眞妄顚倒。迷心在身內，惑法在心外，身心萬法，各有自體，妄認身心爲實我，萬法爲實法，我、法二執顚倒重重錮蔽。將本有法身，迷不自知，則非失似失，若一旦開悟，親見本來面目，則無得爲得矣！今聞如來，循循善誘，破緣影之非心，指根中之佛性，十番正示，二見翻顯，更會四科，即妄即眞，復融七大，全相全性，將本有法身，和盤托出，如雲開見日，冰化爲水，億劫顚倒妄想，一旦銷除矣！而此銷除之功，一由如來微妙開示，二由阿難悟明心性，如若不悟眞心，安得銷除妄惑？

不歷僧祇獲法身者：梵語阿僧祇劫，此云無數劫。劫者劫波，乃長時分。婆沙論云：「三祇修六度行，百劫種相好因，然後獲五分法身。」唯識論云：「地前歷一僧祇，初地至七地，滿二僧祇，八地至等覺，是三僧祇，然後究竟法身。」今阿難自敍，不必經歷三大阿僧祇劫，已獲法身，以爲致疑之端。致疑有三：一、執婆沙唯識，權乘不了之義，疑今大乘圓實之旨；二、阿難希除細惑，早登妙覺，是未獲法身之明證；三、阿難仍居初果，至如來說定已竟，方得進位於二果，何得遽云，不歷僧祇獲法身耶？，以致議論紛紛，莫衷一是。

今特詳釋：第一當究獲字；獲者得也，有悟得證得之不同。阿難煩惱障重，所知障輕，況已發大心，已求佛定，佛爲重重開示，直指本有眞心，以爲菩提正因，此心不生滅，不動搖，即人人本具淸淨法身，昔被顚倒妄想之所覆蓋，現倒想已銷，如雲開自當見日，則親見本有佛性，而云悟獲法身者，何過？第二當究權實教殊：權教多重事相，必假修成，實教則重性具，貴在了悟。未悟之先，法身本自現成，圓覺經云：「一切衆生，本成佛道，倘能一念囘光，便同本得，但離妄緣，即如如佛。」豈同權漸之教，必歷僧祇，方獲法身耶？第三當究圓實教旨：行布不礙圓融，圓融不礙行布，此如正脈疏，交光法師云：按圓教教旨，則行布不礙圓融，故雖未及斷惑究竟，不妨全獲法身，全體即佛。如前開示，迷心於色身之中者，既名爲性顚倒，至後開悟，見心於太虛之外者，豈不號爲正徧知哉？正徧知，即成正覺，而獲法身矣。然則執現果，而不許阿難獲法身者，失旨之甚也。

又圓融不礙行布，故雖全獲法身，不妨更除細惑，更歷諸果，更成究竟寶王也。此經後云：「理則頓悟，乘悟併銷；事非頓除，因次第盡。」可爲明證矣。如是則雖卻後，更歷僧祇，以成究竟佛果，當亦與此不歷之前，先獲法身，了不相礙也。何況圓頓悟後之脩，念念是佛，雖進斷通惑，亦與權漸脩者，日劫相倍。至於住後，斷別惑以去，一生有圓曠劫之果者矣。如是則雖謂其卻更不歷乎僧祇，亦無礙也。若更取於延促同時之玄旨，愈不可以長短拘矣。二讚謝獲益竟。

壬三　發廣大心　分五　**癸初　發願報恩　二　誓度衆生　三　求除細惑　四　速成正覺　五　申述不退**　今初

願今得果成寶王，還度如是恆沙衆，將此深心奉塵刹，是則名爲報佛恩。

阿難既已悟獲法身，自知成佛有分，故發願成佛度生，報佛開示之深恩。今字對前說，前悟獲法身，但是理法身，今欲依悟起脩，冀得究竟法身，故發願自今以往，精進修持，早得菩提佛果，成就寶王。寶王即佛寶法王，於法自在也。此句乃運智，上求佛道以自利；下句乃運悲，下度衆生以利他。還字即表示不但自利，還要利他，度脫如是，恆河沙數之衆生。將此深心奉塵刹，是則名爲報佛恩者：此字指上智悲二心，將此深心四字，雙運二心，而束爲深心。願將此深心，回奉十方，微塵剎土，諸佛衆生，於佛則常隨受學，以求慧足；於生則廣行濟度，以求福足，莊嚴成佛國土，是則名爲報答我佛，微妙開示之深恩也。此偈兩句，亦即四弘誓願：首句佛道無上誓願成，兼攝煩惱無盡誓願斷，以斷盡煩惱，方證菩提故；次句衆生無邊誓願度，兼攝法門無量誓願學，以必達法門，方能度生故。

癸二　誓度衆生

伏請世尊爲證明，五濁惡世誓先入，如一衆生未成佛，終不於此取泥洹。

前偈發願度生，是果後自覺已圓，然後覺他；此偈五濁誓入，是果前自未得度，先度人也。以願重力微，故俯伏啓請世尊，爲作證明，實求慈光加被，令得不退，滿斯弘願。五濁惡世誓先入者：此急於救苦也。五濁：一劫濁：梵語劫波，此云時分，劫濁無別體，即下四濁交湊，是其相也。時當減劫，人壽減至二萬歲，衆生具下四濁，即名劫濁。二見濁：五利使爲體，諸見熾盛，即其相也。五利使者，五種妄見，能使衆生，造作諸業，能使衆生，趣入生死，故名爲使，而幾微迅速，非比五鈍使，故名爲利。一者身見：執身爲我，而起我身之見，妄生貪愛。不悟四大假合，總屬無常。二者邊見：執有執空，而起二邊之見，一味偏執，不悟見解旣偏，失乎中道。三者戒取：非因計因，而起我能持戒之見，修諸苦行，不悟蒸沙作飯，塵劫難成。四者見取：非果計果，而起自負所見之見，未證言證，不悟有漏界中，終非究竟。五者邪見：撥無因果，而起邪外斷常之見，墮豁達空，不悟雜毒入心，自誤誤人。此五種妄見，昏昧汨沒，渾濁自性，故名見濁。

三煩惱濁：五鈍使爲體，三災感召，即其相也。五鈍者，五種妄心，能使衆生，造諸惡業，能使衆生，趣入生死，故亦名使，比前五利，稍爲鈍滯，故名爲鈍。一者貪心：於順情境上，起諸貪愛。二者瞋心：於違情境上，起諸瞋恨。三者癡心：於中庸境上，非違非順，起諸癡迷，不能覺察。四者慢心：於諸衆生，心起驕慢，不能謙遜。五者疑心：於諸善法，心起疑貳，不能決擇，此五種妄心，煩動惱亂，渾濁自性，故名煩惱濁。

四衆生濁：攬五陰見慢爲體，惡名穢稱，即其相也。衆生積聚五陰爲身，故曰攬五陰。外身四大假合，屬色陰；內心前五識，領受五塵境界，爲受陰，雖諸識皆有受，惟五識受力偏強，故以屬之；六識想像前塵，落卸影子，即想陰；雖諸識皆有想，惟六識想力最勝，故以屬之；七識恆審思量，念念相續，如急流水，遷流不息，即行陰，雖諸識皆有思，惟七識思力偏重，故以屬之。有以中間三陰，配受、想、思三心所，尚有四十八心所，收攝未盡，今以四陰，分屬八識，則心王心所，攝無不盡，心所即攝諸識中矣。八識執持息、煖、壽三，一期住世，識在身中，乃有煖氣，壽命未盡，識若離身，便生冷觸，壽命斷絕；執持此身，不至散壞者，即識陰，是謂攬五陰。見慢果報者，見是橫計主宰，爲見我，慢是俱生主宰，爲慢我；前世所作業因，今世所受果報，以爲其體。惡名穢稱者，衆生之名，鄙惡下賤，色心劣穢，生死輪廻，備嬰衆苦，故名衆生濁。

五命濁：色心連持爲體，催年減壽，即其相也。色即地、水、火、風之色法，心即見、聞、覺、知之心法。人生攬地、水、火、風四大爲身，四大本無知之物，因有八識見分，旋令覺知，見分本一精之體，因四大色法，壅令留礙，元依一精明，分作六和合。色、心連屬，執持不散，是爲命根，故以爲體。催年減壽者，以人生上壽，不過百年，倏短無定，生死不測，故云命濁：是爲五濁之世。人壽從二萬歲，過一百年減一歲，減至一百歲時，五濁熾盛，其苦轉劇，名爲五濁惡世。衆生剛强，難調難伏，我佛於此時候，出現於世。阿難亦誓願，先入濁世度生，欲步本師之後塵也。

如一衆生未成佛，終不於此取泥洹者：此廣大心，與常時心也。誓願度盡衆生，如地藏菩薩，願行堅强，衆生度盡，方證菩提；地獄未空，誓不成佛，無二無別。取泥洹即取證涅槃，泥洹亦翻滅度，乃梵音楚夏之別。不取有二：一、不取二乘獨得涅槃；二、不取諸佛究竟涅槃。即衆生度盡，我願方盡，亦即衆生度盡，方證菩提也。

癸三　求除細惑

大雄大力大慈悲，希更審除微細惑。

上句讚佛德，下句求斷惑。佛克備二嚴，具足萬德，此略學而讚。以佛具智德，能破微細深惑，稱大雄；能拔無明深根稱大力；能與衆生究竟之樂，稱大慈；能拔衆生生死之苦，稱大悲。是以希求我佛，更爲審除微細惑，此惑有二分別；一、界內思惑；二、界外無明。思惑是煩惱障細分，無明是所知障細分，阿難雖悟獲法身，而此二惑俱在，故欲加功用行，求佛更爲開示審除。第四卷佛答滿慈，兼示阿難，即審除也。阿難悟後請脩，至第八卷結經畢，方斷根中，積生無始虛習。文云：「斷除三界修心，六品微細煩惱，進位於二果，尚有七十五品未斷，何況生、住、異、滅，分劑頭數。」界外無明，是微而又微，細而又細也。

癸四　速成正覺

令我早登無上覺，於十方界坐道場。

此半偈，承上半偈。佛以大雄大力，除我細惑，自可令我早登無上之覺道，即佛果究竟覺；此仗佛大悲，拔二種生死之苦，得證無餘涅槃，方登無上大覺之位。更望佛大慈，與福慧二嚴之樂，於十方世界，應機示現，現坐道場，說法利生也。

癸五　申述不退

舜若多性可銷亡，鑠迦羅心無動轉。

舜若多此云空，鑠迦羅此云堅固。阿難已發上求下化，廣大心、第一心、常心、不顛倒心，四心並發，四弘深誓。結云：縱使空性，可以銷亡，而我堅固之心，決無動轉，即所謂虛空有盡，我願無窮也。從正宗至此，說法當為一周，名破妄顯眞周。庚初銷倒想明妄眞以現信竟。

大佛頂首楞嚴經正文卷第三終

庚二　除細惑辨性相以開解 分三　辛初　滿慈躡前以起二疑　二　如來次第以除二惑　三　大衆領悟讚善謝益　辛初又分四　壬初　讚歎如來妙示　二　泛敘自他疑情　三　確陳二種深疑　四　望佛大慈開示

今初

爾時富樓那彌多羅尼子，在大衆中，即從座起，偏袒右肩，右膝着地，合掌恭敬，而白佛言：大威德世尊！善為衆生，敷演如來第一義諦。

此科與上科對映，上科佛為阿難，先用方便門，分別眞妄，令其捨妄從眞；後用平等門，會融眞妄，令識萬法唯心。四科七大，一一皆如來藏，妙眞如性，乃說空如來藏，一眞本體，令阿難明眞生信，頓獲法身，更求如來審除細惑，早得親證妙極法身，登無上覺。爾時富樓那（此云滿是父名）彌多羅尼（此云慈母名尼女也）子，連父母為名，即滿慈子。在旁觸動心疑，即從本座而起。偏袒右肩，右膝着地，合掌恭敬，而白佛言：乃稱讚佛為大威德世尊，佛有折伏之嚴，曰大威；有攝受之慈，曰大德。仗佛大威，阿難銷除倒想；由佛大德，阿難悟獲法身。

善為衆生，敷演如來第一義諦者。能為阿難等，小機衆生，循循善誘，自淺而深，由近而遠，「巧從花下路，引入洞中天」，令銷億劫顚惑，悟獲法身眞理，是可謂善為也。若對小機說小法，不足稱之善為。今為敷揚演說，如來自證第一義諦，向四科七大，直指如來藏心，使悟自心，圓融周徧，常住不滅，非佛善說法要，曷克臻此？

壬二　泛敍自他疑情

世尊常推說法人中，我為第一。今聞如來微妙法音，猶如聾人，逾百步外，聆於蚊蚋，本所不見，何況得聞？

滿慈子自述，世尊常時推重，說法人中，我為第一。增一阿含云：善說諸法，廣別義理，諸弟子中，滿願第一；有時云：「種種因緣，譬喻說法，能利衆生，樓那第一一，故曰常推。滿慈因曠劫來，有大辯才，分得如來四辯，故能爲第一。今聞如來，微妙法音：通指前三卷，十顯直指眞心，四科全事即理，七大圓融周徧，皆精微奧妙之法音。猶如聾耳之人，遠逾百步之外，聆於蚊蚋之聲；意謂聾人聆蚊蚋，即在近尙不能聞，況遠逾百步之外乎？又聾人處遠，即大聲亦不得聞，況蚊蚋之細聲乎？彼蚊蚋之形，本所不能見，何況得聞其音聲耶？

法合聾人喻二乘人，根小智劣。如華嚴會上，有耳如聾，不聞圓頓之教；逾百步外，喻小機與大教，程度隔遠。蚊蚋微音，喻微妙法音；本所不見，喻如來藏性之理，本所不見；何況得聞，則聞如不聞。

佛雖宣明，令我除惑，今猶未詳斯義究竟，無疑惑地？

此敍自疑。以小乘法執未亡，平日迷執萬法心外實有，諸大互相陵奪。佛雖種種宣明，萬法即心，諸大圓融，令我除疑，現今依舊未能詳明，此等第一義諦，究竟而到不疑之地。

世尊！如阿難輩，雖則開悟，習漏未除。

此敍阿難。輩字兼諸有學。開悟，指阿難輩，聞佛妙示，頓悟妙心，周徧常住；意謂悟則雖悟，恐其非眞。何以故？以阿難雖然頓忘法執分別，而於法空勝解，得以現前，尚希如來審除細惑，而我執俱生全在，習漏尚且未除。習漏二字分解，漏即我執俱生，台宗曰：「思惑」。習即生、住、異、滅、分劑頭數，無明習氣。此二惑絲毫未動，豈得謂爲眞悟耶？此滿慈不達，深悟與淺證，二不相礙之理。

我等會中登無漏者，雖盡諸漏，今聞如來，所說法音，尚紆疑悔。

此敍他疑。如我等輩，在會之中，已登四果之人，無欲漏、有漏、無明漏，已證無漏之位，雖盡諸漏。觀雖字，所證亦非眞實，以我空雖證，法執全在。今聞如來所說第一義諦，微妙法音，未能領悟，尚紆繞於疑悔之間，對今日所聞大乘而生疑，對昔日愛念小乘而生悔。

壬三　確陳二種深疑　分二　**癸初　疑萬法生續之因　二　疑五大圓融之故**　今初

世尊！若復世間，一切根塵陰、處、界等，皆如來藏，清淨本然，云何忽生，山河大地，諸有爲相？次第遷流，終而復始？

此於萬法以起疑。前五句牒佛語，後五句舉疑情。問云：世尊！若復世間，一切萬法；此總舉，下別列。根塵指十番顯見，根塵對辨。陰、處、界等，等六入、七大，總括上三卷之文。顯見不分科中云：「此見及緣，元是菩提，妙淨明體即如來藏。」陰等四科，科科皆云：「本如來藏」。七大文中，一一皆云：「如來藏，清淨本然。」因聞如上妙示，遂而起二疑，此於萬法起生續疑。世間法是有爲，如來藏是無爲，既皆無爲，應當無相，云何忽生山河大地諸有爲相？此疑、始之忽生。山河大地，屬無情之世界；諸有爲相，屬有情之衆生，及與業果。意謂既是如來藏，清淨本然，以清淨故，不應更有染法之相，云何忽生山河大地等，染法之相耶？

次第遷流。終而復始者：此疑終之相續，次第上，若再加云何二字，其意更顯。此次第遷流，即上世界、衆生、業果等三，終而復始，即是相續之意。世界有成、住、壞、空，空已復成；衆生有生、老、病、死，死後再生，是謂終而復始。以既是本然，故不應更有生滅之相，云何次第遷流，終而復始耶？此問乃求佛為說，始生終續之詳，非直怪問其不當生也。滿慈但執空如來藏，不變之體；不達不空如來藏，隨緣之用。故佛後分始生終續，說不空藏以答之。

癸二　疑五大圓融之故

又如來說地、水、火、風，本性圓融，周徧法界，湛然常住。

此於五大以起疑。先牒佛語，空大文云：「若此虛空，性圓周徧，本不動搖，當知現前地、水、火、風，均名五大。」蓋此之本性圓融，乃圓眞實，即前之性圓；此之周徧法界，乃通眞實，即前之周徧；此之湛然常住，乃常眞實，即前之本不動搖。既均名五大，則地、水、火、風，亦應具此三眞實，何以現見，地水相陵，水火相剋，地空相礙也？

世尊！若地性徧，云何容水？水性周徧，火則不生，復云何明，水火二性，俱徧虛空，不相陵滅？世尊！地性障礙，空性虛

通，云何二俱，周徧法界？而我不知，是義攸往。

此述疑情。牒中惟四大，此加空大，互相影略。總疑五大，而不疑見大、識大者，以其無相則無礙，故不疑也。首二句，疑地水相容，乃問：設若地性周徧，地是質礙，水是流動，云何地能容水？中六句，疑水火相容，乃問：設若水性周徧，火大則應當不生，以水火相剋之故，復云何佛又發明，水火二性，俱徧虛空，彼此不相陵滅耶？後四句疑地空相容。世尊！地性屬有形，乃障礙之義，空性屬無形，爲虛通之相，一通一礙，性不相循，云何地空二者，俱能周徧法界？而我淺智，不知是萬法生續，五大圓融之義所歸；攸往即所歸也。

壬四　望佛大慈開示

惟願如來，宣流大慈，開我迷雲，及諸大衆。作是語已，五體投地，欽渴如來，無上慈誨。

此求佛釋疑。惟願如來發宣流布大慈風，掃開我等之迷雲，令得慧日圓明，照澈本性圓融，周徧法界，湛然常住之義，而到究竟無疑惑地。作如是請法之語已，五體投拜於地，欽承渴仰如來，無上慈悲之敎誨。初滿慈躡前以起二疑竟。

辛二　如來次第以除二惑　分二　壬初　令益許說　二　正爲宣說

今初

爾時世尊，告富樓那，及諸會中，漏盡無學，諸阿羅漢：

此標爲滿慈，一類之機。

如來今日，普爲此會，宣勝義中，眞勝義性。令汝會中，定性聲聞，及諸一切，未得二空，回向上乘，阿羅漢等。

此明所爲之機有三：一定性，二回心，三衆等。如來自言普爲者，即是以平等大慈，而說殊勝了義，不獨爲滿慈一人而說也。勝義中眞勝義性者。法相宗，勝義諦有四種：一、世間勝義：謂蘊、處、界等；二、道理勝義：謂苦、集、滅、道四諦；三、證得勝義：謂二空眞如；四、勝義勝義：謂一眞法界。此經所云：「如來藏，清淨本然。」即一眞法界，不變之理體，能起隨緣之事用。前阿難執和合、因緣，是執權疑實，迷藏性不變之體；今滿慈執清淨本然，是執實難權，昧藏性隨緣之用。故佛爲說後二藏，以窮生妄之深源，成礙之幽本，答萬法生續，不離性本二覺，答五大圓融，歸極三藏一心，爲勝義中，眞勝義性。

令汝會中，定性聲聞下，示所被之機。定性聲聞，指沉空滯寂，得少爲足，鈍根阿羅漢。聲聞是阿羅漢之別名，以聞四諦聲，入涅槃道故。不肯回小向大，涉俗利生，故名定性。及諸一切，未得二空，回向上乘阿羅漢者：未得二空，是但證我空，未曾兼得法空。然雖未得法空，已能回小乘之心，向大乘之道，不甘永閉化城，願趨寶所，是爲回向最上一乘，大阿羅漢。等者等在會辟支，以及有學之衆。

皆獲一乘，寂滅場地，眞阿練若，正修行處。汝今諦聽，當爲汝說。富樓那等，欽佛法音，默然承聽。

佛先許說眞勝義，此許得殊勝益。一乘即上乘，乃最上一佛乘也；即法華經之大白牛車。令在會皆獲者，佛慈平等普益也。寂滅場地：即不生不滅之因地心，亦即如來密因。佛說奢摩他，令悟妙心本具圓理，十方如來，皆依此因心，而成果覺，入大寂滅海，即涅槃果海。上二句切勿作果地解，連三、四兩句皆是因心。　眞阿練若：有云阿蘭若，譯爲無諠雜，即寂靜處，無有喧譁雜鬧，寂靜可脩行處。若但境靜，非眞寂滅場地，非眞阿練若，必以本來不生滅不動搖之眞心，方是寂滅場地，眞阿練若，與境無干。此心即首楞嚴之定體，乃爲十方婆伽梵，一路涅槃門，故曰正修行處；下文所說，三如來藏心是也。若悟此心，是爲開圓解，始可起圓脩，得圓證矣。　汝今諦聽，當爲汝說者：佛囑以諦實而聽，望其勿再執理迷事。藏心體雖不變，用能隨緣，隨染緣則三種相續，五大相陵；隨淨緣，則滅塵合覺，故發眞如，妙覺明性。此科先說隨染之用。富樓那等，欽仰佛之法音，默然承聽。

壬二　正爲宣說　分二

癸初　正答滿慈　二　兼示阿難　癸初分二

子初　先說不空藏以示生續之由　二　說空不空藏以示圓融之故　子初又二

丑初　正答初問　二　兼釋轉難　丑初又五

寅初　牒定所疑　二　舉眞勘問　三　審得其惑　四　正明生續　五　雙關結答　今初

佛言富樓那：如汝所言，清淨本然，云何忽生山河大地？

正脈云：此科說不空藏，以示生續之由。此對上空藏，彼約心眞如門，會妄歸眞，以顯藏心不變之體；此約心生滅門，從眞起妄，以顯藏心隨緣之用。然用應有二：一、隨染緣起六凡用。二、隨淨緣起四聖用。今爲開迷成悟，故單取染用爲言，而全用更在下空不空藏中。此牒定所疑科，乃是略牒。於滿慈所述中，略去一切根、塵、陰、處、界等，皆如來藏，但牒清淨本然一句，；於所問中，但牒云何忽生，山河大地？略去諸有爲相，次第遷流，終而復始三句。所牒之語雖略，意必具含。

寅二　舉眞勘問

汝常不聞如來宣說，性覺妙明，本覺明妙。富樓那言：唯然，世尊，我常聞佛宣說斯義。

空藏說眞如門，不空藏說生滅門。生滅門中，有覺不覺二義，覺義是眞，不覺是妄。性覺本覺，即生滅門所依之眞。起信論云：依本覺而有不覺，復由無明不覺，生起三細六麤，乃有世界、衆生、業果三種，忽生相續。今佛舉所依眞覺，勘驗滿慈，是否錯認？性覺妙明，本覺明妙：是佛常與諸菩薩，宣說其義，滿慈在座，自是常聞。故舉以問云：汝常時豈不聞如來自稱佛宣說耶？性覺本覺，原一眞覺。性約一眞理體之謂性，本表天然原具之謂本，不涉事用，不論修爲，即萬法之眞源。妙明明妙：乃寂而常照，照而常寂。妙是不變之體曰寂；明是隨緣之用曰照，此明亦祇是理具之照用，非事造也。佛舉此二語，具有深意：一顯無明萬法，離此無依；二顯寂照本具，豈假妄明？

富樓那答言：唯然世尊。唯然應諾之詞，猶言是也。我常聞佛，宣說斯義：即性覺妙明，本覺明妙之義。滿慈聞雖常聞，但屬聞言，並非聞義，觀下自知。交師云：此問全似初問阿難，見何發心，是皆借舊見聞，以發開示之端。

寅三　審得其惑

佛言：汝稱覺明，爲復性明，稱名爲覺？爲覺不明，稱爲明覺？

滿慈說法第一，既已常聞斯義，定必常說。佛乃問言：汝稱說覺明之時，究竟意中，如何解說？覺即性覺本覺，明即妙明明妙。爲復下雙舉眞妄，以審看滿慈還是識眞耶？還是認妄耶？問云：汝爲復以性本自明，稱名爲覺，即本具靈明，不必加明耶？爲是覺本不明，必須加明於覺，方稱有明之覺耶？此中本具靈明，乃爲眞覺眞明；必須加明，即是妄覺妄明。雙舉審問，以驗取捨，全似徵問阿難，心在何處？以何爲心？皆欲逼出生平所誤認者，而斥破之也。

富樓那言：若此不明，名爲覺者，則無所明？

此滿慈竟取於妄，答言：若此覺體不更加明，名爲覺者，則單名爲覺，實無所明矣！觀此詞中，反排眞覺，細察意中，深取妄覺，即屬聞名昧義。首句不明二字，與上段不明不同，上是假說覺本不明，此乃承言不更加明，字同義異也。　正脈云：此答全似，阿難與佛諍言：若此發明不是心者，我乃無心，同諸土木。皆被佛徵出，素所迷執，而不覺其非者也。但阿難所執，六識妄心，滿慈所執，根本無明，麤、細、淺、深、迥然有別。

佛言：若無所明，則無明覺。有所非覺，無所非明。無明又非覺湛明性。

首二句牒定滿慈之言，下則施破。佛言如汝所說：若無所加明於覺，則無有明，單有覺者，在汝之意，必定有所加明於覺，方可雙稱明覺也。汝竟不知，一有加明，則覺明二義，皆雙失矣！何以故？體外加明，則非本有之明，時生時滅。

有所非覺，無所非明二句，即說一有加明，則覺明二義雙失之故，若起心有所加明時，則非本明之眞覺，若失憶無所加明時，則此覺又非有明矣。以滿慈未悟眞覺，本具妙明，故必欲加明於覺，不知一經加明，則時有時無，不得常住矣！無明又非覺湛明性者：以滿慈必欲加明於覺，以致覺明二義雙失，全墮無明。無明又非眞覺（即性本二覺）湛然，妙明之性；妙明則常寂常照，豈時有時無耶？，此中有所非覺，無所非明，其意稍難領會，今以喻明之：眞覺本具妙明，如摩尼寶珠，本具光明照用，珠光不相捨離，即珠即光，不必更加明而明之；妄覺性本不明，如電燈泡，狀若摩尼，必加電氣以明之。有所非覺句，有所加明，則非眞覺，如電燈泡，必加開關一開則明，明雖已明，非眞摩尼珠；無所非明句，無所加明時，則非有明，如電燈泡，開關不開時，則無有明。此二句即覺明二義雙失，咎在加明也。

性覺必明，妄爲明覺。

此結成妄本。必明即是無明，無明乃爲結妄根本。此必明二字，諸家多作必具眞明解。今按上文，佛舉眞妄二覺，雙審滿慈，滿慈以必須加明於覺，方可稱爲明覺，佛即直斥，加明之非。此二句則結歸。性覺必明，妄爲明覺者：性覺即性本二覺，本具妙明明妙，並不假明而明之。汝意必定要加明於覺，方稱明覺；此必定加明之一念，即是妄爲，乃不當爲而爲也。遂將妙明轉爲無明，眞覺變成妄覺矣！此必明必字，即下文知見立知立字，自心本具眞知眞見，無庸更立知見，故佛告云：「知見立知，即無明本。」此必明亦即無明本也。

正脈疏云：無明親依眞心本覺，獨居九相（三細六麤）之先，別名獨頭生相，根本不覺，曰癡、曰迷。及無住本，皆目此也。有二功能：一、能隱眞覺之體，二、能發萬有之相，下文自見。問：「生相無明，等覺未了，今言加明於覺，意何淺近？」答：「此惑在三細之前，本非菩薩所知，惟佛現量親見，如來有勝方便，能令初心，比量而知。借言加明於覺，即是其相。捨此方便，則如啞人見賊，叫喚不出矣！法王自在，豈如是耶？」問：「借言非眞，寧不誤人？」

答：「豈止不誤，仍有大益。如來親見等覺菩薩，諸念皆盡，惟餘此念，佛法不得現前，此念若盡，便入妙覺果海，故令頓根衆生，但了法空心淨，一念不生，遙契如來涅槃妙心，自具照體，不用重起照察，起照便同此中，加明於覺。永嘉云：『倘顧還成能所。』顧字便是明字，能所者，本惟一眞本覺，妄成能明之明，所明之覺，而能所俱非眞矣！佛祖一揆，若合符節，希頓入者，宜究心焉！」

寅四　正明生續　分二　**卯初　初之忽生　二　後之相續**　卯初分二

辰初　無明不覺生三細　二　境界爲緣長六麤　今初

覺非所明，因明立所；所既妄立，生汝妄能。

此明依眞起妄。無明爲妄本，此乃生起三細前二細惑，下即細境。首句論眞，二句起妄，覺即性本二覺，是所依之眞，眞覺非所明之境，以本具妙明，不落能所也。特因必欲加明之故，遂轉妙明而成能明之無明，將眞覺而立所明之妄覺。因明明字，即屬無明；立所所字，即屬業相，不可作境界解。境界在此四句之後。交師順解三細，得佛意矣！此如起信論云：「以依本覺，故有不覺，以依不覺故心動，說名爲業。」此文較論文更有發明。論言心動，未明何故心動？此則說出，因加明於本覺，而引此心動也。　所既妄立，生汝妄能者：上句即立所之業相，下句即轉相。因業相之所，既已妄立，復由無明力，轉本有之智光，生汝能見之妄見。即以業相爲所見，妄能即能見相。即論云：「以依動故能見。」動即業相，業者起動義也。與下第五麤不同，此亦較論文更有發明。論中未明依動，何以即成能見？此中說出，業相之妄所既立，引起妄能耳。下文謂所妄既立，明理不踰是也。

無同異中，熾然成異；異彼所異，因異立同；同異發明，因此復立，無同無異。

此三細中後一，乃屬細境。無同異中：即第八識業相之中。以最初一念無明妄動，將整個如來藏眞空，變成晦昧空境。空是同相，界是異相，世界之異相未成，虛空之同相莫顯，以因異方可顯同，今既無異，所以無同。　熾然成異者：此成異之原因，乃在妄能，妄能即第二細，轉相見分。既有能見，而諸法未成，無有所見，即以業相爲所見，業相但一晦昧之空，無有一物可見，見分定欲見之，見之既久，現出境界相。此即顯見不失科中云：「晦昧爲空，空晦暗中，結暗爲色。」又即後文偈云：「迷妄有虛空，依空立世界」是也。如人瞪目觀空，瞪久發勞，則見空華。　熾然火光盛貌，既結暗而成四大之色，如火光起於夜暗之中，熾然顯著。此境雖顯，尚在本識之中，有人見此熾然，不敢定爲細境，乃指六麤者，非是。論文釋此現識（即現相又曰相分境界相），則云：「所謂能現一切境界，猶如明鏡，現於色像。」又曰：「隨其五塵對至即現。」何異熾然之說。

異彼所異，因異立同：第一異字是活字，不同也；下異字皆實字，即異相之境。謂異於彼熾然所成之異相境界，因對異相之界，而立同相之空。即論云：以依能見故，境界妄現（境界兼色與空）。同異發明，因此復立，無同無異：此三句當指衆生，承上虛空之同相，與世界之異相，一同一異，形顯發明，因此復立，無同無異衆生之境。衆生形貌各異，故曰「無同」。知覺本同，故曰「無異」。問：「此中虛空、世界、衆生，指爲細境，與麤境何別？」答：「此惟在本識中，結暗所爲之色，即三類性境，根身、器界、種子，與麤境作肧胎耳。」此三細，如前二卷所云：「晦昧爲空，空晦暗中，結暗爲色；色雜妄想，想相爲身。」又如下文偈云：「迷妄有虛空，依空立世界。想澄成國土，知覺乃衆生。」皆從眞起妄，妄有空、界、衆生。

正脈疏問：「通上順釋三相，甚生次第，但釋因明立所，則曰，因妄爲能明，引起所明，以立業相，此雖經無能字，推意補之，亦通。次經明言，因所生能，予即釋爲業生轉相，似亦自然之序。但妄明既以業相爲所明，轉相亦以業相爲所見，此何別乎？又轉相何不以境界爲所見乎？」答：「汝言妄明，以業相爲所明，此言非是。蓋妄明最初依本覺起，妄以本覺爲所明，本不期於業相，其奈本覺，元非可明之境，由是本覺，卒不可明，而徒以帶出業相爲所明耳！故佛言：『覺非所明，因明立所』其旨顯然。」　「汝次又言：轉相以業相爲所見，斯言不差。蓋轉相依業相起，妄以業相爲所見，本不期於境界，其奈業相，元非可見之相，由是業相卒不可見，而徒以帶出境界爲所見耳！故佛言：『所既妄立，生汝妄能，無同異中，熾然成異』等，其意更顯」。　是故經文，所之一字，上下連帶二能，而上隱下顯，且上爲生所之能，下是所生之能，如祖與孫，何言無別？能之一字，上下連帶二所，而上顯下隱，且上爲生能之所，下是能生之所，亦如祖孫，豈得混同。

辰二　境界爲緣長六麤

如是擾亂，相待生勞。勞久發塵，自相渾濁，由是引起，塵勞煩惱。

如是指法之詞，即指境界相，從無而有，因異立同，由是空、界忽生；復因同異發明，而無同異之衆生，亦相繼而生；如是藏識海中，境風擾（動也）亂。相待者：互相對待，由妄境引起妄心，即爲緣之意，以境界之相，爲生七轉識之像。　生勞：即引起第七識，創起慧心所，對境分別染淨，執爲心外實有，不了自心妄現，起智分別（智即慧心所），轉生勞慮，故曰「生勞」。即第一麤智相，屬俱生法執。論云：依於境界，分別愛與不愛是也。問：「前轉識緣境界相，智相，亦緣此境，二者有何差別？」答：「轉相緣境，是第八識見分，精明之體，但如明鏡現像，不起分別；智相緣境，不了唯心所現，執有定性，分別染淨，即屬分別事識」。

勞久：即第七識，恆審思量，相續不斷，勞慮經久，故曰「勞久」。即第二麤相續相，屬分別法執。論云：「依於智故，生其苦樂覺心，起念相應不斷故」是也。　發塵：即第六識，周徧計度，取着轉深，計我、我所，發生染着塵念，故曰「發塵」，即第三麤執取相，屬我執俱生。論云「心起着故」，起着與發塵義同。自相渾濁者：即第六識，依前顚倒所執相上，更立假名言相，循名執相，顚倒特甚，以致心水渾濁不清，故曰：「自相渾濁」。即第四麤，計名字相我執分別。論云：「依於妄執，分別假名言相」是也。　由是引起，塵勞煩惱者：由是是字，遠指無明三細四麤，從迷入迷，妄上加妄，近指計名字相，由此引起諸業，即第五麤，起業相。論云：「依於名字，循名取著，造種種業」是也。塵勞即是煩惱，煩惱有染汚、擾動二義，喻之如塵如勞。共有八萬四千，約未起身口屬惑，已起身口屬業，今由惑引起身口，造一切業，業因既成，業果隨至，無可倖免也。　問：「麤境未成，安得遽有身口？」答：「語雖約從初起次第而談，理實無始，豈眞未成麤境之前，而絕無身口哉？細境中既有根身，當有身口，且論亦約從初起，亦須於第六中，方成身口。疏釋起業，明用身口，若必執第六方有身口，則前相憑何起業？而執取等，憑何計我我所哉？語雖有序，而意須圓活，不宜泥也。」

起爲世界，靜成虛空，虛空爲同，世界爲異，彼無同異，眞有爲法。

此確答滿慈所問。前四句，答云何忽生山河大地？後一句，答諸有爲相即衆生業果。從性覺必明起，乃展轉敍其來源耳。由依性覺，妄起無明，因此無明，發生三細，復緣境界，而起塵勞，惑業妄因已成，依、正苦果斯現。故云：起成有相處，則山河大地，而爲世界；靜而無相處，則空廓虛通，而爲虛空。空不動搖，是故曰靜，此依報之世界，本不離前之細境。言此虛空，即爲前同相，所發之現行；此世界，即爲前異相，所發之現行。汝問：云何忽生山河大地？即由是而生也。　彼無同異，眞有爲法者：此答諸有爲相，亦明不離前之細境，與上四句，文法不同。上是指後即前，此是取前顯後，取彼細境中，同異互相形顯，所發明無同無異之相。以成此衆生業果，眞有爲法。此正報衆生業果，亦前細相所發之現行，即第六麤業繫苦相。論云：「以依業受報，不自在故。」爲業繫縛，而墮五陰三界二獄之中，無由出離，不得自在。汝問：云何忽生諸有爲相？即由是而生也。　交光法師云：但約萬法初成一周，而說忽生矣！又約修時逆斷，顯此次第，權說初成次第，令觀順生之次第，易於開悟。而不至迷悶；了逆斷之次第，易於修證，不至僭亂也。又當知經自無明，以至麤境，多用能所，上下連持者，令知能所，乃生萬有之端，行人於眞妄分明之後，一念頓絕能所，可以把定萬有，坐還淸淨本然，所謂：「但離妄緣，即如如佛」矣。初初之忽生竟。

卯二　後之相續 分三　**辰初　世界相續　二　衆生相續　三　業果相續** 辰初又分三　**巳初　生能成四大　二　生所成四居　三　結成種相續　今初**

覺明空昧，相待成搖，故有風輪，執持世界。

上依眞覺，妄起無明，而成輾轉虛妄之十相；此由無明妄力熏變，而成地、水火、風之四大。世界雖由衆生業感，推究根源，亦由無明妄心而起，四大依無明而有，世界由四大所成，故交師科爲能成四大。　此風大。覺明空昧者：乃由眞覺之體，已起妄明，遂將眞空變成頑空晦昧之相。相待成搖：即明昧相待，互爲傾奪，而成搖動之風。世間諸風，不出妄心蕩動所感，可見風大之種，乃是無明妄心，一念之動相耳！

動蕩不已，積而成輪，故有風輪，執持世界。而世界最下，全依風輪，而得住故。風力極大，而有執持之功能，如海上輪船，重而不沉者，因有風鼓之力所持故。俱舍論云：「謂諸有情，業增上力，世界最下，依虛空，空輪之上，有風輪」是也。

因空生搖，堅明立礙，彼金寶者，明覺立堅，故有金輪，保持國土。

此地大。孤山法師曰：土與金皆堅性，俱屬地大。因空生搖者：因空昧覺明，明昧相傾，已生搖動之風，此牒風大。堅明立礙：乃屬地大；此大由堅固執心所成，堅執妄明，欲明晦昧之空體。其奈空體，卒不可明，由執心故，遂乃結暗爲色，而立地大堅礙之相。世間地大，不出妄心，堅執所感，可見地大之種，乃是無明妄心，一念之堅相耳！

彼金寶者，又爲地大之精，地性堅礙，莫過於金。明覺立堅者：即指依無明妄覺，所立堅礙之相，如癡情化石之類。堅執不休，積而成輪，故有金輪，保持國土。而世界一切國土，皆依金剛輪，而得住故。如密部所說：「地大最下，有金剛際」是也。

堅覺寶成，搖明風出，風金相摩，故有火光，為變化性。

此火大，依前風、金之所轉生。堅覺寶成者：堅執妄覺，所立之金寶既成；此句牒前地大。搖明風出者：搖動妄明，所感之風大復出；此句牒前風大。風金二大，即為生起火大之因。　風金相摩者：風性屬動，金性屬堅，一動一堅，相摩相盪，故有火光之功能，而為變化之性質。變起世間，一切萬有，世間諸火，不離妄心，摩盪所成。可見火大之種，乃是無明妄心，一念之熱相耳！火無持含之輪用，但有變化之功能。至後所成四居，功方顯著，與前後三輪，相待轉生，俱帶無明妄心之相。應按本宗發明，勿取外教所說，反晦經旨。

寶明生潤，火光上蒸，故有水輪，含十方界。

此水大，依前金、火之所轉生。文雖不帶心相，義亦無明，妄力所致。寶明生潤者：金寶之體明淨，明能生潤，如五金之屬，遇熱氣而出水也。火光上蒸者：即火大之光，上蒸於金。鬱以成氣，氣以成水。如南風之天，萬物多蒸而出水也。以寶明映以火光，蒸潤為水。世間諸水，不離氣積所感。可見水大之種，乃是無明妄心中，金、火二妄，蒸潤所成耳。蒸潤不息，積而成輪，故有水輪，含十方界。如華嚴經所明，諸世界刹種，皆依香水海住是也。

按本經，世界地大依水輪，水輪依金輪，金輪下有火輪，火輪下有風輪，風輪下有空輪。空輪依無明妄心，晦昧所成；無明依本覺，無明是不覺之相，究竟不離本覺之性。足見世界始於眞妄和合之心，而識藏不離如來藏，若離如來藏，悉無自體故。前會四科，融七大，一一無非如來藏性，此四大，即爲能成世界，萬法之本，無明又爲能成四大之本也。

巳二　生所成四居

火騰水降，交發立堅，溼爲巨海，乾爲洲潬。

上文依無明而成四大，此科依四大而成四居。四大之性，雖各相違，實則相濟，如火性本屬上騰，水性本屬下降，一騰一降交互發生，立諸堅礙，而成器界。卑濕之處，積水而爲巨大也海；乾燥之處，環水而爲洲潬。蓋海非獨目於水，以注水之巨坎，爲水居衆生所依處。灌頂云：「浮土可棲曰洲，聚沙堪住曰潬。」即四大部洲，爲陸居衆生所依處。

以是義故，彼大海中，火光常起，彼洲潬中，江河常注。

首句以水陸二居，是水火交互發生之故，可以驗其氣分。彼大海本注水之處，不應有火，以不忘火之氣分，故火光常起；彼洲潬本質礙之地，不應有水，以不忘水之氣分，故江河常注流也。

水勢劣火，結爲高山，是故山石，擊則成燄，融則成水。

此山居處。山亦水火交發之堅相。水勢若劣於火勢，火勢若勝於水勢，則水隨火之力，結之而爲高山，如熬水爲鹽，堆積如山，足證水亦可結。是高山亦水火所成之故，下亦驗其氣分，所以山石，擊之則成火燄，不亡火之氣分；融之則成爲水，不忘水之氣分。如煉五金之礦，悉皆成汁。

土勢劣水，抽爲草木，是故林藪，遇燒成土，因絞成水。

此林居處。林藪亦水土交互所成。土勢劣於水，土隨水而成潤，抽拔而爲草木。以是草木不忘水土氣分故，林藪遇燒，便成灰土，因絞則成汁水。此即不忘水土氣分之明證也。木多爲林，草多曰藪。

巳三　結成種相續

交妄發生，遞相爲種，以是因緣，世界相續。

此結成相續。交是交互，妄即妄心、妄境。以心、境互妄，輾轉相生。初以妄明，而成空昧，明昧相傾，搖動而生風大；次以堅執妄明，而生地大；次以風金相摩，而生火大；再以金火相蒸，而生水大。故有能成四大，乃交妄發生也。遞相爲種者：指所成四居，以水火旣滿，而爲洲海之種；更降水勢以從火，結爲高山，而水火復爲山石之種；復降土勢以從水，抽爲草木，而水土乃爲草木之種。故有所成四居，乃遞相爲種也。

以是因緣者：即以是四大，交妄發生，遞相爲種之因緣，則有依報世界，成、住、壞、空，終而復始，相續不斷。此之相續，即相續初之忽生，起爲世界，靜成虛空之麤境耳。一自忽生之後，輾轉相續，若不破迷成悟，返忘歸眞，永無清淨之日也。初世界相續竟。

辰二　衆生相續　分三

巳初　六妄成就　二　四生感應　三　結成相續　今初

復次富樓那，明妄非他，覺明爲咎。

此先標妄本。於已說世界相續之後，重復次第告滿慈云：欲明衆生，亦從妄起，並非他物，此妄亦是性覺必明，以爲過咎耳。因此妄覺妄明，乃爲衆妄根本，前之世界，後之業果，均由此忽生，由此相續也。

所妄既立，明理不踰；以是因緣，聽不出聲，見不超色。

首句承上，因有覺明之無明，遂立業相之妄所，同前因明立所。所妄既立，明理不踰：同前生汝妄能；明即轉相能見分，理猶體也，即業相之本體。以見分欲明業相本體，業相本不可見，見分定欲見之，終不能超越業相之範圍。此二句俱屬妄心，以見分所見，但是業相晦昧空，尚未涉境。以是因緣：是業相爲因，轉相爲緣，以此因緣，自心取自心，非幻成幻法，遂結暗爲色。所聽不出聲塵，所見不超色塵，此二句即現相，隨其五塵，對至即現；見聽屬心該覺知，即轉相；聲色屬境該香等，即屬現相。不出不超，俱是心被境局之相。此之聲色，唯是惑現，尚非業招，猶是本識中境界相也。

色、香、味、觸，六妄成就，由是分開見、覺、聞、知。

色、香、味、觸，該攝聲法，六種妄塵，成就麤境，不同上二句，聲、色之細境也。由是麤境已成，即法生故，種種心生，遂於一精明之體，分開見、覺、聞、知（該嘗齅二精）六用。如下文所云：「由明暗等，二種妄塵，黏湛發見。」見精映色，結色成根（眼根），乃至第六，由生滅等，二種妄塵，黏湛發知，知精映法、攬法成根（意根），故曰分開。元依一精明，分成六和合也。

巳二　四生感應

同業相纏，合離成化。

此總標。由上根塵既具，引起四生繫縛。溫陵戒環法師曰：同業即胎卵類，因父母己三者業同，故相纏縛而有生，合離即濕化類，不因父母，但由己業，或合濕而成形，即蠢蝡也。或離舊而託化，如天獄等。成對合言，化對離說。

見明色發，明見想成，異見成憎，同想成愛，流愛為種，納

想爲胎。交遘發生，吸引同業，故有因緣，生羯羅藍，遏蒲曇等。

此於四生中，獨詳示胎生之人道者，欲令人知所從來也。又衆生受生，而胎生欲愛偏顯故。前六句舉親因，中二句明助緣，後三句結成胎。見明色發，明見想成者：合轍云：中陰身投胎時，其無緣處，大地如墨，惟於父母有緣處，見有一點明色發現，以妄心見妄境，故曰：「見明色發。」中陰身乘光趨赴，明見妄境，遂起妄惑，而欲想便成，故「明見想成」。

異見成憎，同想成愛者：男見父，女見母，皆爲異見，則成憎：男見母，女見父，皆是同想，則成愛。流愛爲種，納想成胎者：流注此想愛，於父精母血之中，爲受生種子，納受此想愛，於赤白二滞之內，得成爲胎，上屬親因。交遘（合也）發生，吸引同業：父母交合，乃爲助緣，因緣和合，所以發生。吸引同業者：以父母之緣，吸引過去同業而入胎，如磁吸鐵相似。交光法師云：「上以己纏父母爲同業，此以父母吸己爲同業。」故有因緣者：由投胎想愛爲親因，父母交遘爲助緣之故，生羯羅藍，遏蒲曇等，遂有胎相，前後差別。

俱舍云：胎中凡有五位：「一七名羯刺藍，此云凝滑（父精母血，凝聚滑澤。）；二七名頞部曇，此云皰（猶如瘡之形，未生肉故。）；三七名閉尸，此云輭肉（凝結猶如輭肉之形）；四七名羯南，此云硬肉（肉漸堅硬）；五七名缽羅奢佉，此云形位，亦云肢節（生諸根形，四肢骨節。）。此舉二而略餘三。大集經更有：六七名髮毛爪齒，謂四種漸生。七七名具根位，謂諸根具足故。

胎、卵、溼、化，隨其所應。卵惟想生，胎因情有，溼以合感，化以離應。

此例示四生。首二句舉果由因。胎、卵、溼、化，皆所感之業果，情、想、合、離，皆能感之業因，故胎卵溼化四生，各隨其能感之業因，應之以業果。卵生惟以亂思不定之想，感而有生；胎生乃因親愛迷戀之情，所以成有；溼生乃以聞香貪味，附合不離而感；化生即以厭故喜新，離此託彼而應。四生具緣，有多寡之不同，卵生具足四緣，父緣、母緣、自己業緣、再加暖緣。胎生具父、母、己業三緣。溼生但業、暖二緣。必假日光暖氣之緣也。化生惟業緣矣。

巳三　結成相續

情想合離更相變易。所有受業，逐其飛沉，以是因緣，衆生相續。

情想合離：有情皆具，各從多分，而先受報，皆依業因感召，而應之以四生也。更相變易者：更字平聲，或情變爲想；或想變爲情；或合易而爲離；或離易而爲合，互相更改，彼此變易，種種不定。

所有受業，逐其飛沉者：論四生所受業報，並非另有主宰。逐即隨義，其指業因，皆隨業因，所以應之業果，若善業則飛升，惡業則沉墜。情想合離，皆有善惡之分，是以升沉之果，必隨善惡之因。末二句因緣有遠近，遠則無明爲因，業識爲緣；近則情想合離爲因，父母已業，暖、溼爲緣。四生轉換，三界升沉，生死長縛，輪轉不休，故有衆生相續。二衆生相續竟。

辰三　業果相續　分三　巳初　業果指本　二　業債酬償　三　結成相續　今初

富樓那，想愛同結，愛不能離，則諸世間，父母子孫，相生不斷，是等則以，欲貪爲本。

此明業果，本於自心之貪。貪惑爲煩惱領袖，亦即諸業根本，貪之範圍雖廣，以貪欲爲最。吳興曰：欲貪通乎四生，今正約胎生言之。又胎生復通，今多就人倫辨之，以其易見故也。想愛同結，愛不能離者：謂同想成愛，乃爲結縛之因。何以故？由想愛既深，如膠似漆，不能捨離，所以深結生緣；則諸世間，父母子孫，遞代相生不斷，是等皆以欲貪爲本。欲貪即指受生時之想愛；因同想則成愛，因愛則生欲，因欲則受身也。舉世之人皆然。

貪愛同滋，貪不能止，則諸世間，卵、化、溼、胎，隨力強弱，遞相吞食，是等則以，殺貪爲本。

由有貪愛，必有身命；既有身命，必同滋養。彼此皆欲滋養身命，所以貪不能止，但知滋養，不顧殘忍，勢必殺害生靈，食彼身肉。則諸世間四生之類，隨其力量，以強欺弱，弱肉則爲強食，大鳥喫小鳥，大獸喫小獸，大魚喫小魚，大蟲喫小蟲。遞相吞食者，如夏天蛇喫老鼠，冬天老鼠喫蛇之類。是等則以殺貪，爲其根本。

以人食羊，羊死爲人，人死爲羊，如是乃至十生之類，死死生生，互來相噉，惡業俱生，窮未來際。是等則以盜貪爲本。

溫陵曰：「不與而取，及陰取皆盜。」故以人食羊，不與取也；羊死爲人，互來相噉，陰取也，皆爲盜貪。吳興謂：「殺貪未論酬償先債，盜貪約過去於身命財，非理而取，故互來相噉，以責其盜也。」　以人食羊：承上貪求滋養，則以人食羊。羊豈甘心，爲人食乎？而宿業既畢，則死而爲人，食羊之人，人豈世世得爲人乎？而惡業既成，則死而爲羊，而人羊轉換，徵償舊債，互來相食。所謂喫他八兩，還他半觔。何獨人之與羊如是，乃至十生之類，死而復死，生而又生，展轉報復，互來相噉。由斯惡業，與生俱生，寃對相値，窮未來際，報復不已，是等則以盜貪爲本。

正脈問：「世教論殺，惟以忿爭殺人爲重；論盜，惟劫竊財命爲重，而食肉不與焉，似得輕重之宜；今經何獨論其輕，而反遺所重乎？」答：「此有二義：一以輕況重義：蓋此方世教，急於止亂，且圖養民，故惟斷現亂，而不禁食肉；今經欲絕生死，須斷生緣，故極至食肉，皆併斷焉。若悟輕者，尚爲生死之緣，則重者不言可知，非反遺於重也。況眞慈平等，均爲奪命，有何輕重，且約現生食肉，似不爲禍亂，若約隔生酬債，則禍亂亦均，更待下義詳之。二者絕本止末義：蓋凡一切殺盜，究其深本，多起於食肉，如八萬釋種，遭瑠璃之殺，世人但知近緣罵詈，不知遠因，起於食魚之冤。故此方不長太平，緣太平恣意食噉，人之享福者，福終禍起；畜之酬報者，報盡爲人，皆帶殺冤，遂成亂世，乃至殺人無量。故佛斷食肉，乃聖智深遠，拔本塞源之意。經云：「世間欲免刀兵劫，須是衆生不食肉。」外教君子，未能信達者，勿輕非毀矣！

已二　業債酬償

汝負我命，我還汝債，以是因緣，經百千劫，常在生死。

上科明業果之本，此科論相續之因。首句約殺貪說，負者欠也。應有四句：汝欠我命，汝還我命；我欠汝命，我還汝命。二句約盜貪說，亦有四句：我欠汝債，我還汝債；汝欠我債，汝還我債。以是命債，惑業爲因，現行爲緣，雖經百千劫，怨對相遇，酬償不已，由此相續，常在生死苦海，不能出離。

汝愛我心，我憐汝色；以是因緣，經百千劫，常在纏縛。

此約欲貪說。首二句影略，亦應有八句：汝愛我心，我愛汝心；汝憐我色，我憐汝色；憐亦愛也。上二彼此心好，下二彼此色美，更有四句，心好色美合論：汝愛我心，我憐汝色；我愛汝心，汝憐我色。以是愛憐，惑業爲因，現行爲緣，經百千劫，想愛同結，誓不分離，由此相續，常在愛欲纏縛，不得解脫。

巳三 結成相續

惟殺、盜、淫，三爲根本，以是因緣，業果相續。

此承上，負還不休，常在生死；愛憐不捨，常在纏縛；並無他故，惟是殺、盜、淫三種貪習種子，以爲根本。以是因緣：即種子爲因，現行爲緣，因緣相資，故有業果相續。若衆生聞此，力除貪習，則根本既盡，枝末自枯，有何業果之可言哉？指掌問：「業果相續，與衆生相續，有何差別？」答：「業果相續，即依衆生開出，但衆生相續，惟約受生一念；業果相續，統約歷劫積習，積習既深，而輪轉莫停，一念之差，而變易無定，若果能頓絕一念，漸治積習，則變易可定，輪轉可停矣！要知衆生不離業果，業果不離衆生，爲成兩益，故各言之。」合前衆生相續，即是詳明眞有爲法。三業果相續竟，併前四正明生續竟。

寅五　雙關結答

富樓那，如是三種顚倒相續，皆是覺明明了知性，因了發相，從妄見生，山河大地，諸有爲相，次第遷流，因此虛妄，終而復始，

此文躡前三種相續，結答相續無別法，即續彼三種忽生；又躡前三種忽生，結答忽生無別法，即生此三種相續，意乃雙關。但忽生中，先生虛空，次世

界，後衆生，未曾明言業果，乃合業果於衆生中，具足三種。相續中明言世界、衆生、業果，未曾明言虛空，乃合虛空於世界中，亦全無缺漏也。無論忽生相續，皆不出世界、衆生、業果三法。

首二句牒上相續，次四句推究妄因。山河等五句，以明忽生相續之現行。佛呼滿慈告言：如是前來所說，世界、衆生、業果三種相續，乃是顚倒之相，從眞起妄而有。故曰：「皆是覺明」。即於眞覺而起妄明；明了知性：指妄明之無明，了知性即妄有了知之性。因此妄了之無明，發生業轉現之三相，此明了知性二句，即無明不覺生三細是也。

從妄見生者：乃從細向麤，而成麤惑麤境，妄見即麤惑，山河下即麤境。生字雙連上下，連上乃麤惑生，惑即事識見分；連下由惑生則境生。汝問山河大地，諸有爲相，云何發生？即由是而生也。次第遷流者：世界則成、住、壞空，衆生則更相變易，業果則彼此酬償，亦皆因此虛妄，妄有相續，終而復始，循環往復，無有止息。因此虛妄：此字乃指覺明明了知性，意謂不獨三種忽生，由是而生；即汝問云何次第遷流，終而復始，亦因此虛妄，而得相續也。初正答初問竟。

楞嚴經講義第九卷終

大佛頂首楞嚴經講義第二册終

大佛頂如來密因修證了義諸菩薩萬行首楞嚴經講義

福州鼓山湧泉禪寺圓瑛弘悟述　受法弟子明暘日新敬校

丑二　兼釋轉難 分二　**寅初　滿慈執因疑果　二　佛分眞妄喻釋**

今初

富樓那言：若此妙覺，本妙覺明，與如來心，不增不減。無狀忽生，山河大地，諸有爲相。

當機執衆生因性有始，疑如來果德有終。乃言：若此衆生所具，妙明覺體，本來自妙，無有世界之礙；本來自覺，無有衆生之迷；本來自明，無有業果之昏；與如來返本還元之心，平等一如，佛心比生心，並不增一絲毫；生心比佛心，亦不減一絲毫。　無狀忽生，山河大地，諸有爲相者：無狀即無因無故也。衆生最初無故，妄欲加明於覺，遂致從迷入迷，以妄成妄，由妄惑起妄業，依妄業招妄報，忽生山河大地，依報之世界，攝虛空；諸有爲相，正報之衆生，兼業果。是由本眞之心，忽生種種妄法。

如來今得妙空明覺，山河大地，有爲習漏，何當復生？

上段執衆生因性有始，此段疑如來果德有終。故難云：如來今得妙空明覺。妙空即妙性眞空，彌滿清淨，中不容他，復其無物之本體，如摩尼珠；明覺即妙明本覺，虛靈朗鑑，洞澈法界，還其天然之照體，如大圓鏡。與衆生妙覺明，未生山河等法之前，無二無別。衆生既從眞起妄，而如來今者，返妄歸眞，山河大地之世界，有爲相之衆生，與習漏之業果積聚業習成有漏果，何時復當再生耶？此難全同圓覺經中，金剛藏菩薩第三難：「一曰一切衆生，本成佛道，何故復有一切無明？二曰若諸無明，衆生本有，何因緣故，復說本來成佛？三曰十方異生，本成佛道，後起無明，一切如來，何時復生一切煩惱？」難意全同。所異者彼約煩惱苦因，此約依、正苦果，同是從眞起妄也。初滿慈執因疑果竟。

寅二　佛分眞妄喻釋 分二　**卯初　喻妄不復生　二　喻眞不復變**

卯初分二　**辰初　無明本空　二　萬法現無**　今初

佛告富樓那：譬如迷人，於一聚落，惑南爲北。

此舉喻。迷人、乃迷方之人，喻已起無明之衆生；聚落、乃人煙聚止之村落，喻如來藏；惑南方爲北方，南方實不轉爲北方，喻迷時從眞起妄，眞體不變，眞不成妄，妄性本空也。

此迷爲復因迷而有？因悟而出？富樓那言：如是迷人，亦不因迷，又不因悟。何以故？迷本無根，云何因迷？悟非生迷，云何因悟？

此辨定迷無所從。故問曰：此迷爲復因迷而有耶？爲復因悟而出耶？富樓那言：如是迷人之迷，亦不因迷有，又不因悟出。何以故下，自行徵釋。迷本無根者：此迷即指最初一念無明妄動，而爲諸法之因，諸法皆因無明而有，而無明更無所因也，故曰「無根」；又復無體，自體尚不可得，云何可說，因迷而有？斷無因自生自之理，此答因迷之難。悟非生迷者：悟迷敵體相翻，悟則非迷，迷則非悟，既相翻，自不相生，云何可說，因悟所出？如明暗相背，云何可說，暗因明生耶？此答因悟之難。問：「法中妄從眞起，喻中云何不許，迷因悟出？」答：「法中正不許眞能起妄，但說妄依眞起，如影依鏡現，終非鏡體自生也。」此文滿慈據喻而答，儼然不錯，就法而言，足證滿慈於法未徹。迷喻無明，悟喻本覺，無明不因無明而有，不因本覺而出，此為正理。迷本無根，云何因迷者：喻無明之先，本無無明，云何可說因無明有？悟非生迷，云何因悟者：喻本覺與無明，一眞一妄，眞妄相背，云何可說，因本覺出？

佛言：彼之迷人，正在迷時，倏有悟人，指示令悟。富樓那！於意云何？此人縱迷於此，聚落，更生迷不？不也！世尊。

此辨無明不復起。佛言彼迷於聚落之人，正在迷南為北之時，倏忽也有悟人，辨明南北之人，指示分明，令得了悟，不至將南作北。故問滿慈，在汝之意，以為云何？此迷人，縱使先迷於此聚落，既經指示令悟之後，更生迷不？答言：「不也，世尊！」佛欲令就喻知法，故作是問。法合：彼之迷人，合從眞起妄，有無明之衆生，正在迷位之時，忽遇於佛；悟人、即大覺悟之佛，為之指示，令得開悟，悟明眞本無妄，斷盡無明；於是衆生，返妄歸眞，永不復迷也。

富樓那！十方如來，亦復如是。

此法合。十方諸佛如來，三覺圓滿，亦同悟後不復更迷也。

此迷無本，性畢竟空，昔本無迷，似有迷覺，覺迷迷滅，覺不生迷。

此詳盡前義。此迷無本，即無明無體，同前迷本無根之義。其性徹底元空，亦如迷方之迷，更無所因也。昔本無迷，似有迷覺者：不可作衆生未妄之前，本無無明解，當作昔日在衆生位中，本無無明，不過相似，有迷時妄覺而已。既曰相似，即非實有，以無明無體故。亦如迷方者，正在迷方之時，本來無迷可得，亦不過相似，有迷時妄覺，惑南爲北也。覺迷迷滅，覺不生迷者：諸佛在因地之中，遇善知識開示，無明無體，起智觀察，覺得無明是妄，當體即空，則心中無明即滅，以眞覺性中，本無無明也。如下文所云，心中達多，狂性自歇，歇即菩提。既覺之後，永不再起無明。亦同迷方之人，倏有悟人，指示令悟，更不生迷也。上二句迷時似有，此二句悟後永無，言正當迷時，已即無迷可得，而況既覺之後，豈復生於迷乎？初無明本空竟。

辰二　萬法現無　分三

巳初　譬喻　二　辨定　三　法合　今初

正脈云：據上文滿慈於萬法，問生續之詳，如來答無明爲生續之本。今佛於上科，先以喻明，所答無明本來常空，非研斷始空。而此更以喻明：所問萬法，現今即無；非先無後有，亦非今有後無。圓覺答難處，亦有此喻，卻是翳比無明，華比萬法，空比眞體。彼文三節平渾，今經前有迷方喻無明，後有木金喻眞體，故此空華，單喻萬法耳；即前世界等三也。

亦如翳人，見空中華，翳病若除，華於空滅。忽有愚人，於彼空華所滅空地，待華更生。

此舉喻。如眼有翳病之人，見空中有華。空原無華，翳眼妄見，翳病若得除滅，華於空滅。不特見空華是妄見，即見華滅空，亦是妄見。何以故？翳眼見空華，華本不曾生，生既不生，滅何所滅？故見生見滅，同一妄也。忽有無智之愚人，於彼空華所滅虛空之處，等待空華，何時更生空華。

翳人、喻有無明之衆生，以無明力，轉本有之智光，成能見之妄見，見眞空法性之中，有世界、衆生、業果。空喻眞空，空華喻山河大地，諸有爲相。無明一滅，萬法皆空；當知萬法本空，不待無明滅始空，即有無明，妄見之時，身、心、世界，何嘗實有？亦如空華，不待翳愈華滅，正當翳眼，見空華時，當體即空，何嘗有生？都緣有無明之衆生，於本無之中，妄見似有而已。山河大地，有爲習漏，衆生在迷，尚非實有所生，如來既得妙空明覺，無明惑盡，眞空理顯，豈復更生耶？故喩忽有愚人，於彼空華，所滅虛空之處，待華更生；滿慈亦如是也。

巳二　辨定

汝觀是人，爲愚爲慧？富樓那言：空元無華，妄見生滅，見華滅空，已是顚倒，勑令更出，斯實狂癡，云何更名，如是狂人，爲愚爲慧？

此辨定。佛令滿慈審觀，待華更生之人，爲愚耶？爲慧耶？滿慈答言：空元無華，由翳眼妄見生滅；喩眞空法性之中，元無山河大地等法，第以無明妄見，迷時有生，悟時有滅。見華滅空，已是顚倒執著，勑令空華更出，斯人實屬狂癡；喩若見諸法，滅妄歸空，已是顚倒分別，問如來何時更生諸法，與待華更生者，何以異耶？

巳三　法合

佛言：如汝所解，云何問言：諸佛如來，妙覺明空，何當更出山河大地？生也

此法合。滿慈於喻，所答不謬，故佛即以反難，如汝所解，已知敕令空華更出，斯實狂癡。云何竟作如是問言：如來今得妙空明覺，何當更出山河大地耶？妙覺明空，與前滿慈所問，妙空明覺，其理無二。覺指本覺照體，屬智德；空指眞空寂體，屬斷德；悉皆雙具妙明，故妙覺明覺，妙空明空，隨稱俱可。佛智德究竟，五住皆盡，斷德究竟，二死永亡，方當此稱。又空即如如理，覺即如如智，皆明皆妙也。初喻妄不復生竟。

卯二　喻眞不復變　分二　辰初　總舉二喻　二　總合二法　今初

又如金鑛，雜於精金，其金一純，更不成雜；如木成灰，不重爲木。

上科二喻，喻妄因妄果，本自不生，非成佛始滅。此科二喻，喻眞智眞斷，本來無變，非成佛始生。而衆生雖在迷位之中，妄性本空，生本不生，況諸佛已證究竟之果，獨妙眞常，而反有變耶？上二喻，一喻無明妄因，一喻萬法妄果，各喻各合；此二喻，總喻眞智眞斷，總喻總合。金鑛，以金在鑛中，故曰「金鑛」。雜者鑛中雜有精金，其體精眞不變，喻智體不變也。其金一純者：加以開鑛煅煉之功，渣滓旣盡，其金惟一純精。更不成雜：即一成精金體，不復重爲鑛也。喻智德有功，脩行除惑，惑淨智圓，無二無雜，智德成就，更不再起無明，故喻更不成雜也。

木喻煩惱，灰喻涅槃。木不能自成於灰，必假火燒，方成爲灰。火喻智慧；煩惱不能便證涅槃，必假智慧，斷除煩惱，出離生死，而證涅槃。斷德成就，更不再生煩惱，故喻不重爲木也。

辰二　總合二法

諸佛如來菩提涅槃，亦復如是。

此法合。十方一切，已證究竟果覺，諸佛如來，所證菩提智德，究竟無變，同於純金不雜，既轉煩惱，而成菩提，不復更有煩惱。亦同精金，不復重爲鑛也。諸佛如來，所證涅槃斷德，究竟無生，同於燒木成灰，既轉生死，而成涅槃，不復更受生死，亦同木灰，不復重爲木也，故曰亦復如是。法合之文，另作總喻總合解：金喻菩提涅槃，雖非修生，要必脩顯，一成永成，不復更變；喻如精金，雖復本來金，終以銷成就，一純永純，不重爲鑛也。木喻煩惱生死，雖屬如幻，以幻除幻，一滅永滅，不復再生；喻如木灰，以火燒木，木盡成灰，一盡永盡，不重爲木也。此解前喻眞不復變，後喻妄不復生，雖同前二喻，亦復無有礙。初先說不空藏，以示生續之由竟。

子二　說空不空藏以示圓融之故　分二　**丑初　正答次問　二　兼釋轉難**　丑初分二　**寅初　牒定五大以釋疑　二　圓彰三藏以勸修**　寅初又五　**卯初　按定所疑　二　喻明性相　三　難釋相妄　四　以法合喻　五　申義釋疑**　今初

富樓那！又汝問言：地、水、火、風，本性圓融，周徧法界，疑水、火性，不相陵滅，又徵虛空及諸大地，俱徧法界，不合相容。

上科已釋，三種生續之疑，此科更示，五大圓融之故。上空藏中，一一會相歸性，全事即理，事不礙理，固無可疑；而不空藏中，從性起相，相既宛然，則事與事，何得無礙？是以滿慈，前有五大圓融之疑，故此空不空藏中，佛極顯無礙之由，以銷執相之問，故先牒問詞。又汝問言：對先問生續，此問周偏，故置又字。地、水、火、風，本性圓融，周偏法界。此猶是述佛自說，下牒滿慈所疑。疑水、火二性相剋，云何不相陵滅耶？又徵問也虛空，及諸語助辭大地，一礙一通，云何俱偏，而得相容耶？

卯二　喻明性相

富樓那！譬如虛空，體非羣相，而不拒彼諸相發揮。

此喻空不空如來藏。空體無相，即空義；不拒諸相，即不空義。又合之即不變之體，能隨衆緣，究之用雖隨緣，體元不變，虛空如故也。又此喻具足三諦：體非群相，不落有邊，是眞諦；不拒發揮，不落空邊，是俗諦；雙離空有，全歸中道，是第一義諦。不拒，乃不拒絕不違礙；發揮，即發揚顯現也。

正脈云：若不申明諸教，性相迷悟分量，則不知滿慈發疑之端，與佛釋疑之妙。夫二無礙理，人天小乘，決定雙迷，極至法相破相，亦均未徹。法相眞不隨緣，相不即性；破相，方談相性二空，有遮無表，終未顯談即性，何能盡發無礙之旨。今斯圓旨，語四科，則全相皆性，語七大，則全性皆相，且一一徧周，無障無礙，是尙越大乘之始教。而滿慈依小乘法執舊見，堅謂諸大，本來相礙，若如來藏空，可說無礙，今云備具諸大，即當相礙，豈有無礙之理？斯則豈惟不達已發之相爲無礙，兼亦尙疑未發之性爲有礙矣！而如來釋疑，非但只釋未發之性爲無礙，而亦兼詳釋已發之相尙無礙，而況未發之性，何得有礙乎？故此科說性無礙，其文最少，釋相無礙，其詞最多，一以銷難顯易，一以發後圓修。

所以者何？富樓那！彼太虛空，日照則明，雲屯則暗，風搖則動，霽澄則清，氣凝則濁，土積成霾，水澄成映。

首句徵釋之詞，即徵問解釋，太虛空不變隨緣之義。彼太虛空：虛無空廓，無有諸相，喻如來藏不變之體，清淨本然，空也；日照下，喻如來藏隨緣之用，循業發現，不空也；合之即喻明，空不空如來藏也。日等是七緣，明等是七相，虛空體非明、暗等群相，能隨緣成相，不拒彼明等諸相發揮。日照之時，隨日緣則現明相；雲屯（聚也）之時，隨雲緣則現暗相；風搖之時，隨風緣則現動相；霽澄之時，雨後天晴曰霽，隨霽緣則現淸相；地氣凝聚之時，隨氣緣則現濁相；土積之時，隨土緣則現霾相；山獸馳逐，塵土蔽空曰霾。又塵土紛飛，隨風雨而下謂之霾，水澄之時，隨澄緣則現映相，水澄湛生光，水中映現一切也。此七相，不必一一配合七大，但意喻七大耳。

卯三　難釋相妄

於意云何？如是殊方諸有爲相，爲因彼生？爲復空有？

首句發難之詞。上科雙喩性相，未顯相妄（無有定實之意），故此發難，在汝之意，以爲云何，七相爲是從彼緣生耶？爲是從空有耶？若緣生，則墮因緣；若空有，則墮自然；虛空喩藏性不變隨緣，不墮於二計也。殊方，是同時異處，虛空之大，諸緣不一，所以現相不等。相以有爲稱者，從緣生故，是有爲法。彼字指日等七緣。此總難，下則別擧日難，以一例餘。

若彼所生，富樓那！且日照時，旣是日明，十方世界同爲

日色，云何空中更見圓日？若是空明，空應自照，云何中宵，雲霧之時，不生光耀？

首句承上總牒，且下別舉。今姑且就日而辨，若謂日照之時，是日之明，則十方世界虛空，應當同爲一日之色，方可謂是日明，云何虛空之中，更見團圓之日。團圓日外，何嘗不是空體之明，何得獨屬日明乎？若謂日照之時，所有明相，乃是空明，空性常恆，明應常照，云何中宵半夜雲霧之時，則見昏暗，不生光耀耶？

當知是明，非日非空，不異空日。

此釋正義。當知明相，非定屬於日，以空中更見圓日故；亦非定屬於空，以中宵不生光耀故。汝又當知，明相不離於空，以日外皆空故；亦不離於日，以無日不明故。異即離也，非日非空，喻水火等，徧計非實；不異空日，喻五大依他似有。既知非實似有，自應圓融無礙，有何陵滅不陵滅，相容不相容耶？

卯四　以法合喩

眞妙覺明，亦復如是。汝以空明，則有空現；地、水、火、風，各各發明，則各各現；若俱發明，則有俱現。

此文之前，經文中有觀相元妄，觀性元眞二段，仔細研究，擧喩之後，即應法合，此是如來說法常規，今將彼二段之文，橫隔於擧喩法合之間，殊覺割斷文意，諒係當時翻譯之後，抄寫之誤。交光法師，亦有見於此，將觀相元妄二段，接續於宛轉虛妄，無可憑據之下，法合之文，接擧喩之後，兩得其美，此則文意相連，無有隔礙，後則結申正義，收束得宜，故今乃將法合之文提前，不避彌天大罪，幸祈諒之。　眞妙覺明：即眞如妙覺明心，又即眞覺妙明之心，合彼太虛空之喩。亦復不變隨緣，圓融無礙，如空隨日等七緣，而現明等七相。眞心元非五大，而能隨緣現五大之相，合前體非群相，而不拒彼諸相發揮之喩。

汝以空明，則有空現，地、水、火、風，各各發明，則各各現：此五句，各明各現，謂五大現不同處，或不同時也。後兩句，俱明俱現，乃同處同時也。明字，交師謂，即是循業之意最善，業有染淨，所現五大亦然，皆隨惑而現也。汝字，雖指滿慈，意該九界。汝以空明者：如菩薩循淨空之業，即現虛空身；如阿羅漢，所證偏空涅槃等；凡夫循染空之業，即現空無邊處等。如以地明，菩薩循淨色之業，即現實報莊嚴土；凡夫循染色之業，即現有漏穢土。如以水火風明，羅漢則現身上出水，身下出火；菩薩則現慈風徧拂，以除衆生熱惱；凡夫循有漏之業，則現水、火、風三災。　若俱發明，則有俱現者：如天人見水，如瑠璃寶地，可以履之而行；人道見水是水，可取而爲飲料；餓鬼見水是火，雖渴莫飲；一一無非循業所感，俱時而現也。此所現之相，非因緣生，非藏性有，亦不離因緣藏性，合前非日非空，不異空日喻。

云何俱現？富樓那！如一水中，現於日影，兩人同觀，水中之日，東西各行，則各有日，隨二人去，一東一西，先無準的。

上各明各現，依他似有，雖屬是妄，未顯宛轉虛妄。俱明俱現，徧計非實，足表宛轉虛妄，故再徵釋，以合相妄之喻。如一水中，現於日影：喻一如來藏性中，具足諸大之性。兩人同觀水中之日，東西各行：喻衆生各依藏性，各循各業不一；如兩人東西各行，則各見有一日，隨二人去，喻各循業感，所現大相不等。一東一西，先無準的者：一東行一西行，其日先無準定的實所現大相。無有定實，即相妄也。

不應難言此日是一，云何各行各日既雙？云何現一？宛轉虛妄，無可憑據。

此釋出宛轉虛妄。故囑以不應難言：水中日影是一，云何各有一日隨二人行？各行日影既雙二也，云何水中惟現一日影？此即俱時而現，一二不定。宛轉即輾轉意，若說是一，各行有二，一乃虛妄；若說是二，水中惟一，二乃虛妄；左之右之，無非徧計虛妄，究無真理，可為憑據。此一二不定，即合前非日非空，不異空日。孤山曰：同觀是一，知二是虛，各行既二，驗一是妄。正脈云：此文當合前難釋相妄之喻，觀此諸大俱現，無可憑據如此，其與空日生明，無可指陳者，何以異乎？

卯五　申義釋疑

觀相元妄，無可指陳。猶邀空華，結爲空果，云何詰其相陵滅義？

此結申諸大，相妄性眞之正義，應在法合之後，故移置於此。先約相結，如前明相，非日非空，不異空日，如此例觀，諸大之相，本來虛妄，各明各現，俱明俱現，無非循業發現，一一似有非實，無可指陳；如虛空華，本無所有，翳眼觀之似有，好眼觀之實無，若謂有可指陳，如執空華爲實有，一迷也；若更詰其陵滅，是猶邀待也空華，更結空果，可謂迷中倍迷，云何詰其相陵滅義耶？問：「此說諸大相妄無礙，何以現見世間，水、火相陵滅，地空地水不相容耶？」答：「約事而論，亦無陵滅，亦復相容。如世間油類，原屬水大，各各皆具火大，一然即燒。地大之中，具有空大，掘土一尺，即現一尺虛空，出土一丈，即有一丈虛空。又五金之屬，地性堅礙，莫過於金，鎔之悉成爲汁，有何陵滅不容耶？約理而言，現見諸大陵滅不容，皆由衆生執心妄見，何嘗是實，如雲駛，則見月運；舟行，則見岸移，豈彼月岸，實有運移耶？若了五大本空，妄執妄見，一時俱破矣。」

觀性元眞，惟妙覺明。妙覺明心，先非水火，云何復問，不相容者？

此約性結。承前虛空，體非群相，現觀諸大之性，元是一眞，本無諸相，惟一妙覺圓明眞心，此心即如來藏心。先非水火者：本非地、水、火、風空諸大；諸大尙無，說誰陵滅不相容乎？妙覺明心，本非諸大，能現諸大，猶如明鏡，能現衆像，本非衆像也。寅初牒定五大以釋疑竟。

寅二　圓彰三藏以勸修　分三

卯初　極顯圓融　二　普責思議　三　結喩推失

卯初分二

辰初　依迷悟心對辨緣起　二　依本來心圓彰藏性

辰初分二

巳初　依染緣起執成有礙　二　依淨緣起融成無礙　今初

富樓那！汝以色空，相傾相奪於如來藏，而如來藏，隨爲色空，周徧法界。

滿慈因聞佛說，諸大圓融無礙，故前疑我等，何以現見有礙？此佛示以成礙之由，以銷執相之問。汝以以字，即推其原由，由眞如隨染緣起之故。以者因也，因最初一念無明妄動，晦昧眞性而成空，復因見分，結暗以成色。因此色空，傾奪於如來藏性之中，傾奪者因妄見，見有色處，則傾奪於空；見有空處，則傾奪於色。而如來藏隨緣，與妄心相應，則起成麤境，周徧法界，衆生不了是妄，執爲實有，執則成礙。

是故於中，風動空澄，日明雲暗，衆生迷悶，背覺合塵，故發塵勞，有世間相。

此承上，是執則成礙之故，於如來藏，本無諸相，一眞法界之中，妄見風之動搖，空之澄寂，則動寂互異。日之光明，雲之昏暗，則明暗交傾；略舉此四，以該地空不容，水火相陵等，塵勞滿目。　衆生迷悶下，重結成礙之由。迷悶者：昧於藏性眞空之理，曰迷；起成三細四麤之相，曰悶，不通達諸相皆妄故。此二字屬惑。背覺合塵者：於本有覺性，非背而背，於虛妄塵相，無合而合，造作諸業，此句屬業。故發塵勞，有世間相者：則屬苦果。以依惑造業之故，所以發現塵勞染法，有爲世間諸相，此即藏性隨染，循業發現也。

巳二　依淨緣起融成無礙

我以妙明，不滅不生，合如來藏。而如來藏，惟妙覺明，圓照法界。

此因當機，前疑如來，何以獨得無礙，此佛示以無礙之由，故得自在之用，由眞如隨淨緣之故。我是佛自稱，以用也，乃用眞覺妙明，不生滅之根性，爲本修因，背塵勞妄法，合如來藏性，回光返照，脫塵旋根，伏歸元眞，發本明耀，耀性發明，智光圓照，照見萬相皆空，一眞獨露。而如來藏性，不爲妄相所隱，竟能融彼妄相，全相皆性，全妄即眞，惟是妙淨本覺湛明之心，圓照一眞法界，即生滅既滅，寂滅現前，復還清淨本然之心，得其全體矣！下則發其大用。

是故於中，一爲無量，無量爲一；小中現大，大中現小。

此下明大用。是故二字，承上是已得全體之故，便能於一眞法界之中，稱體起二無礙用：一、理事無礙，二、事事無礙。一爲無量，無量爲一，此二義理事無礙也；小中現大，大中現小，此二義事事無礙也。　一爲無量，無量爲一者：一即一眞法界之理，無量即十界差別之事；又一即一心，無量即萬法，一心能生萬法，是一爲無量；萬法惟是一心，是無量爲一。儒云：始爲一理，中散爲萬事，末復合爲一理，其義與此相同。一爲無量，則依理成事，理不礙事；亦一不礙多也。無量爲一，則即事顯理，事不礙理，亦多不礙一也，而成理事無礙法界，十玄門中，一多相容門。小中現大，大中現小者：小即小相，大即大相，如一尺之鏡，能現千里之境，鏡子不必放大，境界不要縮小，以鏡望境，小中能現大相；以境望鏡，大中（作處字解）仍現小相；鏡之與境，皆事相也，鏡含境而有餘，境在鏡而如故，彼此不相妨礙，成事事無礙法界，十玄門中，廣陿自在門。

不動道塲，徧十方界；身含十方，無盡虛空；於一毛端，現寶王刹；坐微塵裏，轉大法輪。

上標四義，二無礙法界；此示四相，即示四義二無礙法界之相。前四句，示理事無礙之相。不動道塲：即如來藏眞如不動之理，如上文所云：一乘寂滅塲地；亦即顯見無礙科所云：身心圓明，不動道塲，皆言一心之理。理能徧十方世界（兼攝虛空），事相之法，橫該一切佛刹，豎攝十法界。不動道場，是一理之全體，能徧十方界，一一事相之中，一一事相，無不是理，如一金能成衆器，器器無不皆金。以不動道場，望十方界，是一爲無量，屬理不礙事，亦即一不礙多也。身含十方，無盡虛空者：身即法身，法身以理爲身，身即理也。含者包含，十方無盡虛空（兼攝世界），亦即事也。身亦是一理之全體，能含十方無盡虛空，即是總包一切事法而無外也。如春含衆卉，萬紫千紅總是春。以十方空望一身，是無量爲一，屬事不礙理，亦即多不礙一也。

於一毛端，現寶王刹：此下四句，示事事無礙之相，舉依、正二報之事相，交互相涉，以示無礙。一毛，乃正報之最小者；寶王刹，是佛寶法王之刹土，即三千大千一佛世界，乃依報之最大者；在一毛頭上，能現一佛刹土，此以正攝依，以依入正；在毛端望佛刹，而佛刹不小，即小中現大，屬事事無礙，亦即陿不礙廣也。

坐微塵裏，轉大法輪者：微塵乃依報之最小者；轉法輪，即現全身而說法，身是正報最大者，以全身坐在微塵之中，開法會轉法輪。此以依攝正，以正入依，由身望塵，而塵包身相，而微塵不大，即大中現小，亦屬事事無礙，亦即廣不礙陿也。

滅塵合覺，故發眞如，妙覺明性。

此重結無礙之由，與衆生敵體相翻。衆生則背覺合塵，故發塵勞，有世間相，是以元眞之性，轉成元妄之相，所以不礙而礙；而我則滅塵合覺，滅虛妄之塵勞，故發眞如，妙淨本覺湛明之性。性字與相字對，衆生迷悶，全眞性成妄相，如來修證，融妄相即眞性，事事即理，相相皆性，故得理事與事事，二無礙法界，有何諸大陵滅不相容者乎？初依迷悟心對辨緣起竟。

辰二　依本來心圓彰藏性　分三　**巳初　圓彰空藏一切皆非　二　彰不空藏一切皆即　三　彰空不空即非圓融　今初**

而如來藏，本妙圓心。

此科與上科，所依如來藏心之體固同，而約義有異。上約隨緣義，此約不變義。上依迷悟心，聖凡立判；此依本來心，生佛一如。惟是一眞法界，具足十界，即非十界，離即離非，是即非即，一心圓彰三藏，三藏不出一心，圓融極妙，無以復加矣！即佛許說，勝義中眞勝義性，亦即一乘寂滅場地，爲如來之密因，實衆生之佛性。此心本無迷悟，而爲迷悟所依，約本無迷悟，安有聖凡，故十界俱非，而爲空如來藏；約迷悟所依，攸分差別，故十界俱即，而爲不空如來藏；約雙遮雙照，圓融極妙，而爲空不空如來藏。

今先圓彰空藏，而字承接上文，轉語之詞。如云：藏性雖隨染淨二緣，卻不爲迷悟所變，而如來藏，依然本妙，妙即不變義。連圓心二字合解，則曰本來元妙，圓滿清淨之心。如摩尼寶珠，本來元妙，圓滿清淨也。此心不立一法，即六祖所云：「本來無一物。」故下十界俱非。

非心、非空、非地、非水、非風、非火、非眼、非耳、鼻、舌、身、意，非色、非聲、香、味、觸、法，非眼識界，如是乃至非意識界。

前三句非七大。非心：即非見大識大，見、識二大，皆屬心法故；非空及下二句非五大，五大屬色法；其餘諸句，非十八界，亦即非陰、入、處、界四科。非五根、六塵，即非色陰；非意根第七識爲意所依之根，七識乃八識見分所成。，非六識，即非受、想、行、識四陰；又非眼等諸根，即非六入；併色等諸塵，即非十二處；併及六識，即非十八界，是謂非四科。據此則如來藏，非世間法矣。

此文與心經，是故空中無色，無受、想、行識，無眼、耳、鼻、舌、身、意，無色、聲、香、味、觸、法，無眼界，乃至無意識界，名相全同，而非字與無字，意義稍異。彼以觀照般若之功，照見眞空實相之中，無有世間諸法；此以本來心，不假功用，空如來藏中與空中同，本非七大四科，有爲諸法，如前妙覺明心，先非水火，非字義同。如摩尼寶珠，體本清淨，非青、黃、赤、白也。以上非世間法，即如來藏，非六凡染法矣。

非明、無明，明無明盡；如是乃至非老、非死，非老死盡。

此下非出世法，即如來藏，非四聖淨法矣。四聖淨法，亦佛常說，隨淨緣起所成者。今皆約本來心，未起事用時說，此先非緣覺法，十二因緣十二支，有流轉、還滅二門，先釋名義，後解本文。此佛爲緣覺人，所說小乘法，分三世因果，即惑、業、苦三道，遷流不息，輪轉無窮，故曰流轉門；還滅門者，即斷十二支，復還眞諦，滅諸生死，故曰還滅門。

十二支：一、無明支無所明了，不明我空之理，屬惑。；二、行支即依惑所造之業行。此爲過去世二支因。；三、識支即今世投胎時，八識。；四、名色支；即投胎後，心色和合。名即是心無形相故，色即是父精母血。；五、六入支即出胎後，六根爲六塵所入處。；

六、觸支即少時，六根觸對六塵，未成欣戚時。；七、受支即稍長，領受外境，能起欣戚時。自識至此，為現在世五支果。；八、愛支即受境之後，心起愛憎，為現在世惑。；九、取支由愛憎而起取捨，取捨即造業之初。與古解不同。；十、有支即取捨既定，而業因已成，曰有。愛、取、有為現在世三支因，再感未來世二支果。；十一、生支由現在世惑業因，感來世受生果。；十二、老死指來世，從生而至老死也。。此十二支，展轉相因，連環鈎鎖，三世因果，流轉不息，曰無明緣行，行緣識，乃至有緣生，生緣老死是也。

還滅門是修法：無明滅則行滅；行滅則識滅；乃至生滅則老死滅。辟支利根，一聞佛說，即知無明為生死之根，即從斷無明下手，如砍樹者，直砍其根，根斷而樹自倒，無明斷，而生死自了矣。　此文亦同心經，無字非字如上解。無明上多一明字，即性覺必明之明字，因必欲加明於覺，故成無明，此本來心，一念未動，故非明非無明，如是乃至非老非死。第一非字雙用，又非明非無明盡即滅也，如是乃至，非老死盡，此將流轉，還滅二門分開，各舉因緣之頭，直超因緣之尾，以便易知。如筷一雙直排，現文乃是將二門，雙舉第一支因緣之頭，雙超中間十支，而至十二支因緣之尾，稍費思索。此中所云老死盡，但盡分段，未盡變易也。據此如來藏，非緣覺法矣。

非苦、非集、非滅、非道、非智、非得。

次非聲聞法。苦、集、滅、道，四諦法門，是佛爲小乘機所說。世間出世間，二種因果，皆是諦實，故稱爲諦。苦諦：是世間生死苦果，以逼迫爲性。約人間，略說八苦：生苦、老苦、病苦、死苦、愛別離苦（欲合偏離）、怨（平聲）憎會苦（欲離偏遇），求不得苦、五陰熾盛苦。五陰煩惱之火，焚燒衆生之心，前七爲別，後一爲總。約三界則分三苦：五趣衆生爲苦苦；乃苦中之苦。天趣衆生，三禪以下爲壞苦；福樂有盡，久必壞生。四禪以上爲行苦；雖苦樂雙亡，難免行陰遷流之苦。佛爲說此是苦，汝當知。　集諦：是世間煩惱苦因，我執分別俱生，麤細煩惱，集聚衆生心中，以招感爲性，依煩惱惑，造善惡業，招感生死苦果，若無集諦煩惱苦因，當然不受生死苦果，佛爲說此是集，汝當斷。

滅諦：是出世間涅槃（譯不生不滅）樂果，即二乘所證，方便有餘土，偏眞涅槃，揀異究竟無餘涅槃。以可證爲性，若能脩道、斷集，自可滅盡諸苦，滅非眞諦，因滅會眞，故稱滅諦，佛言此是滅，汝當證。　道諦：是出世間道品樂因，共有三十七品，四念處、四正勤、四如意足、五根、五力（即五根增長成力）、七覺支、八正道，以可修爲性。四諦中，此諦最關緊要，若能脩道，自然斷煩惱苦因，滅生、死苦果，證涅槃樂果。如大乘四弘誓願，第三法門無量誓願學，學成則前後三願，皆得圓滿，佛云：此是道，汝當修。諸弟子聞佛四諦法聲，脩道證果，故稱聲聞。　非智非得者：此文接於四諦之下，不必別作他說。依孤山作小乘所證智理，謂非有我空之智，與非得我空之理，當屬聲聞乘，此亦隨淨緣所成。本來心中，不但有爲法當非，即無爲法亦非，以藏心不屬有爲無爲故；據此則如來藏，非聲聞法矣。

非檀那、非尸羅、非毘棃耶、非羼提、非禪那、非般剌若、非波羅密多。

此非菩薩法。他經所說檀波羅密等，乃理行因果並舉，此文稍異。依孤山曰：「非檀那等，先非能趣行；非波羅多者，總非所趣理也。」此文全用梵語，前六即六度，後一即到彼岸。檀那此云布施，布施有三：一曰資生施，即以財物布施，資養生命；二曰法施，即以佛法布施，令續慧命；三曰無畏施，即以無畏力，布施於衆生，令離怖畏。尸羅此云持戒，持戒亦三：一曰攝律儀戒，無惡不斷也；二曰攝善法戒，無善不修也。三曰饒益有情戒，無衆生不度也。此大乘戒，不獨制身口，而能攝心也。毘梨耶此云精進，精勤不懈曰精，進趨不退曰進。乃普對諸度萬行，悉皆勇往直前也。

羼提此云忍辱。辱者侮辱，或罵詈，或排斥，或毆打，或殘害。一切逆境，皆謂之辱；忍者忍受，能含忍順受。忍之一事，頗不容易，略說其相有六：一曰力忍，凡辱境之來，忍而不較。退一步，讓三分，由他、任他；二曰反忍，凡遇人加辱，不責人而反責己，總由過去辱他，故今辱我，作還報想，並不尤人；三曰忘忍，雅量寬洪，雖然受辱，毫不介意，處辱如無，此三尚未得理，謂之事忍。理忍亦三：一曰觀忍，凡辱境當前，以智觀察，我身本不有，人相復何存，人我雙亡，辱境安在；二曰喜忍，逢人加辱，心生歡喜，以其能成就我之忍力，如力士逢人試力而喜也；三曰慈忍，對於加辱之人，憐彼愚癡，無有智慧，不知禮義，不明因果，竟起慈心，發願度脫也。如釋迦本師，爲歌利王，割截身體，不生瞋恨，發願成佛先度是也。

禪那此云靜慮，此慮非思慮，即正思惟。初脩靜即是止，慮即是觀；修成靜即是定，慮即是慧。或稱禪定，有世間禪，出世間禪，出世上上禪。世間禪

：凡夫四禪四空定，外道無心定；出世間禪：小乘禪，大乘禪；出世上上禪：即十方諸佛，得成菩提之定，名大佛頂首楞嚴王是也。　般剌若此云智慧，有文字般若，即一切經典，能詮義理，可以開人智慧，而世間文字，不足稱焉；有觀照般若，即起智觀照，三空妙理；有實相般若，即本經，十番所顯之妙淨明心，四科七大所會之如來藏性，平等一如，眞實之相。菩薩觀照功深，所得契合眞理之智，是爲般若妙智。上六是趣果之行，屬因。

波羅密多此云到彼岸，是所趣之理屬果。此岸是生死，彼岸是涅槃。涅槃，即佛所證不生滅之果，實教菩薩，得以分證，若權教菩薩，所修諸行，但稱六度，不稱六波羅密，以所修不能離相，未得三輪體空，不到涅槃彼岸。此六波羅密，以般若爲先導，必由般若，方能離相，方到彼岸也。此亦屬淨緣起，而本來心，不假脩證，故皆非之。據此，如來藏非菩薩法矣。

如是乃至非怛闥阿竭，非阿羅訶，非三耶三菩，非大涅槃，非常、非樂、非我、非淨。

此非如來法。如是指上所修，六波羅密行，乃能從因至果。非有超略，顯前菩薩法，即如來之因也。非怛闥阿竭三句，非能證佛也；非大涅槃三句，非所證法也。怛闥阿竭：此云如來，有法、報、應三身，解見在前。阿羅訶：此云應供，能應九法界衆生之供。三耶三菩：此云正徧知，正知，知心包萬法，徧知，知萬法唯心；又正知是實智照理，徧知是權智照事。此三即諸佛十號前三號。大涅槃：即佛所證大寂滅海，此云不生滅，二死永亡故；又云圓寂，眞無不圓，妄無不寂也。此爲佛果之總，下二句，即涅槃所具四德爲別。

正脈云：常者，非惟二死永亡，無諸生滅，亦且世相常住，究竟堅固也；樂者，非惟遠離諸生死苦，亦且得不思議解脫，受用無量法樂也；我者，非惟證眞法身，猶若虛空，亦且山河大地，全露遮那也；淨者，非惟妙淨理體，無諸染着，亦且清淨徧周，無染非淨也。此文似但非涅槃斷果，實亦非菩提智果，正徧知，即三菩提，權、實二智也。　佛，爲極果聖人，菩提涅槃是究竟果法，何亦俱非耶？金剛經所云：「言佛法者，即非佛法。」又圓覺經云：「妙圓覺心，本無菩提，及與涅槃，亦無成佛，及不成佛。」此本來心，與妙圓覺心，無二無別，故佛法亦俱非也。據此則如來藏，又非佛法矣。　統上則十界俱非，非六凡法界者，以明空如來藏，非染法之所能染；又非四聖法界者，以明空如來藏，亦非淨法之所能淨；是謂彌滿淸淨，中不容他，如實空義也。初圓彰空藏一切皆非竟。

巳二　彰不空藏一切皆即

以是俱非世出世故，即如來藏，元明心妙。

上二句承上起下。世即六凡，出世即四聖。俱非者：以空如來藏，湛寂之體，淸淨本然，不立一法，方能成不空如來藏；俱即一切法之用，如摩尼珠，體非靑、黃、赤、白，故能隨緣現色，此躡空藏，爲不空藏之由。　即如來藏，元明心妙：此舉藏心，正由本妙寂體，徧非諸法，故能起元明照用，普即諸法也。元明：即本明照用，如摩尼珠，光涵照用。而曰心妙者：正顯用乃體含，仍非滯有之用，是即妙之明，即寂之照也。

即心、即空、即地、即水、即風、即火、即眼、即耳、鼻、舌、身、意、即色、即聲、香、味、觸、法、即眼識界、如是乃至即意識界。

此下即十界。非但即於四聖，而且即於六凡；染淨俱該，聖凡平等，七大十八界，皆即藏心；故二十五聖依之而修，各各皆證圓通，即證入如來藏心也。一切法相，皆同空藏，惟改非爲即而已，此即世間法矣。

即明、無明，明、無明盡；如是乃至即老、即死，即老死盡。

此即緣覺法。

即苦、即集、即滅、即道，即智、即得，

此即聲聞法。

即檀那、即尸羅、即毘梨耶、即羼提、即禪那、即般剌若、即波羅密多。

此即菩薩法。

如是乃至即怛闥阿竭、即阿羅訶三耶三菩、即大涅槃、即常、即樂、即我、即淨。

此即如來法。以上十法界，不出一眞法界，十界諸法，惟依藏心之體爲體。離此心，而無片事可得，是謂塵塵混入，法法圓通，一眞不動，應用無限，如摩尼珠，普現一切色，如實不空義也。二彰不空藏一切皆即竟。

巳三　彰空不空即非圓融

以是俱即，世出世故，即如來藏，妙明心元。

上二句承上起下。以因也，是指不空如來藏，圓照之用，隨緣普現，不捨一法，俱即世出世間，聖凡十界故；併躡上科，空如來藏，爲空不空藏之由。即如來藏，妙明心元，此舉藏心，妙明心元，乃躡前二藏。空藏曰本妙，重一妙字；不空藏曰元明，重一明字；此合之而爲本妙本明，以此明妙，乃自心本具，故曰心元。元即本也，體用雙彰，寂照不二，正顯圓融中道，雙遮雙照。如摩尼珠，若言其有，一道清淨，纖塵不立；若言其空，衆相分明，遇緣普現。正所謂，眞空不礙妙有，妙有不礙眞空，即妙而明，即明而妙，是爲本來心也。

離即、離非，是即、非即。

此即中道，第一義諦，勝義中眞勝義性，亦即一乘寂滅場地。上句離不空藏，即一切法，是離有；離空藏，非一切法，是離空；乃雙遮空有二邊，以顯一心之體，不滯於空有也。下句是即非即，是字，雙貫即與非即解，其義自明。是即十界，照不空藏，是照有；是非即十界，照空藏，是照空；乃雙照空有二邊，以顯一心之用，互融於空有也。此經從阿難捨妄求眞，求佛發妙明心，即顯發此三藏一心也。佛始從眼根指出，十番極顯其眞，二見略剖其妄，復自根中，推而廣之，普會四科，徧融七大。阿難大衆，各各自知，心徧十方，常住不滅；此悟次第空藏，已成頓意，而圓意猶未彰也。復由滿慈，問三種生續之因，如來與答，性覺必明，以爲其咎，以致世界、衆生、業果，生續不斷，顯次第不空藏；斯則體用已備，圓意已露，猶未具彰也。復答滿慈，五大圓融之難，以示性相二無礙理，且釋有礙之疑，至於即性之相，無量不思議妙用，即相之性，混融不思議妙體，尚未極顯也。迨依迷悟心，對辨二種緣起，依本來心，圓彰三種藏性，顯理顯到此處，可謂徹法流之底，窮性海之源，顯之極矣。

然此一心三藏，即首楞嚴定，人人本具，迷不自覺，當起奢摩他，微密觀照，方能圓悟。前三卷，佛爲阿難大衆，微妙開示，各各自知，此心徧滿十方，常住不滅，得微密觀照之功。此四卷，因滿慈啓問，佛爲說三種生續之因，五大圓融之故，會歸三藏，極於一心，即微密觀照之功，照徹心源，一切事究竟堅固，方信首楞嚴，爲自性天然本定，不假修成，但是了因之所了，而非生因之所生矣。初極顯圓融竟。

卯二　普責思議

如何世間，三有衆生，及出世間，聲聞、緣覺，以所知心，測度音鐸如來無上菩提。用世語言，入佛知見。

如何怪責之詞。世間三有衆生：三有欲有、色有、無色有，即三界也。依因感果，因果不亡，謂之曰有。世間二字，指三有之有情世間；併及超出三界，正覺世間，聲聞、緣覺，即出世二乘，已覺悟我空之理者，合之爲凡夫、小乘。以所知心，測度如來，無上菩提者：以用也，用所有能知之意識妄心，欲推測籌度，如來所證無上菩提，三智圓覺之極果，此屬修成。如法華云：「我所得智慧，微妙最第一。」即佛所證三藏一心也。此心非識所知，非心所測，祇能以如如智，方可契合，豈可以所知之心，妄自測度哉。

用世語言，入佛知見者：用世間因緣、自然、和合不和，及互相陵滅，不合相容諸語言，欲入佛之知見。此佛知見，非指佛所得之三智五眼，乃指衆生六根中所具，三藏一心也。上無上菩提約果言，此佛知見約因說，以顯三藏一心，生、佛平等。此因心，即如來密因，大開圓解，方能契入，豈可用世間語言，妄冀得入耶？　此文即謂本妙覺心（三如來藏心），在本覺因中，在妙覺果上，皆不可思議，以所知心測度，用世語言求入，乃互影言之。實則此心，在因在果，均非擬議思量之所能及。古云：「妙高頂上，從來不許商量；第二峯頭，諸祖略容話會。」問：「佛知見，明標佛字，何以約衆生因位耶？」答：「法華經云：『佛爲一大事因緣故，出現於世。』第一爲開衆生，佛之知見，使得清淨故，出現於世。足知佛之知見，乃衆生本具六根中，不生滅性，即是佛知見也。」古有問善知識：「如何是佛？」答曰：「在眼曰見，在耳曰聞，在鼻曰齅，在舌曰嘗，在身曰覺，在意曰知。」是指根性，爲佛知見，但舉前後二根，以攝餘四。衆生雖然本具，皆各埋沒於塵垢之中，故佛爲開其本有佛之知見，使得清淨也。

第二爲示衆生，佛之知見故，出現於世。爲本經，佛向阿難眼根指示，不動、不變、不失、無還、乃至見見非見，此即示佛知見。第三欲令衆生，悟佛知見故，出現於世。本經佛爲阿難，始自根中指出，更爲會通萬法，淨極一心三藏，令起奢摩他，微密觀照，圓悟本有眞心。第四欲令衆生，入佛知見道故，出現於世。即本經，欲令阿難依圓解，起圓修，得圓證，直趣無上菩提。須知無上菩提，乃果中究竟佛知見；而佛知見，乃因中眞性菩提也。　佛知見，今指根性，不獨我佛如是，十方諸佛皆然。下文第五卷，十方諸佛，異口同音，告阿難言：「善哉，阿難！汝今欲知，生死結根，唯汝六根，更非他物；汝復欲知，無上菩提，亦汝六根，更非他物。」此是結解，不離六根之理。阿難問佛，佛爲釋云：「知見立知見，即無明本；知見無知見，斯即涅槃，無漏眞淨。」亦分明指根性，爲佛知見，無足疑也。二普責思議竟。

卯三　結喩推失

譬如琴、瑟、箜篌、琵琶，雖有妙音，若無妙指，終不能發。

此擧喩。琴者禁也，謂禁制邪淫，以歸雅正。長三尺六寸，以象三百六十日，徽用十二，以象十二律，古止五絃，以明五音。所以帝舜彈五絃之琴，歌南風之章，後文王、武王各加一絃，以合君臣之德，今之所用七絃是也。瑟者蕭瑟，謂其聲蕭蕭然而清也，絃有二十五，古詩云：「二十五絃彈夜月」即此也。箜篌十四絃，乃師延所作，聲自空出。琵琶四絃，用手前推為琵，後却為琶，取作時運指為名。此四種皆絲屬之樂，喻凡夫、外道、聲聞、緣覺，各有一心三藏妙體。體中具足妙用，喻樂器雖具妙音；若無妙指善彈，終不能發音，喻凡、小本有藏心，雖具妙用，若無妙智契理，妙用亦終不發矣。

汝與衆生亦復如是。寶覺眞心，各各圓滿，如我按指，海印發光，汝暫舉心，塵勞先起。

此法合。首句指凡、外二乘，亦復如前所喻者是也。寶覺眞心：即如來藏心，此心性覺妙明，如同摩尼寶珠，其體本妙，其用本明，體用圓融，即體即用，是謂眞心。凡外二乘，各各圓滿具足三如來藏心，若有妙智，必發妙用。

如我按指，海印發光：此佛以己為例，佛有妙智，證妙心之體，稱體起用，故按指之時，海印三昧，便即發光。此是有妙指，即發妙音，喻中略而未備。海印三昧，乃佛心三昧，華嚴賢首品云：「衆生形像各不同，行業音聲亦無量，如是一切皆能現，海印三昧威神力。」是知定心澄湛，應物而形，猶如海水澄湛，萬象皆印，故以名焉。

佛心海印三昧發光，大用現前，照破諸妄，復本心源，證極無上菩提，照見九界衆生，同具佛之知見。汝暫舉心，塵勞先起者：指滿慈及凡、外二乘，雖然同具藏心，含藏妙用，無有妙智，不發妙用，暫一舉心，即隨舉一念，分別諸法，皆在心外，皆爲實有，故發塵勞，有世間相。起即發也。

由不勤求無上覺道，愛念小乘，得少爲足。

此推究不發妙用，而發塵勞之因。由即因也，因發心之初，不發勤求無上菩提之心。梵語菩提，此翻覺道，大覺世尊，所證之佛道。但愛念小乘，易修易證，厭苦斷集，慕滅修道；縱汝修成漏盡無學，具足六神通，而得一切智，但屬化城僞寶，螢光小智，汝等便自得少爲足，所以無妙智，不能發妙用，與琴瑟等，無妙指不能發妙音者，何以異也？初正答次問竟。

丑二　兼釋轉難　分二

寅初　滿慈索妄因而擬進修　二　如來拂深情

而示頓歇　今初

富樓那言：我與如來，寶覺圓明，眞妙淨心，無二圓滿。而我昔遭無始妄想，久在輪迴，今得聖乘，猶未究竟；世尊諸妄，一切圓滅，獨妙眞常。

滿慈聞前，萬法生續，起於無明，故欲求索無明之因，而擬奮修以斷之。不知諸妄尙可推究其因，惟此無明，爲諸妄根本，更無所因。前於迷人，惑南爲北文中，佛已與開示，此迷（即無明）無本，性畢竟空，滿慈尙猶未了，再此詢問。按滿慈之意，因被佛責，由不勤求無上菩提，愛念小乘，得少爲足，故今回小向大，欲索妄因，拔本塞源，以期究竟聖乘也。　富樓那言，我與如來者：是就己與佛對論，眞心平等，例知諸佛衆生，亦復無二。寶覺圓明，眞妙淨心者：即前佛云寶覺眞心，此加圓明妙淨，四義而已。本覺眞心，喻如摩尼寶珠，故稱寶覺；其體圓滿淸淨，一塵不染，仍屬空藏；其用明照洞澈，一法不遺，仍屬不空藏；妙則雙照空有二邊，淨則雙遮空有二邊，仍屬空不空藏。此一心三藏，我與如來，無二圓滿，無高無下，不增不減，生佛平等也。

而我昔遭無始妄想，久在輪迴者：此敍久迷，昔指過去時，最初從眞起妄，竟遭無始妄想所誤。無始妄想，即無明也。以無明曰迷，亦曰癡，若言無始無明，即最初癡相，若言無始妄想，即迷中動相。滿慈小乘，但知六識，安知無始無明妄想？因聞佛答忽生文中，說性覺必明，妄爲明覺，由此妄明之無明，妄覺之妄想，即根本妄想，妄上加妄，故有世界、衆生、業果之忽生。久在輪迴：即領上衆生業果二相續之文，以是因緣，衆生相續，以是因緣，經百千劫，常在生死。今得聖乘，猶未究竟者：今生何幸，得逢如來，依法修學，而證聖乘。此即四果無學，有餘涅槃，無明全在，猶未至無餘涅槃，究竟果覺也。世尊諸妄，一切圓滅，獨妙眞常者：諸妄指妄惑，妄業、妄報，三障圓滅無餘，即涅槃斷果；獨得妙覺眞心，惑淨智圓，眞常不變，即菩提智果。此即與佛對論。論本，則寶覺眞心，無二圓滿；論迹，則有餘究竟，相隔懸殊，無非無明細惑之所爲障也。

敢問如來：一切衆生，何因有妄，自蔽妙明，受此淪溺？

此正索妄因，承上寶覺眞心，生佛無二。敢問如來，十方一切衆生，何因有此無始妄想，自蔽妙淨圓明，三如來藏之眞心，受此久在輪迴之淪溺，竟與如來本來無二者，歧而爲二耶？初滿慈索妄因而擬進修竟。

寅二　如來喻無因而示頓歇　分四　**卯初　喻明無因　二　以法合喻　三　示令頓歇　四　結喻非失**　今初

佛告富樓那：汝雖除疑，餘惑未盡，吾以世間現前諸事，今復問汝：

汝雖除疑者：以滿慈一疑萬法生續之因，聞說不空藏，從眞起妄，隨染所成，其疑已除；二疑五大圓融之故，聞說空不空藏，譬如太虛空，體非群相，而不拒彼諸相發揮，虛空爲明暗所依，不爲明暗所變，觀相元妄，不傾奪，則諸礙何成？觀性元眞，能合融，則萬用齊妙！其疑亦除。復知自己與佛，寶覺眞心，無二圓滿，則大疑已除。餘惑未盡者：尚餘妄因之惑未盡，不達妄元無因，故欲强索，而擬奮修以斷也。佛欲拔其疑根，特引事爲喻，令得即喻知法，故曰：吾以世間現前諸事之中，乃舉一事，今復問汝：

汝豈不聞？室羅城中，演若達多，忽於晨朝，以鏡照面，愛鏡中頭，眉目可見；瞋責己頭，不見面目，以爲魑魅，無狀狂走。於意云何？此人何因，無故狂走？富樓那言：是人心狂，更無他故。

此舉喻辨定。故問之曰：汝豈不聞，室羅城中，有此一人，名演若達多，譯云祠授，父母禱神祠而生，故以名焉。忽於晨朝，以鏡照面，愛鏡中頭，眉目可見，反瞋自己之頭，爲何不見面目，以爲是魑魅（是山澤之鬼），無狀狂走。所引此事，但取此句爲喻。以狂走喻無明，最初一念妄動，無故喻無明無因，故問滿慈，在汝之意云何？此人何因，無故狂走？答曰：是人心狂，乃是自心無故發狂，更無其他事故。無狀無故，即是無因，佛欲其自審自悟，即喻知法也。

卯二　以法合喻

佛言：妙覺明圓，本圓明妙，既稱爲妄，云何有因？若有所

因，云何名妄？

此以無明無因，合喻中無狀狂走，故上解云：但取此句為喻，以法中並無他義，不必勉强配合。此段直標無因，前二句舉所依眞。妄依眞起，眞雖為妄所依，眞本不生妄。妙覺圓明，本圓明妙者：覺即寶覺眞心，具足妙明圓三義，亦即一心三藏。妙為寂體，不立一法，屬空藏；明為照用，徧現諸法，屬不空藏；圓為體用雙彰，寂照互具，圓融無礙，屬空不空藏。此三藏是本來心，故三義皆本然，曰本圓、本明、本妙，不假修為，本來無妄。既稱為妄四句，既稱名也為妄，自然非實，云何有因？若有所因，自然有體，云何名妄？

自諸妄想，展轉相因，從迷積迷，以歷塵劫，雖佛發明，猶不能返。

此明妄因無始不可說。自諸妄想：即指無始妄想，妄上加妄，展轉相依，三細四麤，後後依於前前；因即依也。惟無始妄想則無因，從迷積迷，上一迷字，即無始無明，迷上加迷，重重相續；下迷字，亦三細四麤。此中有義當辨

：無始無明，與無始妄想，是一是二？當知無明，爲最初癡相（即不覺迷也）；無始妄想，爲最初動相，非一非二。眞心如海水，無明如風，妄想如水之動相。水本不動，因風而動，風相水相，不相捨離；無明不覺，不離本覺，風動水動，相形而顯。水之動，因風而來；風之動，因水而見；故風動即水動，水動即風動；無明妄想，非一非二也。凡迷眞處，即是無明，凡執似處，即是妄想。論云：「不覺故心動。」不覺，是無始無明，心動，是無始妄想，同在一時，二者俱無初相可得，謂之無始。　以歷塵劫者：正由妄想無明之惑，起業受報，故有六麤後二，由因感果，生死不休，經歷微塵劫數。雖佛種種發明，生死長縛，由於三貪，業果相續，起自無明，無明乃由性覺必明，妄欲加明於覺體，以致從迷積迷。諸妄所因，因於無明，佛不能返推無明之因。何以故？以無明無因，故不可說。

如是迷因，因迷自有，識迷無因，妄無所依，尚無有生，欲何爲滅？得菩提者，如寤時人，說夢中事，心縱精明，欲何因緣，取夢中物？

此明妄體無生不可取。首句指法之詞，謂如是迷因。因迷自有句，不可作因迷生迷解；迷不生迷，云何可說因迷自有？當連上句，謂如是妄因，正因迷惑，不了無因之故，常自成有，非是實有，但似有而已。如前文所云：昔本無迷，似有迷覺，昔日雖在迷之時，本來無迷可得，不過相似有一種，迷情妄覺也。

識迷無因，妄無所依四句，若識得迷本無生因，則妄因本無，妄體亦空，故無所依，尚無有生妄之因可得，欲將何者，以爲滅乎？此言衆生在迷，迷本不生，諸佛修證，迷亦無滅，以妄體本空故也。

得菩提者：指諸佛已得無上菩提果者，長夜夢破，如醒夢寤時之人，說夢中事，其心縱然精明，能說夢中種種境界事物，欲將何者因緣，取夢中物以示人？以夢境本空，本無所有故。佛亦如是，五住夢破，如寤時人，三智具足，如心精明，爲衆生說無明妄想，如醒人說夢，說雖能說，欲何因緣，取妄體以示人耶？

況復無因，本無所有。如彼城中演若達多，豈有因緣，自怖頭走？忽然狂歇，頭非外得，縱未歇狂，亦何遺失？

況字取上夢喻。夢中之物，尚不能取，況復妄想本來無因，妄體本無所有；上句妄因本空，次句妄體亦空，欲索其因，豈可得乎？　如彼城中，演若達多，豈有因緣，自怖頭走，此以無因，自生怖畏。失頭狂走，合妄因本空。忽然狂歇，知頭宛在，並非從外所得，縱使未曾歇狂，正在狂走覓頭之時，其頭亦何嘗有所遺失耶？合妄體亦空，以頭喻眞，以狂喻妄。交光法師云：設使其頭眞有得失，不名爲狂；以喻法中，妙覺眞有得失，不名爲妄。今乃歇非外得，未歇無失，以喻法中，悟非外得，迷非眞失，可見妄體，本來無有也。

富樓那！妄性如是，因何爲在？

此明無明妄想之體性，本來如是，尚不可得，而欲更索其因，豈可得哉？故曰：「因何爲在？」

卯三　示令頓歇

汝但不隨分別，世間、業果、衆生，三種相續，三緣斷故，三因不生。

滿慈位登四果，我執雖破，法執猶存，執諸法心外實有，不了萬法唯心，故前有萬法生續，五大圓融二疑。佛爲一一解答，皆由最初，一念無明爲咎，故求索妄因，擬欲奮修以斷之。佛復答以妄因本空，妄體亦空，何必苦求修斷耶？乃告之曰：汝但不隨分別即足矣！

不隨分別，即修楞嚴大定，下手工夫。此分別，即能分別之妄心，乃屬徧計執性。下世間等即所分別之妄境，乃屬依他起性。依無明根本妄法，而得建立。依他如幻，其體本空，非但能依法空，即所依之無明，根本亦空，故但不隨妄境，而起分別妄心，即是空諸徧計，攝心亡塵工夫，三種能緣之心既斷，則現行不熏，而能生三種相續之因，亦復不生，則種子不發矣！如樹倒根斷，更不復生也。又如世間穀、麥、荳，三種種子爲因，必假水、土爲緣，方能發生，今三緣斷故，如無水土，雖有種子，亦無能生。故曰三緣斷故，三因不生。

則汝心中，演若達多，狂性自歇，歇即菩提。勝淨明心，本周法界，不從人得，何藉劬勞肯綮修證。

前以演若達多，怖頭狂走，喻無始無明。無明爲一切妄法之因，既已三緣斷故，三因不生，因緣俱絕，則汝心中，根本無明，狂性自歇（息也）。正脈云：歇字雙含伏、斷二意。若約伏意，則十信滿心，圓伏無明；若約斷意，則等覺後心，永斷無明也。歇即菩提四句，明妄滅眞露，無證而證，得無所得。歇即菩提：觀即字，則妄心息滅之時，即眞心顯露之時，如雲散月明，本覺出纏，三智圓覺，勝淨明心，即菩提果覺之體，殊勝無比，清淨無染，光明徧照，本周法界；此心迷時非失似失，證時無得爲得，乃是自已本有家珍，不從他得也。

此所得勝淨明心，亦含發心、究竟二義，對前圓伏、圓斷而言。圓伏無明，位在十信，破一品無明，證一分三德，登初發心住，是爲發心菩提；圓斷無明，位在等覺後心，破四十二品無明盡，證妙覺極果，是爲究竟菩提。若約大心凡夫，具頓根者，雖在觀行位中，圓伏五住，親見菩提勝淨明心，與初心、究竟二位所證，無二無別。祖云：「但離妄緣，即如如佛。」即狂心頓歇，歇即菩提。但由歇而始顯，非由歇而始生，乃爲本具之天眞也。

何藉劬勞，肯綮修證者：此結責奮修之意，眞心既屬本有，無明又屬本空，則無妄可斷，無眞可得，何藉劬勞，肯綮修證。肯綮出莊子養生篇。吳興曰：骨間肉曰肯，筋肉結處曰綮。肯綮脩證，即勞筋苦骨，勤勇修行之義。佛意但能達妄本空，妄空眞顯，何必求索妄因，劬勞修斷，而冀證入耶？此段文乃是頓教法門，直指向上一著，無修無證，須善體會，不可錯解。每有狂慧之徒，但執菩提本具，即心即佛，撥無修證，則將醍醐變作砒霜矣！當知佛本是而須修，惑元空而須斷，修證即不無，染污即不得，無修而修，修即無修，無斷而斷，斷即無斷，方合本經了義修證。不隨分別，即無修之修；狂性自歇，即無斷而斷；勝淨明心，本周法界，即無證而證矣。

卯四　結喻非失

譬如有人，於自衣中，繫如意珠，不自覺知，窮露他方，乞食馳走，雖實貧窮，珠不曾失。

人喻凡夫、小乘；衣喻本末無明，即上文三緣分別，三因細念，及狂性無明；如意珠喻菩提勝淨明心。不自覺知者：眞心被麤、細煩惱，重重蓋覆，迷不自知，非失似失。窮露他方：喻化城三界，窮者貧窮，無有法財，指二乘沉滯化城，不發自在妙用；露者暴露，無所棲藏，指凡夫沉溺三界，不得安身立命處。乞食馳走：乞有漏無漏之小益，雖實貧窮，珠不曾失，喻雖不發徧周法界之妙用，而菩提眞心，不曾喪失。上四句，喻眞雖本有而不覺，下四句喻眞雖在迷而不失。

忽有智者，指示其珠，所願從心，致大饒富，方悟神珠，非從外得。

智者，喻佛，示珠喻佛說教指示眞心。若能頓悟本心，稱體起用，致大饒富，喻勝淨明心，本周法界。方悟神珠，非從外得者：喻眞雖已悟而無得，合喻中珠雖貧窮不曾失；既無失故無得，合法中不從人得。

此示令頓歇之科，正圓頓教中，知眞本有，達妄本空。但要歇狂無勞肯綮，即是無修之修，與耳根圓通，了義修證之法，歇狂之意全同。反聞自性，背塵合覺，即是不隨分別世間，三緣頓斷也。次第解除六結，自麤向細，由淺及深，盡聞不住，空覺極圓，生滅既滅，直至寂滅現前，即是三因不生，心中達多，狂性自歇，勝淨明心，本周法界，稱體作用，得大自在，合喻中衣裏之珠宛在，所願從心，致大饒富，同觀音獲二勝，而發三用也。

若約滿慈，一類無學之機，雖破我執，未斷法執，亦須從歇狂入手。先破法執分別，不隨世間、業果、衆生，三緣斷起，則法執俱生，三因方得不生，心中達多，狂性自歇矣！不隨二字，即歇狂之功，如來說修文中，棄生滅，守眞常，亦此義也。本科子二說空不空，以示圓融之故竟。併上不空藏，癸初正答滿慈竟。

楞嚴經講義第十卷終

大佛頂如來密因修證了義諸菩薩萬行首楞嚴經講義

福州鼓山湧泉禪寺圓瑛弘悟述　受法弟子明暘日新敬校

癸二　兼示阿難　分二　**子初　阿難躡佛語而執因緣　二　如來拂深情而責執悋**

即時阿難，在大衆中，頂禮佛足，起立白佛：世尊，現說殺、盜、淫業，三緣斷故，三因不生，心中達多，狂性自歇，歇即菩提，不從人得。

前四句經家敍儀。世尊下，阿難略牒佛語。現說殺、盜、淫業，此牒業果相續之文。以三貪爲本，生死不了，則攝世界、衆生在內。究三種生續之因，因於無明，滿慈求索妄因，意擬修斷，佛示無因，何勞肯綮？即教以圓頓下手工夫，但不隨妄心分別，世間、業果、衆生，三種能緣之心不起，即是三緣頓斷，徧計執性既空，依他起性，亦不可得，現行不熏，種子不發，故三因亦復不生。心中達多，狂性自歇者：由因緣俱斷之故，而心中無明狂性，自然歇息。前從眞起妄，則無明忽生，生本不曾生，今返妄歸眞，無明頓歇，歇亦無所歇，以無明本空故。又無明實性即佛性，故曰歇即菩提。妄空眞露，乃現出本有家珍，不從人得也。

斯則因緣，皎然明白，云何如來，頓棄因緣？

上二句，因聞佛對阿難，累排因緣，對滿慈常說因緣，前云以是因緣，世界相續；以是因緣，衆生相續；以是因緣，業果相續。今又言三緣斷故，三因不生，阿難重執因緣。故曰：「斯（此也）則因緣，皎然（即明白也）明白。」下二句疑佛自語相違。上言識迷無因，妄無所依；又言歇即菩提，何勞修證；云何如來，既說因緣，又頓棄因緣耶？此阿難第三次疑因緣也。第一於顯見超情科中，疑見性不由因緣；第二於圓彰七大科前，疑萬法不由因緣；今第三疑證果成道，有果必定有因，何以亦不屬因緣？佛既久排因緣，而語中又帶因緣，此是致疑之端也。

我從因緣，心得開悟。世尊！此義何獨我等年少，有學聲

聞；今此會中，大目犍連，及舍利弗，須菩提等，從老梵志，聞佛因緣，發心開悟，得成無漏。

此敍昔教因緣之益。我阿難實從因緣之法，心得開悟，而入見道位，得成初果。世尊！此因緣之義，乃屬正理，能令衆生，返邪歸正，何獨我等年少，有學之人，聞佛因緣聲教而得益？今此會中上首，大采菽氏，及鶖子、空生等，諸長老皆從因緣，而得道果。從老梵志：別約舍利、目連，先事沙然梵志學道，爲上首弟子。沙然歿世之後，由聞因緣之教，發明心地，反邪歸正，從佛出家，開悟四諦法門，依之斷見思惑，得成無漏道，即阿羅漢所證之道。無欲漏、有漏、無明漏，三漏俱盡，得出三界，得證無生，則因緣之教，能令返邪歸正，了生脫死，超凡入聖，豈不大有益乎？

今說菩提，不從因緣。則王舍城，拘舍梨等，所說自然，成第一義。唯垂大悲，開發迷悶。

此敍今教頓棄因緣，不唯有背自宗，兼恐反濫邪教。今說，即指現今所說，無明無因，其體本空，狂心若歇，歇即菩提，何藉劬勞修證，皆頓棄因緣也。若是則王舍城，拘舍梨外道等，所說八萬劫後，自然成道，猶如縷丸，極處停止，不假修證者，翻成爲第一義諦矣！即使如來今教，不落因緣一邊，亦墮自然一邊，如何得成中道了義無戲論法？心實迷悶，惟願大悲，開示發明，掃蕩我迷雲悶霧，令得朗耀性天也。初阿難躡佛語而執因緣竟。

子二　如來拂深情而責執悋　分六

丑初　就喻拂情伸意　二　登拂諸情令盡　三　直斥耽着戲論　四　現証戲論無功　五　正勸勤修無漏　六　更擧劣機激責

佛告阿難：即如城中，演若達多，狂性因緣，若得除滅，則不狂性，自然而出，因緣、自然，理窮如是。

即如，乃即就前喻，以推阿難所執，因緣、自然之情。達多狂性，喻無明，以爲能障菩提之因緣；若得除滅，合狂心若歇。不狂性，喻菩提，以狂性若得除滅，則不狂性，自然而出，合歇即菩提。在汝所謂因緣、自然之理，研窮起來，必定如是。汝實未知，我說三緣斷故，三因不生，狂性因緣，若得除滅，此本非因緣。又說狂心若歇，歇即菩提，此亦非自然。以下約頭狂雙拂，因緣、自然二計皆非。

阿難！演若達多，頭本自然，本自其然，無然非自，何因緣故，怖頭狂走？

此約頭拂自然。頭喻菩提之眞，前二句標定，頭爲自然。謂演若達多之頭，若本來是自然。三、四二句，本自其然，無然非自者：即是既本來自然，牒上句意，即應常時自然，無時而不自然也。末二句反難，以何因緣之故，忽怖無頭，而狂走覓頭耶？既然狂怖妄出，則頭不得謂爲自然矣！ 法合，謂衆生眞性，若本來自然，無有那一時，不是自然，何因緣故，復起無明，迷眞逐妄，今欲返妄歸眞耶？既有無明妄動，則眞性不得謂之自然矣！此中破自然，只破自然，不是以因緣，對破自然。若對破則成矯亂，何因緣故句，即何故也。

若自然頭，因緣故狂；何不自然，因緣故失？

此約頭拂因緣。文中雖有自然，及狂字，但惟帶言而已。恐聞前喻，自然被破，轉計因緣，故獨約頭辨，以明非因緣也。若自然本有之頭，由照鏡因緣之故，狂怖無頭；下二句反難，何不以自然之頭，由照鏡因緣之故，遂眞失耶？法合：謂本來眞性，由必欲加明因緣，故起無明，何不以本來眞性，由無明因緣故，而遂眞失耶？

本頭不失，狂怖妄出，曾無變易，何藉因緣？

此結明非因緣，申其正義。以本有之頭，雖由照鏡因緣狂走，其頭依然不失。設有人，見達多之狂走，問云：「何爲狂走？」答曰：「我要覓頭。」彼人以手摩其頭曰：「這是甚麼？」達多始覺，頭還不失，狂怖無端妄出，既狂之時，頭原無失，歇狂之後，頭亦無得。而狂起狂歇，不關本頭之事，其頭非但無失，曾無絲毫變易，則何所藉因緣耶？法合：眞性常住不失，無明忽然妄起，無明雖起，眞性不變，妄起之時，雖迷不失；妄滅之後，雖證無得。妄起妄滅，與眞性本不相干，則眞性亦不屬因緣矣！

本狂自然，本有狂怖；未狂之際，狂何所潛？

此約狂拂自然。狂喻無明之妄，若謂本來狂是自然，即應本來常有狂怖。

下二句難云：既是常有，而未發狂之際時也，其狂潛藏何處？難道身心之中，有潛狂所在耶？既無潛狂之所，則狂非自然矣！首句作狂本自然亦可。　法合：無明若是自然，則本有無明，當一念未動之時，清淨本然心中，無明何所潛藏？以眞元無妄故，何得謂無明爲自然？

不狂自然，頭本無妄，何爲狂走？

此約狂拂因緣。首句反言，不是狂出於自然，即是翻成因緣。頭本無妄者：謂狂怖之時，頭本不失，即當常無狂怖，有何因緣，而狂走耶？頭本無妄，則狂非因緣矣！首句作狂不自然亦可。　法合：謂無明不是自然，是因緣者，畢竟以何爲因？然眞性宛在，不曾遺失，爲何因緣，而背覺合塵耶？若眞性有失，可說因緣，眞性不失，則非因緣矣！以上喻明眞性與無明，俱不屬因緣、自然矣。阿難一向溺於權宗，不知衣裏神珠宛在，輾轉他方求食，因緣之見，固不能忘也。

**若悟本頭，識知狂走，因緣、自然，俱爲戲論。是故我言：三

緣斷故，即菩提心。

滿慈執無明有因，阿難疑真性同自，皆由不悟本頭不失，狂走無端，所以墮入因緣、自然之二計。若悟本頭，雖狂不失，則頭非自然；依然宛在，則頭非因緣；若知狂走，未狂元無，則狂非自然；頭本無妄，則狂非因緣。首二句約頭約狂，皆雙拂二計，上句知真本有，下句達妄本空。若明斯義，則因緣、自然，俱爲戲論，全無實義。此正銷阿難之現疑，兼防滿慈之又執。是故我言，三緣斷故，即菩提心：是因緣、自然，俱屬戲論之故，我先言三緣斷故，即菩提心；三種分別之緣斷故，則菩提非自然；妄離真顯，當下即是，則菩提非因緣矣！此佛重伸自己所說，歇即菩提之意。

丑二　疊拂諸情令盡

菩提心生，生滅心滅，此但生滅。

承上三緣斷故，即菩提心，不可作菩提心生想。以菩提真心，元是本有，但由了因之所了，不是生因之所生。向被狂性所覆，狂性若歇，歇即菩提，故我前云三緣斷故，即菩提心。上句三緣斷故，亦不可作生滅心滅想，以無明狂性，乃屬本空，三種能緣分別之心，是枝末無明，雖言斷故，實無所滅。若說有菩提心生，有生滅心滅，此但是凡情生滅之見，非眞菩提之心。

滅生俱盡，無功用道。若有自然，如是則明自然心生，生滅心滅，此亦生滅。

首句滅字，即生滅心滅；生字，即菩提心生，此但生滅；亦復俱滅，盡即滅也。而至無功用道，亦不可作自然想，若有自然，亦成對待。如是指上句，若如是有自然，則分明自然心生，對彼生滅心滅，即此自然，亦是生滅之心，非眞無功用道。何以故？非絕待故。此中道理，更覺難明，故下以喻顯之。

無生滅者，名爲自然；猶如世間，諸相雜和，成一體者，名和合性；非和合者，稱本然性。

此喻顯自然，亦是生滅之理。首二句牒上。無生滅者：即牒滅生俱盡。名爲自然者：即牒無功用道。下喻自然亦非眞，猶此世間，諸相雜和，藥丸藥餅之類。成一體者，名和合性：喻生滅因緣法。對此和合，遂將非和合者，稱(即名也)本然性，喻不生滅之眞，此眞乃對妄所立之眞，非眞菩提心。如下文偈云：「言妄顯諸眞，妄眞同二妄。」是知無眞可立，將欲立眞，已非眞眞如性耳。

本然非然，和合非合，然俱離，離合俱非，此句方名無戲論法。

此極拂妄情。妄盡眞顯。本然即自然，和合即因緣。首二句單遣，非即遣也。以非本然，遣本然；以非和合，遣和合。第三句，合然俱離，是雙遣，離亦遣也。合字，兼和合與不和合，俱遣乃遣第二句。然字，兼本然非本然，俱遣乃遣第一句。俱離，與下俱非皆當雙用。第四句離合俱非，離乃俱離之離，合非和合之合，乃是即字之義，即是不離也。離和合非和合，本然非本然，此雙遮也；合(即也)和合非和合，本然非本然，此雙照也。俱非，即遮照同時義，即遮而照，即照而遮，此對第三句。遣之又遣，更無可遣，諸情皆盡，情盡法眞，此句方名無戲論法。

丑三　直斥耽着戲論

菩提、涅槃，尚在遙遠，非汝歷劫，辛勤修證。

阿難前云：「不歷僧祇獲法身。」此佛謂曰：「菩提涅槃，尚在遙遠。」斷云：非以阿難倒想雖銷，細惑全在，故於無上菩提，無餘涅槃，尚在遙遠。斷云：非汝歷劫，辛勤勞苦，所能修證。如是與佛前言，狂心若歇，歇即菩提，何藉劬勞，肯綮修證，豈不有乖前後乎？當知前者，能捨戲論，何藉劬勞，何須歷劫，今以阿難，戲論未捐，縱經塵劫，斷定難成，下則明言以告之。

雖復憶持，十方如來，十二部經，清淨妙理，如恆河沙，祇益戲論。

此出其難成極果之所以。雖復憶持下，以阿難多聞第一，非惟能聞，復能憶持不失，又非惟憶持我一佛所說，亦能憶持十方如來所說，十二部經；即：長行、重頌、併授記，孤起、無問而自說，因緣、譬喻、及本事，本生、方廣、未曾有，論議，俱成十二部，小乘九部，大唯三。清淨妙理：指大乘三部，清淨實相妙理，圓頓法門，如恆河沙。喻雖復聞持之多，不肯從聞、思、修，祇是資益戲論，所以難成極果。

丑四　現證戲論無功

汝雖談說因緣、自然，決定明了，人間稱汝多聞第一。以此積劫多聞熏習，不能免離，摩登伽難。

前三句即祇益戲論，博得多聞之名，雖積劫即歷劫多聞熏習，非有眞修，徒聞無功，所以不能免離摩登伽女，婬術所加之難。

何須待我，佛頂神咒，摩登伽心，婬火頓歇，得阿那含？於我法中，成精進林，愛河乾枯，令汝解脫？

此二段舉事驗證。何須即反顯多聞無功，若多聞有功，何須待我楞嚴神咒之力，使摩登伽心中，婬火頓歇，使汝阿難，如從夢覺，方脫婬難。婬火者，婬欲屬火，凡多婬之人，相火必旺，婬心一動，婬火便熾。摩登伽宿爲婬女，婬火更旺。頓歇者，以正咒能破邪思，邪思頓息，故婬火頓歇，頓斷見惑，及欲界九品思惑，得三果阿那含。此云不來，再不還來欲界受生也。　於我法中，成精進林者：在我佛法之中，成爲精進林，林是喻其進速，而證之多也。不從初二果階級，頓證三果，故以稱焉。愛河乾枯者：愛爲生死本，因愛則有欲，因欲則受生，因生必有死，愛欲溺人，故喻如河。婬火頓歇，愛欲便斷，得超欲界，故曰愛河乾枯，令汝解脫婬難也。阿難固是大權示現，登伽亦是逢場作戲，一以見多聞之無功，一以顯神咒之有力，而登伽婬火頓歇，顯咒力能除障；得阿那含，顯咒力能成益也。

丑五　正勸勤修無漏

是故阿難，汝雖歷劫憶持如來，秘密妙嚴，不如一日，脩無漏業，遠離世間，憎愛二苦。

是戲論無功之故。阿難多聞，非是一生，故曰，汝雖經歷多劫，有聞持之力，能憶持如來，祕密妙嚴；無上之法，非口所宣曰祕，非心所測曰密。此二字即不思議，淸淨妙理，莊嚴一乘，即法華之大白牛車，張設幰蓋，衆寶嚴飾。縱能憶持，人間只是稱汝多聞第一，未全道力，汝所自知。

不如一日，脩無漏業者：此無漏業，不可作二乘所修解，當指圓頓修法，與前後文，要相照應。以多聞不及脩習，故曰不如一日，狂心頓歇，不隨世間、業果、衆生，三種而起分別之心，此即背塵合覺，逆彼無始生死欲流，故得遠離世間憎、愛二苦。憎愛是二種苦因，生死是二種苦果。憎愛不必別作他解，即是異見成憎，同想成愛。若能不隨分別，則塵既不緣，憎愛何自而生？苦因既斷，苦果自離，此即修無漏業，示多聞人，就路還家之法，不出流而聞塵，但逆流而照性。即下文偈云：「將聞持佛佛，何不自聞聞？」正與此文相合也。

丑六　更擧劣機激責

如摩登伽，宿爲婬女，由咒神力，銷其愛欲，法中今名性比丘尼。

此擧登伽，以激阿難。宿爲婬女，三障具足：婬心煩惱障也；宿世婬習業障也；現受女身報障也。由仗楞嚴神咒威力，銷其愛欲，即婬火頓歇，愛河乾枯，而煩惱障已除。法中者，在佛法之中，成精進林，而業障亦斷。名性比丘尼，列僧寶數，則報障已轉。

此文具有四悉檀利益：親聞神咒，驅邪歸正，即世界悉檀，得歡喜益；法中爲尼，精進修行，即爲人悉檀，得生善益；銷其愛欲，即對治悉檀，得滅惡益；頓證阿那含，即第一義悉檀，得入理益。

與羅睺母，耶輸陀羅，同悟宿因。知歷世因，貪愛爲苦！一念熏脩，無漏善故，或得出纏，或蒙授記；如何自欺，尚留觀聽。

羅睺羅，是佛之子，非是欲愛所生，乃指腹成胎，在胎六年，此云覆障。耶輸陀羅譯云名稱，是女中有名稱者，是佛之妻。佛爲太子時，十七歲結婚，但是無情夫妻，並未同房。太子十九歲出家，三十歲成佛，耶輸陀羅，同佛姨母，發心出家。性尼與耶輸陀羅，同悟宿因，知歷世因，無非貪愛爲苦，知女身之報，愛欲深重，歷世以來，果報不勝，皆由貪愛爲苦也。

一念熏修，無漏善故，或得出纏，或蒙授記：此正激勸之旨。今性尼、耶輸二人，女身劣機，但以一念熏脩，無漏善故。如何修法？即以悟歷世因，貪愛爲苦，但以一念止絕貪愛之水，不令向外流逸，因不流逸，旋元自歸，定力成就。下二句明果證。或得出纏：謂性尼愛河乾枯，斷五趣雜居地，九品思惑，得出欲界生死之纏縛。又謂耶輸已證四果，所作已辦，分段已離，得出三界生死之纏縛。或蒙授記：謂此二人，如能回小向大，捐捨聲聞，畢獲如來無餘涅槃，本發心路，進趣菩提，則蒙佛授記，正未可量也。

如何自欺，尚留觀聽者：此斥責之詞。謂彼耶輸女身，已爲劣器，登伽婬女，更是下機，今尚以一念熏修，無漏善故，已得勝進，如何汝阿難，以堂堂丈夫之形，赫赫王家之種，徒守多聞，甘居下位，現見熏修有益，不肯進修，如何自欺自暴，尚留戀見聞即觀聽分別耶？即指見相發心，聞塵執恪，未免循塵，自取流轉也。交光法師云：當知阿難，此審辨問，最有關要。良以前既排盡因緣，後復將談修證。若一定有修有證，則違前自言；若一定非因非緣，則廢後修證；此聖言宛似互違，不可不辨也。今明眞本無變，猶夫頭本無失，而何有實修實證，固非一向墮於因緣也；又明妄之現迷，猶夫狂之現起，而豈終無修無證，亦非一向墮於自然也。由是則知斯經，無修無證，固不礙於有修證；而有修有證，仍不礙於無修無證也。前後之文，無復矛盾之可議矣；其旨亦甚微妙也哉！壬二正爲宣說竟，併上科辛二如來次第以除二惑竟。

辛三　大衆領悟讚善謝益

阿難及諸大衆，聞佛示誨，疑惑銷除，心悟實相，身意輕安，得未曾有！

此文總結，正答滿慈，兼示阿難兩大科。以前答滿慈之後，無有結文，故此併結。先敍領悟，必由開示，故阿難及諸大衆，聞佛開示訓誨，未敍滿慈之名，攝在大衆中，非單結阿難也。疑惑銷除者：疑惑有五，滿慈四，阿難一，此皆深疑細惑。滿慈：一、疑清淨本然，云何忽生三種相續？佛示以萬法生續，起於一念無明，故有世間諸相。二、疑五大性不相循，何得互徧無礙？佛示以全相即性，惟一不變妙體，故得隨緣自在。三、疑諸佛如來，何時復起其妄？佛示以妄本不生，如翳眼見空華，空華本不生，眞終無變，如礦既銷成金，不復重爲礦。四、疑一切衆生，何因有妄，自蔽妙明？佛示以既稱爲妄，云何有因，若有所因，云何名妄。阿難疑佛，頓棄因緣，恐濫自然。佛示以知眞本有，達妄本空，則因緣、自然，俱爲戲論。因聞重重妙示，所以疑惑得以銷除。

滿慈執因疑果，又疑妄有因；阿難執悋昔宗，疑眞濫自，二人皆耽著戲論。佛又誨以戲論無功，若不捨戲論，則歷劫徒勞，終無實證；能捨戲論，則狂心頓歇，歇即菩提。語雖獨對阿難，意則兼爲滿慈，可謂一點水墨，兩處成龍矣。

故同得心悟實相。此實相，即不空如來藏，空不空如來藏，菩提勝淨明心是也。空如來藏，前三卷已悟，故不指在內。第二卷，十番顯見之末，佛責汝等狹劣無識，不能通達，清淨實相，此第一次說實相。則後文剖妄所出之眞，四科所會之性，皆實相也。第三卷，圓彰七大之前，許令當來修大乘者，通達實相，此第二次說實相，則以下所談七大徧周，及阿難大衆，所悟徧常之心，皆實相也。第三次此處經家所敍，已悟實相，可以推知。前來佛說後二藏，正答滿慈，兼示阿難，全是發揮實相也。身意輕安，得未曾有：意即心也，三卷末，阿難與大衆，悟空如來藏，則曰：「身心蕩然，得無罣礙。」悟空藏，則妄身妄心，蕩然無存，故得無礙；眞身眞心，蕩然寬廓，本無罣礙。今悟後二藏，則身心輕安，了達無明萬法本空，無有身心麤重之見，故輕；自知菩提眞心本有，不藉劬勞肯綮之功，故安；此皆昔日未曾得，而今得之，故曰得未曾有。

重復悲淚，頂禮佛足，長跪合掌，而白佛言：無上大悲，清淨寶王，善開我心，能以如是種種因緣，方便提獎，引諸沉冥，出於苦海。

前四句敍儀，中三句讚善，後謝益。重復悲淚：此是阿難，第五次悲感垂淚，故曰重復。第一次因被邪術所禁，提獎歸來，頂禮悲泣，恨無始來，一向多聞，未全道力。第二次，三迷被破之後，重復悲淚，自述恃佛威神，不勤定力，所以雖身出家，心不入道。第三次，顯見無還科中，垂泣叉手，而白佛言，雖承佛音，悟妙明心，未敢認爲本元心地。第四次，十番顯見之後，剖妄出眞之科，因聞見見非見，重增迷悶，悲淚頂禮，求佛施大慧目。今乃第五次，信悟既深，愈覺佛恩難報，故悲淚頂禮，對上爲謝前，望下爲請後。長跪合掌，而白佛言，皆示敬也。無上大悲，淸淨寶王者：佛具同體大悲，是爲無上大悲，觀一切衆生，與佛同體，今則沉淪苦海，故運至極之悲心，拔出於苦海。

佛從因至果，復本心源，究竟清淨，證離垢妙極法身，猶如摩尼寶王；不變隨緣，隨機施教，善能開發，我等惑妄重封，權宗固閉之心，今得豁然通達也。如是能以如是，種種因緣者：此舉善能開發之所以，由佛能用如是種種因緣。如是乃指上文，演若迷頭狂走，登伽頓銷愛欲，耶輸同悟宿因，種種因緣，透機之談，善巧方便，提撕獎勸。或以向上一著提撕，則云狂性自歇，歇即菩提。却又不捨婆心獎勸，則云歷劫憶持無功，不如一日，修無漏業。

引諸沉冥，出於苦海者：接引凡、小出離憎、愛二苦海。又沉謂凡夫，沉淪分段生死苦海；冥謂二乘，冥滯變易生死苦海。若照本經，一乘了義說，接引凡、外，出離二種生死苦海，而達菩提涅槃彼岸，亦所以啓後修門矣。自滿慈發問至此，復爲一周，名「無生無礙周」。

正脈云：前周中，談空如來藏，以直指自心，本具妙定之體，極顯其常住周偏；此一周中，談後二如來藏，乃至圓融三藏，以詳發自心，本具妙定體用，極顯其無礙圓融。此即十方如來，得成菩提，妙圓眞心，不假修習，如如本定，三名中，即妙奢摩他；而悟徹此者，即微密觀照也。又此心此定，一切衆生，乃至權小，悉不測知，所以錯亂修習，終無實果，故於經題四實法中，正屬如來密因也。而舊註謂見道分者，亦齊於此。正宗至此，已二說奢摩他路，令悟密因，大開圓解竟。

己三　說三摩脩法令從耳根一門深入　分二　庚初　選根直入　二　道場加行

庚初分三　辛初　阿難說喻求門得入　二　如來敎令一門深入　三　大衆承示開悟證入

今初

辛初又分二　壬初　述領佛旨　二　喻屋求門

世尊！我今雖承，如是法音，知如來藏，妙覺明心，徧十方界，含育如來，十方國土，清淨寶嚴，妙覺王刹。

此爲正宗第二大科。佛答阿難所請，三名中妙三摩，經題中脩證了義，文中所說，名義皆相合也。於建立義門文中，佛親命名，妙三摩提，通科之中，或稱三摩提，或稱三摩地，或稱三摩，但是梵音小異耳。首二句承領法音，通指後二藏所說之法音。觀雖承二字，乃是雖然領悟，已開圓解，須請圓脩，方克證入，故下喻屋求門，即是求示脩門也。　知如來藏：知字即大開圓解，已悟三如來藏之圓理。妙覺明心，徧十方界：即一眞法界之心，乃領悟空不空藏中，惟妙覺明，圓照法界之義。既悟心徧十方，故能含育，四聖六凡之十界。文中獨約佛界說，九界雖不明列文言，可以推知，皆是妙覺明心，隨緣顯現耳。

含育如來，十方國土者：含育二字，雙貫下兩句，含是含容，育是生育，如來指化身佛，國土即變化土。清淨寶嚴，妙覺王刹者：妙覺王指報身佛，刹即實報土，佛身具足寶相莊嚴，刹土廣聚七寶莊嚴，身土悉皆清淨，故曰清淨寶嚴，妙覺王刹。此中但說報、化二身，不說法身者，以法身即妙覺明心，爲能含育，由法身垂現報、化二身也。

如來復責多聞無功，不逮修習。

上敍心開之相，此領勸修之旨。前如來云：「以此積劫，多聞熏習，不能免離，摩登伽難。」是責多聞無功也。又云：「汝雖歷劫，憶持如來，祕密妙嚴，不如一日，修無漏業，遠離世間，憎愛二苦。」是責不逮修習也。

壬二　喻屋求門

我今猶如旅泊之人，忽蒙天王賜與華屋；雖獲大宅，要

因門入。

陸宿曰旅，水宿曰泊。阿難尚在有學，未返家鄉，猶如旅泊之人。前佛告以菩提、涅槃，尚在遙遠者，即因此也。天王者，左傳稱周天子爲天王，佛乃法中之王，故以喻焉。華屋喻如來藏心，華屋文質相稱，喻如來藏體用圓融。前蒙如來開示藏心，得開圓解，猶如忽蒙天王，賜與華屋，實出望外！雖獲大宅，要因門入者：雖得蒙賜大宅，未得其門而入，猶如宮牆外望之人，安能受用？喻雖悟藏心，廣大圓滿，未得修門，不能證入，何由安住？故請修爲當務之急也。華屋之門，即在六根門頭，阿難未知，無由得入。

惟願如來，不捨大悲，示我在會諸蒙暗者，捐捨小乘，畢獲如來無餘涅槃，本發心路。

此普求入大之法。若不蒙示，則涅槃無路可修，故惟願如來，不捨無上大悲，指示在會諸蒙暗者。錮蔽權宗曰蒙，昏迷實理曰暗；此等即未入華屋，門外漢也。捐捨小乘，畢獲如來無餘涅槃者：令在會各各回小向大，不住化城，前趨寶所，捐（棄也）捨昔日修證小乘，有餘涅槃，畢竟求得如來極果，無餘涅槃。本發心路者：根本發心，下手起修之門路，此即求示因地心。若最初發心，能依二根本中眞本，爲因地心，則直趣菩提，自然不遭紆曲，即是正修行路。下文佛令從根解結，即本發心路也。

令有學者，從何攝伏，疇昔攀緣，得陀羅尼，入佛知見！作是語已，五體投地。在會一心，佇佛慈旨！

此別爲有學，正求初心方便。令有學者：即未得無學果位之人，從何方便，可以攝伏疇昔攀緣心？攝，是收攝而不放；伏，是降伏而不動；疇昔指過去，自從無始，以至今生。攀緣心，即意識心，攀所緣六塵之境，念念分別取捨，即二根本中妄本。爲楞嚴大定之障礙，故佛前對阿難，首先破除此心。得陀羅尼：解見第三卷，剖妄出眞文中。彼佛云將欲敷演，是知前說次第三藏，圓融三藏，無不是敷演陀羅尼也。今欲必得，庶可入佛知見。佛之知見，衆生本具，但迷時埋沒，佛知見，成爲衆生知見；悟時顯露，衆生知見，無非佛之知見，由來生佛不二，祇因迷悟成差。若欲入佛知見，但從根中入流，即便得入。作是語已，五體投地。在會人衆心一，佇候如來慈悲法旨，均欲奮發眞修，以免錯亂。

辛二　如來教示一門深入 分四　**壬初　分門以定二義　二　驗證以釋二疑　三　綰巾以示倫次　四　冥授以選本根** 壬初分二　**癸初　標開妙修行路　二　教明二決定義　今初**

爾時世尊，哀愍會中，緣覺、聲聞，於菩提心，未自在者，及爲當來佛滅度後，末法衆生，發菩提心，開無上乘，妙修行路。

此經家敍述佛意，正爲現在回心之衆，兼爲當來大根之機。爾時即阿難請示修門之時，世尊哀愍現會之中，已經回小向大，緣覺、聲聞之衆，於菩提心未自在者。今作二解：一、此衆於諸佛如來，修證無上菩提，祕密之因地心（即如來密因，三如來藏心。），悟雖已悟，未得修門，不能證入，故其心未得自在；二、此衆於菩提因心（即妙覺明心。），雖然與阿難滿慈同悟，前三卷末，各各自知，眞心徧常，後承佛法音，知如來藏，妙覺明心，偏十方界，含育如來國土，難得圓解，未起眞修，尚屬不定性，難免遇緣便退，無自由分，不得自在。故佛勉以不生疲倦，示以二決定義，欲令不定性，而成決定性矣。

及爲當來，佛滅度後，末法衆生，發菩提心者：及者兼及併及，佛之悲心無盡，欲益現未，當來即未來。佛滅五住煩惱，度二種生死，變易早盡，分段亦離，而歸涅槃，大寂滅海。滅後正法住世一千年，像法一千年，末法一萬年，末法衆生，根淺智劣，而能發菩提心，誠爲難能可貴。開無上乘，妙修行路者：無上乘，即最上一佛乘，同教一乘，猶爲有上；別教一乘，方稱無上，是所趣之果，即上阿難所請之無餘涅槃。下句是能趣之因，即上本發心路。此云妙脩行路，密指耳根圓通，從聞性妙理，起反聞妙智，以妙智照妙理，聞、思、修證。上句開字，對下句路字，說根本發心，妙修行之路既開，而無餘涅槃，無上菩提，斯可希冀矣。

癸二　教明二決定義　分二　子初　宣示總徵　二　分判二義　今初

宣示阿難，及諸大衆，汝等決定發菩提心，於佛如來，妙

三摩提，不生疲倦，應當先明發覺初心，二決定義。云何初心，二義決定？

此先教明二決定義。宣示阿難，及諸現前大衆，等未來衆生，決定發求成無上菩提之心，不願終止化城，有志前趨寶所。於佛如來，妙三摩提者：三摩提加一妙字，即阿難所請佛定，第二妙三摩是也。又即經題中，脩證了義之功，又即觀世音從聞、思、修，所入之三摩地，爲諸佛共修之法。不生疲勞倦怠之心，美則美矣！應當先明了，發覺（覺即菩提）最初之因地心，還是眞心耶？還是妄心耶？若依妄心，因地不眞，果招紆曲，不能得成無上菩提，猶如蒸沙，不能成飯；若依眞心，則依不生不滅爲因地心，然後可以圓成果地脩證。故對二種決定義，不得不預先明了。二決定義，下文佛自解說，先總徵：云何初心二義決定？

子二　分判二義　分二　**丑初　決定以因同果澄濁入涅槃義　二　決定從根解結脫纏入圓通義**　丑初分三　**寅初　令審觀因果　二　示所除五濁　三　明伏斷證極**　今初

阿難！第一義者：汝等若欲捐捨聲聞，脩菩薩乘，入佛知見，應當審觀因地發心，與果地覺，爲同爲異？

此下別示二義。今先示第一義：決定以因心，要同果覺，乃可從眞因，而剋妙果。故呼阿難而告之曰：第一義者，汝等若欲願樂也捐捨聲聞小乘，不願沉滯空寂，欲修菩薩大乘，智悲並運，求入佛之知見，前文已解。欲字雙用，欲即是志願，志願捨小乘，志願修大乘，求入佛之知見，即求成佛道。應當諦審觀察，因地最初發心之心，與果地究竟取證之覺，同耶？異耶？因心若同果覺，如以空合空，因心若異果覺，如煑沙作飯；不得不加觀察，以免因差果謬矣！

阿難！若於因地，以生滅心，爲本修因，而求佛乘，不生不滅，無有是處。

此明異相。阿難若於在也因地，以生滅心爲本修因：此心即第六識攀緣心，妄根本也。以此心爲本地修因之心，若求二乘小果則可，而求諸佛最上一乘，不生不滅，眞常果覺，則不可，故曰無有是處。

以是義故，汝當照明，諸器世間，可作之法，皆從變滅。阿難！汝觀世間，可作之法，誰爲不壞？

以是因果不同之義，汝當起智照察，照明器界世間，可作之法，即有爲法，有爲有生滅，故曰皆從遷變壞滅。恐其不信，故重呼其名，告以汝觀察世間，可作有爲之法，誰爲不壞？要其自觀自悟自信也。可作之法，例第六識，生滅無常之心，決定不可用爲因地心，前佛與阿難，三番破妄識，即此意也。

然終不聞，爛壞虛空。何以故？空非可作，由是始終，無壞滅故。

上例明異相，此例明同相。然字轉語之詞，終不聞爛壞虛空，虛空例根性，不生不滅，眞實常住之心，故以不聞爛壞虛空例之。何以故下，釋其所以，以虛空非可作有爲法故，從始至終，其性眞常，無壞滅故，決定可取爲本修之因地心。前佛與阿難，十番顯眞心，即此意也。以上決定以因同果，是第一決定義之宗。下澄濁入涅槃，是此宗之趣。

寅二　示所除五濁　分三　**卯初　尅示濁體　二　總喩濁相　三　別列濁名**　今初

則汝身中，堅相爲地，潤溼爲水，煖觸爲火，動搖爲風。由此四纏，分汝湛圓妙覺明心，爲視、爲聽、爲覺、爲察，從始入終，五疊渾濁。

此尅示五濁之體。本經與諸經，名同義異，但取圓湛心水，投以諸大之土，水失清潔，以致見等不圓不湛，便是濁體。交師云：外五大與內四大，雖均爲濁體，而逼切生死，障絕涅槃，惟內四大爲尤甚，故此文多論身中四大也。

先釋身中四大：則汝現身之中，堅硬之相，肌肉筋骨爲地大；潤濕之相，津液精血爲水大；煖觸之相，燥熱溫度爲火大；動搖之相，氣息運轉爲風大。由此四纏：即四大假合，互相纏結，組織成身。既有身相，妄有六根，分汝湛然圓徧，妙覺明眞心，不生不滅，與生滅和合，成阿賴耶識。識精元明，映在六根門頭，爲視，即眼根見精；爲聽，即耳根聞精；爲覺，即鼻根齅精，舌根嘗精，身根覺精；爲察，即意根根性照察，揀異意識分別了知，此即色心和合以爲濁體。下文所云：「元依一精明，分成六和合」也。從始洎（及也）終，始於識陰，終於色陰，以生從識起故，五疊（重也）渾然不清，而成濁相，此結成名數。

卯二　總喻濁相

云何爲濁？阿難！譬如清水，清潔本然，即彼塵土灰砂之倫，本質留礙，二體法爾，性不相循。有世間人，取彼土塵，投於淨水，土失留礙，水亡清潔，容貌汩然，名之爲濁。汝濁五重，亦復如是。

此喻總明五濁之相。首句徵，下喻明。清水二句，喻純眞之心，清淨本然，塵土灰砂喻四大。倫，類也；質，體也。本質留礙：謂四大本體，是留滯隔礙，能障眞性。二體即清水之體，與四大之體。法爾，即本來之義，一清潔，一留礙。性不相循：喻純眞之心與四大，一眞一妄，其性各異。有世間人，喻迷位衆生；取土投水，喻起妄亂眞。以致眞妄和合，色心交織，喻如土失留礙，水亡清潔，眞妄不分，故曰：「汩然」，乃混沌昏擾之相，名之爲濁。汝阿難心水，濁相五重，亦復如是。

卯三　別列濁名

阿難！汝見虛空徧十方界，空見不分，有空無體，有見無覺，相織妄成，是第一重，名爲劫濁。

此下五段，別示五濁之名，由體相合而成名也。今先示劫濁，此濁依於色陰，內四大，外五大，俱屬色陰。內六精之性，乃屬心法，凡言濁者，以心水本湛，由諸大投以成濁，如上喻所明，此劫濁依色陰，外五大之空大，與六精之見精，交織而成。首句汝見虛空，舉空以影地大等四，舉見以影聞精等五。獨舉空見，以其兩者，俱偏十方世界，妄織之相易明。空見不分者：同時俱偏，不能分出，何處是見之邊涯，何者爲空之界畔，此三句舉劫濁體。有空無體，有見無覺者：若但有空而無見，則空無體可得，即無見誰明空體？若但有見而無空，則見無有所覺，即無塵不能顯根。相織妄成：以空見相織，如一經一緯，密織不分。見空既爾，見色亦然，眼根既爾，餘根亦然；根塵相對，渾濁眞性，隱蔽妙明，遂成刼濁之相。此三句明刼濁相，後二句出刼濁名，是第一重，名爲刼濁也。此濁居初，若按從眞起妄解，汝見虛空，見當指能見見分，空當指晦昧空相，見相交織，而成刼濁也。

汝身現摶四大爲體，見、聞、覺、知，壅令留礙，水、火、風、土，旋令覺知，相織妄成，是第二重，名爲見濁。

次示見濁。此濁依於受陰，以見、聞、覺、知，與內四大，交織而成，六受用根，領納諸境。汝身現摶四大爲體：此二句舉見濁體，謂汝今此身，摶取四大假合，以爲自體。四大解見在前。既有身相，則有六根，由是分一精明，而成見、聞、覺、知等六精。元是一精明，被地、水、火、風四大所壅隔，既成六根，而分作六和合，本無留礙者，而成留礙矣！眼只能見，乃至意只能知，水、火、風、土四大，本是無知之物，旋令覺、知；旋者轉也，爲六精之性所旋轉，轉無知覺者，而成有知覺矣。　相織妄成者：知與無知，交相組織，亦如一經一緯，密織不分，擾亂眞性，妄成見濁之相，共有六十二見，以身見爲首，雖針鋒之微，亦有痛覺。末二句，出見濁名，是第二重名爲見濁。

又汝心中，憶識誦習，性發知見，容現六塵，離塵無相，離覺無性，相織妄成，是第三重，名煩惱濁。

三示煩惱濁。此濁依於想陰，以前段六根既備，而對六塵，六想自成，即六識想像六塵之境，故曰：又汝心中，憶識誦習。謂六識妄想心中，憶念過去所緣境，牢記不忘；識取現在所緣境，愛著不捨；誦習未來所有境，預先計劃。此二句舉煩惱濁體。

性發知見，容現六塵者：性即能想六識之性，託於六根，發爲見、聞、齅、嘗、覺、知，六種妄想。前五乃同時意識，與五識同時而起者；知乃獨頭意識。知見二字，舉二該六。容即所想六塵之相，現有六塵之境。離塵無相，離覺無性者：六識若離六塵境界，則所緣塵亡，能緣識泯，無有識相可得；六塵若離六識妄覺，則能取不生，所取亦空，無有塵性可得。相織妄成者：妄覺妄塵，交相組織，亦如一經一緯，密織不分，所以緣塵想念，貪戀不休，故成煩惱濁之相。末二句，出煩惱濁之名，是第三重，名煩惱濁。

又汝朝夕生滅不停，知見每欲留於世間，業運每常遷於國土，相織妄成，是第四重，名眾生濁。

四示眾生濁。此濁依於行陰，以前三段，既有世界，復有身心，世界身心既備，自有生滅。第七識為生滅根源，念念遷流，而成行陰，故曰又汝末那心中，從朝至夕，妄念相續，生、住、異、滅，無暫停息，於是遷世界，續身心，遂有無邊生死。此二句舉眾生濁體。知見每欲留於世間者：以凡夫無不貪生畏死，故依執我之知見，每欲常留住於世間，滿了百歲，還想一百二十歲，此約心言。無奈行陰密移，業運常催，無自由分，捨生趣生，遷移國土，此約身說。相織妄成者：妄身妄心，常遷欲留，交相組織，亦如一經一緯，密織不分，擾亂真性，妄成眾生濁之相。末二句，出眾生濁名，是第四重名眾生濁。

汝等見聞，元無異性，眾塵隔越，無狀異生，性中相知，用中相背，同異失準，相織妄成，是第五重，名為命濁。

五示命濁。此濁依於識陰，指第八識。七識屬行陰，六識屬想陰。以第八識，在衆生分上，去後來先作主翁；壽命與八識，有連帶關係，人生八識未離，壽命未盡，八識離體，壽命即盡，故命濁依於識陰。汝等見聞，元無異性者：汝等見、聞、覺、知（此即根之見聞等精，非六識見聞等。），元是一體，本無異性。衆塵隔越者：衆塵，指明、暗、動、靜等六塵，攬塵結根，各開門戶，是以隔離一體，而爲六精，無狀異生；越即離也。此四句舉命濁體。

性中相知，用中相背者：然以性中而論，六用元是一體，事同一家，知覺相通，同而非異；若據用中而說，一體既成六用，不無彼此，互相違背，異而非同。同異失準，相織妄成。準定也，同非定同，異非定異，故曰同異失準。一同一異，交相組織，亦如一經一緯，密織不分，擾亂眞性，妄成命濁之相。後二句，出命濁之名，是第五重名爲命濁。交光法師云：通上論之，妙覺明心，惟一湛圓，尙無內外，豈有諸濁？因自晦昧爲空，空晦暗中，結暗爲色之後，則外被五大器界所渾，而爲劫濁；稍內被四大身相所渾，而爲見濁；更內被六塵緣影所渾，而爲煩惱濁，由是斷續身心，遷流國土；復被生死所渾，而爲衆生濁；約此四相，則內外通一渾濁，而全失湛義；又由是而衆塵結滯，六根不復通融，而爲命濁。約此一相，則全失圓義。故欲復本湛圓，須求澄濁之法，是以下文，方教澄濁也。

寅三　明伏斷證極　分三　**卯初　決擇取捨　二　法喻伏斷　三　結證極果**　今初

阿難！汝今欲令見、聞、覺、知，遠契如來常、樂、我、淨。

上科明衆生具足五濁，本有湛圓之性，所具四德，隱而不現；此科乃示，澄濁還清之法。其法先要決擇眞妄之因心，取眞捨妄，下手起脩，則渾濁可澄，湛圓可復也。故告阿難，汝今根中，所具見、聞、覺、知之性，即本覺心，與十方如來，所證常、樂、我、淨之德，即究竟覺，本來一體，無二無別，本來湛然清淨，本來圓滿周徧，因有五濁，故失四德。

且以五濁四德對論：因有衆生濁，則生死流轉，故失眞常，而成無常；因有煩惱濁，根隨纏縛，則失眞樂，而成苦惱；因有見濁、命濁，根識和合，則失眞我，而成妄我；因有劫濁，世間塵勞，則失眞淨，而成不淨。此但約別義，若約通義，每一濁皆失四德，失非眞失，如濁水則亡清潔，究之淸水，仍在濁中；四德雖非眞失，五濁現在未除，是以與佛果德，自覺懸殊。汝今欲令，具五濁之四性，遠契如來之四德，非假澄濁之功不可！有志澄濁，非先擇眞因地心，亦不爲功，故須決擇取捨。

應（平聲）**當先擇死生根本，依不生滅圓湛性成。**

此即決擇眞妄二本。若決擇不明，取捨顚倒，則五濁無由而淸，涅槃無法可證，故佛特囑以應當揀擇，眞因地心。死生根本：即第六意識攀緣心；佛前判二根本中，此爲妄本。凡、外、權、小，不達此心不是眞因，悉取而錯亂修習，不能得成無上菩提，故佛三番極破其妄，以是生滅之因，不契涅槃果德，故應先決擇，捨而去之。

依不生滅，圓湛性成者：即根中所具，不生不滅，圓滿周徧，湛然常住之本覺佛性，乃前佛判二根本中，此爲眞本，是菩提涅槃，元淸淨體，故佛十番極顯其眞。近具諸根，遠該萬法，凡、外、權、小，悉皆昧之，日用不知，今當決定明白，取而用之。

上二句即捨識，下二句即用根。捨識、用根，爲楞嚴一經要旨，識心若不捨除，大定何自而修？根性若不取用，涅槃何得而證？故示阿難，請修之法，即示以捨識用根。下文若棄生滅，守於眞常，亦此義也。成字，即依不生滅，圓湛根性，成爲眞因地心，因眞則果證，故得圓成果地修證，即成果地覺。二成字相照應。

卯二　法喻伏斷　分二　**辰初　法說　二　喻明　今初**

以湛旋其虛妄滅生，伏還元覺，得元明覺無生滅性，爲因地心。

上科成字，即成此因地心。以用也；湛即不生滅圓湛性，亦即如來十番所顯之見性，亦即觀耳門所用之聞性。下文擊鐘所驗，常住本不生滅，見大所示，圓滿本來周徧，飛光所顯，湛然本不動搖，即以（用也）此不生滅，圓滿湛然之根性，旋其虛妄滅生。旋轉也，其指五濁，五濁總屬虛妄生滅之法，不出身心世界。旋字，即下手工夫，將自己圓湛心中，提起一段心光，不外照根身器界，但內照本源心性，自可旋濁成淸，旋妄復眞矣！下喻靜深不動，沙土自沉。伏還元覺者：伏，即脫黏內伏；還，即澄濁還淸；元覺，即本有元明覺性。此句乃旋妄復眞，下喻淸水現前。得元來妙明本覺，無生滅性，爲因地心，此心與果地覺相同，自可遠契如來果德。至此位當十信滿心，以能雙伏二障現行也。

然後圓成果地修證。

然後即承上先伏後斷，斷一品無明，登圓教初住，經歷五十五位，真菩提路，圓成果地，真修滿證，圓滿無上菩提，下喻去泥純水。

辰二　喻明

如澄濁水，貯於靜器，靜深不動，沙土自沉，清水現前，名為初伏客塵煩惱。

此喻旋妄復真。即以前所舉五濁，濁於圓湛之性，徧成虛妄，生滅之相，譬以塵土，投於清水之內，徧現渾濁之形。今欲旋妄，如以靜器貯水，靜器合根；不奔塵水，合圓湛不生滅性；靜深不動：如觀世音，從聞、思、修，反聞自性，漸次深入，合以湛旋其虛妄滅生；沙土自沉，清水現前：合伏還元覺；得元明覺，為因地心，沙土自沉，即雙伏二障現行，位當十信滿心，故曰名為初伏客塵煩惱。此客塵非喻見思，乃指二障現行，生滅不停，如客如塵，今則已伏。正脈云：初伏客塵煩惱，應是信滿，已斷二惑，併伏無明者也。此喻伏成因地。

去泥純水，名爲永斷根本無明。

此喻斷入果地。前之砂土雖沉，泥猶未去，合無明伏而未斷；今去泥，合已斷無明；前淸水雖現，合伏還元覺未純；斯則純水，合圓成果地脩證。名爲永斷根本無明：即最初生相無明，亦皆斷盡，究竟淨覺也。

卯三　結證極果

明相精純，一切變現，不爲煩惱，皆合涅槃淸淨妙德。

明相精純：對法說中，圓成果地修證，妄無不盡，眞無不圓，即是純圓獨妙，而證究竟極果。對喻說中，去泥純水，塵土灰沙已去，惟一淸水湛明之相現前，精純而不雜亂，任從如何攪動，皆不復濁。佛證極果，倒駕慈航，示入生死苦海，變現一切身心世界，或順行，或逆施，皆不爲煩惱，而成妙用。不爲四纏五濁之所礙，皆合涅槃淸淨妙德，轉五濁而成四德，一一自在無礙也。

初決定以因同果，澄濁入涅槃義竟。

丑二　決定從根解結脫纏入圓通義　分二　寅初　教從根以解結　二　示脫纏入圓通　寅初分五　卯初　決發增上勝心　二　法喻當知結處　三　確實指根是結　四　備顯六根功德　五　教其悟圓入一　今初

第二義者：汝等必欲發菩提心，於菩薩乘，生大勇猛，決定棄捐諸有爲相。

首句牒名。上科揀擇因心，此科承上揀擇既定，則決定從根解結，以爲此科之宗，方克脫纏，頓入圓通以爲此科之趣。從根解結，是修楞嚴大定，下手工夫，前三卷半，佛開示眞因地心，爲最初方便，上科所揀之因心，即佛所示之因心，此科依此因心起修，爲初方便，即入初發心住之方便。住前工夫，初學最關緊要，不得不詳細發明。既教捨識用根，尚要示以選擇圓根。文云：圓根與不圓根，日劫相倍，較之從塵從識從大而修者，其遲速何可以算數計耶？此爲至巧至速之法門，故題中稱修證了義。　此第二決定義，佛意汝等必欲發菩提心，必欲亦即決定義。菩提心，即大道心，求成無上佛道之心，又即最上乘心，不求聲聞、緣覺，惟依最上乘，發菩提心，此屬願。於菩薩乘，生大勇猛者：即依願起行，菩薩爲大道心衆生，是已發菩提心之人，而修最上一乘之菩提行，生大勇猛，精進不退之心。決定棄捐（捐捨也），諸有爲相：即捨權、小，所用生滅心，爲本修因者。有生滅，即是有爲相。此文內具三種決定：一、決定發菩提心；二、決定脩菩薩乘；二決定捨有爲相（即決定捨識用根）。此種願行，實屬可嘉！故下示以決定從根解結，方能依因剋果也。

卯二　法喻當知結處

應當審詳，煩惱根本，此無始來，發業潤生，誰作誰受？

此承上欲捐有爲，須離煩惱；欲離煩惱，須絕根本。故敎以應當審察詳細，煩惱根本。煩惱是生死苦果之因，別則根隨等二十六法，總則唯是六識，以六識對境分別，生諸煩惱，此屬枝末無明。根本即最初生相無明，和合八識之中，結滯六根之內，六根見聞等性，皆無明力，轉本有之智光，成能見之見分，能生枝末，故以根本稱之。由是觀之，生死根本是六識，佛判眞妄二本中云：一者無始生死根本，則汝今者，與諸衆生，用攀緣心，爲自性者。煩惱根本即是六根。後諸佛異口同音，告阿難言：汝欲識知，俱生無明，唯汝六根，更無他物。此無始來發業潤生，誰作誰受者：即審詳此煩惱，自從無始以來，如何謂之發業無明？如何謂之潤生無明？發業，即是造業之因，能發現行之業用，如十二因緣，過去之無明；潤生是業之緣，三緣會合，能潤今生以受生，如十二因緣之愛取，即中陰身投胎時，一念想愛是也。此二皆煩惱。誰作誰受：即推究根本，意顯六根，自作自受。不言六根，而言誰者，即令審詳，自審自悟也。

此文煩惱根本是六根，意隱難明，當知根即八識，由八識引起六識，起惑造業，依業受生，推末由本，是第八見分，映出去而成六識，爲生死根本，六根復爲六識根本，故令細推，發業潤生，實是八識，自作自受。

阿難！汝修菩提，若不審觀煩惱根本，則不能知，虛妄根塵，何處顚倒。處尚不知，云何降伏，取如來位？

此承上文。汝既決定發菩提心，修證無上菩提之道，必要斷除煩惱，欲斷煩惱，必先究其根本，故語之曰：設若不審詳觀察，煩惱根本，則不能知虛妄根塵，從何處而起顚倒。根指有情四大六根，塵指無情五大空界。此根塵本非實法，故曰：「虛妄」。乃因顛倒而有，顛倒即本末無明。此顛倒起處在根，佛不明言，但曰何處，要其自審，即究根本也。顛倒起處尚且不知，云何降伏煩惱，取證如來正位？此文與第一卷，佛語阿難，眞所愛樂，因於心目，若不識知心目所在，則不能得降伏塵勞。但要斷除煩惱，必先審得根本；爲國王討賊，必先搗其巢穴，除其首腦，使其無所依藏，則自離自散，自降自伏；反言若不知處所，云何降伏坐令太平耶？

阿難！汝觀世間解結之人，不見所結，云何知解？

上法說，此喻明。世間解結之人，喻修菩提斷煩惱之衆生。不見所以起結之元，喻不知煩惱根本，及虛妄根塵，何處顛倒。云何知解者：以不見所以起結之處，云何而能知解？喻處尚不知，云何降伏斷除，而取如來位？此文爲下文，綰巾示結之張本，亦即從根解結之伏線。衆生根中有六結，六結即我法等煩惱，選根修證即解結。觀世音耳根圓通，即解六結、越三空、破五陰、除五濁，與此二種決定義，若合符節。

不聞虛空，被汝隳裂。何以故？空無形相，無結解故。

前四句喻妄，有結有解，須見結處，方能知解；此五句喻眞，虛空喻眞性，並不聞世間虛空，被汝隳音灰毀破裂，言從來無有此事。何以故？徵其所以，下二句解釋。以空無形相，本來無結，亦復無解；喻眞性無相，安有結解之可言哉？此又對上上根人說，如前云：何藉劬勞，肯綮修證，狂心若歇，歇即菩提矣！

卯三　確實指根是結

則汝現前眼、耳、鼻、舌及與身、心，六爲賊媒，自劫家寶。

此指根是結。即示虛妄根塵，顚倒之處。則字緊承上文，欲知結處，則即也汝現前此身，眼、耳、鼻、舌，及與身心即意也，六精是也。此六精乃爲鈎通家賊之媒，媒賊鈎通，自劫家寶，所以損法財，滅功德，皆由此也。有指六塵爲賊，其義非是，以塵屬無情，當指六識爲賊。第一卷如來破妄識非心文中，問阿難云：「汝目可見，以何爲心，當我拳耀？」阿難答曰：「如來現今，徵心所在，而我以心，推窮尋逐，即能推者，我將爲心。」佛言：「咄！阿難，此非汝心！」阿難問佛：「此非我心，當名何等？」佛告阿難：「此是前塵虛妄相想，惑汝眞性。由汝無始至於今生，認賊爲子，失汝元常，故受輪轉。」佛分明指六識爲賊。有人以六根爲賊媒，六識爲外賊，外字亦復不當，識本在內，云何說外？故今以六識爲家賊，六根與之鈎通，由六根對六塵，引發六識，起惑造業，故根有媒義。　昔有僧問善知識：「家賊難防時是如何？」答曰：「知之不爲寃。」斯言甚是。切勿認賊爲子，自取其害。又保福禪師云：「賊是家親。」以是而觀，六識不可以外賊名。

由此無始，衆生世界，生纏縛故，於器世間，不能超越。

此指六根即是結處。自從無始，最初一念妄動以來，從微至著，六根起結，故於衆生有情世界，攬四大六根爲自體，執此身以爲實我，妄生纏縛，將廣大圓滿之心性，變局於四大之中，埋沒於五陰之內，不能解脫；於外之五大六塵，器界世間，執此界以爲心外實法，妄生罣礙，如鳥在籠，不能超越，即不能出三界，了生死也。我等眞性，從眞起妄，根結既成，遂於身心世界，皆不自在，迷者求出三界，悟者但除根結，根結若除，塵相自滅，不惟身得自在，即於世界，亦復無礙矣！

卯四　備顯六根功德　分三　辰初　徵釋衆生世界　二　涉成本有數量　三　顯示六根具缺　今初

阿難！云何名爲衆生世界？世爲遷流，界爲方位。

此明六根數量緣起。上二句徵問，下二句解釋。此世界，乃指有情根身，非謂無情器界。世約時言，有過去、現在、未來，遷流不住爲義；界約處說，有前後左右上下，方位定在爲義。

汝今當知東、西、南、北、東南、西南、東北、西北、上、下爲界；過去、未來、現在爲世，方位有十，流數有三。

此世界即指根身。有過現未來，時時遷流不住爲世；有前後左右上下，方位定在可分爲界；如器界東西等，定位可明也。末二句結成，十方三世之數。

辰二　涉成本有數量

一切衆生，織妄相成，身中貿遷，世界相涉。

一切衆生之身，乃由四大六精，交相組織，虛妄而成。有情之根身，身本四大假合，四大屬無知色法，由有見聞等精，旋彼無知，而成有知，故稱有情衆生世界。既有根身，即有世界，在根身之中，貿易遷流，如世行商，貿易諸貨，遷流不停。界相則貿易不定，如轉前爲後，轉左爲右等。世相則遷流不停，如轉現爲過，轉未爲現等。世界相涉者：以世涉入界中，以界涉入世中，彼此交互相涉，爲下疊成功德數量之基礎。

而此界性，設雖十方，定位可明，世間祇目東西南北，上下無位，中無定方。四數必明，與世相涉，三四四三，宛轉十二。

此先辨定界性。而此界性，設立方位，雖曰十方。觀雖字，則十不定十，究其一定方位可明者，世間人，只目名也東西南北四方。上下無位，中無定方二句，釋其只名四方之所以。以上下即四方之上下，離卻四方，無別上下，故曰無位。中無定方者：中即四方交接，四隅之中，一隅乃合兩方所成，亦無一定方位。

四數必明四句，惟取東西南北，四方之數，必定可以指明；與過、現、未來三世，互相涉入。三四四三：以三世涉入四方，三四成十二；以四方涉入三世，四三亦成十二。故曰宛轉十二，左之右之，轉來轉去，無不是十二也。此爲第一疊重也，爲下二疊之本。

流變三疊，一十百千，總括始終，六根之中，各各功德有千二百。

流者從本流末，從一疊流至三疊，變者變少爲多，由十二變爲千二，一十二字，即是十，如世人稱十爲一十，百爲一百，千爲一千。三疊即上第一疊，以方涉世，三世各有四方，三四變成十二；第二疊，以世涉方，每方各有十世，變成一百二十；第三疊，每一世各具十方，變成一千二百。文中但言一十百千者，舉整數略零數也。此約三四爲第一疊。若以四三爲第一疊，例此可知。

蕅益大師另釋三疊：第一疊，三四四三成十二也；第二疊，即四方中之三世，每世各具十法界，則十二成一百二十也；第三疊即界界各具十界，則百二十成一千二百也。故下文意根中云，默容十方三世，一切世出世法。

總括始終者：一疊爲始，三疊爲終，括者包括，即總括從始至終，六根之中，功能德用，有一千二百。謂衆生六種根性，各各周徧身心，身心既是世界相涉而成，已變成一千二百分劑，而六種根性，亦各各變成，一千二百功能德用也。

指掌設問：此根性功德，與法華六根功德，爲同爲異？答：此約理具，謂性中自有；彼約事造，經功感現。彼若不仗經功，亦唯理具；此若既解根結，亦齊事造；是則即同而異，即異而同，不可言同，不可言異，思之。

辰三　顯示六根具缺

阿難！汝復於中，克定優劣：如眼觀見，後暗前明，前方全明，後方全暗，左右旁觀，三分之二，統論所作，功德不全，三分言功，一分無德，當知眼唯八百功德。

根性平等，根根功德亦等，本無可揀，因諸方衆生，根有優劣，娑婆世界亦然。六根之中，三優三劣，以具千二百功德爲優，八百功德爲劣。三優之中，復以耳根爲最優，故佛告曰：「汝復於六根之中，克定孰優孰劣？」如眼下，別示功德具缺。具者爲優，缺者爲劣。如眼觀見，觀見即眼根見性功德，身之前後左右，即南北東西。後暗，後北方不見爲暗；前明，前南方能見爲明。又云：「前方全明」，以正南，及東南西南二隅，完全能見；「後方全暗」，以正北，及東北西北，完全不見。左右旁觀，以正東正西，左顧右盼，兩旁觀察，亦全能見。

三分之二者：言功德之分數，前方與前二隅爲一分，左右兩方爲一分，後方與後兩隅爲一分，四方每方二百功德，共成八百；四隅每隅一百功德，共成四百，合成一千二百功德。眼根只得三分二，以後方全暗，缺了一分故。統論眼根，所作功德不全，三分言功德，缺了北方及後二隅無功德，當知眼根，唯有八百功德，爲劣。

如耳周聽，十方無遺，動若邇近也**遙**遠也**，靜無邊際，當知耳根，圓滿一千二百功德。**

此明耳根聞性功德。如耳周徧聽聞，十方之聲，無所遺漏。如下所云：「十方俱擊鼓，十處一時聞。」聞性周圓，此即圓眞實。聲有動靜二塵，有聲曰動，無聲曰靜，聞動之時，若有近遠之分；若者似也，聲塵虛妄，本非實有，故曰若有。但似有近遠之聲，近遠皆聞無礙，此即通眞實；聞靜之時，寂靜無聲，聞性愈無邊涯際畔，動靜皆聞，一切時有，此即常眞實；當知耳根圓滿一千二百功德，爲最優。

如鼻齅聞，通出入息，有出有入，而闕中交，驗於鼻根，三分闕一，當知鼻惟八百功德。

此明鼻根齅性功德。如鼻齅聞，能通出息與入息也。通出具四百功德，通入亦具四百功德，而闕少中間交接之際，出入少停之時，功用不顯，闕少四百功德。驗於鼻根功德，三分闕一，當知鼻唯八百功德，爲劣。

如舌宣揚，盡諸世間出世間智，言有方分，理無窮盡，當知舌根圓滿一千二百功德。

此明舌根之性。惟取言說，不取嘗味，以舌性具二功能，若取嘗味則劣，以合中知故。而取言說則勝，能宣揚世間法，盡俗諦智慧；能宣出世間法，盡眞諦智慧。言有方分，理無窮盡者：或局於方言，如印度法師至中國，不通語言，而所說佛理，無有窮盡；或限於分量，乃以一偈而攝無邊妙義。又一解：「麤言及細語，皆歸第一義。」法華經云：「治世語言，資生事業，皆與實相，不相違背。」此能盡出世間智也；孔子聽孺歌而警心，此能盡世間智也。當知舌根圓滿，一千二百功德，爲優。

如身覺觸，識於違順，合時能覺，離中不知，離一合雙，驗於身根，三分闕一，當知身唯八百功德。

此明身根覺性功德。如身根對所覺之觸塵，識知是違情之觸，或順情之觸。違情如夏穿棉衣，冬着單衣；順情如飢餐美食，渴飲甘露。但合時能覺違順，離中即便不知，離是一分功德，合是雙分功德，故曰：「離一合雙。」每分四百功德，驗於身根，三分功德，缺了一分，當知身根唯有八百功德，爲劣。

如意默容，十方三世，一切世間，出世間法，惟聖與凡，無不包容，盡其涯際，當知意根，圓滿一千二百功德。

此明意根知性功德。默容，即知性功德，口不言而心自知，謂之默；容者包容。十方三世下，舉時處人法，以顯包容之範圍。約處則包容十方，即橫徧義；約時，則包容三世，即豎窮義，此時處一對；一切世間，六凡染法，一切出世間，四聖淨法，此人法一對。無有那一法不包容，若人若法，一一皆能盡其涯量邊際。當知意根，圓照無遺，故能圓滿，一千二百功德爲優。四備顯六根功德竟。

楞嚴經講義第十一卷終

大佛頂如來密因修證了義諸菩薩萬行首楞嚴經講義

福州鼓山湧泉禪寺圓瑛弘悟述　受法弟子明暘日新敬校

卯五　教其悟圓入一　分二　**辰初　令驗六悟圓　二　令入一解六**

今初

阿難！汝今欲逆生死欲流，返窮流根，至不生滅。

此正示選根解結。初心下手修行，最切要處。上文已指，虛妄結處在根，復告六根優劣功德，正宜揀選圓根，解除結相，故先令驗六根，悟取圓根，一門直入。此段原其能發增上勝心。上一欲字，即指發心樂去聲欲，下一欲字，乃是五塵欲境。逆者不順之意。流有二種：約因稱欲流，即根性不流逸奔塵，不順五塵欲境之流法塵是五塵落謝之影；約果稱生死流，即由根緣塵，識生分別，起惑造業，依因感果，流轉生死。逆生死流，即旋根脫塵，根塵不偶，惑、業、苦三，無自而生，乃不循塵，自然不流轉，合之能逆欲流，生死流自然不順矣。

返窮流根：即返本窮源，窮生死流之根源，做逆流照性工夫。同觀世音，初於聞中，入流亡所，漸次深入，解六結、破五陰，識陰一破，則返窮流根之功成，妄窮眞露。至不生滅：即「生滅既滅，寂滅現前」是也。此種發心，即前欲令見、聞、覺、知，遠契如來常、樂、我、淨；又即發菩提心，於菩薩乘，生大勇猛。至不生滅，則分證如來常、樂、我、淨，登圓教初住，得念不退，任運進修，自可圓成無上果覺也。

當驗此等六受用根，誰合誰離？誰深誰淺？誰爲圓通誰不圓滿？

當驗二字，佛爲叮囑，因心不可不愼。欲求不生滅果，當依不生滅因。六根之性，雖不生滅，既有優劣之分，不得不愼揀選。有欲揀選，先當勘驗，此等六受用根，以根能領受諸塵境界，發作見等功用，故名六受用根。誰字正令考察勘驗，六根受用塵境，誰是合知？誰爲離知？鼻、舌、身三根，爲合中知；眼、耳、意三根，爲離中知。合知難脩，離知易入；就離知三根，再勘驗誰是淺顯易明？誰爲深隱莫測？意根深隱難修，眼耳淺顯易入；再就眼耳二根，勘驗誰爲圓通？誰不圓滿？圓通、圓滿義同。具千二百功德爲圓通，八百功德即不圓滿。照上三番勘驗，求其離知淺顯圓通，唯耳根當之。　此文即如來密示耳根，爲圓通根，不與阿難明言，令其自驗自悟，悟圓之後，但一門深入，自可解結脫纏矣！

若能於此，悟圓通根，逆彼無始織妄業流，得循圓通，與不圓根，日劫相倍。

此文承接上段，若能於此六根之中，悟得圓通本根，但依一根，做逆流工夫。彼指根，即識精元明，無始以來，帶一分妄，妄心與妄境，互相交織，則成業流，依業受報，流浪生死，故曰業流。果欲逆彼業流，須擇圓根。循者順也，得順圓根而脩，如風帆揚於順水，與彼不圓之根修之，遲速不同，幾有日劫相倍之勢。下云「彈指超無學」者，即循圓根也。

辰二　令入一解六

我今備顯，六湛圓明，本所功德，數量如是。隨汝詳擇，其可入者，吾當發明，令汝增進。

備顯即全顯。上四句指前，謂我現今已爲汝完全顯示，六根中本來各具一千二百功德，而在迷位中，爲根所局，爲境所限，不無優劣。又與汝全顯，所有差別功德數量，如前文所說者是也。　湛圓明，乃六根之義相。前云：「分汝湛圓，妙覺明性，爲視、爲聽、爲覺、爲察。」故知六根中性，即湛圓明性，隨汝詳細選擇，六根之中，何根最圓，可爲從入之門，而起修證者，吾當爲汝發明，次第解結，漸次深入，令汝得以增進。此中其可入者，亦密指耳根，佛不與明言，但教詳擇，與前教悟同一用意，要阿難自悟自擇，自修自證。悟之與擇，不無分別，朗然無疑謂之悟，決定取用謂之擇，下即明選擇所以。

十方如來，於十八界，一一修行，皆得圓滿無上菩提，於其中間，亦無優劣。

十方如來，因地發心，得圓自在慧，故於十八界，兼攝七大：六塵攝五大，空亦色法，爲眼根所對；六根攝見大，六識攝識大，二十五門頭頭是道，一一依之修行，皆得圓滿無上菩提，究竟極果。於十八界七大之中間，聖性無不通，順逆皆方便，亦無優劣之可分。

但汝下劣，未能於中圓自在慧，故我宣揚，令汝但於一門深入。

此出揀選之由。上段諸佛根器超勝，諸法平等，故門門可入，但汝根器下劣，思惑尚在，未能於諸法之中，得圓融自在之慧，悟明法法唯心，本無優劣。故我宣揚，根有優劣，令汝驗證分明，但擇一最圓之根，做逆流解結工夫，一門深入。此正如來特爲初機，別開方便，故交光法師，判前妙奢摩他科，悟圓理，爲最初方便；本科妙三摩，起圓脩，爲初方便；下科妙禪那，得圓證，爲方便；甚得佛之本意。

入一無妄，彼六知根，一時清淨。

此承上一門深入。即從一根，而解六結，入到一眞無妄之地，不是橫指六根爲六結，乃是豎說根根有六結。此結，即從眞所起之妄結，六結即是五陰，生則識陰先起，由微至著，一、二、三、四、五、六，色陰具五、六兩結；解時從麤至細，六、五，四、三、二、一，色陰先破。深入即次第解結，如觀世音菩薩，初於聞中，入流亡所。漸次深入，解除動結、靜結、根結、覺結、空結、滅結，六結盡解，方入一真無妄之地。彼六知根，根根根結，隨此所入之根，一解一切解。即下文所云：諸餘五黏，應拔圓脫，故六根一時，俱得清淨。六根清淨，即六根開合，開一根作六根用，合六用在一根中，互用清淨。亦即下偈所云：「一根既返元，六根成解脫。」以上由悟而修，依修得證。開示解結一周，初教從根以解結竟。

寅二 示脫纏入圓通 分二 **卯初 阿難躡佛語以請益 二 如來就所問以重申**

阿難白佛言：世尊！云何逆流？深入一門？能令六根，一時清淨？

此阿難躡前，驗六悟圓，入一解六，兩科佛語，領解未徹，重申請問。問意有三：一、前佛云：若能於此，悟圓通根，逆彼無始織妄業流；畢竟云何逆流？二、前佛云：故我宣揚，令汝但於一門深入；云何深入一門？三、前佛云：入一無妄，彼六知根，一時清淨；云何一根入流，能令六根一時清淨？此中三義，皆領解未徹，故重申請問也。云何二字，貫下作三用。

卯二　如來就所問以重申分五　辰初　申惑結尚深　二　申一六由妄　三　舉喻法顯明　四　申根結由塵　五　申塵亡根盡　今初

佛告阿難：汝今已得須陀洹果，已滅三界眾生世間，見所斷惑。然猶未知根中積生無始虛習，彼習要因修所斷得。何況此中，生、住、異、滅，分劑頭數？

此佛就問重申前義，但令增加詳明而已。一、以阿難我執分別雖破，我執俱生全在，正隨逐欲流，決當逆之。汝今五句，先揚見惑已滅；中間五句，抑其思惑未斷；末後三句，況顯無明分劑。　佛告阿難：汝現今已得須陀洹果，即初果。梵語須陀洹，此云預流，初見眞諦之理，初預聖人之流，入見道位，亦云入流。金剛經云：「須陀洹名爲入流。」佛自釋云：「不入色聲香味觸法，」即背五塵欲境；法塵爲五塵之影，不入諸塵，即不入欲流，而入法流也。上文云：「欲逆生死欲流。」阿難已滅三界之內，有情眾生世間，見道位中，所斷我執分別之惑。台宗謂斷三界見惑，八十八使，是能逆欲流。以思惑八十一品未斷，不能逆分段生死流也。

中五句，即抑云：然猶未知，現前根中，積生無始虛習。積生即歷生；無始指從最初一念妄動，由根本而成枝末；虛妄習氣，即指我執俱生之惑，經歷多生，與生俱生故。台宗謂三界九地思惑，九九八十一品是也。彼習即指此惑，要因修道位中，所能斷得也。

阿難位居初果，天上人間，尚要七返受生，方能斷欲界九品思惑：上上品，經兩生斷此一品；上中品、上下品、中上品，三生各斷一品；中中品、中下品，一生斷此二品；共經六生。斷欲界六品思惑，證二果名斯陀含；此云一往來，天上人間，尚要一返受生。斷下上品，下中品，下下品三品，證三果名阿那含；此云不來，欲界九品思惑斷盡，無因不感果，出離欲界，不再還來欲界受生，寄居四禪天中，五不還天，進斷上八地思惑，七十二品盡，成四果阿羅漢；阿難望阿羅漢位尚遠。何況此中，生、住、異、滅，分劑頭數者：此指法執分別、俱生，與無明，台宗謂塵沙無明也。何況反顯之詞。以我執俱生，尚猶未知，何況法執無明耶？生、住、異、滅，爲四相無明。按起信論，三細中業相爲生相，以不覺心動，最初生起故。轉、現二相，及六麤中智相、相續相，皆爲住相，以能所對待，法執堅住故。執取、計名二相爲異相，以執我、我所，人我執異故。起業相爲滅相，以周盡終極故。分劑：即四相分際劑限；頭數：約細推之，四相中各有四相，頭緒紛煩，數量無盡。故四弘中曰：「煩惱無盡誓願斷」也。此分劑頭數，非二乘所知。本科即答，汝問云何逆流，汝所未斷之我執俱生惑，及法執無明，即是分段、變易，二生死流，汝所當逆斷者也。

辰二　申一六由妄

今汝且觀現前六根，爲一爲六？阿難！若言一者，耳何不見？目何不聞？頭奚不履？足奚無語？

此下乃答阿難第二、第三兩問：云何於六根中，只選一門深入？云何入一無妄，能令六根俱淨？此皆一六情見未亡，不能徹底明了。故佛令審觀，現前六根，爲定一耶？爲定六耶？此先以雙徵。阿難下破計一是妄。故呼阿難，而告之曰：若言六根定一者，則用當相通，耳何以不見？目何以不聞？頭奚（亦何也）

為不履行？足奚為無語言？既不能互相為用，則知計一者非也。

若此六根，決定成六，如我今會，與汝宣揚，微妙法門，汝之六根，誰來領受？阿難言：我用耳聞。佛言：汝耳自聞，何關身口？口來問義，身起欽承？

此破計六是妄。若此六根，其體決定成六，即當用不相隨。如我今會，與汝宣揚，微妙法門，即指本經了義教法，汝之六根，誰一根來領受？阿難答言：我用耳根，聞佛妙教。佛言：汝耳自聞，何關身口之事？何以現見口來問義，身起欽承？既是彼此互通，則知計六者亦非也。

是故應知：非一終六，非六終一，終不汝根，元一元六。

是一六二計俱妄之故，此承上義。應知非一則終六，終字畢竟義，既非是一則畢竟是六；自當用不相隨，何以耳聞佛法，口來問義？下句既非是六，則畢竟是一；自當用乃相通，何以耳不能見，目不能聞。終不應言，汝之六根，本來是一，本來是六，元即本義。

阿難當知：是根非一非六，由無始來，顚倒淪替，故於圓湛，一六義生。汝須陀洹，雖得六銷，猶未亡一。

此根，既不可說是一是六，又不可說非一非六，其故何也？當知是根未結以前，本無數量，故曰非一非六。正由非一非六，所以不許說一說六，由無始來，從眞起妄，依惑造業，是謂顚倒；依業受報，是謂淪替；淪溺苦海，生死交替，生而死，死而生，交替不已。既有受生，則有六根，故於圓滿湛然，常無一六性中，而有一六義生，元依一精明，分爲六和合。又不能說非一非六。汝須陀洹：謂阿難已證初果之人，不入色、聲、香、味、觸、法，故曰雖得六銷。觀雖得二字，但是六用不行，六塵脫離，非根結之體全銷，故曰猶未亡一。依孤山法師釋，執有涅槃是也。

辰三　擧喩法顯明

如太虛空，參合羣器，由器形異，名之異空；除器觀空，說空爲一。

此以喻明。上四句喻從一成六，下二句喻除六說一。虛空喻圓湛之性，群器喻六根之相。太虛空本來無相，不可說同說異，以參合群器之中，由器之形，有長、短、方、圓、大、小，六種之異相，空亦隨器而立名，立出方空、圓空等異名。虛空雖隨緣現相，體本不變，除異器之形以觀空，說空爲一，一者同也。不僅說異是妄，即說同亦何嘗是眞？乃對異立同，猶下偈云：「言妄顯諸眞，妄眞同二妄」也。

彼太虛空，云何爲汝成同不同？何況更名是一非一？

此喻同異與眞體無干。彼太虛空，除器時觀同（是一），參器時觀不同（是異是非一不同），安器除器，與虛空無干，故曰：云何爲汝成同不同？如是則見同見異也，已屬妄見，何況更爲安立名言，是一非一，豈不妄上加妄耶？

則汝了知六受用根，亦復如是。

此則法合。則汝了了常知，六受用根，亦復如上所立之喻。根中圓湛不生滅性，合太虛空喻；根性本無一六，合虛空本無同異。由結滯爲根，因根異故，則說性爲六，合參合群器，乃名異空喻。解除根結，說性爲一，合除器觀空，說空爲一喻。當知滯根說性爲六固妄，解根說性爲一，亦復非眞，豈圓湛之性，爲汝成一成六耶？合彼太虛空，云何爲汝，成同不同喻。根性一六既不可說，豈可更說非一非六，合何況更名，是一非一喻。

辰四　申根結由塵

由明、暗等二種相形，於妙圓中，黏湛發見。見精映色，結色成根；根元目爲清淨四大，因名眼體；如蒲萄朶，浮根四塵，流逸奔色。

此明攬塵結根，即明成六之由。前四句初成見精。於一根中，有三差別：一見精，二勝義根，三浮塵根；餘五根同此。惟以見精見字，換：聞、齅、嘗、覺、知也。此推眼根之由，乃由明、暗等，二種色塵，互相形顯，於妙覺圓湛性中；此性即眞性，圓滿湛然，由此明、暗二塵相引。當知明暗之相，因無明妄動，將妙明眞空，變成晦昧空，如日被雲遮。雖暗不是全暗，明暗參雜，是爲晦昧，即眞妄和合，由黏起湛然之體，發爲見精，屬八識見分。見精映色，結色成根者：此四句成勝義眼根，由此見精，對映色塵，遂攬取色塵，結外色而成內四大之勝義眼根也。根元目（名也）爲清淨四大者：此根爲浮塵根之本元，名爲清淨四大所成，以其相雖屬四大，但極微細，聖眼、天眼，方能見之，常眼所不能見也。

因名眼體，如蒲萄朶：此四句成浮塵根。因者依也，依勝義根，而成浮塵根，名爲肉眼之體。形如蒲萄朶，即眼珠子。此浮根乃四塵所成，實則浮、勝二根，皆地、水、火、風四大，及色、香、味、觸四塵，八法所成。今勝義但言四大，浮塵但言四塵者，彼此互影也。　流逸奔色者：以浮根既成，衆生聚見於眼，見精託根而出，日與色塵相對，根隨塵轉，循色流轉，縱逸無度，日奔馳於色塵之境，根爲塵局，不能超越色塵，自此與耳等諸根，永成相背耳。前云由器形異，名之異空，即喻此也。流逸奔色：寶鏡立三喻：流如怒濤之赴壑；逸若縱火之燒山；奔猶駿馬之馳坡。其順而莫遏之勢如此，若欲銷塵解結，非有截流之機，其何以制之者哉？。

由動、靜等，二種相擊，於妙圓中，黏湛發聽。聽精映聲，卷

聲成根，根元目爲，淸淨四大。因名耳體，如新卷葉，浮根四塵，流逸奔聲。

此推耳根之由，乃由動、靜等，二種聲塵，互相攻擊，以動擊靜則靜亡，以靜擊動則動滅。在妙覺圓湛性中，引起湛然之體，發爲聞精，此四句初成聞精也。聞精對映聲塵，卷收攝也聲成根，此根爲浮塵根之根元，名爲淸淨四大，其相極微細，此四句卷外聲，而成內四大，勝義耳根也。因名耳體四句，成浮塵根。因者依也，此根依勝義根而成，名爲肉耳之體，如新卷荷葉之形，此浮根乃四塵所成，與四大互影同前說。此根循塵流轉，終日流逸，奔逐於聲塵之境。

由通、塞等，二種相發，於妙圓中，黏湛發齅。齅精映香，納香成根，根元目爲，淸淨四大。因名鼻體，如雙垂爪，浮根四塵，流逸奔香。

此推鼻根之由，乃由通、塞等，二種香塵，互相顯發，因通顯其非塞，因塞顯其非通，於妙覺圓湛性中，黏起湛然之體，發爲齅精；此四句初成齅精也。齅精對映香塵，納（吸取也）香成根，根元名爲淸淨四大，其相極微細。此四句納外香，而成內四大，勝義鼻根也。

因名鼻體四句，成浮塵根。因者依也，此根依勝義根而成，名爲肉鼻之體，如雙爪下垂之形，此浮根乃四塵所成，與上四大互影耳。終日流逸，奔逐於香塵之境。

由恬、變等二種相參，於妙圓中，黏湛發嘗。嘗精映味，絞味成根，根元目爲淸淨四大。因名舌體，如初偃月，浮根四塵，流逸奔味。

此推舌根之由，乃由恬變等，恬指恬（安也）然無味，變指變遷（苦去甜來）有味，二種妄塵，互相參對，對恬知變，對變知恬，於妙覺圓湛性中，黏引湛然之體，發爲嘗精，此四句初成嘗精也。嘗精映對味塵，絞（旋取也）味成根，根元名爲，清淨四大。此四句絞外味，而成內四大，勝義舌根也。因名舌體四句，成浮塵根。此根依勝義根而成，名爲肉舌之體。如初偃月之形，舌相圓形，同月初之月，半個圓形，此浮根亦四大四塵，八法合成，單言四塵者，與上勝義根，四大相互影耳。終日流逸，奔逐於味塵之境。

由離、合等，二種相摩，於妙圓中，黏湛發覺。覺精映觸，摶觸成根，根元目爲清淨四大。因名身體，如腰鼓顙，浮根四塵，流逸奔觸。

此推身根之由，乃由離合等。身根有離知合知，二種妄塵，相摩交際也。於妙覺圓湛性中，黏起湛然之體，發爲覺精，此四句初成覺精也。覺精映觸，摶取觸塵，以成勝義身根。根元二字，以能爲浮塵根之元，名爲清淨四大，其相極微細。因名身體四句，成浮塵根，此根依勝義根而成，名爲肉身之體。如腰鼓顙之形，腰鼓俗名杖鼓，腰細以皮革瞞其兩頭。狀如人身，顙鼓腔也。浮根亦四大四塵，八法所成。終日流逸，奔逐於觸塵之境。

由生滅等，二種相續，於妙圓中，黏湛發知。知精映法，攬法成根，根元目爲清淨四大。因名意思，如幽室見，浮根四塵，流逸奔法。

此推意根之由，乃由生滅等，二種妄塵，生而繼以滅，滅復繼以生，生滅相續，於妙覺圓湛性中，黏起湛然之體，發爲知精，此四句初成知精也。知精映對法塵，攬取法塵，以成勝義意根。根元者，爲浮塵之本源，名爲清淨四大，其相極微細。因名意思四句，成浮塵根，不云意體，而言意思，以意之浮塵根，即肉團心。孤山法師，引正法念經，狀如蓮華，晝開夜合。在人身中不可見，故用思字。以明有思量處，即意根所在也。如幽室見者：意根在內，如人在幽室中見物，意根內照法塵，亦復如是。浮根四塵同上解，終日流逸，奔逐於法塵之境。上乃別明，下則總結。

阿難！如是六根，由彼覺明，有明明覺，失彼精了，黏妄發光。

此總結根結由妄，仍指六根中性。阿難，如是六根之性，本來是眞，由彼覺明，即性覺妙明，乃眞覺眞明。有明明覺：上一明字，即最初一念，於性覺必欲加明，因此一念妄動，轉妙明而成無明，轉性覺而爲妄覺。明覺二字，即妄明妄覺。此二句，即性覺必明，妄爲明覺，從眞起妄，妄起眞隱，故云失彼眞精，了明之性；成此妄明，不得稱爲妙精明，即第八識見分。體雖本眞，用終常妄，前如來十番顯見，但顯其眞，二妄重剖，即破其妄。黏妄發光者：前黏湛發見等，是妄塵黏湛然眞性，而發見等六精，此是眞性黏妄塵，而發見分之光。元是一精明，復因攬塵結根，六根既成，分一精而爲見等六用，即分成六和合也。此黏妄二字爲成根之本也。

辰五　申塵亡根盡　分二　巳初　正申解結以酬問　二　兼成二妙以證驗

巳初分二　午初　統論離塵無結　二　正教入一解六　今初

是以汝今離暗、離明，無有見體；離動、離靜，元無聽質；無通、無塞，齅性不生；非變、非恬，嘗無所出；不離、不合，覺觸本無；無滅、無生，了知安寄？

上科分論，攬塵結根，此科統論，離塵無結。皆上句離塵，下句無結。又上科正所逆之流，此科即能逆之法。良以奔塵，即爲出流，亡塵正是逆流。是以汝今，若能雙離明暗二塵，自然無有聚見於眼，結滯爲根之妄體。此體因結色所成者，非是照用自在之常體。餘五準此可知。元無聽質，質亦體也。此文無體句，須研究明白透徹，眞妄二體，以攬塵結根，聚見於眼是妄體，以元明照用，常光獨耀是眞體，免同阿難之錯解謬難也。

午二　正教入一解六

汝但不循動、靜、合離、恬變、通塞、生滅、明、暗，如是十二諸有爲相。

循者順也。不循十二諸有爲相，即不順流奔塵。以動、靜二塵列首者，密示當用耳根也。此正教離塵工夫，必要從根解結。如何解法？汝但要旋根，自可離塵。此不循即前不隨分別，世界、業果、衆生三種相續，亦即欲逆生死欲流。逆字之義，亦即觀世音菩薩，入流解結之功，至簡要，最圓頓，乃爲一乘脩法。凡有志楞嚴者，於此不循二字，宜究心焉！此即華屋之門徑，下文所選之耳根，即入華屋之正門也。

隨拔一根，脫黏內伏，伏歸元眞，發本明耀。耀性發明，諸餘五黏，應拔圓脫。

拔者選拔，即應前文。若能於此，悟圓通根，逆彼無始織妄業流，得循圓根，與不圓根，日劫相倍。隨拔一根：即隨汝選拔一根，要圓通根，但依此而脩，不必六根齊脩。　脫黏內伏，伏歸元眞者：脫黏即離塵，內伏即照性，脫所黏之妄塵，回本有之常光，內伏反照自性，但從一門，逆流深入，解結破陰，伏歸本元一眞之心，妄惑既盡，本明自發，故曰發本明耀；即所謂淨極光通達矣！

又此段正從根解結，次第修證之功，提起自己本有心光，離塵照性，乃是無修之修；得入圓通，乃是無證之證；亦題中修證了義。今以觀世音，從聞、思、修，初、中、後節次合之：脫黏即初於聞中，入流亡所，所入既寂，動靜二相，了然不生，解動、靜二結，破色陰；內伏即如是漸增，聞所聞盡，解根結，破受陰；伏歸元眞，即盡聞不住，漸次深入，乃至生滅既滅，解覺空滅三結，破想、行、識三陰；發本明耀，即寂滅現前，發本有妙明光耀之性。此耀性一發明，通天徹地，耀古騰今，非外塵所能礙，內根所能局，所謂靈光獨耀，迥脫根塵，體露眞常，無一非寂滅眞境，故諸餘五根黏塵之妄，皆應（隨也響應也）。此選拔之一根，圓滿而齊脫矣！即答前但於一門深入，能令六根一時清淨，亦即下文偈云：「一根既返源，六根成解脫。」

巳二　兼成二妙以證驗　分二　午初　情界脫纏成互用妙　二　器界超越成純覺妙

午初分二　未初　先以示妙　二　證不循根　今初

不由前塵所起知見，明不循根，寄根明發；由是六根互相爲用。

此承明諸餘五黏，應拔圓脫之相，亦即答前入一無妄，彼六知根，一時清淨之義。上科是明修法，此科是明證境。二妙即結解之後，所發自在用：一情界脫纏；二器界超越。因前佛哀愍會中，聲聞、緣覺，於菩提心未自在者，故示一門深入之法，令得六根清淨，得大自在也。又釋阿難伏疑，六根淨後，有何利益，故示二妙。　不由前塵，所起知見者：明外不由塵，此脫塵也；前塵指現前，明、暗等十二塵，知、見舉二，該括六精。衆生聚見於眼，聚聞於耳，是由前塵，所起知見，乃屬妄知妄見。今發本明耀，心光徧照，不假外塵，窺天鑑地，是不由前塵，所起知見，乃屬眞知眞見，即衆生本具之佛知見。明不循根，寄根明發者：明內不循根，此脫根也；今耀性發明，照用徧現，不用浮、勝二根，但是寄託於根，而發照明之用，實不全由於根也。故佛菩薩不俯仰，不迴轉，圓見十方，可爲明證。

由是六根，互相爲用者：正由根塵雙脫，靈光獨耀，方成六根互用之妙。互用即根隔合開，自在成就，合見、聞等六用，於一根中；如眼不獨能見，亦具聞、齅、嘗、覺、知等六用也。開一根作六根之用。此即諸黏圓脫，六根清淨，自在無礙之妙用，位當在信滿入住，同觀世音菩薩，寂滅現前，忽然超越，世出世間之境。正由選拔一根，脫黏內伏，伏歸元眞，發本明耀，方能有此妙用。有人以六根清淨，指解第三根結，即能證此，余意非之，請俟高明審之！工夫至此，於衆生世界有情世間，不復生纏縛矣！

未二　證不循根

阿難！汝豈不知？今此會中，阿那律陀，無目而見？跋難陀龍，無耳而聽？殑伽神女，非鼻聞香？驕梵缽提，異舌知味？舜若多神，無身覺觸？如來光中，映令暫現，既爲風質，其體元無。諸滅盡定，得寂聲聞，如此會中，摩訶迦葉，久滅意根，圓明了知，不因心念？

正脈云：此恐凡、小，久執六用，必循六根，驟聞明不循根，疑而不信，故引現會以證，令得除疑。汝豈不知者：反問之詞，今此楞嚴法會之中，阿那律陀，此云無貧，九十一劫，不受貧窮果報。白飯王之子，從佛出家，多好睡眠，被佛呵責，精進失目，佛憐而教之，令修樂見照明，金剛三昧，遂得半頭天眼，觀見三千大千世界，如觀掌果，無目而見，此見不循眼，寄頭明發，是一證也。他如跋難陀龍，此云善歡喜，護摩竭陀國，風雨以時，人民歡喜，故以名焉。牠雖有耳而失聰不能聞聲，乃用角而聽；此聽不循耳，寄角明發。殑伽神女，殑伽是河名，此云天堂來，發源於雪山之頂，阿耨達池，流出四河，此其一也，神女是主河神，非鼻而能聞香。驕梵缽提，此云牛呞，食後恆呞噓哨，異舌而能知味。舜若多神，此云虛空神，以歷劫無身爲苦，佛放拔苦光，映令暫現身觸，樂不可言，其質如風，其體元無，無身亦能覺觸。

諸滅盡定，得寂聲聞者：滅盡定，亦云滅受想定，前五與第六識，受想皆不起現行，即第九次第定。前八屬有漏，此一屬無漏。得寂：寂即滅諦，得證滅諦涅槃，成阿羅漢，故曰得寂聲聞。如此會中，摩訶迦葉尊者，久滅意根，不特六識不起現行，即七識麤分亦滅，故曰久滅意根；而能圓明了知，一切諸法，不因第七第六之心念。今在雞足山，待彌勒下生傳衣，即入此定。孤山曰：以上六人，或是凡夫業報，或是小聖修得，斯皆妄力，尚不依根，何況圓脫，豈無互用？初情界脫纏，成互用妙竟。

午二　器界超越成純覺妙　分二　未初　先以示妙　二　驗不藉緣

今初

阿難！汝今諸根，若圓拔已，內瑩發光，如是浮塵，及器世

間，諸變化相，如湯銷冰，應念化成，無上知覺。

此中一根返源，六根清淨，情界脫纏，器界超越，同在一時，因言不頓彰，文分先後。故重牒曰：汝今諸根，若圓拔已，內瑩發光，即耀性發明，體淨用現也。此拔字，不作選拔解，乃是脫義。如是浮塵至虛浮之塵境，如陽燄空華等；及器世界，似實有法，山河大地，萬象森羅。諸變化相，無而忽有謂之變，有而倏無謂之化。應念化成，無上知覺者：應念即隨心之謂也，以一切諸法，染、淨、苦、樂等相，皆隨心光之所鎔化，還成本覺眞體，如湯銷冰，冰即成水；衆生迷時，如水成冰，無礙而礙，遂成器世間諸相。今已修證，故如湯銷冰，礙即無礙，湯喻心光，故曰應念化成，無上知覺。交光法師曰：夫山河大地，皆自心純覺之體，則翻苦作樂，變穢爲淨，乃至大小互融，一多不礙，無所不可，如後觀音三十二應等，得大自在也。是知六根未解，非惟器界，不得自在，雖根身亦不得自在；六根既解，非惟根身得大自在，雖器界亦得大自在矣！此學者，但當解根，無勞出界也。

未二　驗不藉緣

阿難！如彼世人，聚見於眼，若令急合，暗相現前，六根黯然，頭足相類。彼人以手，循體外繞，彼雖不見，頭足一辨，知覺是同。

上科由不循根，爲根身自在之本，故舉人以證，不循根不無知見。此科由不藉緣，是器界自在之本，故即事以驗，不藉緣不無知覺。故呼阿難之名，如彼世間之人，但聚見於眼，見性本來，廓周法界，祇因衆生，黏湛發見，結色成根，遂聚見必依於眼，離眼無別有見。

若令急合下，舉事以驗。若令世人，急合其眼，遂成暗相現前，設有一人，立於合眼人前，六根黯然莫辨，頭之與足相類，無可分別。彼人以手，循體外繞者：彼合眼之人，以其手循所立之人身體，外繞一匝，即以手摸其全體，彼雖合眼，不見其形，頭足一辨，摸頭則知爲頭，摸足則知是足，此之知覺，同而不異。

緣見因明，暗成無見；不明自發，則諸暗相，永不能昏。

世人皆謂能緣之見，必因於明，有明方成有見，暗時即成無見。不明下，指前合眼之人，對彼前立之人，黯然不明，自然能發知覺，則諸暗相，永不能昏。謂雖滅明塵之緣，亦復何礙於見？此正驗不藉緣。對彼凡、小，過慮圓妙未發，先銷根塵，恐致落空，故舉此以驗，令其進銷無畏也。

根塵既銷，云何覺明，不成圓妙？

上科舉驗，凡夫根塵未銷之人，見性尚不藉緣，況顯進修之士，根塵既銷，云何本覺勝淨明心，而不成圓通妙用哉？根塵既銷三句，合前文。根謂根身，即情世間；塵謂塵境，即器世間。既銷者，即內瑩發光，所有諸相，如湯銷冰。云何覺明不成圓妙者：即應念化成無上知覺也。文從阿難請修至此，佛爲說二決定義，前義略示因心須擇，令圓成果地修證，後義詳示初心方便，令切曉下手工夫。解根方法，發明詳盡，但未顯指何根，爲證入華屋之門，佛雖密示，而學者於此，宜當反覆潛玩，庶幾有得。初分門以定二義竟。

壬二　驗證以釋二疑　分二　**癸初　驗釋根性斷滅疑　二　證釋別有結元疑**

癸初分二　**子初　阿難錯解佛語以謬難　二　如來即事驗常以釋疑**

子初又分三　丑初　因果相違　二　後先異說　三　更求開示　今初

阿難白佛言：世尊！如佛說言：因地覺心，欲求常住，要與果位，名目相應。

如佛說言：指佛先所說，汝等決定，發菩提心，應當先明，發覺初心，二決定義。此發覺初心即因地心，故曰因地覺心。欲求常住，不生不滅之佛果，即上文所云：汝今欲令，見、聞、覺、知，遠契如來，常、樂、我、淨，應當先擇生死根本，依不生滅圓湛性，成爲因地心，然後圓成果地修證。此分明說因地心，要與果位名目之義相應，不是名目皆同，必要其義相應，若以生滅心爲因，而求佛乘，不生不滅，即義不相應也。

世尊！如果位中，菩提、涅槃、眞如、佛性、庵摩羅識、空如來藏、大圓鏡智，是七種名，稱謂雖別，清淨圓滿，體性堅凝，如金剛王，常住不壞。

此引果常住。七果皆取如來果地所證，不取在纏因地所具。菩提：是究竟智德，離煩惱所知二障所成故；涅槃：是究竟斷德，出分段、變易二死所證故；眞如者：天然性德，無妄曰眞，一眞一切眞，無有一法不眞，若眞外有妄可遣，則非純眞；不異曰如，一如一切如，無有何法不如，若法中有如可立，則非本如。衆生迷時若失，諸佛證後，稱眞如體，起自在用，不變隨緣，隨緣不變。佛性：即本覺眞心，本來是佛，衆生皆具，但在迷位，佛性埋沒於五蘊身中，諸佛修證，本覺出纏，即妙而明，即明而妙也。菴摩羅識：此云無垢識，亦云白淨識，迷位之中，名阿賴耶，佛果位中，號菴摩羅，善能分別一切諸法，而無染着；空如來藏：諸佛因中，返妄歸眞，復本心源，究竟清淨，惟一眞心，更無他物；大圓鏡智：轉第八識所成，與菴摩羅識，轉阿賴耶所成無異，亦同照萬法。八識規矩頌云：「大圓無垢同時發，普照十方塵刹中。」二者有何分別？而無垢識，分別一切，而無染著，故名無垢；大圓鏡智，圓照萬法，而無分別，如圓鏡照物，平等普照，不起分別，故稱大圓鏡智。問：「此二與菩提智果，有何差別？」答：「此二惟照俗諦，一有分別，一無分別，而菩提智果，即一切種智，乃三諦圓照也。」

是七種名，稱謂雖別：是七種佛之果德，名稱雖別，體性無殊，本來清淨，纖塵不立，本來圓滿，萬德具足，其體堅固，不可破壞；其性凝然，本不動搖；喻如金剛王寶，最爲堅固，能壞一切，一切無能壞者。稱之以王，表其最尊最勝，惟佛獨證。喻上七種，同一常住，不生不滅，不變不壞，一成永成也。是知欲獲常住果，必要常住之因，方能契合。

若此見聽，離於明、暗、動、靜、通、塞，畢竟無體，猶如念心，離於前塵，本無所有。

前四句疑因斷滅，後三句疑同妄識。若此見聽：根惟舉二攝六；若離明暗等，塵則舉六以攝十二。阿難因聞佛說，離明、離暗，無有見體；離動、離靜，元無聽質等，不知佛說，攬塵所結之根，離塵無有結體，並非無有性體。前喻由器形異，名之異空，除器觀空，說空爲一。法合離塵無有結根之體，惟一精明之體，如除器觀空，說空爲一也，非言畢竟斷滅。阿難錯解佛語，疑根性爲斷滅，故曰：畢竟無體。仍復謬證，乃云猶如念心，即第六意識心，離於前塵，本無所有。此是佛第三番破識心無體，說識心乃前塵分別影事，離塵畢竟無體。阿難疑根性同念心。

云何將此畢竟斷滅，以爲修因，欲獲如來七常住果？

此謬疑因果相違。阿難以佛於第一決定義中，所示必定以因同果，若以生滅心爲本修因，而求佛乘，不生不滅，無有是處。故驚疑難問：云何將此畢竟斷滅之根，以爲本修因，欲獲得如來果地，七種常住之果耶？此阿難因聞佛示，揀選圓根，一門深入，故起斯難。

丑二　後先異說

世尊！若離明、暗，見畢竟空；如無前塵，念自性滅。

此牒前語，指根同識，單舉一根，例餘五根。意言此根性，離塵無體，與佛所破識心，離塵無性，有何差別。

進退循環，微細推求，本無我心，及我心所，將誰立因，求無上覺？

進退循環者：進前而思，退後而想，前後反覆，循環不斷。微細推求者：

精微詳細，推究研求，本來無我因心之體，及我因心所在之處。此二語，阿難以根性同念心，故作是語，即同第一卷，佛破識心無體無處也。根性既是無體無處，則將誰立眞因，以求無上覺道？以根性既是斷滅，同佛前云：「則汝法身，同於斷滅，其誰修證，無生法忍？」交師所云：既惑根性，全同識心，則全將前破識之意，而轉以破根矣！

如來先說：湛精圓常。違越誠言，終成戲論！云何如來，眞實語者？

此舉佛前言，證以後先異說。前二句舉顯見之文，是佛先說。湛者湛然不動，即第二顯見不動；精者精一不雜，即第六顯見不雜；圓者圓滿周徧，即第七顯見無礙、第八顯見不分；常者常住不滅，即第三、第四、第五、顯見不滅、不失、無還。今說離明、離暗，無有見體，豈不違越背也誠信之言，終成戲論？即自語相違也。前佛說無上法王，是眞實語，若此後先異說，云何如來，是眞實語？

丑三 更求開示

惟垂大慈，開我蒙悋！

阿難前雖疑因果相違，後先異說，終未能徹底明白，佛之所說，故更求開示。惟願垂大慈悲，開發我之蒙悋。蒙者蒙昧，昏於後說；悋者執悋，泥於先聞；是非莫決，取捨無由，故不得不求示也。初阿難錯解佛語，以謬難竟。

子二　如來即事驗常以釋疑　分四　**丑初　許以除疑　二　擊鐘驗常　三　引夢驗常　四　申迷教守**　今初

佛告阿難：汝學多聞，未盡諸漏。心中徒知顚倒所因，眞倒現前，實未能識！

阿難疑根性爲斷滅，此佛許以即事驗常，以除其疑。汝學多聞者：學乃篤志專求，偏於多聞，不勤定力，所以但斷見惑，而思惑全在，故曰：「未盡諸漏。」心中徒知：徒者但也，但知顚倒所因，因於迷眞執妄，號爲顚倒，而眞倒現前，實未能識。迷眞執妄，固爲顚倒，而疑常爲斷，乃眞顚倒，以其執眞同妄，顚倒更甚。汝實未識，亦如眞藥現前，不能分別也。

恐汝誠心，猶未信伏，吾今試將塵俗諸事，當除汝疑。

首二句，佛意以爲我若直說，根性眞常，不假方便，恐汝雖似信伏，未必出於誠眞心信伏也。吾今試將塵俗之事，當除汝疑：擊鐘引夢，皆俗事也。以塵俗易曉之事，以驗聞性不滅，當可斷除汝疑。

丑二　擊鐘驗常　分四　**寅初　兩番問答　二　責其矯亂　三　破申正義　四　責迷成謬**　今初

即時如來，敕羅睺羅，擊鐘一聲，問阿難言：汝今聞不？阿難大衆，俱言：我聞。

此第一番問聞之有無，阿難即以聞之有無爲答。文分三次致審，佛有深意存焉。若無第二次審，不足以見阿難之錯謬；若無第三次審，不足以驗聞性之眞常；此審有聞，二聞字上，該加有字方顯。

鐘歇無聲，佛又問言：汝今聞不？阿難大衆，俱言：不聞。

今下仍應加有字，不聞即無聞。鐘歇但是無聲，不是無聞，俱答無聞，錯謬在此，若實無聞，誰知無聲？乃是聲於聞中，有生有滅，實非聞性，或有或無。此第二次審，已得其謬耳。

時羅睺羅，又擊一聲。佛又問言：汝今聞不？阿難大衆，又言：俱聞。

前佛敕羅睺擊鐘，此第三次審，佛並未敕羅睺更擊，此一聲至關重要，足見羅睺與佛，合拍成令，有此一聲，方驗聞性，本不生滅。若聞性已滅，此聲又何能聞？既又能聞，足顯聞性眞常。末句應是：俱言有聞。

佛問阿難：汝云何聞？云何不聞？阿難大衆，俱白佛言：鐘聲若擊，則我得聞；擊久聲銷，音響雙絕，則名無聞。

此佛與確定，有無屬誰，要阿難大衆，親口說出，或有或無，但惟是聲，音即聲也。響者音之餘也。聞性眞常，不隨緣起，豈彼聲無，遂謂聞無也。

如來又敕羅睺擊鐘，問阿難言：汝今聲不？阿難大衆，俱

言有聲。

正脈云：汝今二字，不如今有二字爲妙。此第二番問，亦分三次致審，此第一次審答聲之有無。汝今聲不，問以汝今有聲不？欲令悟知有聞，方知有聲，俱言有聲者，但知有聲，未悟有聞也。

少選聲銷，佛又問言：爾今聲不？阿難大衆，答言：無聲。

少選即少頃，時之不久也。鐘聲已銷，佛又問言：爾（汝也）今有聲不？阿難大衆，俱言：無聲。此第二次審，但知無聲，未悟有聞。

有頃羅睺，更來撞鐘。佛又問言：爾今聲不？阿難大衆，俱言有聲。

有頃亦少時也。此第三次審，以驗聲有生滅，聞性眞常，於聲無之時，聞性非滅，今聲有之時，聞性非生。

佛問阿難：汝云何聲？云何無聲？阿難大衆，俱白佛言：鐘

聲若擊，則名有聲；擊久聲銷，音響雙絕，則名無聲。

第二句，問以汝云何有聲？此段亦是佛與確定，此聲何以或有或無，令知從緣所生，聞性不屬緣生，故不隨聲為有無也。

寅二　責其矯亂

佛語去聲阿難，及諸大衆：汝今云何自語矯亂？大衆阿難，俱時問佛：我今云何名為矯亂？佛言：我問汝聞，汝則言聞？又問汝聲，汝則言聲？惟聞與聲，報答無定，如是云何，不名矯亂？

佛語阿難：以上告下謂之語；并及大衆，汝現今云何自語矯亂？分明是聲之有無，汝混答聞之有無，聞性本無生滅，豈屬有無；汝混淆而答，詎非矯亂耶？大衆阿難，心未信伏，俱時問佛：今我據實而答，聲有則聞，聲無無聞；又鐘擊有聲，不擊無聲；並無亂答，云何名為矯亂？佛言：鐘聲一擊，我問汝有聞不？汝答有聞；鐘歇無聲，我問汝有聞不？汝說無聞；鐘聲再擊，我問汝有聲不？汝答有聲；少選聲銷，汝說無聲；聲聞雖復雙審，有無只歸一邊。究竟還是有聞無聞？還是有聲無聲？報答無有一定，如是答話，云何不名矯亂？

寅三 破申正義

阿難！聲銷無響，汝說無聞；若實無聞，聞性已滅，同於枯木，鐘聲更擊，汝云何知？

此破謬誤之惑，以申正義。聲塵生滅，聞性眞常，乃爲正義。此段取更擊，以驗聞性常存。聲銷無響：即上擊久，音響雙絕，此但無聲，汝說無聞。若實在無聞，聞性已滅，即應同於枯木。無有知覺，鐘聲更擊之時，應當不聞。今汝云何更擊之時，仍復有聞，而知有聲耶？既更擊仍聞，可以驗知聞性常存。

知有知無，自是聲塵，或無或有；豈彼聞性，爲汝有無？聞實云無，誰知無者？

此取知無以驗不滅。此段共有五個無字，一、二、五皆約聲說，三、四約聞說。上三句明生滅惟聲，不關聞性，知有聲知無聲，自是聲塵在聞性之中，或時有或時無。即上鐘聲若擊，則名有聲。擊久聲銷，則名無聲。豈彼聞性，為汝聲之生滅，而成有聞無聞耶？聞性若無聲之時，實在隨聲以俱無，是誰又知其無聲乎？既知無聲，則非無聞性者，明矣。

是故阿難！聲於聞中，自有生滅；非為汝聞，聲生聲滅，令汝聞性，為有為無。

上破謬誤，此申正義，斷定塵有生滅，根無生滅。是故，是知無聲，非無聞性之故，聲塵在聞性之中，自現生滅之相，與聞性無干。非為汝之聞性，因聲生聲滅，能令汝之聞性，為或有或無也。聞性常存，一切時有，豈隨聲塵生滅，為有無哉？

寅四　責迷戒謬

汝尚顛倒，惑聲為聞，何怪昏迷，以常為斷？終不應言：離

諸動、靜、閉塞、開通，說聞無性。

上四句責迷，下四句戒謬。塵性斷滅，根性常住，斷常縱使難辨，根塵自屬易分。顛倒者，執常爲斷是顛倒，將塵作根亦是顛倒，故曰：汝尚且顛倒，惑此聲塵之有無，以爲即是聞性之有無。故前無聲，問汝有聞否？汝答無聞。此即是根塵不分之顛倒，根塵尚且不能分別，何怪昏迷，斷常莫辨，以常住之聞性，認爲斷滅。前言，云何將此畢竟斷滅，以爲修因，即汝斷常莫辨之顛倒。

終不應言：戒止之詞；動、靜指聲塵，有聲曰動，無聲曰靜；閉塞、開通，指浮塵根肉耳，耳聾曰閉塞，耳聽曰開通。意謂聞性靈光獨耀，迥脫根塵，不但聲之有無，不關聞性之事，即耳之聾聽，亦不關聞性之事。汝終不應當作如是言：離却動、靜之聲塵，離却閉塞、開通之耳根，說無聞性。聞性是常住，圓滿周徧，豈屬斷滅耶？二擊鐘驗常竟。

丑三　引夢驗常　分二　**寅初　驗夢不昧　二　決定性常，今初**

如重睡人，眠熟床枕。其家有人，於彼睡時，擣練舂米，其

人夢中，聞春擣聲，別作他物：或為擊鼓，或為撞鐘，即於夢時，自怪其鐘，為木石響。

此科與上科，同驗聞性常住，意有差別，不可不知。上科有聲驗之於動，聞性不生；無聲驗之於靜，聞性不滅，不生不滅，聞性常住。此科引夢為驗，是動靜雙離，根塵並捨，較前更深。如重睡人，非輕睡者，眠熟即重睡，身依床枕，其家有人，於彼睡眠熟時；擣練槌布也，舂米碓米也。其重睡人，聞舂米杵聲，聞擣練砧聲，夢中別作他物之聲，或為擊鼓聲，或為撞鐘聲，此中能聞砧杵聲，是聞性功能；別作他物，是夢中獨頭，分別夢外之境，誤作鐘鼓之聲；即於夢時，自怪其鐘，為木石響，此亦夢中獨頭，展轉計度，怪鐘聲為木響，杵也；怪鼓聲為石響，砧也；分別錯誤，均屬意識，不關聞性之事。

於時忽寤，遄知舂音，自告家人，我正夢時，惑此舂音，將為鼓響。

忽寤：忽然夢醒。遄者速也，一醒即知是舂擣音。自告家人，我正在夢時，惑此舂擣聲，將爲鐘鼓響。上夢中怪鐘，醒時說鼓，語乃互影，故須雙舉。上驗夢中，聞性不昧，下乃決定，根性常住。

寅二　決定性常

阿難，是夢中人，豈憶靜搖，開閉通塞？其形雖寐，聞性不昏。

是夢中重睡之人，在睡之時，豈憶想塵之動靜耶？搖即動也。以睡夢之人，舉身皆忘，又豈憶想肉耳之根，開閉通塞耶？是則根塵並捨，聞性常存，其形雖寐，聞性不昏，堪爲明驗，云何汝自疑聞性斷滅，反謂我非實語耶？我前所謂，離動離靜，元無聽質者，乃謂離卻動靜二塵，本無黏湛發聽，聽精映聲，卷聲成根，聽聞體質。但云無此聚聞於耳之聽質，並非無有廓周法界之聞性，汝多聞之人，何乃循名昧義於此！

縱汝形銷，命光遷謝，此性云何爲汝銷滅？

此明豈獨生前，夢中不昧，乃至死後，縱使汝形骸已經銷滅，命光（即是命根也）遷謝，遷變代謝，其命已盡也。此之聞性，亦不爲汝之形銷命謝，便隨之俱銷俱謝也。云何二字，反顯身滅，聞性不滅之義。　正脈問云：「既此根性，動靜無關，生死不礙，如來何言，離動離靜，元無聽質耶？」答云：「我言離塵無聽質者，爲無聚聞於耳，結滯爲根之聽質。此質若亡，則徧周法界之聞性，方以全彰，豈令翻成斷滅乎？此方明出元無聽質之故，顯其自是阿難謬解，非佛自語相違也。不然則佛前言，離塵無質，後言離塵有體，終無以解自語相違之難矣！」　吳興曰：「前阿難通疑六根無體，如來所以別顯聞性爲常，誠欲發耳圓通之機也。故後偈云：『聲無既無滅，聲有亦非生。』乃至『縱令在夢想，不爲不思無。』皆取於此也。」

丑四　申迷教守　分二　寅初　普申迷常故墮無常　二　教令守常必成正覺　今初

以諸衆生，從無始來，循諸色聲，逐念流轉，曾不開悟性淨妙常。

上四句明逐妄，下二句明迷眞。以因也，因諸衆生，從無始無明妄動以來，根塵對偶，隨順諸塵境界，舉色聲以攝餘四，逐念分別，起憎愛惑。流轉者，循塵出流，爲物所轉。流轉勿作生死解，以此段但屬於惑，下段流轉，方是苦果。曾不開悟，性淨妙常：性即六根之性，諸塵不染曰淨，浮根不縛曰妙，生死不礙曰常，即上所驗，根塵雙脫，生死無干。因既逐妄，所以迷眞，若能合覺，自可返妄歸眞也。

不循所常，逐諸生滅，由是生生，雜染流轉。

此明迷眞逐妄之失。不隨順所具，淨妙常之根性，反隨逐諸生滅識心，此指捨根用識，背覺合塵，內搖外奔，依惑造業，爲生死因。由是妄因既成，妄果難脫，生生世世，在於六道，雜染法中，遷流轉變，俄而天上人間，俄而地獄鬼畜。不言脩羅者，以脩羅四類受生，攝在天人鬼畜之內也。

寅二　教令守常必成正覺

若棄生滅，守於眞常，常光現前，根、塵、識心，應時銷落。

首句是捨識，識心生滅無常，是妄本，非菩提因，應當捨棄；二句是用根，根性眞實常住，是眞本，爲楞嚴體，應當守之。守字即下手工夫，守住一根之門，不許出流緣塵，但令入流照性，即前文所謂，脫黏內伏，亦即觀音圓通，入流亡所也。常光現前：即常住眞心，本有大智慧光明發現。如臨濟祖師所云：「有一無位眞人，在汝諸人六根門頭，放光動地」是也。亦即前文所謂，伏歸元眞，發本明耀。根、塵、識心，應時銷落者：謂常光既已現前，偏融諸法，唯一眞心，故根、塵、識心，三六十八界，應時銷落，悉不可得。前文所謂，耀性發明，一切浮塵，及器世間，諸變化相，如湯銷冰。不言識者，以識無自體故。

想相爲塵，識情爲垢。二俱遠離，則汝法眼，應時清明，云何不成，無上知覺？

此處塵垢，乃指微細法執無明。以根、塵、識心，既已銷落，則麤塵麤垢已除，此想相，即所想湛一之境，更是一種最細難除之塵，識情即能想湛一之心，仍屬心境對待。即此能想之心，不捨湛一之境，即是法愛情念，更是一種難刮之細垢。若能如此二俱遠離，則垢盡明生，則汝法眼，應時可以清明，當得六根清淨。因六結已解，五濁已除，如觀音圓通，生滅既滅，寂滅現前，忽然超越，十方圓明，故曰法眼清明。破一分無明，證一分法身，登圓教初住，入聖種性，從此進修，帶果行因，中中流入，薩婆若海，云何不成，無上知覺？癸初驗釋根性斷滅疑竟。

大佛頂首楞嚴經正文卷第四終

癸二　證釋別有結元疑　分二　子初　阿難別索結元　二　如來證無他物

子初分三　丑初　就喻索元　二　引人合喻　三　哀求指示　今初

阿難白佛言：世尊！如來雖說第二義門，今觀世間解結之人，若不知其所結之元，我信是人，終不能解。

阿難仰白佛言：世尊！如來前雖說第二決定義門，要我等從根解結，不知根中，何者是結？從何名解？今觀世間解結之人，必定要知其所結之根元，方能得解；設若不知其所結之元，我信是人，雖欲解而究竟不能解。阿難意中妄擬，離此六根，別有結之本元也。

丑二，引人合喻

世尊！我及會中，有學聲聞，亦復如是。從無始際，與諸無

明，俱滅俱生，雖得如是多聞善根，名爲出家，猶隔日瘧！

此舉有學，述其迷情。無學深位，不敢謂其不知，故曰我及在會之中，一類有學聲聞，三果以下，皆稱有學；亦復如解結之人，不知結元，終不能解也。從無始際（即時也），與諸（助語辭）無明，即獨頭生相無明。起信論云：不覺心動時也，本經所謂性覺必明，妄爲明覺時也。不生不滅之眞心，與生滅妄心和合，眞墮妄中，成阿賴耶識，此識具有能見見分，即六根中見、聞、齅、嘗、覺、知，謂之一精明之體，與生俱生與衆生日用最親切者。下文十方諸佛，異口同音，告知阿難，俱生無明即此也。

雖得如是多聞善根，名爲出家者：以阿難雖得歷劫多聞，熏習之善根，今生依然多聞，但未及從聞、思、修，尚滯小果，不過名字出家而已！未得無學，未出三界之家，何況五住究盡，所出煩惱之家耶？喻如隔日瘧，以得果時，暫似解脫，而入生死時，依然被縛。初果之人，天上人間，尚須七返受生，方斷欲界九品思惑，故喻隔日瘧。正脈云：理實不止有學，雖彼無學羅漢，不涉生死則已，涉則成縛，正由不達結處也。

惟願大慈，哀愍淪溺，今日身心，云何是結？從何名解？亦令未來苦難衆生，得免輪迴，不落三有。

此求佛示以結元，令其知解。惟願大聖眞慈，哀憐愍念，我等淪溺。眞心墮在無明之中，謂之淪溺，非佛安能拔濟？前佛教我從根解結，不知今日現前身心（即六根），何者是結？又是結所起，必有起結之元，不知結元，在於何處；要從何處下手，方得名解？　亦令未來，苦難衆生四句，意謂若得如來明示，不惟現前有學，得免淪溺，亦將傳示末法，能令未來苦難衆生，既知結元，併識解結方法，不受纏縛，得免生死輪迴，不落三有（即三界）六道矣！

丑三　哀求指示

作是語已，普及大衆，五體投地，雨淚翹誠！佇佛如來，無上開示。

作如是請法語已，普及在會三乘大衆，五體投地，表其殷勤懇切；雨淚翹誠，見其悲感誠敬。此從根解結，修證了義之法，不特有學二乘當求，即大乘菩薩亦所樂聞也。故佇待如來，無上開示。此即「十方婆伽梵，一路涅槃門」故稱無上。

子二　如來證無他物　分三　**丑初　長行　二　偈頌　三　敍悟**

丑初分二　**寅初　諸佛同證　二　如來詳釋**　寅初分三　**卯初　愍衆摩頂感佛　二　諸佛放光灌頂　三　聞佛同音告示**　今初

爾時世尊，憐愍阿難，及諸會中諸有學者；亦爲未來，一切衆生，爲出世因，作將來眼。

上阿難爲有學，及末世衆生，請示結元，及解結方法。佛以六根既是結縛之元，復爲解脫之本，此法甚深難了，雖與顯示，恐難確信，故垂憐愍念，阿難與會中有學，及末世衆生，爲示出世，修證一乘之因心，不至錯亂修習，以作將來，修行大乘之眼目，自可有所遵循。此眼即見道之眼，得見華屋之門，則修證有憑，不至錯入歧路矣！故摩頂動界，感現諸佛同以證信。

以閻浮檀，紫金光手，摩阿難頂，即時十方，普佛世界，六

種震動。

先則摩頂安慰，表授無上頂法。即時十方諸佛世界，由佛威神所感，同時六種震動。形則動、湧、起，聲則震、吼、擊，以表六結將解。

卯二 諸佛放光灌頂

微塵如來住世界者，各有寶光，從其頂出。

寶表圓湛不生滅心之體性，光表稱體所起之妙用，即諸根圓拔，內瑩發光，光從頂出，表最勝最妙之法。

其光同時，於彼世界，來祇陀林，灌如來頂，是諸大眾，得未曾有！

上三句，諸佛頂光，同在一時，於彼十方世界，來此祇陀林中，灌釋迦如來之頂。表此頂法，諸佛共證，所謂十方如來，一門超出妙莊嚴路。是諸大眾，於所表之法，雖復未明，於所現之瑞，亦復罕見，故曰得未曾有！

卯三　聞佛同音告示

於是阿難，及諸大衆，俱聞十方，微塵如來，異口同音，告阿難言：

阿難大衆，於大光明藏中，俱聞十方，微塵數如來，異口同音，即衆口一詞也，齊宣妙教，足可深信。

善哉阿難！汝欲識知，俱生無明，使汝輪轉，生死結根。唯汝六根，更無他物。

諸佛欲示難信難解之法，先讚善哉者，以阿難既開圓解，繼請圓修，饒益今後，堪爲諸佛共讚。謂言汝欲識知，俱生無明，即是根結之元，前云性覺必明，妄爲明覺，無始與俱，故曰俱生。由無明力，轉本有之智光，爲能見之見分，託根緣塵，順流而出，引起六識，爲煩惱根本，使汝輪轉生死，而生死結之根元，唯是汝六根，更無他物，此證前所問，云何是結義也。

汝復欲知，無上菩提。令汝速證，安樂解脫，寂靜妙常，亦汝六根，更非他物。

上言結唯六根，此言解唯六根。又曰汝復欲知，無上菩提；梵語菩提，此譯爲覺，即根中所具不生不滅，本覺眞心，無有何法，能在其上，稱爲無上，不要作所證之果解說。此心爲眞因地心，依之澄濁解結，一門深入，自可令汝速證涅槃四德，安樂即樂德，解脫即我德（我以自在爲義，解脫方能自在。），寂靜即淨德（寂然宴靜，清淨無染。），妙常即常德。亦汝六根，更無他物；若離六根，亦別無眞元矣！此根是眞妄和合之故，約妄邊說，是生死結根；約眞邊說，是涅槃四德。下云迷晦即無明，發明便解脫，結解唯根，豈有他物哉？此證前所問，從何名解義也。

寅二　如來詳釋　分二　**卯初　阿難未悟述問　二　如來詳釋除疑**

今初

阿難雖聞，如是法音，心猶未明，稽首白佛：云何令我生死輪迴，安樂妙常，同是六根，更非他物？

如是法音：指上諸佛所說，聞雖親聞，心未明了。稽首白佛：云何令我生死、涅槃，同是六根，而塵、識不預焉？

卯二 如來詳釋除疑

佛告阿難：根、塵同源，縛、脫無二，識性虛妄，猶如空華。

此文詳釋伏疑，何以諸佛同言，結解惟在六根。佛告阿難：汝疑諸佛所說，結解惟指六根，不指塵、識，又六根既為結縛之元，何以復為解脫之本？汝今當知：根、塵二者，本是同源，而無異體。若以執相而觀，似有內外之分，根為內之根身，而屬有情；塵為外之塵境，而屬無情；若在明理而談，祇是見相之別，根為八識見分，屬心法；塵乃八識相分，屬色法。相宗云：相、見皆依自證起故。喻如蝸牛兩角，出則成雙，收則唯一，唯是一頭，並無兩角，根塵同一本源，舉根即攝於塵，故不言塵。縛、脫無二者：縛脫即是結解，六根若縛，六結重疊生起，則為凡夫，而受淪溺之苦，此六根即是結縛之元。故諸佛云：生死結根，唯汝六根，更無他物。六根若脫，六結次第解除，則成聖人，而得寂滅之樂，此六根即是解脫之本。故諸佛云：安樂解脫，寂靜妙常，亦汝六根，更非他物。故曰：縛脫無二。識性虛妄，猶如空華：此佛復釋諸佛惟指六根，爲結解之要，而不言六識之故。識性是前塵虛妄相上，所起之妄想，全無實體，故曰：「虛妄」。猶如眚眼，所見空華，眚觀似有，究竟全無，諸佛乃以六塵既無別體，六識又極虛無，是以不言塵、識，同言結解，惟是六根也。諸佛之言，如來上釋，其義已盡，下更重釋頌者，以其理隱微，標文簡略，恐未徹了，故重釋所標之文，欲令義理增明而已。

阿難！由塵發知，因根有相，相、見無性，同於交蘆。

此重釋根、塵同源。根爲能緣，塵爲所緣，能所不相捨離。由有六塵，方發六根之知，是根要託塵立；因有六根，方顯六塵之相，是塵要託根有。相、見無性，同於交蘆者：相即六塵之相，見即六根之見，首句說知，此句說見，乃互影言耳。六塵之相，離根固無獨立之自性，六根之見，離塵亦無獨立之自性。同於交蘆，此蘆異於常蘆，生必二莖交並而立，二根盤結而連，單則撲地，不能自立，外實中虛。此喻有三義存焉：一喻相依，各無自立之性；二喻同源，本是一體不分；三喻根、塵、空、有，二者俱非。

是故汝今，知見立知，即無明本；知見無見，斯即涅槃，無漏眞淨，云何是中更容他物？

此重釋縛脫無二。是故者：是根、塵一體之故，汝等今者，知見立知見；立字即是縛；知見指根性，即性本二覺，本具妙明明妙，眞知眞見也。不必更立知見，若一立知見，其猶性覺本明之上，再加明而明之，則妄爲能明之無明，所明之妄覺，故曰即無明本。若了本具眞知眞見，無容更立知見，斯即淸淨本心，本覺常住，故曰斯即涅槃。無漏眞淨涅槃，此云不生不滅，一念不生曰無漏，一塵不染曰眞淨，復本心源，究竟淸淨是也。無字即是脫，是知縛脫，皆不離六根，云何於是結解之中，更容他物哉？

正脈云：是故二字，雖顯承上言。根、塵既無兩體，是以縛、脫但惟在根，然亦暗承空有俱非而來。更有意味：知見，即該六根之性，立知者，立空有二知也。凡夫迷六根之性爲有，二乘晦六根之性爲空，俱不達空有俱非之旨也。即無明本者：凡夫即具足五住，而長淪分段，皆迷有以爲之本也。二乘尚餘第五，而未出變易，皆晦空以爲之本也。無見者：無空有二見也，凡夫於根性，除執有之見；二乘於根性，除執空之見也。涅槃：即翻上二種生死，無漏眞淨，即離上五住無明。斯即者：蓋凡夫除前四住，先得有餘涅槃，無漏眞淨；二乘除第五住，究竟無餘涅槃，無漏眞淨也。

云何是中更容他物：此即結歸諸佛語也。是中，即結中與解中也，言結中惟是根結，更無他物，能爲結元；解中惟是根解，更無他物，以爲解元。此諸佛所以同言，更無他物也。丑初長行竟。

楞嚴經講義第十二卷終

大佛頂如來密因脩證了義諸菩薩萬行首楞嚴經講義

福州鼓山湧泉禪寺圓瑛弘悟述　受法弟子明暘日新敬校

丑二　偈頌分二　寅初　標頌　二　正頌　今初

爾時世尊，欲重宣此義，而說偈言：

爾時，如來詳釋長行已竟之時，世尊更欲重宣，此結解惟在六根之義，中有三意存焉：一長行義未盡故；二別爲樂略機故；三乃爲後來衆故。而說偈頌，令其得益也。

寅二　正頌分二　卯初　祇夜頌前　二　伽陀開後　今初

眞性有爲空，緣生故如幻；無爲無起滅，不實如空華。

此超頌識性虛妄，猶如空華。唯識五位百法，前九十四種，是有爲法，後六種是無爲法。此無爲法，是對有爲法而立，故今頌首標眞性二字，是一切法所依之體，有爲、無爲，皆依眞性。此二字不可連有爲解釋，有說有爲眞性空，其義未當。細察如來說法，本經每大段，皆從所依之眞說起，此頌亦復如是。眞性者：眞如自性也，其體絕待，離名字相，離言說相，離心緣相，不屬有爲，不屬無爲。能爲有爲、無爲所依，如前喻太虛空，體非群相，而不拒彼諸相發揮。　有爲空下，經意別指第六意識，有爲、無爲，即六識有漏、無漏，不獨有爲空，即無爲亦復不實，此與掌珍論偈意全同。彼云：「眞性有爲空，如幻緣生故。」因喻顚倒，此經不倒。下半偈：「無爲、無有實，不起如空華。」彼偈不倒，此經宗因顚倒，此有二量，按立量格式，先標擧有法，次立宗，再以因解釋宗義，後設喻以顯宗、因，謂之宗、因、喻，三支比量，無論何法，皆可以比量智釋明，如三支犯過，則成非量，三支無過，爲眞比量。

立量云：有爲是有法，空爲宗，因云：緣生故，同喻如幻，異喻如虛空。有爲之法，有生有滅，不但滅後空，實在當體即空，故空爲宗。因即解釋空之所以，云因緣所生之法故，因緣和合，虛妄有生，因緣別離，虛妄名滅。既曰虛妄，則空無自體，所以同喻如幻，異喻如虛空。正脈云：「幻法從緣生，幻法空無性；有爲從緣生，有爲空無性。」

無爲無起滅，不實如空華：立量云：無爲是有法，不實宗，因云：無起滅故，同喻如空華，異喻如眞如。無爲之法，亦復不實爲宗，因對有爲法有起生也滅，立無爲法無起滅故，若無有有爲法，何得有無爲法耶？所以同喻如空華，良以空華無有起，空華本不實，無爲無起滅，無爲亦不實。正脈云：末當結云，識之有爲，與識之無爲，二皆非實。我故曰識性虛妄，猶如空華也。問：「佛破識，何以知其並無爲亦破？」答：「經初佛破識心，破至深處，則曰：現前雖成九次第定，不得漏盡，皆由執此妄想，誤爲眞實。」誰謂但破有爲，不破無爲乎？

言妄顯諸眞，妄眞同二妄；猶非眞非眞，云何見所見？

此追頌根、塵同源。上半偈答難，難云：權教小乘，率以有爲爲妄，無爲爲眞。今何以並無爲，亦斥其不實耶？答云：言有爲是妄，以顯無爲是眞，分明對妄立眞，眞外有妄可對，眞固非眞，故曰合妄與眞，同爲二妄矣！中論云：「若法因待成，是法還成待。」足證此義。　猶非眞非眞，云何見所見：此半偈況顯，上一非字，雙貫眞與非眞，非眞即一妄字，眞指無爲，妄指有爲，眞性絕待，雙非眞、妄，故曰猶非眞與非眞，云何是能見與所見耶？能見即根，擧眼根以攝餘五；所見即塵，擧色塵以攝餘五；又見即見分，所見即相分，見、相同依自證，況顯根、塵見相，豈有異源乎？

中間無實性，是故若交蘆。

此結定。根、塵中間，無有各自獨立，眞實之性，是不能獨立之故，勢必互相依倚，有若交蘆，雖有二相，實無二體。

結解同所因，聖凡無二路。

此追頌縛、脫無二，結解惟在六根。六根結縛，則爲凡；六根解脫，而成聖。同所因，因即依也。若結若解，同依六根更無他物。無二路者，六根結則爲凡，趣生死路；六結解則成聖，趣涅槃路；生死、涅槃惟在六根，結解更無別路，故聖凡亦惟在六根，向背無二路也。

汝觀交中性，空有二俱非。

此重釋根、塵同源。謂汝且觀察交蘆中性，爲有耶？爲空耶？若言其空，蘆相宛然；若言其有，中無實體，故曰空有二俱非；即非空非有也。根、塵，見、相二分之性，亦復如是。若言其空，能所對待宛然；若言其有，實無自性可得。故曰空有二俱非。又當知根結，則非眞空之涅槃；根解，則非有爲之生死，若空若有，二者俱非矣！。

迷晦即無明，發明便解脫。

此重釋縛脫無二。迷晦即無明，迷即迷之爲有，晦即晦之爲空，此句乃知見立知，即無明本。若立空有二種知見，即爲迷晦，爲結縛，爲凡夫，爲生死。發明便解脫，發明非有非空之理，此句乃知見無見，斯即涅槃，無漏眞淨。若不立空有二種知見，即是發明，是解脫，是聖人，是涅槃。因是之故，所以諸佛同言，生死結根，涅槃安樂，惟汝六根，更無他物。初祇夜頌前竟。

卯二　伽陀開後分二　**辰初　正以開後　二　別彰勝義　今初**

解結因次第，六解一亦亡；根選擇圓通，入流成正覺。

前祇夜，是重頌前文，長行之義；此伽陀，是孤起頌，突然而起，以開後文之義。上二句，開後綰巾以示倫次科，下二句，開後冥授以選本根科，前來已示結元，說結解同所因，結之與解，同因六根，今欲解結，必因次第而解，以是結本次第結成，從眞起妄，妄有六結。六結即是五陰，從微至著，識陰先起，不生不滅，與生滅和合，成阿賴識；次成行陰（即第七識），次成想陰（即第六識），次成受陰（即前五識），次成色陰（即內之根身外之世界）。前四陰，每陰爲一結，色陰有二結，喻如穿衣，從內向外，若欲解結，必須從麤向細，次第而解，六結解盡，五陰破除，五濁澄清矣！喻脫衣，從外向內，脫了第一件，方見第二件，故云因次第。六解一亦亡者：對結相之六，而說結元之一，六結旣解，則六結之相不有，一巾之名，亦不復立，此正開後文，六解一亡之義。根選擇圓通，入流成正覺者：解結當於六根之中，選擇圓通本根，如前所云：得循圓根，與不圓根，日劫相倍。故須選擇，但依一根下手，做入流工夫，不許出流，出流是背覺合塵，此根即結縛之本；入流是回光照性，此根即解脫之元；如觀世音菩薩，修耳根圓通，初於聞中，入流亡所，乃至生滅旣滅，寂滅現前，證入圓通，自可速成正覺。

辰二　別彰勝義（內具名體宗用教五重勝義）

陀那微細識，習氣成暴流，眞非眞恐迷，我常不開演。

此彰顯體勝。前示從根解結，根性即是識性，識性親依如來藏，不生不滅，與生滅和合，成阿賴耶識，此云含藏識，含藏根身器界種子；亦名阿陀那識，此云執持，以能執持一切染淨種子，以及根身器界，令不散失。此識即如來藏，受無明熏，轉如來藏，而成識藏，即第一卷，佛判二根本中之眞本，爲無始菩提、涅槃，元淸淨體，其體淵深莫測，微細難知，二乘不能究其源，等覺未能窺其際，故曰微細。習氣成暴流者：深密經云：「阿陀那識甚微細，一切種子成暴流。」習氣即無明種子，展轉熏變，妄上加妄，漸起諸結，而成生死暴流，以習氣種子熏變，能引生諸趣，生死流轉，故如暴流。

眞非眞恐迷，我常不開演者：因此識是眞妄和合，其體全眞，不過參雜無明習氣之妄，如經初十番顯見，極顯其眞，二見重剖，乃破其妄。若說是眞，恐其迷妄爲眞，而起增上慢心，無量劫來生死本，癡人喚作本來人；若說是妄，恐其迷眞爲妄，反致向外馳求，騎牛枉自去尋牛，終日行之不自覺。故我於權小教中，不輕爲人開示演說者此也。深密經云：「我於凡愚不開演，恐彼分別執爲我。」二經偈語，雖有五字七字之別，其義全同。

自心取自心，非幻成幻法；不取無非幻，非幻尚不生，幻

法云何立？

此彰顯宗勝。宗具因果，即下手起修，由因至果，最簡要，最巧妙，根性法門，但從一門深入，其修巧，其效速也。自心取自心者：良由一切衆生，不悟見、相二分，惟一自心，妄以能見之見分，妄取所見之相分，名曰自心取自心。取字，即結縛之源，遂於本來無幻法中，妄成一切幻法；幻者虛幻不實，如現前身心世界，人相法相，紛然雜陳，凡所有相，皆是虛幻，無有眞實，苟能達此，則返妄歸眞，亦復無難，但要不取便是。不取二字，即是下手工夫，亦即解脫之本，不起能取之心，不取外塵之境，旋轉六根，脫黏內伏，伏歸元眞，非幻之法，尙且不生，一切幻法，云何而得安立耶？此中取字，即結縛之元，不取即解脫之本。

不取二字，即是最簡要，最巧妙之下手工夫。亦即前文，不隨分別，世間、業果、衆生，三種相續。不隨二字，圓頓修法；又即知見無見，無字工夫；又即欲逆生死欲流、逆流之功；又即下文觀世音入流照性方法。此不取工夫，即從根解結工夫。此根初解，先得人空，空性圓明，成法解脫，解脫法已，俱空不生，非幻之境，尚且不生，而人相法相之幻法，豈能立乎？是則以不取為宗，以了幻為趣，簡要巧妙，無復以加矣！

是名妙蓮華，金剛王寶覺。

此彰顯名勝。是字指根性法門，名為妙法門。妙者不可思議之謂也。此圓頓法，因該果海，果徹因源。以此根性，為因地心，根性即本覺佛性，本來是佛，此即因該果海；無奈佛性，埋沒在五陰妄法之中，今則旋根脫塵，返妄歸眞，證得妙覺極果，亦不過成此本來之佛，此即果徹因源。因果該徹，不可思議，喻如蓮華，方華即果，因果不相捨離，又蓮華出汚泥而不染，根性隨緣不變如之，此喻根性法身德。

金剛者，金中之剛也，最堅利，能壞一切，一切不能壞他。喻此根性，無動無壞，靈光獨露，以如如智，照如如理，根境結惑，觸之則銷；無始無明，擊之則破；斷盡諸惑，圓成果地修證，此喻根性般若德。　王者自在之義，處染不染，不落於有為；在淨非淨，不泥於無為；染淨一如，空有不滯，此喻根性解脫德。寶覺，即眞心之異名，前云寶覺圓明，眞淨妙心，此心即圓湛不生滅之根性，猶如摩尼寶珠，圓滿湛然，寂照具足，乃自性天然之本定。

如幻三摩提，彈指超無學。

此彰顯用勝。即修證之力用。三摩提此云等持，定慧平等任持，入流照性，全憑慧力，澄濁還淸，乃由定力，又知眞心本具，幻惑本空，此亦慧力；於本無修證，而起無修之幻修，無證之幻證，此亦定力；由此定慧等持，次第解結，生滅旣滅，寂滅現前，正所謂諸幻滅盡，覺心不動，證入圓通，得住首楞嚴三昧。彈指超無學者：即明修巧而效速也。亦即前文所云：得循圓根，與不圓根，日劫相倍。故能於彈指頃，超過無學之位，但解三結，已齊無學，何況寂滅現前，乃至得成無上知覺乎？

此阿毘達磨，十方薄伽梵，一路涅槃門。

此彰顯教勝。此字指根性法門，阿毘達磨：此云無比法，謂此從根解結之教法，是最勝頂法，非其他教法所可比。十方薄伽梵：即十方諸佛，薄伽梵，有云婆伽梵，是佛之別稱，具足六義：謂自在、熾盛、端嚴、名稱、吉祥、尊貴，乃五不翻中，多含不翻。一路者，三世諸佛，共由之妙脩行路，涅槃獨取，萬德畢備，二死永亡，無餘大般涅槃。此門字，但指修門。前第四卷，大開圓解，是悟門；此所示圓修，是修門；第八卷得成圓證，是證門；文殊揀選圓通偈云：過去諸如來，斯門已成就。即指此一路之修門，彼則明指耳門，此則密示耳門，即一門深入之門也。二偈頌竟。

丑三　敍性

於是阿難，及諸大衆，聞佛如來，無上慈誨，祇夜伽陀，雜糅精瑩，妙理清徹，心目開明，歎未曾有！

此亦經家敍悟。於是阿難及諸大衆，聞佛指十方諸佛，同言結解唯根，更無他物。如來指本師釋迦，重爲詳釋。皆是無上大慈心中，流出了義教誨。祇夜此云重頌，又云應頌，應長行而頌也。伽陀此云孤起頌，又云諷頌，諷美而頌也。入流成正覺，及彰顯五勝之義，皆諷美意。雜糅精瑩，妙理清徹：上句指能詮之偈，下句謂所詮之理。雜者和雜，糅者糅合，即應諷和合，前後照應，文迴織錦，義走盤珠，精謂文華精彩，瑩謂句法瑩明。妙理者，圓湛不生滅之理性也。空有雙非，眞妄不立，縛脫無二，因果該徹，故謂之妙。其理清淨，纖塵不染，如蓮華；其用明徹，五陰頓破，如金剛。諦聆之下，心目開明，即心眼洞開，徹見根性，即如來藏性，依此根性修證，即是了義，已不復疑。以後但請示倫次，選擇一門，以便起修，更無疑貳也。二驗證以釋二疑竟。

壬三　綰巾以示倫次　分二　**癸初　敘前請後**　**二　如來巧示**　今初

阿難合掌頂禮白佛：我今聞佛，無遮大悲，性淨妙常，眞實法句。

此敘阿難謝前。合掌頂禮，仰白於佛：我今聞佛，以平等無遮大悲心；無遮有二：一、人無遮，不棄下機，同施上法；二、法無遮，不悋秘密，和盤托出。性淨妙常者：性即根性，根性爲衆生本覺眞性，此性不屬於有爲，不屬於無爲，離相清淨，曰淨；結解同所因，聖凡無二路，其用微妙，曰妙；根選擇圓通，入流成正覺，法身常住，曰常。此約所詮言之，眞實法句，乃指能詮，長行偈頌，皆是如來眞語實語，所說妙法章句，此句與第四卷阿難謬疑根性斷滅，反怪如來違越誠言，終成戲論，後經擊鐘引夢，以驗其常，復經諸佛如來，宣釋其義，始悉如來，一向皆眞實語也。

心猶未達，六解一亡，舒結倫次。惟垂大慈，再愍斯會，及與將來，施以法音，洗滌沉垢。

此承上，雖聞如來眞實法句，心中猶未能通達，如何是六解一亡之義？如何是舒解也結倫次之義？倫者倫類，次者次第。以此二義，猶未徹底明了，惟願如來，垂大慈悲，再愍現前斯會，及與將來衆生，施以甘露法音，洗滌根中積生虛習，以及無明，深沉細垢。

癸二　如來巧示　分二　**子初　巧立喻本　二　分答二問**　子初分二

丑初　元依一巾　二　綰成六結　今初

即時如來，於師子座，整涅槃僧，歛僧伽梨，攬七寶几，引手於几，取劫波羅天，所奉華巾。

阿難求示六解一亡，舒結倫次二義。佛先答後義，舉事辯答，言相並彰，善巧說法，令人易了。即時即阿難求示之時，如來在師子座，整理涅槃僧，此云裏衣。歛者收也，僧伽梨，此云大衣。攬七寶几：此几有七寶所嵌，引手於几，取劫婆天此云時分天，即夜摩天；所奉華巾，乃寶疊華，織成之巾。

丑二　綰成六結

於大衆前，綰成一結，示阿難言：此名何等？阿難大衆，俱白佛言：此名爲結。於是如來，綰疊華巾，又成一結，重問阿難：此名何等？阿難大衆，又白佛言：此亦名結。如是倫次，綰疊華巾，總成六結。一一結成，皆取手中，所成之結，持問阿難：此名何等？阿難大衆，亦復如是次第詶佛，此名爲結。

疊華，西域貴重之物，織以成巾，價値無量。又爲天人所奉，更足寶貴，佛以疊華，喻如來藏性，巾喻藏性隨緣，成阿賴耶識，從眞起妄，輾轉相依，妄成六結，喻一巾綰成六結。一一結成，皆問阿難，要自審自答，自明結之倫次，雖同是結，不無次第，即倫類次序也。如前太虛空，由器形異，名之異空，此六結旣是次第綰成，自是豎論六結，不是橫喻六根。

佛告阿難：我初綰巾，汝名爲結，此疊華巾，先實一條，第二、第三，云何汝曹，復名爲結？阿難白佛言：世尊！此寶疊華，緝織成巾，雖本一體，如我思惟：如來一綰，得一結名；若百綰成，終名百結；何況此巾，祇有六結，終不至七，亦不停五，云何如來只許初時，第二、第三，不名爲結？

上段歷問，以顯次第；此段故問，以示結同。佛告阿難下，應將此疊華巾，先實一條，此二句提前，我初綰時，汝名爲結，二句放後，再第二、第三云何汝曹，復名爲結，文意相貫，諒係抄寫之誤。此段之文，似淡無味；正脈云：細詳實有關要，按後圓通，所解六重結相，一動、二靜、三聞、四覺、五空、六滅，由前而後，則疎親有異；由後而前，則細粗不同。若不與之顯示結同，初心者，或忽於疎，而始無入門，中途者，或住於細，而終無究竟，啓示一六結同，正欲始終解盡矣？誠哉須信佛語深也！然不直說，而乃故意反問，以激阿難自說者，將使因喻以詳法矣。

子二　分答二問　分二　丑初　答六解一亡　二　答舒結倫次　丑初

寅初　喻從至同遂成至異　二　喻除至異還成至同　今初

分二

佛告阿難：此寶華巾，汝知此巾元只一條，我六綰時，名有六結。汝審觀察：巾體是同，因結有異？

此寶華巾，未結之先，一之名尚不可得，豈得有六？是謂至同；既結之後，六之相已定，不復見一，是謂至異。佛令諦審觀察，既知由同成異，自可除異還同。

於意云何？初綰結成，名爲第一；如是乃至第六結生，吾今欲將第六結名，成第一不？

前五句示有次第，後三句故意難問，令辨可否。謂吾今欲將第六名，首尾相換，成第一得否？佛意以性中相知，故詰其能互換否？

不也世尊！六結若存，斯第六名，終非第一。縱我歷生，盡其明辯，如何令是六結亂名？

六結未解，次第分明，故第六終非第一。佛欲將六作一，問我定其可否？縱使我歷生多聞，盡其聰明慧辯，如何能令有次第者，而成無次第，一六亂名也？阿難以用中相背，故答不能互換也。

佛言：如是！六結不同，循顧本因，一巾所造，令其雜亂，終不得成。

此佛印證。六結次序不同，循者順也，順顧結之本因，元因一巾所成，欲令次序雜亂，終不得成，而一相豈能復見哉？

則汝六根，亦復如是。畢竟同中，生畢竟異。

此法合。則汝六根，亦復如巾結者是也。根性本體，未結之先，一相尚不可得，何處有六？此畢竟同也。及其從眞起妄，既結之後，六相分明，不可少亂，此畢竟異也。

寅二　喻除至異還成至同

佛告阿難：汝必嫌此，六結不成，願樂一成，復云何得？阿難言：此結無存，是非鋒起，於中自生此結非彼，彼結非此。如來今日若總解除，結若不生，則無彼此，尚不名一，六云何成？

此復審明六解一亡，欲令當機自悟解結之法。故告之曰：我綰巾已成六結，汝必嫌此六結各異，不欲其成，願樂一巾元同，依舊成一，復云何得？此句明明必須解結，故意設問，令其自悟。阿難言：此六結設若存在，彼此各有定位，一六亦有定名，若以六作一，則是非鋒起，如刀兵相鬪也。於中自然生起，此結非彼結，彼結非此結，彼此二字，即一六也。如來今日，若將六結，從六至一，總爲解除，結全不生，則無彼此。尚不名一者：尚不名一巾，何以故？一巾原對六結立名，六結既解，一亦不立。一既不立，六云何成？此即六解一亡義也。

佛言：六解一亡，亦復如是。

此法合。佛言我先說解結因次第，六解一亦亡，亦復如此巾結無異。根中六結，若總解除，眞體自顯，一亡二字，非眞體亦亡，眞體本來，非一非六，所亡者，乃對六說一之一，此一六俱妄，乃屬對待法故可亡，眞體絕待，故不可亡也。

丑二　答舒結倫次　分二　**寅初　示結之倫次　二　示舒之倫次**

寅初分三　**卯初　順次成結　二　更以喻明　三　逆次合喻　今初**

由汝無始，心性狂亂，知見妄發，發妄不息，勞見發塵。

此先示從眞起妄，妄成六結，從細向麤。由汝自從無始，心性狂亂：心即清淨本心，性即妙眞如性；狂指無明，一念妄動，猶演若達多，狂怖妄出；亂指三細，擾亂於眞淨心中，此第一結成。知見妄發者：即黏妄所發之知見，屬智相，見境界相，不了心現，妄執心外實有，能所二俱成妄，妄上加妄，念念相續不斷，故曰發妄不息，屬相續相。此二屬法執，第二、第三兩結成。勞見發塵者：勞慮轉深，執取相、計名字相，此二屬我執，妄見我及我所，發現塵勞，有世間相，此即身、心、世界，屬後三結成。六結倫次如此，歷歷可辨，次第相生也。

卯二　更以喻明

如勞目睛，則有狂華，於湛精明，無因亂起。

勞目睛。譬如有人，以目直視虛空，瞪之既久，眼目發勞，爲勞見，則有狂華爲勞相，於澄湛空中，精明見中，無因亂起，能見所見，二俱成妄。能見指心法，所見指色法，勞目睛喩從眞起妄，淨眼喩妙心，發勞喩無明，狂華喩十界，生死、涅槃、染、淨境界，以涅槃生死等空華。湛精明喩眞理眞智，一念未動以前，唯眞智照眞理，本來無一物。一念既動，如六入文云：兼目與勞，同是菩提心中，瞪發勞相。六結斯起，五陰具足。

卯三　逆次合喩

一切世間，山河大地，生死涅槃，皆即狂勞，顚倒華相。

前則順次成結，從細至麤，法喩皆然；此則逆次合喩，由麤至細。前欲令明生起次第，此欲令識還元次第。一切世間，山河大地：即塵中六、五兩結。生死，有身根方有生死，此當第四根結。以上均屬界內，人執範圍。涅槃屬界外，法執範圍，此當第三、第二兩結。皆即狂勞：狂勞指無明業相，屬第一結。此世出世間，皆是從眞起妄，一念顚倒所起之華相。六結生起，乃從一至六，此約解除，乃從六至一，故科爲逆次合喻。此雖逆於生起之倫次，而實順於解結之倫次。

寅二　示舒之倫次　分二　**卯初　先授舒之方法　二　後示舒之倫次**

卯初　分四　**辰初　阿難求解勞結　二　如來就喻巧示　三　示說不謬取信　四　選根解結必證　今初**

阿難言：此勞同結，云何解除？

此勞，即指狂勞，顚倒所起之華相，由一至六，同名爲結，自當解除。同結二字，寓有倫類序次義，但未知云何是解除方法。

辰二　如來就喻巧示

如來以手，將所結巾，偏牽其左，問阿難言：如是解不？不

也，世尊；旋復以手，偏牽右邊，又問阿難：如是解不？不也，世尊。

此引悟二邊不解，如來將所結巾，左右各牽，俱問阿難，如是解不？阿難俱答佛言：不也，世尊。左右喻空有二邊，凡夫着有，長淪生死，固不能解除諸結；二乘滯空，永晦涅槃，又安能得證圓通？

佛告阿難：吾今以手，左右各牽，竟不能解，汝設方便，云何解成？阿難白佛言：世尊！當於結心，解即分散。

此引悟中道方解。左右各牽，竟不能解，汝且設想方便，云何可令解除成功？阿難白佛言：世尊！當於結之中心，一解即便分散。結心喻中道，須依中道了義之修法，六結可除也。

佛告阿難：如是！如是！若欲解除，當於結心。

此印證必用中道。正脈云：結心雖譬中道，然非兼彼空有，合成中道，亦非離彼空有，別立中道，乃是悟此根性，體自在而無繫，本不屬有，不迷爲有而已，更不勞於觀空破有也；達此根性，用偏現而互融，本不屬空，不晦爲空而已，更不勞於觀有破空也。如後耳根圓通，既不執有，亦不觀空，惟一反聞，亡塵頓入，由是二空漸證，妙體現而有自破也；俱空不生，大用起，而空自離也，是則反聞自性，即是結心，雙超空有之中道也。前人不達，強以別安三觀，其說支離，眞蛇足也。又二邊不解，合前知見立（空有二）知，即無明本；中道方解，合前知見無（空有二）見，斯即涅槃；以此雙非空有之中道，故即無見之謂也。問：「雙非而不雙即，恐非極中？」答：「佛既但言空、有俱非，故當惟奉佛語，且體既非有，何嘗不即空？用既非空，何嘗不即有乎？」

辰三　示說不謬取信

阿難！我說佛法，從因緣生，非取世間和合麤相；如來發明，世出世法，知其本因，隨所緣出。

以上我說，選拔圓根，一門深入，從根解結，直至成佛之法，此亦從因緣而生。惟是此種因緣，是微細因緣，但不循外境，返照內心，即以圓湛不生滅性爲因，次第解結修證爲緣，復本心源，究竟淸淨，非取世間，四大和合，發明諸變化相之麤因緣也。如來發明下，顯佛語可信。世出世法，法字雙用，世間六凡染法，出世間四聖淨法，皆不出因緣。世間法以業識中，本具有漏種子爲因，宿世所造善、惡、不動，業行爲緣；出世法，以自性本具，無漏種子爲因，今生所脩諦、緣、度等爲緣。如來一一知其本有之因，各隨所遇之緣，出生染、淨十界諸法，此即隨心應量，循業發現也。

如是乃至恆沙界外，一滴之雨，亦知頭數；現前種種，松直棘曲，鵠白烏玄，皆了元由。

此文承上，不惟能知十界總相，如是乃至，情與無情，微細別相，即恆沙界外，甚遠之處，天上所下，一滴一滴之雨，亦知若干頭數（即多少滴數）；現前種種植物；松何以直？棘何以曲？舉二該餘，以及動物，鵠何以生來是白？烏何以生來是玄（黑也）？一一皆了元由，即知其各命由緒。

辰四　選根解結必證

是故阿難！隨汝心中，選擇六根，根結若除，塵相自滅，諸妄銷亡，不眞何待？

是佛智圓照法界，無法不知之故，則所說解結之法，決不差謬；所許取證之事，決不賺誤；隨汝心中詳察，選擇六根，最圓之根，依之解結，以初心下手，心無二用，力當專一，故前敕選一根，但能於此一根中，六結若能盡除，則麤之塵相，自然先滅，即細之諸妄，亦自銷亡。妄淨眞純，惟一絕待眞心，到此則徹法底源，一眞一切眞，無妄可對；不眞即是妄，故曰不眞何待？初先授舒之方法竟。

卯二　後示舒之倫次分二　辰初　故問引悟　二　乘悟合明　今初

阿難！我今問汝：此劫波羅巾，六結現前，同時解縈，得同除不？不也，世尊。是結本以次第綰生，今日當須次第而解，六結同體，結不同時，則結解時，云何同除？

此如來故問阿難，引悟次第，以免後人迷誤。佛問阿難：此巾六結現前存在，同時解縈，縈即結也，能得同時解除不？阿難言：不也，世尊。六結雖然同是一巾之體，結時乃有先後次第，不是同時，則此結欲解之時，亦須次第而解，云何可以同時而除？佛意原要阿難，悟明次第，所以故問，今者所答不謬。

辰二　乘悟合明

佛言：六根解除，亦復如是。此根初解，先得人空；空性圓明，成法解脫，解脫法已，俱空不生。

此正顯示根結俱解，當下即是自性眞定，此定即大佛頂首楞嚴王，如幻三摩提，彈指超無學者。今見阿難於喻，已知次第不可踰越，佛即印證之曰：喻既如是，次第解結可以還巾，六根解結之法，亦復如是。此根初解，先得人空者：此按逆流解結次第，於此根中，先解三結，塵亡根盡，根結已解，一根解除，其餘五根，三結皆除，所謂一解一切解。解二結離塵，破我執分別，得與初果齊；解三結盡根，破我執俱生，與四果齊，得證我空之理，人空即我空也。三空之中，此空居前，故曰先得人空。即解前勞見發塵，根塵三結，而出分段生死。空性圓明，成法解脫者：此中含二結，以前雖得人空，尚未得法空，空性未臻圓明，法執未得解脫，若能先捨智愛，破法執分別，解一結；再捨理愛，破法執俱生，又解一結，則空性而得圓明，便成法解脫，反觀涅槃，亦復如幻。此解前知見妄發，發妄不息，不住出世涅槃。解脫法已，俱空不生者：上句即已破法執，不爲法縛，此法即所修證人、法二空，涅槃之法。若住此法，名爲頂墮細障，無量不思議妙境，不得現前，今既不住，名法解脫。解脫法已，依舊迴光照性，俱空之境，亦復不生，解除最初生起之第一結，生滅既滅，寂滅現前，此即解前心性狂亂，而盡狂勞，顚倒華相。

是名菩薩，從三摩地，得無生忍。

此出所證之名。以上所說，從根解結修證，六結解盡，是名菩薩，從三摩地，即偈云：「如幻三摩提，彈指超無學」者，是也。得無生忍，登圓教初住，即得此忍，於三界內外，不見有少法生滅之相，迷者見法實有，修證至此，根結盡解，三摩已入，妙心已悟，道眼已開，故見諸法無生，如顯見不分科中所云：「十方如來，及大菩薩，於其自住三摩地中，見與見緣，并所想相，如虛空華，本無所有。」不特生死染法，猶如空華，即涅槃淨法，亦復如是。空華即喻無生之義，翳眼觀之似有，好眼觀之實無，空華本不生，一切諸法無生，亦復如是。如此之理，忍可印定於心，名得無生忍。三縮巾以示倫次竟。

壬四　冥授以選本根　分四　癸初　阿難述悟禮謝　二　請示圓通本根　三　佛勅諸聖各說　四　更勅文殊選擇　今初

阿難及諸大衆，蒙佛開示，慧覺圓通，得無疑惑。

阿難及在會大衆，承蒙我佛，開導指示，選根逆流，六解一亡，舒結倫次，已得慧覺圓通。慧覺、即照根性之妙智；圓通、即證法忍之妙理；雖未眞修親證，今已決定明了，得無疑惑。

一時合掌，頂禮雙足，而白佛言：我等今日，身心皎然，快得無礙！

皎然，即心目開明，照了無疑。前佛說破妄顯眞周，敍悟則曰：身心蕩然；說無生無礙周，敍悟則曰：身意輕安；今教從根解結，則曰：身心皎然，快得無礙，快者暢快，明白通達，故得無礙。

癸二 請示圓通本根 分三 **子初 未達本根 二 慶遇如來 三 冀佛冥授** 今初

雖復悟知，一六亡義，然猶未達圓通本根。

前阿難答佛，解結之文，有云：若總解除，則無彼此，尚不名一，六云何成，是已悟知，一六亡義。雖復二字，意以此義雖復悟知，然猶未能了達圓通本根，無從起修，雖知無益。

本根有二義：一、對方說：「此方眞敎體，清淨在音聞。」則耳根爲此方本根；二、對人說：阿難多聞，慣用耳根，文殊偈云：「方便易成就，堪以敎阿難。」是耳根又爲阿難本根。如來前云：隨汝詳擇，其可入者，吾當發明，令汝增進。阿難初果淺智，故不能了達何根是圓通本根。

子二 慶遇如來

世尊！我輩飄零，積劫孤露，何心何慮，預佛天倫，如失乳

兒，忽遇慈母？

此慶幸遭遇如來。我輩：是阿難指一類有學之機。飄流生死，零落諸趣。積劫孤露：謂過去歷劫之久，捨父逃逝，猶如孤兒，無倚無靠，飄流生死，不得涅槃，何異露宿，無託無歸。今得人身，未墮惡趣，已屬可幸！何心何慮，預佛天倫者：何敢心思，何敢念慮，與佛爲兄弟，今則參預佛之天倫，實出望外，父、子、兄、弟，以天合者，曰天倫；君、臣、朋、友，以義合者，曰人倫。阿難爲佛堂弟，得預佛之天倫，此更可慶幸也！　如失乳兒，忽遇慈母者：久在飄零，未霑法乳，以失乳之兒，命若懸絲，今已從佛出家，常隨不離，飽嘗法乳，則慧命可續，如遇慈母。

若復因此際會道成，所得密言，還同本悟，則與未聞，無有差別？

此文翻譯潤文時，文字太略，意義不顯。上二句之意，意謂：若復因此，奇逢幸遇，師資際會，果能依教修習，菩提道果克成，可謂無忝所生，不負所遇耳，所得密言：即常不開演之法，佛爲演說，今亦得聞，果能從聞、思、修，由根解結，則三摩可入，法忍可證；倘若還同昔日，本以文字會悟，徒守知解，不加行證，則徒聞無功，與未聞者，無有差別也。

子三　冀佛冥授

惟垂大悲，惠我秘嚴，成就如來最後開示。作是語已，五體投地，退藏密機，冀佛冥授。

惟願如來，垂大悲心，惠施我等，秘密嚴淨之法，此即求示圓通本根。秘嚴：密指耳根，如來不肯明言，是秘密。耳根逆流斷惑，了義修證，非着相之染修，故嚴淨。佛前但要阿難，心中詳擇，阿難無慧詳擇，求佛開示，佛肯分明指示，則成如來最後開示。最後者，即究竟開示之全功也。前示選根解結，六解一亡，舒結倫次，修證名目，雖皆備悉，若不知圓通本根，華屋之門，何自得入？

作是語已，五體投地，退藏密機者：退即退歸本位，藏者藏諸心，而不形於口，心中默禱，是謂密機，望佛冥授，亦不必顯說，此屬意請；而佛大智鑒機，應其密請，故不自說，遂敕二十五聖，各說法門。交師所云：大權施設之宜，師資簧鼓之意，於茲備見之矣！

癸三　佛敕諸聖各說　分三　**子初　佛問諸聖　二　衆說本因　三　佛現瑞應**　今初

爾時世尊，普告衆中，諸大菩薩，及諸漏盡，大阿羅漢：汝等菩薩，及阿羅漢，生我法中，得成無學。吾今問汝：最初發心，悟十八界，誰爲圓通？從何方便，入三摩地？

爾時，即阿難意請之時，世尊知其但求冥授，故不顯說。普告衆中，諸大菩薩，及諸漏盡，已回心大阿羅漢，非定性聲聞之衆。佛語之曰：汝等菩薩及阿羅漢，生我佛法之中，是謂從佛口生，從法化生，在我佛法之中，得成無學之位，此無學，非獨指羅漢，菩薩亦稱無學。正脈云：「正以地上，既通羅漢之名，菩薩豈避無學之號，菩薩知眞本有，達妄本空，修即無修。」永嘉云：「絕學無爲閒道人，不除妄想不求眞」，此即菩薩無學之明證也。吾今問汝，最初發心者：佛不問各人所證，但問最初發心者，以因地心，爲起修之根本故。悟十八界，誰爲圓通？而不言七大者，以地、水、火、風、空五大，合六塵中，見大合六根中，識大合六識中，則問十八界，二十五門，皆在其中。問誰爲圓通，此是一意；又問從何法，爲最初下手，起修之方便，然後得入三摩地，此又是一意。

初問：二十五門，誰爲圓通？意以二十五門，徧該諸法，頭頭是道，法法皆通，故諸聖依之而修，皆證圓通。二問：從何方便？意以歸元無二，方便多門。必要諸聖各說，因地依修之法，親證實到，並非空談無驗也。足顯聖性無不通，非唯通一門也。我先要阿難，詳擇一根者，因對機故作是說耳。初佛問諸聖竟。

子二　衆說本因 分二

丑初　諸聖略說　二　觀音廣陳 丑初分四

寅初　六塵圓通　二　五根圓通　三　六識圓通　四　七大圓通 寅初分六

卯初　陳那聲塵　二　優波色塵　三　香嚴香塵　四　藥王味塵　五　跋陀觸塵　六　迦葉法塵　今初

時憍陳那五比丘，即從座起，頂禮佛足，而白佛言：我在鹿苑，及於雞園，觀見如來，最初成道，於佛音聲，悟明四諦。

陳那五比丘與鹿苑，解見第一卷，顯見不動科中。雞園智論云：昔因野火燒林，林中有雉雞，以羽漬水，以救其焚，因是命名。其地鍾靈，依此而修，道業易成。或五比丘，有在此修道，故與鹿苑並舉之。觀見如來，最初成道之後，說法度生，爲我等三轉四諦法輪，我於佛音聲之中，悟明四諦之理，即悟苦是生死苦果，有迫逼性；集是煩惱苦因，是招感性；滅是涅槃樂果，爲可證性；道是出世樂因，爲可修性。佛借音聲以作佛事，我於音聲而得開解。六塵應以色塵爲首，今以聲塵居先，後以耳根殿後者，以此方眞敎體，淸淨在音聞故也。又別對阿難之機。

佛問比丘，我初稱解，如來印我，名阿若多，妙音密圓。我於音聲，得阿難漢。

此述悟圓得證。佛問比丘解不？我初稱解。如來印證我，最初解，即命名爲阿若多，此云最初解。我所解非他，即佛微妙法音。音之所以稱妙者，悟聲塵乃是緣生之法，其相雖妄，其性恆眞，爲妙覺明體。其體秘密，無形無相；其用周圓，偏照法界。我於音聲，爲本修因，悟明眞理，得阿羅漢道。

佛問圓通，如我所證，音聲爲上。

此結答圓通，從聲塵得證，即以音聲爲上。

卯二　優波色塵

優波尼沙陀，即從座起，頂禮佛足，而白佛言：我亦觀佛，最初成道，觀不淨相，生大厭離，悟諸色性，以從不淨白骨微塵，歸於虛空，空色二無，成無學道。

優波尼沙陀，此云色性空。我亦觀佛最初成道：以遇佛之早故。觀不淨相：乃四念處之一，觀身不淨也。優波雖屬利根，煩惱障重，性多貪慾，故佛敎修不淨觀，以對治之，遂於此身，生大厭離。悟諸色性者：以其根利，修觀之後，非但離障，且能悟性。以從不淨：指此色身，以從種子不淨，乃至死後，作九想觀：一、胖脹想，二、青瘀想，三、壞想，四、血塗想，五、膿爛想，六、蟲噉想，七、分散想，八、白骨想，九、燒想。此中但云白骨微塵者：微塵即是燒想，燒骨成灰，化爲微塵，微塵遇風，一吹即散，終歸於空，即色不可得，無色不能顯空，非但色無，併空亦無，故曰空、色二無，因此得成無學之道。

如來印我名尼沙陀，塵色既盡，妙色密圓，我從色相，得阿羅漢。

如來印證我名色性空。塵色既盡：即上空、色二無，妄相既盡，眞性斯顯。妙色：即是性色，全性成色，全色皆性，不必析色歸空，色色皆如來藏。此理秘密曰密；周徧法界大用圓滿曰圓；我從色相，爲本修因，得成阿羅漢道。

佛問圓通，如我所證，色因爲上。

此結答圓通。如我所證圓通，以觀色塵爲因地心，即此色塵爲上。

卯三　香嚴香塵

香嚴童子，即從座起，頂禮佛足，而白佛言：我聞如來，教我諦觀諸有爲相。

香嚴童子，觀香塵而得道，以自性眞香，莊嚴法身。童子者：童眞入道，並非年齡幼稚也。起座禮佛，白佛言：我聞如來，教我諦觀，諸有爲相。諦觀者：以智照觀察，世間一切，有相有爲之法，即因緣所生法也。如金剛經所云：「凡所有相」也。此所有相，皆是虛妄，非眞實常住法。

我時辭佛，宴晦清齋，見諸比丘，燒沉水香，香氣寂然，來入鼻中，我觀此氣，非木、非空、非煙、非火，去無所著，來無所從，由是意銷，發明無漏。

我當時聞教辭佛，退而自脩。宴晦者：宴然安處，晦迹韜光。清齋者：清淨齋室，即齋心潔己，清脩觀行之室。今人宴居之室，亦多名齋。見諸比丘，燒沉水香：此香乃斫香樹，著地經久，外朽心堅，置水則沉，故以名焉。華嚴云：阿耨達池邊，出沉水香，名蓮華藏，若燒一丸，普熏閻浮，據此則鼻不蒙煙可知。香氣寂然者：無形無聲。來入鼻中：我則即境修觀，以香氣為所觀境，觀此香氣，非從木來，以徒木不燒，香氣安能遠達；亦非從空出，以空性常恆，香氣不常有故；亦非從煙有，以寂然來入，其鼻並不蒙煙；亦非從火生，以世間諸火，本不出生香氣。不聞之時，香氣去無所著，正聞之時，香氣來無所從，當體空寂，由是香既不緣，鼻無所偶，根塵雙泯，意識亦銷，根塵識空，發明無漏。

如來印我，得香嚴號，塵氣倏滅，妙香密圓，我從香嚴，得阿羅漢。

如來印證我，得香嚴號。塵氣即香塵之氣，倏然（時之短也）消滅。妙香者，自性眞香，體不可見曰密，用乃徧現曰圓，我從香嚴，得阿羅漢道。

佛問圓通，如我所證，香嚴為上。

此結答圓通，如我所證，以香塵為本修因，證入圓通，乃以香塵為上。

卯四　藥王味塵

藥王、藥上、二法王子，并在會中五百梵天，即從座起，頂禮佛足，而白佛言：我無始劫，爲世良醫，口中嘗此娑婆世界，草、木、金、石，名數凡有十萬八千，如是悉知苦、酢、鹹、淡、甘、辛等味，并諸和合，俱生變異，是冷、是熱，有毒、無毒，悉能徧知。

藥王、藥上俱稱法王子者，以能紹隆佛種，堪承法王家業故。若究遠因，過去有佛，號瑠璃光，比丘日藏，宣布正法。時有長者，名星宿光，聞說法故，將阿梨勒諸藥，奉日藏大衆，願我來世能治衆生身、心兩病，舉世歡喜，立名藥王；其弟名電光明，以醍醐上味之藥，供養佛僧，立名藥上，此得名之深因也。五百梵天，是其同行眷屬。

我無始劫下，自陳夙因。爲世良醫：善識病源，善能治病，藥到病除，方稱良醫。徧嘗諸藥，口中嘗此娑婆世界，顯嘗藥濟衆，即在此土。種種之藥雖多，不出草、木、金、石四類，名數凡有十萬八千，如是悉盡也知，何者爲苦，何者爲酢，乃至何者爲辛等，幷知孰爲和合性，以多藥共治一病；孰爲俱生性，如甘草生來是甜，黃連生來便苦，一藥可治一病；孰爲變異，如脩煉炮炙，方有功效；誰是冷性，能治熱病；誰是熱性，能治寒症，孰爲有毒、無毒，可用不可用，悉能徧知。如是則世無難醫之病，人無不活之命，此善治身病也。至於善治心病，則宏宣佛法，化導人心，改惡遷善，返迷歸悟也。

承事如來，了知味性，非空、非有，非即身心，非離身心，分別味因，從是開悟。

承事如來，即本師釋迦，二法王子，久於此界，修大乘因，如來成佛以來，久經無量劫數，來此娑婆世界，已八千返，師資夙緣所在，故得承事。因宿習不忘之故，故仍以味塵爲觀，而能了知味性，非空有即離也。舌與藥觸，熾然味現，故非空；雖然味現，實無體性，故非有，此初起覺心，了其無體也。身、心，即指舌根與舌識，諸藥不來，舌之與識，不自現苦等諸味。故非即身心；舌與舌識不嘗，諸藥不能自知苦等諸味，故非離身心，此後觀察，知其無從也。　分別味因，從是開悟者：由是分別味塵之因，既無定體，又無從來，惟是幻妄名相，其相雖妄，其性恆眞，從是開悟，味塵本如來藏，妙眞如性。

蒙佛如來，印我昆季，藥王、藥上二菩薩名。今於會中，爲法王子，因味覺明，位登菩薩。

觀行已成，圓解又開，得蒙如來，印證我昆季兄弟也，藥王、藥上二菩薩名。此乃如來鑑機，因其願行，立其嘉號。菩薩是自、他兩利之人，解行相應之稱，上指過去蒙佛，下指現在得果，今於如來法會之中，爲法王眞子，權乘是庶子，二乘乃外子。因味覺明者：因觀味塵，從淺至深，圓悟本覺妙明之眞性，躡解起行，由行而證，位登菩薩，此是眞修實證也。

佛問圓通，如我所證，味因爲上。

此結答圓通。據我所脩所證，以味塵爲本脩因，即此爲上。

卯五　跋陀觸塵

跋陀婆羅，并其同伴十六開士，即從座起，頂禮佛足，而白佛言：

跋陀婆羅，此云賢守，以賢德自守，此自利也；又云賢護，以賢德普護衆生，此利他也；又名賢首，位居等覺，是衆賢之首。並其同行道伴，十六開士，開士即菩薩異稱，謂自能開悟，復能開悟衆生之大士。同時起座，禮佛自陳圓通。

我等先於威音王佛，聞法出家，於浴僧時，隨例入室，忽悟水因，既不洗塵，亦不洗體，中間安然，得無所有。

我等等其同伴。先於過去，威音王佛之時。佛稱威音王者，法華云：神智無量，將導一切。要解云：以大音聲，普徧世界，爲大法王，說法無畏也。準法華經，有二萬億威音王佛，相繼出世，跋陀當在初佛像法之中，以與常不輕菩薩同時也。跋陀等初爲慢衆，常輕慢誹罵常不輕菩薩，後見不輕神力，自悔前非，又復信從，故得聞佛遺傳教法，發心出世俗家也。文中直言，先於威音王佛聞法出家，此從略也。法華云：爾時常不輕菩薩者，則我身是；爾時四衆，常輕是菩薩者，今此會中，跋陀婆羅菩薩等是。

於浴僧時，隨例入室者：佛制七衆淨浴律儀，半月僧衆用浴一次，隨例入於浴室，正浴之時，以水觸身，覺有冷暖澁滑之觸，由是窮究此水，還是因洗塵，而現觸耶？還是因洗體，而現觸耶？若謂洗塵而現，塵本無知，何能成觸；若謂洗體而現，四大假合之體，本屬無情，何能覺觸？故忽悟水因，水爲導悟之因，既不洗塵，又不洗體，根塵悉泯，能所雙亡，中間安然，得無所有，欲覓觸塵之相，了不可得，相盡性顯，觀行成就。

宿習無忘，乃至今時，從佛出家，令得無學，彼佛名我，跋陀婆羅，妙觸宣明，成佛子住。

宿習：即指過去觀行熏習成種，在八識中，歷劫無忘。按跋陀先於威音王佛，像法出家，因瞋恚意，輕賤不輕，二百億劫，常不値佛，不聞法，不見僧，千劫於阿鼻地獄，受大苦惱，猶能宿習無忘，守護善根，乃至今時，從佛出家。此佛是本師，昔緣復遇，承教斷惑，出三界之家，令得無學之道，此非小乘無學，乃是證於深位。彼佛命我之名，名曰跋陀婆羅。妙觸宣明者：妙觸對妄觸而言，妄觸有能觸之根，與所觸之塵，發生知覺，是名爲觸；今既不洗塵，亦不洗體，妄觸既盡，妙觸宣明，微妙觸塵，非有非空，惟一藏性，隨心應量，循業發現而已，宣明即發現也。成佛子住者：即證菩薩位，位居等覺，是佛眞子，堪紹佛位也。

佛問圓通，如我所證，觸因爲上。

此結答圓通。佛問我圓通，如我所證，乃以觸塵爲導悟之因，昔以觸塵觀行薰習，後得妙觸宣明，故以觸因爲上。

卯六　迦葉法塵

摩訶迦葉，及紫金光比丘尼等，即從座起，頂禮佛足，而白佛言：

摩訶迦葉，此云大龜氏，姓也，揀異餘迦葉。又云大飮光，以尊者身光，映蔽餘光故。本名畢鉢羅乃是樹名，父母禱此樹而生，故以名焉。紫金光比丘尼，即其婦也，同時發心出家。

我於往劫，於此界中，有佛出世，名日月燈，我得親近，聞法脩學；佛滅度後，供養舍利，然燈續明，以紫金光，塗佛形像，自爾以來，世世生生，身常圓滿，紫金光聚；此紫金光比丘尼等，即我眷屬，同時發心。

此自述往因。我在往昔，於此娑婆世界之中，當時有佛，應機出現於世，名日月燈明佛。此佛以三智立名：日能照晝，令人作務，喻俗智照事；月能照夜，令人清涼，喻眞智照理；燈能晝、夜並照，眞、俗無礙，喻中智雙照理事。佛三智圓具，故號日月燈明。我得親近，爲佛常隨衆，聞法脩學，佛滅度後，感佛深恩，供養舍利。梵語舍利，此云靈骨，由佛大悲願功，碎金剛不壞之身，而爲舍利，流布天上人間，爲世福田，令恭敬禮拜供養者，皆獲福故。然燈續明者：然燈供養，以續日光之明，併以紫金光，塗佛形像。灌頂疏引付法藏云：毘婆尸佛滅後，塔像金壞，時有貧女，對像感傷，有欲脩治，愧無資財，後丐得金錢，倩匠爲薄，同成功德。金師歡喜，治瑩佛畢，誓爲夫婦，九十一劫，人中天上，身恆金色，心恆愛樂，據此則紫金塗像，另一因緣，或翻譯脫漏毘婆尸世之文。

自爾以來：即自爾時，塗像以來。世世生生，身常圓滿紫金光聚：依因感果，不違所願。此紫金光比丘尼，亦隨願感報，與迦葉爲夫婦，故曰即我眷屬。同時發心，有二意：一指過去同時發心，脩治佛像；一指今生同時發心，從佛出家。

我觀世間六塵變壞，唯以空寂脩於滅盡，身心乃能度百千劫，猶如彈指。

迦葉正觀法塵。而言觀六塵者，以法塵是前五塵落卸影子，故並言之。變壞者：法塵托意識而現，念念遷變壞滅，刹那刹那，不得停住。唯以空寂者：既變壞無常，當體空寂。修滅盡定：此定能滅六識，不起分別，能空法塵，故曰滅；能盡七識，半分染末那，亦復不起，故曰盡；唯留七識半分淨末那，以持定故，入此定者，身心乃能，度百千劫，猶如一彈指頃。迦葉現在鷄足山中，待彌勒下生傳衣，即入此定。

我以空法，成阿羅漢。世尊說我，頭陀爲最，妙法開明，銷滅諸漏。

我以空觀，銷滅法塵，即上我觀六塵變壞，唯以空寂，此但結言而已，非另有別法也。法塵既銷，根識亦盡，結使隨斷，故得成阿羅漢道。世尊說我，頭陀爲最。梵語頭陀，此云抖擻，以能抖擻法塵故。由我生滅法塵既滅，微妙法性現前，故能開悟法性，了明藏心，銷滅諸漏；約羅漢之迹，祇破我執，約證圓通，法執亦亡。

佛問圓通，如我所證，法因爲上。

此結答圓通。如我所修所證無他，惟以法塵爲本修因，最爲其上。初六塵圓通竟。

寅二　五根圓通　分五

卯初　那律眼根　二　槃陀鼻根　三　憍梵舌根　四　畢陵身根　五　空生意根　今初

阿那律陀，即從座起，頂禮佛足，而白佛言：我初出家，常樂睡眠，如來訶我，為畜生類。我聞佛訶，啼泣自責，七日不眠，失其雙目。

阿那律陀亦云阿㝹樓陀，或云阿泥樓豆，此云無貧，又譯如意。過去劫以稗飯，供養辟支佛，感九十一劫，不受貧窮果報，得如意樂，是佛堂弟。起座禮佛，陳白本因，言我初出家時，每於聽法之時，常樂睡眠，如來訶責我為畜生類。偈曰：「咄咄何為睡，螺獅蚌蛤類，一睡一千年，不聞佛名字。」我聞佛訶，啼泣自責，業障深重，七日七夜，不許睡眠，遂雙目失明；目以睡為食，七日不眠，所以失明。

世尊示我樂見照明，金剛三昧，我不因眼，觀見十方，精眞洞然，如觀掌果。如來印我，成阿羅漢。

佛見阿那律陀，聞訶自責，精進失目，喜為可教之機，示以明不循根之修法，曰樂見照明金剛三昧。樂字去聲，好也，見有見性見塵之別，若見塵，是出流循塵，故有流轉，若見性，是入流旋根，獲得無妄。故佛教以好樂見性之法，旋本有之心光，照能見之見性，照之又照，照到本明自性，無動無壞，突開金剛正眼，名得金剛三昧。阿那律陀，依教勤修，遂發半頭天眼，故曰我不因由也浮、勝二種眼根，而能觀見十方世界，此即靈光獨耀，脫離內根也。

精眞洞然，如觀掌果者：此明半頭天眼之功能，精即樂見之見精，旋妄復眞，洞達無礙，故喻觀大千，如觀掌中之果。阿那律陀，於淨名會下告螺髻梵王曰：我得天眼，觀見三千大千世界，如觀掌中，菴摩羅果，則天人報得天眼，豈能與尊者，較左右耶？如來印證，我成阿羅漢道。

佛問圓通，如我所證，旋見循元，斯爲第一。

此結答圓通。如我所修所證，即是旋彼出流之見精，遠離塵累，此背塵也；循彼元明之眞見，脫黏內伏，此合覺也。此中佛所授之三昧，因阿那律陀，正憂根壞，不能見塵，世尊教以旋見亡塵，不必見塵，循元脫根，不必用根，正對機設教，因病與藥也。

卯二　槃特鼻根

周利槃特伽，即從座起，頂禮佛足，而白佛言：

周利，此云道生，槃特伽此云繼道，其母兩度隨夫出國，西域國風，女人若要生產，當回母家，第一次欲產，回家時促，行至半路，於大路邊生子，遂名道生。第二次要分娩，應當早歸，又是倉卒不及，於小路邊生子，名曰繼道，相繼乃兄，於道路而生，故名繼道。從座而起，頂禮白佛。

我闕誦持，無多聞性，最初值佛，聞法出家，憶持如來，一句伽陀，於一百日，得前遺後，得後遺前。

我闕少諷誦憶持，無有廣學多聞之性。譬喻經云：槃特於迦葉佛時，爲三藏沙門，有五百弟子，三藏悋惜經義，不肯訓導，因此故感愚鈍之報。以宿善故，與佛同生一世，最初值佛，聞法出家。佛制出家，先學伽陀四句：「身語意業不作惡，莫惱世間諸有情，正念觀知欲境空，無益之苦當遠離。」此偈之意，出家須要脩持三業，莫惱衆生，看破五欲，勿學外道，空修無益之苦行。

槃特憶持如來，一句伽陀，即第一句，於一百日之久，記得前四字，遺忘後三字，記得後三字，遺忘前四字，五百羅漢，同教一偈，不能成誦。其兄先出家入道，見其弟如是愚鈍，出家亦復無用，遣令還俗。槃特聞已，遂持繩至後園樹下，欲尋自盡。佛化樹神，而斥之曰，迦葉佛時，卿作三藏，弟子五百，悋法不誨，故獲斯報，但當自責，何爲自殘？仍現佛身，而語之曰勿怖，成無上覺，不由汝兄，佛乃以手，牽至靜室，指掃帚云：此是甚麼？答曰：「掃帚」。又問曰：「掃帚二字能忘記不？」答言：「不也」。佛即教日夜誦掃帚，既久佛將掃帚二字，更名除垢。槃特思念，灰土掃除，其地清淨，日夜將這一把無相掃帚，掃來掃去，將心地塵垢，掃除盡淨。

佛愍我愚，教我安居，調出入息，我時觀息，微細窮盡，生住異滅，諸行刹那。

此奉教調息。佛愍我愚鈍，教我安居靜處，調息攝心，愚鈍雖由悋法遠因，闕誦亦屬散亂所致，故佛授以調息之定，調鼻中出息與入息也。鼻中氣息，有四種相：有聲曰風，結滯曰氣，出入不盡曰喘，不聲不滯出入俱盡曰息。按天台止觀，調息當離風、氣、喘三相，而幽綿自在，此似六妙門，前三門數隨止也。我時觀息，微細窮盡四句，我於爾時，秉教觀息，工夫純熟，心漸微細，先唯調其出入，後便窮其生滅，定深更能窮盡，生、住、異、滅四相，初起曰生，不斷曰住；漸微曰異，已斷曰滅。諸行，即四相遷流不住；刹那，時之最短也。一念有九十刹那，一刹那有九百生滅。窮息至此，可謂極微細矣！此似六妙門，後三門觀還淨也。

其心豁然，得大無礙，乃至漏盡，成阿羅漢，住佛座下，印成無學，

此開悟得果。其心豁然者：即窮盡鼻息處，諸行惟在刹那，刹那無體，惟在一念，念性本空，豁然開悟，貫通諸法，得大無礙，乃至界內欲有無明三漏先盡，成阿羅漢。住佛座下，蒙佛印證，成無學道。

佛問圓通，如我所證，反息循空，斯爲第一。

此結答圓通。如我所證，即奉教調出入息。反息：即鼻根不緣外塵，反觀息相；循空：即窮諸行空，循順空理，此背塵合覺也。所謂出息不涉衆緣，入息不住陰、界，前則闕誦，後竟得果，斯鼻根爲本修因，最爲第一。

卯三　憍梵舌根

憍梵鉢提即從座起，頂禮佛足而白佛言：我有口業，於過去劫，輕弄沙門，世世生生，有牛呞病。

憍梵鉢提，此云牛呞，牛食之後，恆常虛嚼，口則磨來磨去，尊者之口如之，此乃宿業之報，故白佛言：「我有口業，於過去劫，輕弄沙門。」因見老比丘，無齒而食，笑其如牛吃草，此老比丘，即告之曰：「我證阿羅漢道，汝犯口過，應當懺悔。」一自亦知非，雖經懺悔，世世生生，猶感牛舌之報。故曰：「有牛呞病。」佛以憍梵鉢提有此舌病，敕居天上，免人譏誚遭墮。來入法會時，令含念珠，可以遮謗，天人有宿命通，知其感報之因，不敢謗毀，故令居焉。

如來示我，一味清淨心地法門，我得滅心，入三摩地，觀

味之知，非體非物，應念得超，世間諸漏。

此如來因機施教，欲令就路還家，故示以一味清淨，心地法門，從舌根入也。一味者，非甜苦有味之味，非淡然無味之味，但令反觀根性，不觀甜淡等塵，惟觀雙離空有，中道妙味，是爲一味。清淨心地，離塵脫根，反嘗自性，一味清淨，即本元心地，依之修習，可成三昧，故稱法門。我得滅心，入三摩地者：我因不循甜、淡、味塵，而起分別，得滅攀緣識心，塵既不緣，根無所偶，識心已滅，此即棄生滅也。入三摩地，有修證之分，此是修中三摩。如何修法？但用根性，本有智光，觀照嘗味知性，非生於舌根自體，以外物不來，舌不成知；又非出於甜苦等物，以舌若不嘗，物不自知；由悟根性，脫根離塵，所以應念得超世間諸漏。此即守於眞常，常光現前，根塵識心，應時銷落也。

內脫身心，外遺世界，遠離三有，如鳥出籠，離垢銷塵，法眼清淨，成阿羅漢。如來親印，登無學道。

內脫身心：由上觀味之知非體，故悟舌性，非關舌根自體，故能情界脫纏；外遺世界：由上觀味之知非物，悟舌性非干味塵等物，故能器界超越。又由前應念得超，世間諸漏，故得遠離三有即三界。上旣根塵俱脫，情器雙超，如鳥出籠，鳥喻迷時眞墮妄中，籠喻三界五陰，今旣解行相應，離妄證眞，故如鳥出籠。此按圓通，已解根塵麤三結；離垢銷塵，法眼淸淨，解後細三結。即四卷末云：「想相爲塵，識情爲垢；二俱遠離，則汝法眼，應時淸明。」成大阿羅漢，破無明，證法身，如來親自印證，登大乘無學之道。

佛問圓通，如我所證，還味旋知，斯爲第一。

此結答圓通，如我所修所證，以舌根爲本修因，還復一味，淸淨之心，旋轉循塵，黏妄之知，以斯舌根，最爲第一。

卯四　畢陵身根

畢陵伽婆蹉，即從座起，頂禮佛足，而白佛言。

畢陵伽婆蹉，此云餘習。過去五百世，爲婆羅門，性多憍慢，每過恆河，呼河神小婢斷流，神雖爲斷，懷瞋白佛。佛令向神道歉，遂合掌向曰：小婢莫瞋！衆皆失笑。佛言：實無慢心，因河神過去爲其婢女，乃餘習耳。

我初發心從佛入道，數聞如來說諸世間，不可樂事。乞食城中，心思法門，不覺路中毒刺傷足，擧身疼痛！我念有知知此深痛，雖覺覺痛，覺清淨心無痛痛覺。

我初發心出家，從佛剃落，得入出世之道。數（音率常也）聞如來，宣說世間，不可樂事，即四諦中苦諦，如來對小機衆生常說，故得數聞，聞已依教修觀。乞食城中，心思法門：即觀苦諦，行、住、坐、臥，不離觀法。只顧作觀，不覺路中有毒刺，信步行走，致傷其足，毒入身中，擧身（即全身）疼痛，正觀苦諦，忽遇苦事，乃是發悟之好機緣也。　我念有知，知此深痛者：正當毒發，疼痛之時，我念身中，有箇能知覺者，知此深痛，遂即立定脚跟，觀察此知痛者是誰？由是而知，身根之中，雖有能覺之心，覺此深痛，此乃有痛之妄覺，而我本覺清淨之心，實無有痛，能痛着此覺心，此爲無痛之眞覺。後三句，交師云

：「雖有能覺之心，與所覺之痛，而身根中無分別清淨覺心，本無所覺之痛，與能覺之痛覺也。」

我又思惟：如是一身，寧有雙覺？攝念未久，身、心忽空，三七日中，諸漏虛盡，成阿羅漢，得親印記，發明無學。

此思惟非識，乃屬於智，即八正道之正思惟。一人一身，應只一覺，爲何現身，有知痛之覺，又有清淨覺心之覺，如是一身，寧有雙覺耶？攝念者，收攝知痛之妄念結成疑團，隨順無痛之眞覺，未久之間，身心忽空。身是疼痛之身根，心是覺痛之身識。忽空者，由眞覺之力所鎔，疑團打破，眞純妄絕，如湯消冰，故曰忽空。經三七日之久，諸漏悉皆虛盡，純一本覺，淸淨眞心，永離虛妄，成阿羅漢。得親印記，發明無學，同上所釋。

佛問圓通，如我所證，純覺遺身，斯爲第一。

此結答圓通。如我所修所證，純一本覺，遺妄身心，以斯身根，爲本修因，最爲第一。

卯五　空生意根

須菩提即從座起，頂禮佛足，而白佛言：我曠劫來，心得無礙，自憶受生，如恆河沙，初在母胎，即知空寂，如是乃至，十方成空，亦令衆生，證得空性。

須菩提譯空生，初生之時，其家寶藏忽空，其父大驚！爲卜吉凶，得一卦，既善且吉，遂名善吉，未久寶藏復現，又名善現。起座頂禮白佛：我曠（遠也）劫來，心得無礙；心即意根，無礙即空也。自憶受生，如恆河沙：極言多生，喻如恆沙，此得宿命通，無有隔胎之迷，此敍遠本也。　初在母胎，即知空寂：此生隨相受生，初在母胎之中，即知四大本空，五蘊非有，當體空寂。如是乃至，出胎之後，由人空，而悟法空，十方世界，森羅萬法，悉皆空寂，同深心菩薩，人法雙空境界，此屬自利；從佛出家後，自行化他，廣爲衆生，宣說人、法二空眞如，亦令衆生，證得空性，即人空、法空，眞如自性，此屬利他。

蒙如來發性覺眞空，空性圓明，得阿羅漢，頓入如來寶

明空海，同佛知見，印成無學，解脫性空，我為無上。

空生雖悟人、法二空，尚未了達，空性即是如來藏性，乃蒙如來顯發，性覺眞空，性空眞覺（解見空大文中），悟得全空全覺，全覺全空。空性圓明者：謂此眞空妙性，不同偏空故圓；不落斷空故明，乘此妙悟，得證大阿羅漢。頓入如來，寶明空海，同佛知見三句：承上雖得人、法二空，尚有空在，故重觀空性，併空亦空。即上文俱空不生，故能頓入如來，第一義空，寶明妙性，眞空性海，既已頓同佛空，其知見自應同佛。佛知無知，無所不知；佛見無見，無所不見。印成無學者：如來印證，已成大乘無學之道。解脫性空者：雖證空性，不住於空，不為空縛，是為解脫，非同二乘，沉空滯寂，被空所縛，非眞解脫也。如來印我，所證眞空，不礙妙有，故為無上。

佛問圓通，如我所證，諸相入非，非所非盡，旋法歸無，斯為第一。

此結答圓通。如我所修所證，諸相入非：諸相即人相、法相，悉入於空，非即空也。此句人、法雙空。非所非盡：非、即能空之空，所非，即所空之人、法二相；盡，亦空也；即能所俱空，所謂空、所空滅，痛愈藥除也。人、法未空，須假空智，人、法雙空，空智亦泯。

旋法歸無，斯爲第一者：此法非法塵之法，乃人相、法相、非法（空也）相之法，以意根無分別性，旋其虛妄生滅諸法，復歸本元覺性，第一義空，無字即第一義空，欲證第一義空，惟斯意根，最爲第一。

寅二　五根圓通竟

楞嚴經講義第十三卷終

國家圖書館出版品預行編目資料

大佛頂首楞嚴經講義／圓瑛法師著. -- 1 版. -- 新北市：華夏出版有限公司, 2022.11
冊； 公分. --（Sunny 文庫；261-262）
ISBN 978-626-7134-44-3（上冊：平裝）. --
ISBN 978-626-7134-45-0（下冊：平裝）
1.CST：密教部

221.94 111011655

Sunny 文庫 261

大佛頂首楞嚴經講義（上）

著　作　圓瑛法師
印　刷　百通科技股份有限公司
電話：02-86926066 傳真：02-86926016
出　版　華夏出版有限公司
220 新北市板橋區縣民大道 3 段 93 巷 30 弄 25 號 1 樓
電話：02-32343788 傳真：02-22234544
E-mail：pftwsdom@ms7.hinet.net
總經銷　貿騰發賣股份有限公司
新北市 235 中和區立德街 136 號 6 樓
電話：02-82275988 傳真：02-82275989
網址：www.namode.com
版　次　2022 年 11 月 1 版
特　價　新台幣 1080 元（缺頁或破損的書，請寄回更換）

ISBN：978-626-7134-44-3

《大佛頂首楞嚴經講義》由佛教書局授權華夏出版有限公司出版

尊重智慧財產權・未經同意請勿翻印（Printed in Taiwan）